2018
China's National Reading Survey Report

全国国民阅读调查报告

中国新闻出版研究院
全国国民阅读调查课题组 著

中国书籍出版社
China Book Press

全国国民阅读调查课题组

课题组组长：魏玉山
课题组副组长：徐升国
课题组成员：拜庆平　田　菲　高　洁　谷　征　赵文飞
　　　　　　王淑君　高　亮　赵　敏
撰稿组成员：田　菲　谷　征　高　洁

《全国国民阅读调查报告（2018）》出版说明

阅读与民族精神的振兴、人类文明的延续紧密关联。国民阅读能力和阅读水平在很大程度上决定一个民族的基本素质、创造能力和发展潜力。近年来，党和国家大力倡导并采取多项措施推动全民阅读。习近平等中央领导同志都曾在不同场合强调读书学习的重要性，"全民阅读"连续六年被写入政府工作报告，全社会的读书学习之风日渐浓厚。因此，通过对国民的阅读状况进行抽样调查和数据分析，对在全社会范围更加有效地开展阅读活动，建设书香社会，推动社会发展，有着积极的作用。

由中国新闻出版研究院组织实施的全国国民阅读调查项目，到目前为止已经持续开展了十五次。经过多年的发展完善，其方法更加科学，成果愈益丰富，受到社会各界的广泛重视，是了解我国国民阅读状况的权威渠道。

第十五次全国国民阅读调查从多方面展现了2017年我国国民阅读的现状。本次调查基本沿袭了上一年度的调查模式，对调查对象、调查范围等未做太大的调整或变化，持续关注国民对听书、微信阅读等新兴阅读方式的使用状况，并对国民的听书状况做了两年的数据对比。

首先，第十五次全国国民阅读调查的调查对象仍为0—8周岁、9—13周岁、14—17周岁和18周岁及以上成年人四类群体。在调查回收的有效样本中，18周岁以下未成年人样本为5448个，占24.3%；农村样本为5324个，农村样本比例为23.8%。

其次，在调查内容方面，本次调查沿用第十四次全国国民阅读调查的问卷内容，围绕国民图书阅读与购买状况、报刊阅读与购买状况、数字阅读与购买状况、听书状况、个人阅读评价、版权认知度与盗版购买状况、公共阅读文化设施的认知与使用状况等方面的内容展开调查。

第三，在调查范围方面，第十五次全国国民阅读调查共执行样本城市50个，覆盖了我国29个省、自治区和直辖市。本次调查从2017年9月开始全面启动，共采集有效样本18666个，数据经过加权后，可推及全国12.84亿居民。

最后，在课题质量方面，从1999年首次调查开始，我们通过科学的调查方案、规范化的操作流程、国际通行的赋值加权计算的方法，保证了调查结果的独立性、真实性、科学性。在具体执行环节，我们对执行公司的抽样、访问方法及质量控制方面也进行了缜密的设计和严格的控制。此外，中国新闻出版研究院对本次阅读调查非常重视，整合院内外力量组成《全国国民阅读调查报告（2018）》课题组，组长由中国新闻出版研究院院长魏玉山担任，中国新闻出版研究院出版研究所所长徐升国任副组长，课题组成员有拜庆平（中国新闻出版研究院应用理论研究室副主任）、田菲（中国新闻出版研究院应用理论研究室助理研究员）、高洁（中国新闻出版研究院应用理论研究室助理研究员）、谷征（北京印刷学院新闻出版学院、传播学博士）等其他相关研究人员。

在我国，全民阅读开始被纳入到国家文化战略层面，由之前的国家倡导为主，逐渐向推动全民阅读基础设施建设过渡。阅读活动开始成为各级党委和政府开展多种公共文化服务、增强地方人文精神和文化凝聚力的重要平台。每年全国国民阅读调查项目对外公布的调查数据为各省、各地区全面了解当地全民阅读开展情况以及下一步的全民阅读工作部署提供了极具价值的参考，可以说是反映全民阅读活动开展效果的晴雨表。越来越多的各级党委和政府期望通过阅读调查数据找到有效提高全民阅读成效的科学方法，努力满足人民群众多层次、多方面的阅读需求，提升国民阅读力，促进国家文化软实力与创新能力的可持续发展。

中国新闻出版研究院
全国国民阅读调查课题组
2019年6月

目 录

全国国民阅读调查报告（2018）

导　言

一、主要发现 / 002

1.1　各媒介阅读率 / 002

1.2　各媒介接触时长 / 003

1.3　各类出版物阅读量 / 003

1.4　城乡居民阅读差异 / 004

1.5　有声阅读 / 004

1.6　上网率与上网从事的主要活动 / 005

1.7　成年国民倾向的阅读方式 / 005

1.8　个人阅读量与阅读内容自我评价 / 006

1.9　0—17周岁未成年人图书阅读率与阅读量 / 007

1.10　亲子共读行为 / 007

1.11　阅读指数 / 008

二、抽样设计 / 009

2.1　调查目的 / 009

2.2　执行城市 / 009

  2.2.1　自代表城市 / 009

  2.2.2　非自代表城市 / 009

  2.2.3　样本量 / 010

2.3　抽样原则 / 012

2.4　二级抽样单元的选取 / 012

2.5　城镇样本的选取 / 013

2.6　农村样本的选取 / 013

2.7　统计推断 / 014

三、最终样本结构 / 016

第一篇　18周岁及以上成年国民部分

第一章　成年国民媒介接触及消费状况

1.1　媒介接触状况 / 020

 1.1.1　媒介接触率 / 020

 1.1.2　媒介接触时长及变化 / 024

 1.1.3　媒介接触种类 / 024

1.2　阅读载体的使用场所 / 027

1.3　媒介消费状况 / 029

 1.3.1　2017年我国出版业基本情况 / 029

 1.3.2　自费消费出版物情况 / 032

第二章　成年国民图书阅读状况与购买倾向

2.1　图书阅读状况及变化 / 044

 2.1.1　阅读重要性认知 / 044

 2.1.2　综合阅读率 / 047

 2.1.3　图书阅读率 / 048

 2.1.4　图书阅读量 / 050

 2.1.5　图书阅读来源 / 053

 2.1.6　家庭藏书量 / 054

2.2　读书目的及不读书的原因 / 058

  2.2.1 读书目的认知 / 058

  2.2.2 没读书的原因 / 059

 2.3 购书状况及变化 / 061

  2.3.1 购书频率 / 061

  2.3.2 购书者的购书目的 / 062

  2.3.3 购书渠道与渠道选择的原因 / 063

  2.3.4 图书信息的获取途径 / 065

  2.3.5 购书影响因素 / 066

  2.3.6 购书制约因素 / 067

  2.3.7 购书距离 / 068

  2.3.8 图书价格的评价 / 069

  2.3.9 图书价格承受能力 / 069

  2.3.10 书店的市场渗透率 / 071

 2.4 分类图书市场 / 072

 2.5 成年国民最喜爱的图书作者 / 076

 2.6 成年国民最喜爱的图书 / 076

 2.7 成年国民最喜爱的出版社 / 077

第三章 成年国民报刊阅读状况与购买倾向

 3.1 报纸阅读状况 / 078

  3.1.1 报纸阅读率 / 078

  3.1.2 报纸阅读量 / 080

 3.2 期刊阅读与消费状况 / 083

  3.2.1 期刊阅读状况 / 083

  3.2.2 期刊购买状况 / 092

  3.2.3 成年国民最喜爱的期刊 / 094

第四章　成年国民动漫接触情况

4.1　动漫产品接触率 / 096

4.2　动漫题材偏好 / 098

第五章　成年国民数字出版物阅读与购买倾向

5.1　数字出版物阅读状况 / 099

 5.1.1　数字化阅读方式接触率 / 099

 5.1.2　数字化阅读方式选择原因与制约因素 / 100

 5.1.3　阅读倾向 / 101

5.2　电子书报刊阅读状况 / 102

 5.2.1　电子书报刊阅读率 / 102

 5.2.2　电子书价格承受能力 / 103

 5.2.3　电子书刊对传统纸质书刊销售的影响 / 104

5.3　手机阅读行为 / 104

 5.3.1　手机阅读接触率 / 104

 5.3.2　手机阅读时长 / 106

 5.3.3　手机阅读花费 / 106

 5.3.4　手机读物价格承受力 / 107

 5.3.5　通过手机进行的活动 / 108

 5.3.6　电子书阅读情况 / 109

 5.3.7　通过手机微信进行的活动 / 110

 5.3.8　手机阅读优缺点 / 111

5.4　电子阅读器阅读 / 112

 5.4.1　电子阅读器阅读接触率与电子阅读器拥有率 / 112

 5.4.2　电子阅读器的功能使用 / 113

 5.4.3　电子阅读器阅读花费 / 113

5.5 上网行为与网络阅读 / 115

    5.5.1 上网率与上网设备 / 115

    5.5.2 上网频率 / 116

    5.5.3 上网从事的活动 / 117

    5.5.4 网上阅读行为 / 117

    5.5.5 网络在线阅读花费 / 119

    5.5.6 网上购买的出版物类型 / 119

    5.5.7 选择互联网购买出版物的原因和制约因素 / 120

5.6 成年网民最喜爱的阅读网站或读书频道 / 121

第六章 成年国民听书阅读状况

6.1 听书率 / 123

6.2 听书渠道 / 124

6.3 通过听书进行的活动 / 125

6.4 听书内容偏好 / 126

6.5 听书频率 / 126

6.6 听书花费 / 128

6.7 听书场合 / 128

6.8 不听书的原因 / 129

第七章 成年国民版权认知状况

7.1 版权认知度 / 131

7.2 盗版出版物市场现状 / 132

    7.2.1 盗版出版物市场占有状况 / 132

    7.2.2 盗版出版物消费状况 / 133

第八章 公共阅读服务设施状况

8.1 城镇公共阅读服务设施 / 135

8.1.1 城镇居民公共阅读服务设施认知状况 / 135

8.1.2 城镇居民对公共阅读服务设施的使用情况 / 135

8.1.3 城镇居民对公共阅读服务设施的评价 / 137

8.2 农村公共阅读服务设施——农家书屋 / 137

8.2.1 农家书屋认知与使用情况 / 137

8.2.2 农家书屋满意度 / 138

8.2.3 农家书屋内容提供情况 / 138

8.3 公共阅读服务设施存在的不足 / 140

第九章 成年国民个人阅读情况评价与阅读活动参与状况

9.1 个人阅读情况评价 / 142

9.1.1 个人阅读量评价 / 142

9.1.2 个人阅读量变化情况 / 143

9.1.3 个人阅读满意度评价 / 143

9.1.4 阅读量与阅读满意度的关系 / 144

9.2 读书活动参与状况 / 145

9.2.1 读书活动/读书节的开展情况 / 145

9.2.2 读书活动诉求情况 / 145

9.2.3 读书活动参与状况 / 146

9.2.4 参与读书活动的原因 / 147

第二篇　14—17 周岁青少年部分

第一章　14—17 周岁青少年媒介接触情况

1.1　青少年媒介接触率 / 150

1.2　青少年媒介接触时长 / 151

1.3　青少年自费消费出版物情况 / 152

1.4　青少年阅读载体的使用场合 / 153

第二章　14—17 周岁青少年图书阅读与购买状况

2.1　青少年图书阅读状况 / 155

　　2.1.1　阅读重要性认知 / 155

　　2.1.2　图书阅读率和阅读量 / 156

　　2.1.3　阅读来源 / 157

　　2.1.4　图书拥有量 / 159

　　2.1.5　青少年读书遇到困难时的求助对象 / 160

2.2　青少年的读书目的及不读书的原因 / 161

　　2.2.1　阅读课外书的目的 / 161

　　2.2.2　不读课外书的原因 / 162

2.3　青少年购书状况 / 163

　　2.3.1　获取图书信息的主要渠道 / 163

　　2.3.2　购书频率 / 164

　　2.3.3　购书渠道 / 164

　　2.3.4　影响购书的因素 / 165

　　2.3.5　购书制约因素 / 166

　　2.3.6　购书距离 / 167

2.3.7　图书价格评价/168

2.3.8　图书价格承受力/168

2.3.9　书店市场渗透率/169

2.4　分类图书市场状况/170

2.4.1　喜欢阅读的图书类型/170

2.4.2　各类型图书购买情况/171

2.4.3　各类型图书空缺情况/172

2.4.4　各类型图书预购情况/173

2.5　青少年最喜爱的图书/174

2.6　青少年最喜爱的图书作者/175

2.7　青少年最喜爱的出版社/176

第三章　14—17周岁青少年报刊阅读状况

3.1　青少年报纸阅读状况/177

3.1.1　报纸阅读率/177

3.1.2　报纸阅读量/177

3.2　青少年期刊阅读状况/178

3.2.1　期刊阅读率/178

3.2.2　期刊阅读量/179

3.2.3　制约青少年阅读期刊的原因/179

3.2.4　期刊阅读来源/180

3.2.5　期刊阅读偏好/180

3.2.6　期刊价格承受力/182

3.3　青少年最喜爱的期刊/183

第四章　14—17周岁青少年数字出版产品阅读与购买状况

4.1　青少年数字化阅读状况 / 184

　　4.1.1　数字化阅读方式接触情况 / 184

　　4.1.2　选择数字阅读的主要原因与制约因素 / 184

　　4.1.3　阅读倾向 / 186

4.2　青少年电子书报刊阅读状况 / 187

　　4.2.1　电子书报刊阅读率 / 187

　　4.2.2　电子书价格承受力 / 187

　　4.2.3　电子书对纸质图书销售的影响 / 188

4.3　青少年手机阅读状况 / 189

　　4.3.1　手机阅读接触率 / 189

　　4.3.2　通过手机进行的活动 / 189

　　4.3.3　手机阅读时长 / 190

　　4.3.4　手机阅读花费 / 191

　　4.3.5　手机读物价格承受力 / 193

　　4.3.6　手机阅读优缺点 / 193

　　4.3.7　电子书阅读类型 / 194

　　4.3.8　通过手机微信进行过的活动 / 196

4.4　青少年电子阅读器阅读消费行为分析 / 197

　　4.4.1　电子阅读器阅读接触率 / 197

　　4.4.2　电子阅读器的功能使用 / 198

　　4.4.3　电子阅读器阅读花费 / 198

4.5　青少年互联网接触状况 / 200

　　4.5.1　上网率与上网设备 / 200

　　4.5.2　上网频率 / 200

4.5.3　上网从事的活动 / 201

　　4.5.4　网上阅读行为 / 202

　　4.5.5　网络在线阅读时长 / 202

　　4.5.6　网络在线阅读花费 / 203

　　4.5.7　网上购买出版物情况 / 205

4.6　青少年网民最喜爱的阅读网站或读书频道 / 207

第五章　14—17周岁青少年听书阅读状况

5.1　听书率与听书渠道 / 209

5.2　通过听书进行的活动 / 210

5.3　有声书内容偏好 / 211

5.4　听书频率 / 212

5.5　听书花费 / 213

5.6　听书场合 / 214

5.7　不听书的原因 / 215

第六章　14—17周岁青少年动漫游戏接触状况

6.1　青少年喜爱的动漫形式 / 216

6.2　青少年喜爱的动漫题材 / 216

第七章　14—17周岁青少年版权认知状况

7.1　青少年版权认知度 / 218

7.2　盗版出版物购买状况 / 219

　　7.2.1　盗版出版物购买率 / 219

　　7.2.2　购买盗版出版物的类型 / 219

　　7.2.3　购买盗版出版物的驱动因素 / 220

第八章　14—17周岁青少年个人阅读评价与阅读活动参与状况

8.1　青少年个人阅读状况评价/ 222

8.1.1　对个人阅读量的评价/ 222
8.1.2　对个人阅读满意度的评价/ 223
8.1.3　对自己读书影响最大的人/ 223

8.2　青少年读书活动参与状况/ 224

8.2.1　读书活动/读书节知晓情况/ 224
8.2.2　读书活动/读书节诉求情况/ 225
8.2.3　读书活动参与类型/ 226
8.2.4　参与读书活动的原因/ 226
8.2.5　制约青少年参与阅读活动的因素/ 228
8.2.6　老师对青少年阅读课外书的态度/ 228

8.3　青少年校园图书馆使用情况/ 229

8.3.1　校园图书馆普及情况/ 229
8.3.2　校园图书馆使用率与满意度/ 230

第三篇　9—13周岁少年儿童部分

第一章　9—13周岁少年儿童图书阅读与购买状况

1.1　少年儿童阅读状况/ 234

1.1.1　图书阅读率与图书阅读量/ 234
1.1.2　对阅读的喜爱程度/ 235
1.1.3　喜爱的课外书类型/ 236
1.1.4　阅读来源/ 238

1.1.5　阅读时长 / 240

1.1.6　阅读地点 / 241

1.1.7　图书拥有量 / 241

1.1.8　拥有第一本书的年龄 / 242

1.1.9　老师/家长对少年儿童阅读课外书的态度 / 243

1.1.10　制约少年儿童阅读的因素 / 245

1.2　少年儿童购书状况 / 247

1.2.1　少儿图书购买量 / 247

1.2.2　少儿图书购买金额 / 247

1.2.3　家长对少儿图书的购买力 / 248

1.2.4　家长为孩子购书的类型 / 249

1.2.5　家长对少儿图书种类和质量的评价 / 250

1.2.6　购书渠道 / 252

1.2.7　影响家长购书渠道选择的因素 / 253

1.2.8　购书距离 / 254

1.2.9　影响家长为孩子购书的主要因素 / 255

1.2.10　家长为孩子购书的不便之处 / 256

1.2.11　家长为孩子选择图书的倾向 / 256

1.3　少年儿童与家长互动阅读情况 / 257

1.3.1　家长陪孩子读书情况 / 257

1.3.2　家长带孩子逛书店的频率 / 257

1.4　少年儿童最喜爱的图书 / 259

1.5　少年儿童最喜爱的作者 / 259

1.6　少年儿童最喜爱的出版社 / 260

第二章　9—13周岁少年儿童期刊阅读与购买状况

2.1　少年儿童的期刊阅读率与阅读量 / 261

2.2　家长对少儿期刊的购买状况/ 263

2.2.1　家长对少儿期刊的价格承受能力/ 263

2.2.2　家长对少儿期刊的价格评价/ 264

2.3　少年儿童最喜爱的期刊/ 264

第三章　9—13周岁少年儿童上网情况

3.1　少年儿童上网率及上网设备/ 266

3.2　少年儿童网民上网频率/ 266

3.3　少年儿童网民上网地点/ 268

3.4　少年儿童网民上网从事的主要活动/ 268

3.5　家长对孩子上网的态度/ 269

3.6　家长在网上购买出版物的状况/ 270

3.6.1　家长网上购买出版物的种类/ 270

3.6.2　家长选择网上购买出版物的原因/ 270

3.6.3　网上购买出版物的制约因素/ 272

第四章　9—13周岁少年儿童家长的音像电子出版物购买状况

4.1　音像电子出版物的购买渠道/ 273

4.2　家长对音像电子出版物的购买状况/ 273

4.2.1　音像电子出版物的价格承受能力/ 273

4.2.2　音像电子出版物的价格评价/ 275

第五章　9—13周岁少年儿童听书阅读状况

5.1　听书率与听书渠道/ 276

5.2　通过听书进行的活动/ 277

5.3　有声书内容偏好/ 278

5.4　听书频率/ 279

5.5　听书花费/ 280

5.6　听书场合/ 281

5.7　不听书的原因/ 281

第六章　9—13周岁少年儿童动漫及电子游戏接触状况

6.1　少年儿童动漫接触情况/ 283

  6.1.1　动漫类型偏好度/ 283

  6.1.2　动漫题材偏好度/ 283

6.2　少年儿童电子游戏接触情况/ 285

  6.2.1　电子游戏题材偏好度/ 285

  6.2.2　电子游戏接触时长/ 285

6.3　家长对孩子玩电子游戏的态度/ 286

第七章　9—13周岁少年儿童家长的版权认知状况

7.1　少年儿童家长版权认知度/ 288

7.2　少年儿童家长盗版出版物购买状况/ 289

  7.2.1　家长对盗版出版物的购买率/ 289

  7.2.2　家长购买盗版出版物的类型/ 289

  7.2.3　家长购买盗版出版物的驱动因素/ 290

第八章　9—13周岁少年儿童阅读活动参与状况

8.1　少年儿童学校图书馆使用情况/ 292

8.2　读书活动/读书节的知晓情况/ 293

8.3　少年儿童阅读活动的参与类型/ 294

第四篇　0—8周岁儿童部分

第一章　0—8周岁儿童图书阅读与购买状况

1.1　儿童综合阅读率和阅读起始时间 / 298

　　1.1.1　综合阅读率 / 298

　　1.1.2　阅读起始时间 / 298

1.2　儿童图书阅读状况 / 300

　　1.2.1　图书阅读率与阅读量 / 300

　　1.2.2　儿童阅读童书的主要来源 / 301

　　1.2.3　图书拥有量 / 302

　　1.2.4　儿童阅读兴趣 / 304

　　1.2.5　儿童喜欢的阅读方式 / 304

　　1.2.6　儿童不阅读的原因 / 306

1.3　儿童图书购买状况 / 307

　　1.3.1　购买童书金额 / 307

　　1.3.2　家长购买童书的主要渠道 / 308

　　1.3.3　家长选择购买童书渠道的影响因素 / 308

　　1.3.4　购书距离 / 310

　　1.3.5　家长获取儿童读物信息的主要途径 / 310

　　1.3.6　影响家长为孩子购买童书的主要因素 / 311

　　1.3.7　家长购买童书的不便之处 / 312

　　1.3.8　家长对童书价格的承受能力 / 313

　　1.3.9　家长对儿童类图书的评价 / 314

　　1.3.10　家长网上购买儿童出版物行为分析 / 316

　　1.3.11　家长对国内原创与引进版出版物的选择情况 / 319

　　1.3.12　书店市场渗透率 / 319

  1.4 儿童与家长互动阅读情况 / 320
    1.4.1 家长引导儿童阅读的目的 / 320
    1.4.2 家长对儿童阅读的陪护状况 / 320
    1.4.3 家长带孩子逛书店的频率 / 322
    1.4.4 家长引导儿童接触的童书种类 / 323
    1.4.5 家长认为适合儿童阅读的形式 / 323
  1.5 儿童及家长最喜爱的儿童图书 / 325
  1.6 儿童及家长最喜爱的出版社 / 325

第二章 0—8周岁儿童期刊阅读与购买状况

  2.1 儿童期刊阅读率与阅读量 / 327
  2.2 家长对儿童期刊的价格评价 / 329
  2.3 家长对儿童期刊的价格承受能力 / 329
  2.4 儿童及家长最喜爱的儿童期刊 / 330

第三章 0—8周岁儿童家长音像电子出版物购买状况

  3.1 儿童音像电子出版物的购买渠道 / 332
  3.2 家长对儿童类音像电子出版物价格的评价 / 333
  3.3 家长对儿童类音像电子出版物的价格承受能力 / 333

第四章 0—8周岁儿童听书阅读状况

  4.1 听书率与听书渠道 / 335
  4.2 通过听书进行的活动 / 336
  4.3 有声书内容偏好 / 337
  4.4 听书频率 / 338
  4.5 听书花费 / 339

4.6　听书场合/ 340

4.7　不听书的原因/ 340

第五章　0—8周岁儿童家长版权认知状况

5.1　家长购买盗版儿童出版物情况/ 342

5.2　家长购买盗版儿童出版物类别/ 342

5.3　家长购买盗版儿童出版物的驱动因素/ 344

导　言

自 1999 年起，由中国新闻出版研究院组织实施的全国国民阅读调查已持续开展了十五次。第十五次全国国民阅读调查从 2017 年 7 月开始全面启动，2017 年 7 月至 8 月开展样本城市抽样工作，2017 年 9 月至 2017 年 12 月在全国范围内开展入户问卷调查执行工作，2018 年 1 月至 2 月开展问卷复核、数据录入和数据处理工作。现在完成初步分析报告。

本次调查仍严格遵循"同口径、可比性"原则，继续沿用四套问卷进行全年龄段人口的调查。对未成年人的三个年龄段（0—8 周岁、9—13 周岁、14—17 周岁）分别采用三套不同的问卷进行访问。

本次调查执行样本城市为 50 个，覆盖了我国 29 个省、自治区、直辖市。本次调查的有效样本量为 18666 个，其中成年人样本为 14245 个，18 周岁以下未成年人样本为 4421 个，未成年样本占到总样本量的 23.7％；有效采集城镇样本 14012 个，农村样本 4654 个，城乡样本比例为 3∶1。

样本回收后，我们根据第六次全国人口普查公报的数据对样本进行加权，并运用 SPSS 社会学统计软件进行分析。本次调查可推及我国人口 12.84 亿，其中城镇居民占 52.1％，农村居民占 47.9％。

一、主要发现

1.1 各媒介阅读率

2017年我国成年国民包括书报刊和数字出版物在内的各种媒介的综合阅读率为80.3%，较2016年的79.9%有所提升，数字化阅读方式（网络在线阅读、手机阅读、电子阅读器阅读、Pad阅读等）的接触率为73.0%，较2016年的68.2%上升了4.8个百分点。图书阅读率为59.1%，较2016年的58.8%上升了0.3个百分点；报纸阅读率为37.6%，较2016年的39.7%下降了2.1个百分点；期刊阅读率为25.3%，较2016年的26.3%下降了1.0个百分点。数字化阅读的发展，提升了国民综合阅读率和数字化阅读方式接触率，整体阅读人群持续增加，但也带来了图书阅读率增长放缓的新趋势。

进一步对各类数字化阅读载体的接触情况进行分析发现，2017年我国成年国民的网络在线阅读接触率、手机阅读接触率、电子阅读器阅读接触率、Pad（平板电脑）阅读接触率均有所上升。具体来看，2017年有59.7%的成年国民进行过网络在线阅读，较2016年的55.3%上升了4.4个百分点；71.0%的成年国民进行过手机阅读，较2016年的66.1%上升了4.9个百分点；14.3%的成年国民在电子阅读器上阅读，较2016年的7.8%上升了6.5个百分点；12.8%的成年国民使用Pad（平板电脑）进行数字化阅读，较2016年的10.6%上升了2.2个百分点。有63.4%的成年国民在2017年进行过微信阅读，较2016年的62.4%上升了1.0个百分点。

1.2　各媒介接触时长

从人们对不同媒介接触时长来看，成年国民人均每天手机接触时间最长。我国成年国民人均每天手机接触时长为80.43分钟，比2016年的74.40分钟增加了6.03分钟；人均每天互联网接触时长为60.70分钟，比2016年的57.22分钟增加了3.48分钟；人均每天微信阅读时长为27.02分钟，较2016年的26.00分钟增加了1.02分钟；人均每天电子阅读器阅读时长为8.12分钟，比2016年的5.51分钟增加了2.61分钟；2017年人均每天接触Pad（平板电脑）的时长为12.61分钟，较2016年的13.88分钟减少了1.27分钟。

在传统纸质媒介中，我国成年国民人均每天读书时间最长，为20.38分钟，比2016年的20.20分钟增加了0.18分钟，超一成（12.1%）国民平均每天阅读1小时以上图书；人均每天读报时长为12.00分钟，比2016年的13.15分钟减少了1.15分钟；人均每天阅读期刊时长为6.88分钟，比2016年的6.61分钟增加了0.27分钟。

1.3　各类出版物阅读量

从成年国民对各类出版物阅读量的考察看，2017年我国成年国民人均纸质图书阅读量为4.66本，较2016年的4.65本略有增长。人均电子书阅读量为3.12本，略低于2016年的3.21本。纸质报纸的人均阅读量为33.62期（份），低于2016年的44.66期（份）。纸质期刊的人均阅读量为3.81期（份），高于2016年的3.44期（份）。

我国成年国民中，10.2%的国民年均阅读10本及以上纸质图书，此外还有5.4%的国民年均阅读10本及以上电子书。

1.4 城乡居民阅读差异

对我国城乡成年居民 2017 年不同介质阅读情况的考察发现，我国城镇居民的图书阅读率为 67.5%，较 2016 年的 66.1% 高 1.4 个百分点；农村居民的图书阅读率为 49.3%，略低于 2016 年的 49.7%。城镇居民报纸阅读率为 43.9%，较农村居民的 30.1% 高 13.8 个百分点。城镇居民 2017 年的期刊阅读率为 30.7%，较农村居民的 18.9% 高 11.8 个百分点。城镇居民 2017 年的数字化阅读方式接触率为 81.1%，较农村居民的 63.5% 高 17.6 个百分点。2017 年我国城镇居民的综合阅读率为 87.2%，较农村居民的 72.2% 高 15.0 个百分点。

通过对我国城乡成年居民不同介质阅读数量的考察发现，2017 年，我国城镇居民的纸质图书阅读量为 5.83 本，较 2016 年的 5.60 本高 0.23 本；农村居民的纸质图书阅读量为 3.35 本，低于 2016 年的 3.61 本；城镇居民的报纸阅读量为 49.36 期（份），高于农村居民的 15.12 期（份）；城镇居民的期刊阅读量为 5.37 期（份），高于农村居民的 2.00 期（份）；我国城镇居民在 2017 年人均阅读电子书 3.50 本，较农村居民的 2.70 本高 0.80 本。

1.5 有声阅读

对我国国民听书习惯的考察发现，2017 年，我国有两成以上的国民有听书习惯。其中，成年国民的听书率为 22.8%，较 2016 年的平均水平（17.0%）提高了 5.8 个百分点。0—17 周岁未成年人的听书率为 22.7%，与成年国民基本持平。具体看来，14—17 周岁青少年的听书率最高，达 28.4%；9—13 周岁少年儿童和 0—8 周岁儿童的听书率相差不大，分别为 20.9% 和 20.7%。

对我国成年国民听书介质的考察发现，选择"移动有声APP平台"听书的国民比例较高，为10.4%；其次，有7.4%的人选择通过"广播"听书；有5.3%的人选择通过"微信语音推送"听书。

■ 1.6　上网率与上网从事的主要活动

2017年，我国成年国民上网率为79.1%，比2016年的73.8%增加了5.3个百分点。具体来看，有四成左右（40.3%）的国民通过电脑上网，有近八成（77.9%）的国民通过手机上网。其中，通过手机上网的比例增幅明显，与2016年的72.6%相比，增长了5.3个百分点。

我国成年网民上网从事的活动中，信息获取功能受到越来越多网民的重视，具体来说，有69.7%的网民将"阅读新闻"作为主要网上活动之一，有39.3%的网民将"查询各类信息"作为主要网上活动之一。同时，互联网的娱乐功能仍然占据很重要的位置，有72.0%的网民将"网上聊天/交友"作为主要网上活动之一，有51.5%的网民将"看视频"作为主要网上活动之一，有42.9%的网民将"在线听歌/下载歌曲和电影"作为主要网上活动之一，有36.6%的网民将"网上购物"作为主要网上活动之一，还分别有33.6%和32.7%的网民将"网络游戏"和"即时通讯"作为主要网上活动之一。有21.7%的网民将"阅读网络书籍、报刊"作为主要网上活动之一。

■ 1.7　成年国民倾向的阅读方式

从数字化阅读方式的人群分布特征来看，我国成年数字化阅读方式接触者中，18—29周岁人群占34.6%，30—39周岁人群占26.1%，40—49周岁人群占24.2%，50—59周岁人群占10.6%。

可见，我国成年数字化阅读接触者中，84.9%是18—49周岁人群。

对我国国民倾向的阅读形式的研究发现，45.1%的成年国民更倾向于"拿一本纸质图书阅读"，有12.2%的国民更倾向于"网络在线阅读"，有35.1%的国民倾向于"手机阅读"，有6.2%的人倾向于"在电子阅读器上阅读"，1.4%的国民"习惯从网上下载并打印下来阅读"。

1.8 个人阅读量与阅读内容自我评价

2017年我国成年国民对个人阅读数量评价中，只有1.7%的国民认为自己的阅读数量很多，8.8%的国民认为自己的阅读数量比较多，有37.7%的国民认为自己的阅读数量一般，39.5%的国民认为自己的阅读数量很少或比较少。

从成年国民对个人纸质阅读内容和数字阅读内容的阅读量变化情况的反馈来看，有7.0%的国民表示2017年"增加了纸质内容的阅读"，但有9.1%的国民表示2017年"减少了纸质内容的阅读"；有5.7%的国民表示2017年"减少了数字内容的阅读"，但有8.6%的国民表示2017年"增加了数字内容的阅读"；近六成（56.1%）的国民认为2017年个人阅读量没有变化。

从成年国民对于个人总体阅读情况的评价来看，有23.7%的国民表示满意（非常满意或比较满意），比2016年的19.6%提升了4.1个百分点；有13.1%的国民表示不满意（比较不满意或非常不满意），比2016年的18.5%有所下降；另有48.6%的国民表示一般。

我国成年国民对当地举办全民阅读活动的呼声较高，2017年有64.2%的成年国民认为有关部门应当举办读书活动或读书节。其中，城镇居民认为当地有关部门应该举办读书活动或读书节的比例为63.4%，农村居民中这一比例为65.2%。

■ 1.9　0—17周岁未成年人图书阅读率与阅读量

从未成年人的阅读率来看，2017年0—8周岁儿童图书阅读率为75.8%，与2016年的76.0%基本持平；14—17周岁青少年图书阅读率为90.4%，较2016年的88.2%提高了2.2个百分点。2017年我国0—17周岁未成年人图书阅读率为84.8%，与2016年的85.0%基本持平。

对未成年人图书阅读量的分析发现，2017年我国14—17周岁未成年人课外图书的阅读量最大，为11.57本，比2016年的9.11本增加了2.46本；0—8周岁儿童人均图书阅读量为7.23本，比2016年的7.76本略有下降。2017年我国0—17周岁未成年人的人均图书阅读量为8.81本，比2016年的8.34本增加了0.47本。

■ 1.10　亲子共读行为

对亲子早期阅读行为的分析发现，2017年我国0—8周岁儿童家庭中，平时有陪孩子读书习惯的家庭占71.3%。另外，在0—8周岁有阅读行为的儿童家庭中，平时有陪孩子读书习惯的家庭占到91.8%，较2016年的90.0%提高了1.8个百分点；在这些家庭中，家长平均每天花23.69分钟陪孩子读书，较2016年的24.15分钟略有减少。

此外，2017年我国0—8周岁儿童的家长平均每年带孩子逛书店3.07次，与2016年的3.07次持平。近五成（46.2%）的0—8周岁儿童家长半年内至少会带孩子逛一次书店，其中三成多（35.0%）的家长会在1—3个月内带孩子逛一次书店。

1.11 阅读指数

为了综合反映我国国民阅读总体情况及其变化趋势，引导各城市统一阅读指数标准，我们经过八年研究，研制出我国国民阅读指数和城市阅读指数指标体系。阅读指数指标体系共包含25项单一指标，分为"个人阅读状况"和"公共阅读设施与服务"两大方面。其中，"个人阅读状况"包括国民个人图书阅读量与拥有量、各类出版物的阅读率以及个人阅读认知与评价等三个方面，综合反映国民阅读水平；"公共阅读设施与服务"包括国民对公共阅读设施、全民阅读活动等的认知度、使用情况以及满意度评价三个方面，综合反映全民阅读公共设施建设与公共服务水平。通过对25项指标进行分层拟合，获得阅读指数。

经测算，2017年我国阅读指数为68.14点。其中，个人阅读指数为71.65点；公共阅读服务指数为64.90点。

二、抽样设计

■ 2.1　调查目的

"全国国民阅读调查"项目是经原国家新闻出版广电总局批准，由中国新闻出版研究院组织实施的一项大规模、连续性的基础性调查工程。

项目于每年年底在全国范围内开展入户抽样调查，旨在全面了解我国国民的阅读与购买兴趣、阅读偏好、阅读方式、阅读需求、阅读行为等基本状况，分析、总结国民阅读与购买图书、报纸、期刊、音像制品、电子出版物、数字化阅读方式等的变化规律和发展趋势，从而为新闻出版管理机关制定新闻出版政策提供决策参考，为出版单位进行科学投资决策、有针对性地制定选题计划、组织营销等活动提供市场参考。

■ 2.2　执行城市

2.2.1　自代表城市

33个自代表城市：4个直辖市，除港澳台地区及新疆、海南、西藏以外的25个省会城市，阅读活动持续开展的4个城市苏州、厦门、深圳、青岛。

2.2.2　非自代表城市

除以上33个自代表城市外，还选取了17个非自代表城市。

具体非自代表城市抽样情况如表1所示。

表1 第十五次全国国民阅读调查非自代表城市抽样

省份	城市
河北省	邢台市
辽宁省	大连市
浙江省	绍兴市
福建省	漳州市
山东省	烟台市
广东省	茂名市
山西省	朔州市
内蒙古自治区	赤峰市
黑龙江省	绥化市
安徽省	马鞍山市
江西省	宜春市
湖北省	荆门市
湖南省	邵阳市
广西壮族自治区	柳州市
四川省	泸州市
陕西省	宝鸡市
甘肃省	中卫市

2.2.3 样本量

本次调查设计样本量共计19300个,其中,农业样本5000个,非农业样本14300个。

具体样本分布情况如表2所示。

表2 第十五次全国国民阅读调查样本量分布

省/直辖市	城市	样本量	非农样本	农业样本
北京	北京	600	500	100
天津	天津	600	500	100
河北	石家庄	400	300	100
	邢台	300	200	100
辽宁	大连	300	200	100
	沈阳	400	300	100
上海	上海	600	500	100
江苏	南京	400	300	100
	苏州	400	300	100
浙江	杭州	400	300	100
	绍兴	300	200	100

续前表

省/直辖市	城市	样本量	非农样本	农业样本
福建	福州	400	300	100
	厦门	400	300	100
	漳州	300	200	100
山东	济南	400	300	100
	青岛	400	300	100
	烟台	300	200	100
广东	广州	600	500	100
	深圳	400	300	100
	茂名	300	200	100
海南	海口	400	300	100
山西	太原	400	300	100
	朔州	300	200	100
内蒙古	呼和浩特	400	300	100
	赤峰	300	200	100
吉林	长春	400	300	100
黑龙江	哈尔滨	400	300	100
	绥化	300	200	100
安徽	合肥	400	300	100
	马鞍山	300	200	100
江西	南昌	400	300	100
	宜春	300	200	100
河南	郑州	400	300	100
湖北	武汉	400	300	100
	荆门	300	200	100
湖南	长沙	400	300	100
	邵阳	300	200	100
广西	南宁	400	300	100
	柳州	300	200	100
重庆	重庆	600	500	100
四川	成都	400	300	100
	泸州	300	200	100
贵州	贵阳	400	300	100
云南	昆明	400	300	100
陕西	西安	400	300	100
	宝鸡	300	200	100
甘肃	兰州	400	300	100
	中卫	300	200	100

续前表

省/直辖市	城市	样本量	非农样本	农业样本
青海	西宁	400	300	100
宁夏	银川	400	300	100
合计		19300	14300	5000

2.3 抽样原则

第十五次全国国民阅读调查采用抽样和入户访问分步执行的方式。前期抽样工作完成后,入户阶段访问员将依照入户登记表中所列户址信息进行调查。现将抽样工作的具体步骤说明如下:

本方案采用分层的五阶段不等概率抽样,各阶段的抽样单位为:

第一阶段:以人口数在50万以上的地级及以上城市为一级抽样单位。

第二阶段:以区(市辖区),县(市辖县)为二级抽样单位。

第三阶段:城镇样本以地图块为三级抽样单位,农村样本以乡镇以下行政村为三级抽样单位。

第四阶段:以家庭户为四级抽样单位。

第五阶段:以个人为最终样本(以 KISH 表[①]随机选取的家庭成员为最终样本)。

2.4 二级抽样单元的选取

对城区的抽样采用随机抽样,对郊区和郊县的抽样依据"就近原则",抽取距离市中心最近的郊区或郊县。

对样本量为600的城市抽取4个主城区,1个郊区,1个县(县

---

① KISH 表是美国著名抽样专家 KISH 创立的一种在确定了户之后,如何选取户内家庭成员的方法,它的原理与随机数表一致。

级市）。

对样本量为 400 的城市抽取 2 个城区，1 个郊区，1 个县（县级市）。

对样本量为 300 的城市，抽取 1 个主城区，1 个郊区，1 个县。

深圳只执行城市样本，抽取 4 个城区。

2.5 城镇样本的选取

对城镇样本采用地图块抽样，具体步骤如下：

划分地图块：对每个城市抽取出来的区县，在地图上按比例划好面积大致相同的若干方块。方块不宜太大，尽量控制在每个抽样员能在两个小时内走完。

对地图块进行编号：将划分好的地图块进行编号，编号原则是：从左向右，从下向上依次编号。对于每个地图块，需要标出组成地图块边界的具体路名。

对地图块进行随机抽样。

抽取出的地图块分配到每个访问员。访问员按一定路线对地图块进行行走，按行走路线抄取地图块范围内的所有地址表。

对以上地址表行进编码和等距抽样，抽取最终访问到的家庭户。

入户之后采用 KISH 表抽取最终参加访问的家庭成员。

2.6 农村样本的选取

农村样本以行政村为抽样单元，在抽中的行政村中抽取样本户。具体抽样方法如下：

在选取的每一个县级单位内，列出所辖的所有乡镇名称。

依据"就近原则"，选取离县中心最近的 2 个乡镇。

依据"就近原则",在每一抽取出的乡镇中,选取离乡镇中心最近的 5 个行政村。在抽中的行政村中,以进村的第一户为起点,进行等距抽样,抽取需要访问的家庭户。入户之后采用 KISH 表抽取最终访问到的家庭成员。

2.7 统计推断

本次研究采用的抽样方法为多阶段分层不等概率抽样。由于是全国性大样本的调查,在各个阶段中使用了多种复杂抽样方法的组合,包括 PPS 抽样[①]、简单随机抽样、等距抽样、KISH 表抽样、典型抽样等。

由于抽样阶段很多,每个层次涉及到的抽样方法各不相同,在进行最终统计推断时非常复杂。为了简化参数估计的计算,对总体的推断有更加清晰的了解,我们将复杂的抽样过程简化为两个阶段:初级抽样单元(PSU),即抽取到的城市;二级抽样单元(SSU),即抽取到的最终样本——个人。

根据方差分析原理,对总体进行分层后,总体方差可以分解为两部分,一部分是层间方差,一部分是层内方差。初级抽样单元 PSU 之间的方差为层间方差;二级抽样单元 SSU 之间的方差为层内方差。两个层的方差估计过程如下:

第一阶段,城市的抽取,采用的是 PPS 抽样。PPS 抽样的估计,可直接应用汉森—赫维茨(Hansen-Hurwitz)估计量的公式进行计算。具体计算过程如下:

记 Y_{ij} 为总体的第 i 个群中第 j 个次级单元的观测值($i=1$, 2, $\cdots$, N; $j=1$, 2, $\cdots$, M_i),其中 M_i 是群的大小。y_{ij} 为样本中第 i 个群中第 j 个次级单元的观测值($i=1$, 2, $\cdots$, n; $j=1$, 2, $\cdots$, m_i)

---

① PPS 为 Sampling with probability proportional to size 的缩写,即不等概率抽样。

其中 m_i 是群的大小。

总体总量 Y 的估计量为 $\hat{Y}$。

$$\hat{Y} = \frac{1}{n}\sum_{i=1}^{n}\frac{y_i}{z_i}$$

总体总量估计量 $\hat{Y}$ 的方差估计量 $V(\hat{Y})$。

$$V(\hat{Y}) = \frac{1}{n}\sum_{i=1}^{N}Z_i\left(\frac{Y_i}{Z_i}-Y\right)^2 \qquad (1)$$

其中 $Y_i = \sum_{i=1}^{M_i}Y_{ij}$，$y_i = \sum_{i=1}^{m_i}y_{ij}$，$Z_i = \frac{M_i}{M_o}$（$M_i$ 是分层抽样中群的大小，M_o 是总体中所有群大小之和）。

第二阶段，从抽到的城市中抽取访问的个体。这个过程分成了多个阶段，地图块的抽取采用简单随机抽样，从地图块抽取户采用等距抽样，从户中抽取最终访问的样本采用 KISH 表抽样。在这一阶段中虽然采用了多种抽样方法的结合，但这几种方法组合的抽样原理基本可以认为与分层随机抽样一致。因此在这一阶段，我们采用分层随机抽样的统计推断方法来对总体进行估计。

在抽中的 PSU 所含的全部 M_i 个 SSU 中抽取 m_i 个，总体方差的估计公式为

$$V(\hat{Y}) = \frac{1}{n}\sum_{i=1}^{N}\frac{M_i^2(1-f_i)S_i^2}{m_iZ_i} \qquad (2)$$

其中 S_i^2 为第 i 个 PSU 中的 SSU 之间的方差。$f_i = \frac{n_i}{N_i}$

非自代表城市样本，是通过以上两阶段抽取，在统计推断时其总体方差估计＝公式（1）＋公式（2）。

自代表城市样本，没有经过抽取城市的第一阶段，因此在统计推断时其总体方差仅来自于层内差，即公式（2）。

农业人口样本，在抽取县和行政村时采用了就近抽样的典型抽样方法，这种方法的变异量要高于随机抽样，因此在估计农业人口样本的总体方差时需要适当扩大公式（2）的值。

三、最终样本结构

本次调查最终录入数据库的有效问卷为18666份。其中18周岁及以上成年人样本14245个,18周岁以下未成年人样本为4421个,未成年样本占到总样本量的23.7%;有效采集城镇样本为14012个,农村样本4654个,农村样本比例为24.9%。

经过样本加权,本次全部有效样本量可推及全国12.84亿人口,其中城镇居民占52.1%,农村居民占47.9%。

各年龄段样本分布情况如表3所示。

表3 各年龄段样本分布结构

类别	人口特征	0—8周岁	9—13周岁	14—17周岁	18周岁及以上
样本量	—	1911	1156	1354	14245
性别	男	54.6%	56.6%	50.6%	43.8%
	女	45.4%	43.4%	49.4%	56.2%
城乡	城镇	75.2%	73.7%	75.8%	75.1%
	农村	24.8%	26.3%	24.2%	24.9%
加权后推及人口	—	123066840	87441868	69021488	1004709496

主体报告

第一篇

18周岁及以上成年国民部分

第一章
成年国民媒介接触及消费状况

■ 1.1 媒介接触状况

1.1.1 媒介接触率

调查数据显示,2017年,我国18周岁及以上成年国民的电视接触率为87.7%,电视一直是近几年我国18周岁及以上成年国民中受众规模最大的媒介。手机媒介接触率(87.5%)超过互联网接触率(64.6%),仅次于电视,在各类媒介接触率中位列第二。

在书报刊这三类主要的传统纸质媒介中,图书接触率最高,为39.5%,排在首位;报纸接触率为32.9%;期刊接触率为20.6%。值得注意的是,传统纸质媒介接触率均低于互联网(64.6%)和手机媒介(87.5%)的接触率,但高于Pad(16.5%)和电子阅读器(12.2%)的接触率。不同人口特征的群体的媒介接触率存在一定差异。

从城乡对比来看,城镇居民的互联网、报纸、Pad(平板电脑)、图书、期刊、手机、广播和电子阅读器等的接触率均高于农村居民。城镇居民的互联网接触率为76.1%,较农村居民(51.7%)高24.4个百分点;城镇居民的报纸接触率为40.1%,较农村居民(24.9%)高15.2个百分点;城镇居民的Pad(平板电脑)接触率为21.0%,

较农村居民（11.5%）高9.5个百分点；城镇居民的图书接触率为46.7%，较农村居民（31.4%）高15.3个百分点；城镇居民的期刊接触率为25.3%，较农村居民（15.4%）高9.9个百分点；城镇居民的手机媒介接触率为92.2%，较农村居民（82.2%）高10.0个百分点；城镇居民的广播接触率为25.8%，较农村居民（21.3%）高4.5个百分点；城镇居民的电子阅读器接触率为14.8%，较农村居民（9.2%）高5.6个百分点。而农村居民的电视接触率为90.2%，较城镇居民（85.5%）高4.7个百分点。

从性别差异来看，男性居民的报纸、手机、互联网、广播、图书和电子阅读器等的接触率均高于女性居民。男性居民的报纸接触率为36.3%，较女性居民（29.5%）高6.8个百分点；男性居民的手机接触率为89.3%，较女性居民（85.7%）高3.6个百分点；男性居民的互联网媒介接触率为68.5%，较女性居民（60.6%）高7.9个百分点；男性居民的广播接触率为27.1%，较女性居民（20.2%）高6.9个百分点；男性居民的图书接触率为41.5%，较女性居民（37.5%）高4.0个百分点；男性居民的电子阅读器接触率为14.2%，较女性居民（10.2%）高4.0个百分点；男性居民的期刊接触率为22.3%，较女性居民（19.0%）高3.3个百分点。而女性居民的电视接触率为89.3%，高于男性居民（86.2%）。

具体情况如表1-1-1所示。

表1-1-1 媒介接触率

媒介类型	接触率	城乡		性别	
		城镇	农村	男性	女性
图书	39.5%	46.7%	31.4%	41.5%	37.5%
报纸	32.9%	40.1%	24.9%	36.3%	29.5%
期刊	20.6%	25.3%	15.4%	22.3%	19.0%
电视	87.7%	85.5%	90.2%	86.2%	89.3%

续前表

媒介类型	接触率	城乡		性别	
		城镇	农村	男性	女性
广播	23.7%	25.8%	21.3%	27.1%	20.2%
互联网	64.6%	76.1%	51.7%	68.5%	60.6%
音像出版物（CD/VCD/DVD/录音带等）	6.6%	8.7%	4.3%	7.6%	5.7%
Pad（平板电脑）	16.5%	21.0%	11.5%	17.3%	15.7%
手机	87.5%	92.2%	82.2%	89.3%	85.7%
电子阅读器（电子书、电纸书等设备）	12.2%	14.8%	9.2%	14.2%	10.2%

根据以上各类媒介的媒介属性，下面分别对平面媒介、电波媒介、互联网媒介的历年接触情况逐一做具体分析。

1.1.1.1 平面媒介接触状况及变化

如图1-1-1所示，对于我国18周岁及以上成年国民而言，在平面媒介中，报纸接触率自2003年至2017年，除2013年低于期刊接触率、2016和2017年低于图书接触率外，始终高于图书和期刊的接触率。

	2003年	2005年	2007年	2008年	2009年	2010年	2011年	2012年	2013年	2014年	2015年	2016年	2017年
图书接触率	42.1%	37.8%	27.7%	32.6%	28.3%	32.2%	31.3%	33.8%	29.1%	33.8%	39.1%	36.7%	39.5%
报纸接触率	58.6%	60.6%	58.3%	48.4%	45.8%	55.2%	53.0%	50.7%	44.1%	50.7%	42.7%	36.6%	32.9%
期刊接触率	39.4%	39.7%	38.4%	37.5%	34.6%	38.1%	34.4%	37.8%	55.9%	37.8%	24.2%	21.6%	20.6%

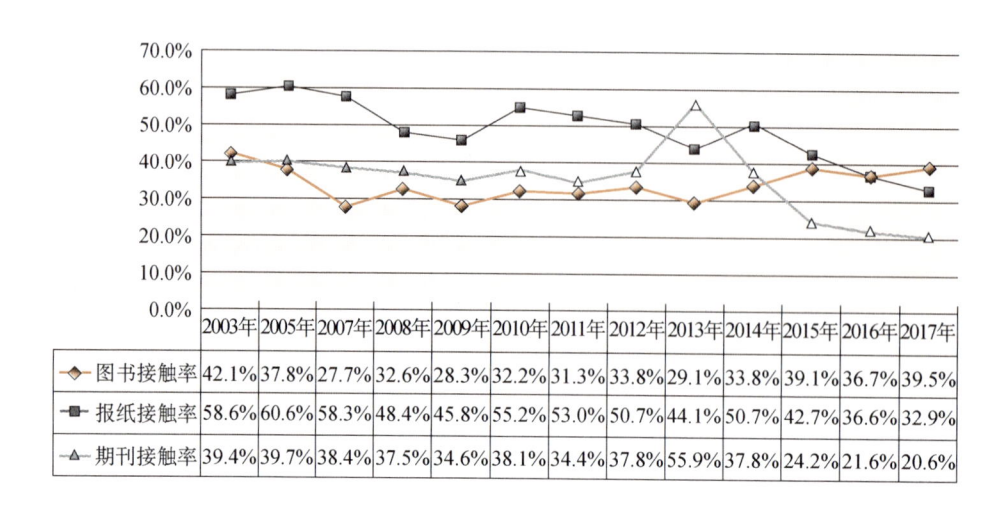

图1-1-1 平面媒介接触状况及变化

1.1.1.2 电波媒介接触状况及变化

如图 1-1-2 所示，对于我国 18 周岁及以上成年国民而言，电视接触率自 2003 年至 2017 年一直保持较高水平；而广播接触率则一直不高。

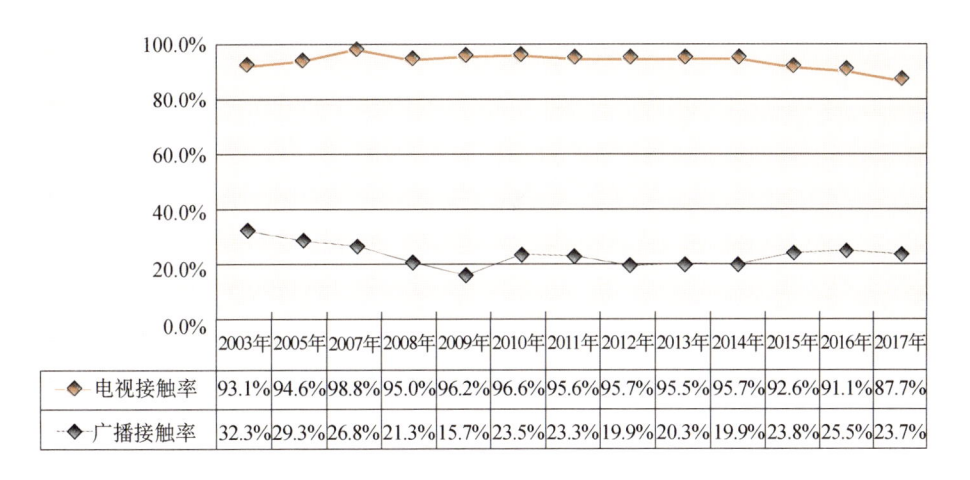

	2003年	2005年	2007年	2008年	2009年	2010年	2011年	2012年	2013年	2014年	2015年	2016年	2017年
电视接触率	93.1%	94.6%	98.8%	95.0%	96.2%	96.6%	95.6%	95.7%	95.5%	95.7%	92.6%	91.1%	87.7%
广播接触率	32.3%	29.3%	26.8%	21.3%	15.7%	23.5%	23.3%	19.9%	20.3%	19.9%	23.8%	25.5%	23.7%

图 1-1-2　电波媒介接触状况及变化

1.1.1.3 互联网接触状况及变化

如图 1-1-3 所示，对于我国 18 周岁及以上成年国民而言，2017 年互联网接触率继续上升，且达到十年来最高值。从 2003 年至 2017 年数据情况来看，我国 18 周岁及以上成年国民互联网接触率总体呈上升趋势。

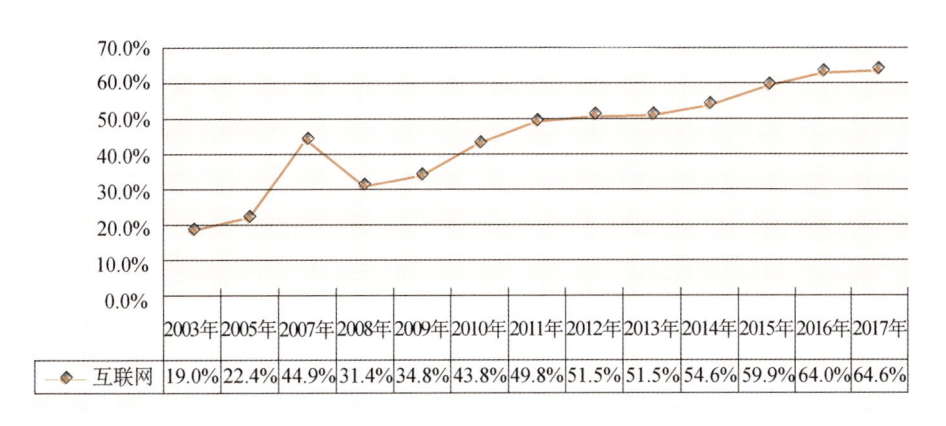

	2003年	2005年	2007年	2008年	2009年	2010年	2011年	2012年	2013年	2014年	2015年	2016年	2017年
互联网	19.0%	22.4%	44.9%	31.4%	34.8%	43.8%	49.8%	51.5%	51.5%	54.6%	59.9%	64.0%	64.6%

图 1-1-3　互联网接触状况及变化

1.1.2 媒介接触时长及变化

与 2016 年相比，2017 年我国成年国民每天接触新兴媒介的时长整体上均有不同程度的提升，手机媒介接触时长增长显著，人均每天微信阅读时长为 27.02 分钟；传统媒介中，纸质图书和期刊阅读时长略有增加，报纸阅读时长略有下降。

在传统纸质媒介中，我国成年国民人均每天读书时间最长，为 18.39 分钟，比 2016 年的 16.99 分钟增加了 1.40 分钟；人均每天读报时长为 11.42 分钟，比 2016 年的 12.20 分钟减少了 0.78 分钟；人均每天阅读期刊时长为 6.45 分钟，比 2016 年的 6.25 分钟增加了 0.20 分钟。

从新兴媒介来看，人均每天手机媒介接触时间最长。我国成年国民人均每天接触手机媒介时长为 74.40 分钟，与 2016 年的 80.43 分钟相比减少了 6.03 分钟；人均每天互联网接触时长为 57.22 分钟，比 2016 年的 60.70 分钟减少了 3.48 分钟；人均每天微信阅读时长为 15.90 分钟，较 2016 年的 17.52 分钟减少了 1.62 分钟；人均每天接触电子阅读器时长为 4.77 分钟，比 2016 年的 6.66 分钟减少了 1.89 分钟；2017 年人均每天接触 Pad（平板电脑）的时长为 11.70 分钟，较 2016 年的 10.60 分钟增加了 1.10 分钟。

具体情况如图 1-1-4 所示。

1.1.3 媒介接触种类

为研究我国 18 周岁及以上成年国民的媒介接触种类，我们定义：如果一个被访者过去一年只接触了一种媒介，则计数为 1；接触了两种媒介，则计数为 2，以此类推，接触了 N 种媒介，则计数为 N。

据此计算，我国 18 周岁及以上成年国民的媒介接触种类为 3.90 种。具体来看，不同人口特征人群的媒介接触种类数量存在一

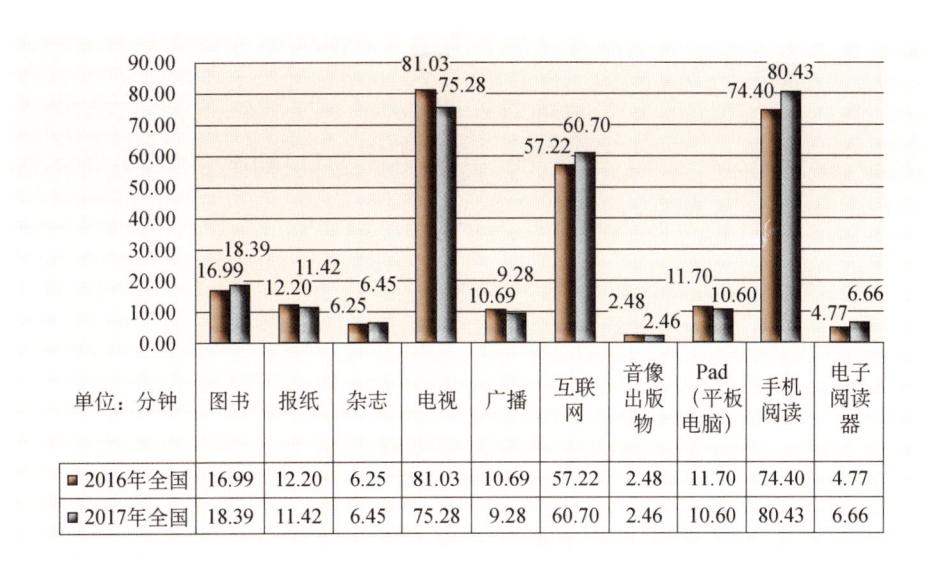

单位：分钟	图书	报纸	杂志	电视	广播	互联网	音像出版物	Pad（平板电脑）	手机阅读	电子阅读器
2016年全国	16.99	12.20	6.25	81.03	10.69	57.22	2.48	11.70	74.40	4.77
2017年全国	18.39	11.42	6.45	75.28	9.28	60.70	2.46	10.60	80.43	6.66

图 1-1-4 成年国民各媒介接触时长

定差异。

从性别差异看，男性居民的媒介接触种类为 4.08 种，较女性居民媒介接触种类（3.72 种）多出 0.36 种。

从城乡对比看，城镇居民的媒介接触种类为 4.35 种，较农村居民媒介接触种类（3.41 种）多出 0.94 种。

从年龄分布上看，年龄越小的群体，接触的媒介种类相对越多。18—29 周岁群体接触的媒介种类最多，为 4.44 种；60—70 周岁之间群体接触的媒介种类最少，为 2.86 种。

从受教育程度来看，学历越高的群体，接触的媒介种类相对越多。博士研究生学历群体接触的媒介种类最多，为 6.66 种；其次为硕士研究生群体，其媒介接触种类为 6.12 种；小学及以下学历群体接触的媒介种类最少，为 2.24 种。

从职业或身份来看，"公务员""事业单位干部""教师""企业领导或管理人员"群体接触的媒介种类均在 5.00 种以上。这在一定程度上表明，这些群体获取信息和知识的渠道较其他群体更加多样。而"私营或个体劳动者""离退休人员""无业及失业人员""农民工（进城务工人员）" "农民"群体的媒介接触种类均不足

4.00 种。

从收入水平来看，相对而言，收入较高群体接触的媒介种类多于收入较低群体。月收入在 7000—8000 元的群体接触的媒介种类最多，为 5.31 种；月收入在 500 元以下群体接触的媒介种类最少，仅为 2.72 种。

具体情况如表 1-1-2 所示。

表 1-1-2　不同人口特征群体媒介接触种类

人口特征	类别	媒介接触种类（种）
性别	男性	4.08
	女性	3.72
城乡	城镇	4.35
	农村	3.41
年龄	18—29 周岁	4.44
	30—39 周岁	4.36
	40—49 周岁	3.95
	50—59 周岁	3.27
	60—70 周岁	2.86
	70 周岁以上	2.93
学历	博士研究生	6.66
	硕士研究生	6.12
	本科	5.23
	大专	4.77
	高中	4.31
	初中	3.21
	小学及以下	2.24
职业或身份	工人或商业/服务业人员	4.04
	企业领导或管理人员	5.23
	农民	2.69
	农民工（进城务工人员）	3.18
	事业单位干部	5.48
	一般职员/文员/秘书	4.84
	公务员	5.62
	军人/武警	4.52
	教师	5.26

续前表

人口特征	类别	媒介接触种类（种）
职业或身份	律师/医护人员/IT等专业技术人员	4.66
	私营或个体劳动者	3.95
	学生	4.99
	离退休人员	3.62
	无业及失业人员	3.21
	自由职业者	4.07
收入	无收入	3.19
	500元以下	2.72
	500—1000元	3.07
	1000—1500元	3.15
	1500—2000元	3.34
	2000—3000元	3.92
	3000—4000元	4.29
	4000—5000元	4.77
	5000—6000元	5.10
	6000—7000元	4.67
	7000—8000元	5.31
	8000—10000元	4.76
	10000元及以上	4.17
	拒绝回答	4.25

■ 1.2 阅读载体的使用场所

调查数据显示，"家中""学校或单位"这些与个人生活、学习或工作联系密切的地方，是我国18周岁及以上成年国民经常阅读的场所。

具体来看，对于传统纸质媒体而言，有41.1%的成年国民通常在家中阅读图书，10.4%的成年国民通常在学校或单位阅读图书；18.2%的成年国民通常在家中阅读期刊，6.7%的成年国民通常在学校或单位阅读期刊；28.7%的成年国民通常在家中阅读报纸，有11.7%的成年国民通常在学校或单位阅读报纸。

对于网络在线阅读和手机阅读而言亦是如此,有 47.0% 的成年国民通常会在家中进行网络在线阅读,13.5% 的成年国民通常在学校或单位进行网络在线阅读;64.0% 的成年国民通常会在家中进行手机阅读,18.1% 的成年国民通常在学校或单位进行手机阅读。

由于手机、电子阅读器等载体携带方便,因此,除了"家中""学校或单位"外,也有一些成年国民在乘坐交通工具时使用这些阅读载体进行阅读。有 14.9% 的成年国民通常会在乘坐交通工具时进行手机阅读,有 6.4% 的成年国民通常在乘坐交通工具时进行网络在线阅读,有 1.8% 的成年国民通常会在乘坐交通工具时进行电子阅读器阅读。

具体情况如表 1-2-1 所示。

表 1-2-1　各类阅读载体的使用场所

阅读载体 \ 阅读场所	家中	书店	学校或单位	网吧	图书馆	乘交通工具时	其他地点	基本不阅读
图书	41.1%	6.1%	10.4%	0.1%	6.4%	2.3%	0.4%	53.3%
期刊	18.2%	1.1%	6.7%	0.1%	1.5%	1.1%	0.7%	74.8%
报纸	28.7%	0.6%	11.7%	0.0%	0.6%	2.7%	0.9%	62.3%
网络在线阅读	47.0%	0.5%	13.5%	0.5%	0.7%	6.4%	0.6%	49.2%
手机阅读	64.0%	0.8%	18.1%	0.5%	0.8%	14.9%	0.7%	32.8%
Pad(平板电脑)	12.1%	0.1%	1.6%	0.0%	0.1%	0.7%	0.6%	86.9%
电子阅读器(电子书、电纸书等设备)	9.0%	0.2%	2.5%	0.1%	0.3%	1.8%	0.5%	89.5%

1.3 媒介消费状况

1.3.1 2017 年我国出版业基本情况

国家新闻出版署于 2018 年 8 月公布的 "2017 年全国新闻出版业基本情况"全面体现了 2017 年度我国新闻出版业的基本发展情况，现将其中部分数据摘录如下：

2017 年，全国共出版图书、期刊、报纸、音像制品和电子出版物 485.23 亿册（份、盒、张），较上年降低 5.43%。其中，出版图书 92.44 亿册（张），增长 2.29%，占全部数量的 19.05%；期刊 24.92 亿册，降低 7.59%，占 5.14%；报纸 362.50 亿份，降低 7.07%，占 74.70%；音像制品 25591.88 万盒（张），降低 7.22%，占 0.53%；电子出版物 28132.93 万张，降低 3.21%，占 0.58%。全国出版图书、期刊、报纸总印张为 2020.94 亿印张，与上年相比，降低 7.99%。

截至 2017 年年底，全国共有出版社 585 家（包括副牌社 33 家），其中中央级出版社 219 家（包括副牌社 13 家），地方出版社 366 家（包括副牌社 20 家）。

1.3.1.1 图书出版情况

2017 年，全国出版新版图书 255106 种，总印数 22.74 亿册（张），总印张 230.05 亿印张，定价总金额 690.39 亿元；与上年相比，品种降低 2.79%，总印数降低 5.58%，总印张降低 4.79%，定价总金额增长 1.32%。重印图书 257381 种，总印数 53.87 亿册（张），总印张 464.26 亿印张，定价总金额 918.55 亿元；与上年相比，品种增长 8.39%，总印数增长 5.25%，总印张增长 9.26%，定价总金额增长 17.31%。租型图书总印数 15.83 亿册（张），总印张 113.73 亿印张，定价总金额 122.31 亿元；与上年相比，总印数增长 4.81%，总印张增长 2.78%，定价总金额增长 4.98%。

1.3.1.2　期刊出版情况

2017 年，全国共出版期刊 10130 种，平均期印数 13085 万册，每种平均期印数 1.34 万册，总印数 24.92 亿册，总印张 136.66 亿印张，定价总金额 223.89 亿元。与上年相比，品种增长 0.46%，平均期印数降低 5.90%，每种平均期印数降低 6.77%，总印数降低 7.59%，总印张降低 10.06%，定价总金额降低 3.67%。

1.3.1.3　报纸出版情况

2017 年，全国共出版报纸 1884 种，平均期印数 18669.49 万份，每种平均期印数 9.91 万份，总印数 362.50 亿份，总印张 1076.24 亿印张，定价总金额 398.85 亿元。与上年相比，品种降低 0.53%，平均期印数降低 4.23%，每种平均期印数降低 3.73%，总印数降低 7.07%，总印张降低 15.07%，定价总金额降低 2.29%。

1.3.1.4　音像制品与电子出版物

截至 2017 年年底，全国共有音像制品出版单位 381 家，电子出版物出版单位 307 家。

2017 年，全国共出版录音制品 8259 种，18676.73 万盒（张）。与上年相比，品种降低 5.21%，出版数量降低 12.56%。

2017 年，全国共出版录像制品 5293 种、6915.15 万盒（张）。与上年相比，品种降低 6.67%，出版数量增长 11.07%。

2017 年，全国共出版电子出版物 9240 种、28132.93 万张。与上年相比，品种降低 6.06%，出版数量降低 3.21%。

1.3.1.5　印刷复制

2017 年，印刷复制（包括出版物印刷、包装装潢印刷、其他印刷品印刷、专项印刷、印刷物资供销和复制）实现营业收入 13156.49 亿元，较 2016 年同口径（未包括打字复印）增长 4.68%；

利润总额 850.03 亿元，增长 1.26%。出版物印刷（含专项印刷）营业收入 1670.39 亿元，增长 4.04%；利润总额 117.59 亿元，增长 1.41%。包装装潢印刷营业收入 10172.79 亿元，增长 4.74%；利润总额 638.14 亿元，增长 1.40%。其他印刷品营业收入 1095.67 亿元，增长 1.03%；利润总额 93.20 亿元，降低 0.71%。

1.3.1.6 出版物发行情况

2017 年，全国共有出版物发行网点 162811 处，与上年相比降低 0.18%。其中，新华书店及其发行网点 9633 处，增长 7.08%；出版社自办发行网点 437 处，增长 4.05%；邮政系统发行网点 40523 处；其他批发网点 8969 处，集个体零售网点 103190 处。

2017 年，全国新华书店系统与出版社自办发行网点从业人员共有 13.24 万人，与上年相比降低 5.02%。

2017 年，全国新华书店系统、出版社自办发行单位出版物总购进 211.02 亿册（张、份、盒）、3042.19 亿元，与上年相比，数量增长 1.56%，金额增长 6.48%。2017 年，全国新华书店系统、出版社自办发行单位出版物总销售 213.19 亿册（张、份、盒）、2954.43 亿元。与上年相比，数量增长 2.36%，金额增长 6.61%。

1.3.1.7 出版物进出口

1.3.1.7.1 图书、报纸、期刊进出口

2017 年，全国累计出口图书、报纸、期刊 2172.02 万册（份）、7831.81 万美元。与上年相比，数量增长 0.10%，金额增长 0.60%。其中：全国出版物进出口经营单位累计出口 1870.72 万册（份）、6024.66 万美元；与上年相比，数量增长 5.96%，金额增长 2.34%。

2017 年，全国出版物进出口经营单位累计进口图书、报纸、期刊 3255.60 万册（份）、31978.76 万美元。与上年相比，数量增长 4.74%，金额增长 6.41%。

1.3.1.7.2 音像制品、电子出版物进出口

2017年，全国累计出口音像制品、电子出版物与数字出版物6.40万盒（张）、2933.09万美元。与上年相比，数量降低45.56%，金额降低9.07%。其中：全国出版物进出口经营单位累计出口1.93万盒（张）、163.34万美元；与上年相比，数量增长45.40%，金额增长4.42%。

2017年，全国出版物进出口经营单位累计进口音像制品、电子出版物与数字出版物13.56万盒（张）、34584.46万美元。与上年相比，数量增长25.40%，金额增长33.74%。

1.3.1.8 版权贸易

2017年，全国共引进版权18120项，其中：图书17154项，录音制品147项，录像制品364项，电子出版物372项。2017年，全国共引进图书、音像制品和电子出版物版权18037项。

2017年，全国共输出版权13816项，其中：图书10670项，录音制品322项，录像制品102项，电子出版物1557项。2017年，全国共输出图书、音像制品和电子出版物版权12651项。

1.3.2 自费消费出版物情况

为跟踪了解国内出版物的个人消费情况，我们在第十五次全国国民阅读调查中对我国18周岁及以上成年国民的图书、报纸、期刊、手机报、VCD/DVD/CD、电子书、CD-ROM和盒式录音带出版物的消费数量、消费金额进行了调查，具体到各类出版物的消费情况如下所述。

1.3.2.1 各类出版物消费情况概述

在各类出版物中，2017年我国18周岁及以上成年国民自费购买率最高的是图书，达到34.9%；报纸、期刊的自费购买率分别位居第二、第三位，分别为19.9%和12.2%；VCD/DVD/CD、盒式

录音带、手机报等的自费购买率较低,均不足5.0%;盒式录音带的自费购买率最低,仅为0.8%。

从城乡对比看,城镇居民的图书自费购买率(42.0%)高出农村居民(27.0%)15.0个百分点;城镇居民的报纸自费购买率(25.8%)高出农村居民(13.4%)12.4个百分点;城镇居民的期刊自费购买率(15.7%)高出农村居民(8.2%)7.5个百分点,其他出版物的自费购买率城乡差异并不显著。

从性别差异看,男性居民的报纸自费购买率(23.3%)高出女性居民(16.5%)6.8个百分点;手机报自费购买率(4.9%)高出女性居民(2.8%)2.1个百分点;VCD/DVD/CD自费购买率(3.9%)高出女性居民(2.8%)1.1个百分点。此外,女性居民的图书自费购买率(34.7%)和期刊自费购买率(10.5%)略低于男性居民(35.1%和13.9%),而其他出版物自费购买率的性别差异则不显著。

具体情况如表1-3-1所示。

表1-3-1 各类出版物自费购买率

种类	自费购买率	城乡		性别	
		城镇	农村	男性	女性
图书	34.9%	42.0%	27.0%	35.1%	34.7%
报纸	19.9%	25.8%	13.4%	23.3%	16.5%
期刊	12.2%	15.7%	8.2%	13.9%	10.5%
手机报	3.9%	4.8%	2.8%	4.9%	2.8%
VCD/DVD/CD	3.3%	3.9%	2.8%	3.9%	2.8%
电子书	4.8%	5.4%	4.1%	5.7%	3.9%
CD-ROM	2.3%	3.1%	1.5%	2.5%	2.2%
盒式录音带	0.8%	1.0%	0.6%	0.8%	0.8%

1.3.2.2 图书消费情况

调查数据显示,2017年,我国18周岁及以上成年国民人均自费购书数量为3.09本。不同人口特征群体的自费购买图书数量存在一定差异。

从性别差异来看，男性居民的图书自费消费数量为3.06本，较女性居民（3.12本）少0.06本。

从城乡对比看，城镇居民的图书自费消费数量为3.98本，较农村居民（2.09本）多1.89本。

从年龄分布来看，中青年群体的图书自费消费数量相对高于老年群体。30—39周岁群体的图书自费消费数量最多，达到4.63本；18—29周岁群体的图书自费消费数量次之，为3.72本；50—59周岁以上群体的图书自费消费数量最少，为1.26本。

从受教育程度来看，学历越高的群体，图书自费消费数量也越多。博士研究生群体的图书自费消费数量最多，达到78.85本；小学及以下学历群体的图书自费消费数量最少，仅为0.82本。

从职业或身份来看，"事业单位干部"群体的图书自费消费数量最多，达到10.11本；其次为"教师""公务员""律师/医护人员/IT等专业技术人员"和"学生"群体，其图书自费消费数量分别为8.33本、6.41本、6.00本和5.64本，均超过5.00本。图书自费消费数量最低的职业群体是"农民"，仅为1.14本。

调查数据显示，2017年，我国18周岁及以上成年国民人均自费购书金额为84.36元。不同人口特征群体在自费购买图书金额上存在一定差异。

从性别差异来看，男性居民的图书自费消费金额为86.39元，较女性居民（82.32元）高出4.07元。

从城乡对比看，城镇居民的图书自费消费金额为104.55元，较农村居民（61.81元）高出42.74元。

从年龄分布来看，中青年群体的图书自费消费金额相对高于老年群体。30—39周岁群体的图书自费消费金额最高，达到121.30元；18—29周岁群体的图书自费消费金额次之，为112.41元；60—70周岁群体的图书自费消费金额最低，为32.86元。

从受教育程度来看，学历越高的群体，其图书自费消费金额越高。博士研究生学历群体的图书自费消费金额最高，达到 1119.80 元；硕士研究生学历群体的图书自费消费金额次之，为 303.52 元；小学及以下学历群体的图书自费消费金额最低，仅为 18.46 元。

从职业或身份来看，"教师"群体的图书自费消费金额最高，达到 316.06 元；其次为"公务员""事业单位干部""企业领导或管理人员"和"学生"群体，其图书自费消费金额均超过 150.00 元；"律师/医护人员/IT 等专业技术人员""军人/武警"和"一般职员/文员/秘书"和"自由职业者"群体的图书自费消费金额均超过全国平均水平，分别为 148.51 元 126.11 元、111.36 元和 82.56 元。图书自费消费金额较低的群体是"农民工（进城务工人员）"和"农民"，均不足 40.00 元（分别为 34.06 元和 32.85 元）。

具体情况如表 1-3-2 所示。

表 1-3-2　不同人口特征群体人均图书自费消费数量与金额

人口特征	类别	图书自费消费数量（本）	图书自费消费金额（元）
性别	男性	3.06	86.39
	女性	3.12	82.32
城乡	城镇	3.98	104.55
	农村	2.09	61.81
年龄	18—29 周岁	3.72	112.41
	30—39 周岁	4.63	121.30
	40—49 周岁	3.15	75.52
	50—59 周岁	1.26	37.47
	60—70 周岁	1.56	32.86
	70 周岁以上	1.68	75.16
学历	博士研究生	78.85	1119.80
	硕士研究生	8.05	303.52
	本科	6.94	203.88
	大专	4.33	136.45
	高中	2.97	73.76
	初中	1.50	32.69
	小学及以下	0.82	18.46

续前表

人口特征	类别	图书自费消费数量（本）	图书自费消费金额（元）
职业或身份	工人或商业/服务业人员	2.88	66.75
	企业领导或管理人员	4.53	186.76
	农民	1.14	32.85
	农民工（进城务工人员）	1.51	34.06
	事业单位干部	10.11	196.99
	一般职员/文员/秘书	3.92	111.36
	公务员	6.41	203.55
	军人/武警	4.58	126.11
	教师	8.33	316.06
	律师/医护人员/IT等专业技术人员	6.00	148.51
	私营或个体劳动者	3.38	80.90
	学生	5.64	157.22
	离退休人员	1.55	53.98
	无业及失业人员	2.51	57.06
	自由职业者	3.50	82.56

1.3.2.3 报纸消费情况

调查数据显示，2017年，我国18周岁及以上成年国民人均报纸自费消费种类为0.36种。不同人口特征群体在报纸自费消费种类上存在一定差异。

从性别差异看，男性居民的报纸自费消费种类为0.45种，较女性居民（0.26种）多出0.19种。

从城乡对比看，城镇居民的报纸自费消费种类为0.46种，高于农村居民的0.24种。

从年龄分布上看，60—70周岁群体的报纸自费消费种类最多，为0.54种；而18—29周岁群体的报纸自费消费种类最少，为0.23种。

从受教育程度来看，学历越高的群体，其报纸自费消费种类越多。博士研究生学历群体的报纸自费消费种类最多，为3.91种；小学及以下学历群体的报纸自费消费种类最少，为0.13种。

从职业或身份来看，"事业单位干部"群体的报纸自费消费种类最多，为1.00种；其次是"公务员""企业领导或管理人员""离退休人员""教师"群体，其报纸自费消费种类分别为0.78种、0.70种、0.62种和0.48种。报纸自费消费种类最少的职业群体是"农民"群体，仅为0.19种；"学生"的报纸自费消费种类也显著低于其他职业群体，仅为0.21种。

2017年，我国18周岁及以上成年国民人均报纸自费消费金额为28.74元。不同人口特征群体在报纸自费消费金额上存在一定差异。

从性别差异看，男性居民的报纸自费消费金额为34.46元，较女性居民（22.95元）高出11.51元。从城乡对比看，城镇居民的报纸自费消费金额为39.30元，较农村居民（16.94元）高出22.36元。

从年龄分布上看，年龄越高的群体，报纸自费消费金额相对越高。70周岁以上群体的报纸自费消费金额最高，为58.95元；而18—29周岁群体的报纸自费消费金额最低，为15.98元。

从受教育程度来看，学历越高的群体，其报纸自费消费金额越高。博士研究生群体的报纸自费消费金额最高，为89.52元；小学及以下学历群体的报纸自费消费金额最低，为11.86元。

从职业或身份来看，"事业单位干部"群体的报纸自费消费金额最高，为81.53元；其次是"离退休人员""公务员""企业领导或管理人员"群体，其报纸自费消费金额分别为67.05元、66.96元和61.67元，均超过60.00元；再次，"教师""一般职员/文员/秘书""律师/医护人员/IT等专业技术人员""军人/武警"群体的报纸自费消费金额也都超过全国平均水平，分别为39.22元、36.20元、31.67元和30.97元。报纸自费消费金额最低的职业群体是"农民工（进城务工人员）"，仅为8.76元。

具体情况如表1-3-3所示。

表 1-3-3　不同人口特征群体报纸人均自费消费种类与金额

人口特征	类别	报纸自费消费数量（种）	报纸自费消费金额（元）
性别	男性	0.45	34.46
	女性	0.26	22.95
城乡	城镇	0.46	39.30
	农村	0.24	16.94
年龄	18—29 周岁	0.23	15.98
	30—39 周岁	0.31	27.16
	40—49 周岁	0.39	31.54
	50—59 周岁	0.44	34.33
	60—70 周岁	0.54	37.63
	70 周岁以上	0.41	58.95
学历	博士研究生	3.91	89.52
	硕士研究生	0.76	35.52
	本科	0.47	40.05
	大专	0.37	35.81
	高中	0.41	34.13
	初中	0.35	22.89
	小学及以下	0.13	11.86
职业或身份	工人或商业/服务业人员	0.42	30.29
	企业领导或管理人员	0.70	61.67
	农民	0.19	9.15
	农民工（进城务工人员）	0.44	8.76
	事业单位干部	1.00	81.53
	一般职员/文员/秘书	0.37	36.20
	公务员	0.78	66.96
	军人/武警	0.31	30.97
	教师	0.48	39.22
	律师/医护人员/IT 等专业技术人员	0.39	31.67
	私营或个体劳动者	0.29	25.35
	学生	0.21	14.39
	离退休人员	0.62	67.05
	无业及失业人员	0.22	22.19
	自由职业者	0.33	22.30

1.3.2.4 期刊消费情况

调查数据显示，2017年我国18周岁及以上成年国民人均期刊自费消费种类为0.30种。不同人口特征群体的期刊自费消费种类存在一定差异。

从性别差异看，男性居民的期刊自费消费种类为0.33种，较女性居民（0.26种）多0.07种。

从城乡对比看，城镇居民的期刊自费消费种类为0.39种，较农村居民（0.20种）多出0.19种。

从年龄分布上看，18—29周岁群体的期刊自费消费种类最多，为0.45种，30—39周岁群体的期刊自费消费种类次之，为0.34种；50—59周岁和60—70周岁群体期刊自费消费种类最少，均为0.13种。

从受教育程度来看，博士研究生学历群体的期刊自费消费种类最多，为7.25种；硕士学历群体的期刊自费消费种类次之，为0.72种；小学及以下学历群体的期刊自费消费种类最少，仅为0.05种。

从职业或身份来看，"事业单位干部"群体的期刊自费消费种类最多，为0.93种；其次为"学生""教师""企业领导或管理人员""公务员"群体，其期刊自费消费种类分别为0.83种、0.66种、0.61种和0.52种，均超过0.50种。期刊自费消费种类最少的职业群体是"农民"群体，仅为0.07种。

2017年我国18周岁及以上成年国民人均期刊自费消费金额为13.43元。不同人口特征群体的期刊自费消费金额存在一定差异。

从性别差异看，男性居民的期刊自费消费金额为16.42元，较女性居民（10.41元）高出6.01元。

从城乡对比看，城镇居民的期刊自费消费金额为18.27元，较农村居民（8.04元）高出10.23元。

从年龄分布上看，中青年群体的期刊自费消费金额相对高于老年群体。18—29周岁群体的期刊自费消费金额最高，为17.38元；30—39周岁群体的期刊自费消费金额次之，为16.71元；70周岁以上群体期刊自费消费金额最低，为5.62元。

从受教育程度来看，高学历群体的期刊自费消费金额也相对较高。博士研究生学历群体的期刊自费消费金额最高，为191.39元；硕士研究生学历群体的期刊自费消费金额次之，为34.28元；小学及以下学历群体的期刊自费消费金额最低，仅为2.75元。

从职业或身份来看，"教师"群体的期刊自费消费金额最高，为63.97元；其次为"企业领导或管理人员""公务员""事业单位干部""律师/医护人员/IT等专业技术人员"和"学生"群体，其期刊自费消费金额分别为30.85元、29.21元、25.12元、24.23元和21.70元，均超过20.00元。期刊自费消费金额最低的职业群体是"农民工（进城务工人员）"，仅为2.25元。

具体情况如表1-3-4所示。

表1-3-4 不同人口特征群体人均期刊自费消费种类与金额

人口特征	类别	期刊自费消费数量（种）	期刊自费消费金额（元）
性别	男性	0.33	16.42
	女性	0.26	10.41
城乡	城镇	0.39	18.27
	农村	0.20	8.04
年龄	18—29周岁	0.45	17.38
	30—39周岁	0.34	16.71
	40—49周岁	0.30	14.52
	50—59周岁	0.13	7.39
	60—70周岁	0.13	6.77
	70周岁以上	0.15	5.62

续前表

人口特征	类别	期刊自费消费数量（种）	期刊自费消费金额（元）
学历	博士研究生	7.25	191.39
	硕士研究生	0.72	34.28
	本科	0.61	36.11
	大专	0.53	19.72
	高中	0.29	12.87
	初中	0.11	4.65
	小学及以下	0.05	2.75
职业或身份	工人或商业/服务业人员	0.31	11.44
	企业领导或管理人员	0.61	30.85
	农民	0.07	2.46
	农民工（进城务工人员）	0.17	2.25
	事业单位干部	0.93	25.12
	一般职员/文员/秘书	0.42	17.92
	公务员	0.52	29.21
	军人/武警	0.25	4.51
	教师	0.66	63.97
	律师/医护人员/IT等专业技术人员	0.38	24.23
	私营或个体劳动者	0.34	19.31
	学生	0.83	21.70
	离退休人员	0.15	8.82
	无业及失业人员	0.15	8.37
	自由职业者	0.22	13.20

1.3.2.5 电子书消费情况

调查数据显示，2017年我国18周岁及以上成年国民人均电子书自费消费数量为0.24本。不同人口特征群体的电子书自费消费数量存在一定差异。

从性别差异看，男性居民的电子书自费消费数量为0.27本，较女性居民（0.20本）多出0.07本。

从城乡对比看，城镇居民的电子书自费消费数量为0.32本，较农村居民（0.15本）多出0.17本。

从年龄分布上看，年纪越轻的群体电子书自费消费数量相对越多。18—29周岁群体的电子书自费消费数量最多，为0.43本；60—70周岁群体的电子书自费消费数量最少，为0.03本。

从受教育程度来看，学历越高的群体，其电子书自费消费数量越多。博士研究生学历群体的电子书自费消费数量最多，为3.37本；小学及以下学历群体的电子书自费消费数量最少，仅为0.06本。

调查数据还显示，2017年我国18周岁及以上成年国民人均电子书自费消费金额为3.32元。不同人口特征群体的电子书消费金额存在一定差异。

从性别差异看，男性居民的电子书自费消费金额为3.86元，较女性居民（2.77元）高出1.09元。

从城乡对比看，城镇居民的电子书自费消费金额为3.61元，较农村居民（2.99元）高出0.62元。

从年龄分布上看，年龄越小的群体，其电子书自费消费金额相对越高。18—29周岁群体的电子书自费消费金额最高，为5.95元；60—70周岁群体的电子书自费消费金额仅为0.03元。

从受教育程度来看，高学历群体的电子书自费消费金额相对较高。博士研究生群体的电子书自费消费金额最高，为33.67元；硕士研究生学历群体次之，为16.83元；小学及以下学历群体的电子书自费消费金额最低，仅为0.16元。

具体情况如表1-3-5所示。

表1-3-5　不同人口特征群体人均电子书自费消费数量与金额

人口特征	类别	电子书自费消费数量（本）	电子书自费消费金额（元）
性别	男性	0.27	3.86
	女性	0.20	2.77
城乡	城镇	0.32	3.61
	农村	0.15	2.99

续前表

人口特征	类别	电子书自费消费数量（本）	电子书自费消费金额（元）
年龄	18—29周岁	0.43	5.95
	30—39周岁	0.27	4.35
	40—49周岁	0.22	2.82
	50—59周岁	0.08	1.27
	60—70周岁	0.03	0.03
	70周岁以上	0.09	0.18
学历	博士研究生	3.37	33.67
	硕士研究生	0.35	16.83
	本科	0.56	5.75
	大专	0.42	4.03
	高中	0.20	4.14
	初中	0.10	2.29
	小学及以下	0.06	0.16

第二章
成年国民图书阅读状况与购买倾向

2.1 图书阅读状况及变化

2.1.1 阅读重要性认知

调查数据显示，2017年，我国18周岁及以上成年国民对阅读重要性的认知程度较高。具体来说，近八成（75.2%）的人认为，在当今社会，对其个人的生存和发展来说，阅读是重要的（"非常重要"或"比较重要"）；而明确表示阅读对个人的生存和发展不重要的（"比较不重要"或"非常不重要"）比例仅为3.8%；另有4.7%的人对阅读重要性的认知较为模糊（"说不清"）。

具体情况如图2-1-1所示。

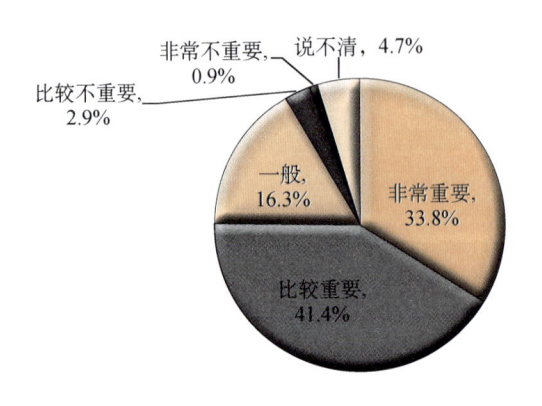

图 2-1-1　对阅读重要性的认知情况

进一步分析数据发现，不同人口特征群体对阅读重要性的认知存在不同程度的差异。从性别差异来看，女性居民中认为阅读重要（"非常重要"或"比较重要"）的比例（76.0%）高于男性（74.4%）。从城乡对比看，农村居民中认为阅读重要（"非常重要"或"比较重要"）的比例（72.0%）低于城镇居民（78.0%）。

从年龄分布来看，30—39周岁群体认为阅读重要（"非常重要"或"比较重要"）的比例最高，为79.7%；18—29周岁群体认为阅读重要（"非常重要"或"比较重要"）的比例次之，为78.6%；60—70周岁群体认为阅读重要（"非常重要"或"比较重要"）的比例最低，为69.5%。

从受教育程度来看，学历越高的群体认为阅读重要的比例相对较高。博士研究生群体中认为阅读重要（"非常重要"或"比较重要"）的比例最高，为100.0%；硕士研究生群体认为阅读重要（"非常重要"或"比较重要"）的比例次之，为96.6%；小学及以下学历群体中认为阅读重要（"非常重要"或"比较重要"）的比例最低，仅为62.0%。

从收入水平来看，相对而言，收入较高群体中认为阅读重要的比例相对高于收入较低的群体。月收入在7000—8000元的群体认为阅读重要（"非常重要"或"比较重要"）的比例最高，为84.2%。收入在500元以下的群体认为阅读重要的比例最低，仅为66.8%。

从职业或身份来看，职业为"教师"的群体中认为阅读重要（"非常重要"或"比较重要"）的比例最高，为93.9%。"企业领导或管理人员""公务员""学生"群体认为阅读重要（"非常重要"或"比较重要"）的比例显著高于"农民""无业及失业人员"等群体。

具体情况如表2-1-1所示。

表 2-1-1 不同人口特征群体对阅读重要性的认知情况

人口特征	类别	非常重要	比较重要	一般	比较不重要	非常不重要	说不清
性别	男性	32.7%	41.7%	16.9%	3.2%	1.2%	4.4%
	女性	34.9%	41.1%	15.7%	2.6%	0.7%	5.1%
城乡	城镇	38.8%	39.3%	15.9%	2.3%	0.5%	3.3%
	农村	28.2%	43.8%	16.8%	3.5%	1.4%	6.3%
年龄	18—29周岁	30.5%	48.1%	16.3%	2.3%	0.6%	2.2%
	30—39周岁	38.7%	41.0%	14.2%	1.5%	0.8%	3.9%
	40—49周岁	34.2%	37.9%	19.8%	3.5%	0.7%	3.9%
	50—59周岁	30.8%	41.5%	14.8%	2.7%	1.7%	8.4%
	60—70周岁	36.2%	33.3%	16.5%	4.8%	1.6%	7.6%
	70周岁以上	33.3%	39.0%	13.8%	5.7%	0.2%	7.9%
学历	博士研究生	85.5%	14.5%	0.0%	0.0%	0.0%	0.0%
	硕士研究生	68.6%	28.0%	2.2%	0.8%	0.0%	0.4%
	本科	46.9%	41.1%	10.3%	0.6%	0.2%	1.0%
	大专	36.3%	45.2%	15.0%	1.4%	0.4%	1.7%
	高中	31.3%	43.4%	18.2%	3.1%	0.4%	3.6%
	初中	29.6%	42.3%	17.5%	3.5%	1.6%	5.5%
	小学及以下	29.6%	32.4%	18.7%	5.2%	1.8%	12.3%
职业或身份	工人或商业/服务业人员	33.6%	40.5%	17.7%	3.0%	1.0%	4.3%
	企业领导或管理人员	49.6%	40.5%	7.3%	1.9%	0.1%	0.8%
	农民	27.6%	42.2%	15.7%	3.9%	1.5%	9.1%
	农民工（进城务工人员）	26.6%	44.6%	17.6%	4.1%	1.0%	6.2%
	事业单位干部	56.2%	26.4%	14.5%	0.2%	0.0%	2.7%
	一般职员/文员/秘书	34.3%	43.8%	16.9%	3.3%	0.9%	0.8%
	公务员	42.4%	43.4%	9.5%	0.3%	0.0%	4.4%
	军人/武警	32.4%	44.4%	22.5%	0.0%	0.0%	0.8%
	教师	53.6%	40.3%	4.2%	0.1%	0.2%	1.7%
	律师/医护人员/IT等专业技术人员	38.2%	41.1%	13.3%	3.4%	0.0%	4.1%
	私营或个体劳动者	31.5%	46.6%	18.1%	1.5%	0.5%	1.9%
	学生	35.8%	48.7%	13.2%	1.0%	0.7%	0.6%

续前表

人口特征	类别	非常重要	比较重要	一般	比较不重要	非常不重要	说不清
职业或身份	离退休人员	33.8%	40.6%	16.9%	4.0%	1.0%	3.6%
	无业及失业人员	36.6%	30.8%	19.9%	0.9%	1.3%	10.5%
	自由职业者	35.4%	35.2%	19.7%	2.9%	0.6%	6.2%
收入	无收入	37.3%	39.3%	11.8%	2.1%	1.7%	7.8%
	500元以下	28.2%	38.6%	13.7%	7.3%	0.9%	11.3%
	500—1000元	26.8%	42.3%	19.3%	5.0%	0.9%	5.7%
	1000—1500元	26.2%	44.9%	19.0%	2.8%	0.5%	6.7%
	1500—2000元	32.9%	43.4%	17.3%	1.8%	1.3%	3.3%
	2000—3000元	31.5%	42.0%	18.1%	4.1%	0.8%	3.6%
	3000—4000元	32.2%	44.3%	17.6%	2.0%	0.6%	3.3%
	4000—5000元	38.2%	38.1%	17.1%	1.8%	1.5%	3.3%
	5000—6000元	38.2%	43.3%	14.9%	2.1%	0.1%	1.6%
	6000—7000元	36.6%	45.9%	8.9%	6.0%	1.0%	1.7%
	7000—8000元	53.7%	30.5%	12.0%	1.8%	0.0%	2.0%
	8000—10000元	54.3%	26.2%	12.8%	0.5%	0.6%	5.6%
	10000元及以上	40.9%	32.1%	10.8%	1.4%	0.2%	14.5%
	拒绝回答	34.2%	36.6%	21.6%	2.3%	0.0%	5.3%

2.1.2 综合阅读率

2017年我国成年国民包括书报刊和数字出版物在内的各媒介的综合阅读率为80.3%，较2016年的79.9%略有提升。数字化阅读方式（网络在线阅读、手机阅读、电子阅读器阅读、Pad阅读等）的接触率为73.0%，较2016年的68.2%上升了4.8个百分点；图书阅读率为59.1%，较2016年的58.8%上升了0.3个百分点；报纸阅读率为37.6%，较2016年的39.7%下降了2.1个百分点；期刊阅读率为23.4%，较2016年的26.3%下降了2.9个百分点。数字化阅读的发展，提升了国民综合阅读率和数字化阅读方式接触率，整体阅读人群持续增加，但也带来了图书阅读率增长放缓的新趋势。

具体情况如图 2-1-2 所示。

	图书	报纸	期刊	数字化阅读方式接触率	综合阅读率
2017年	45.7%	37.6%	25.3%	73.0%	83.8%
2016年	39.8%	39.7%	23.5%	68.2%	82.3%

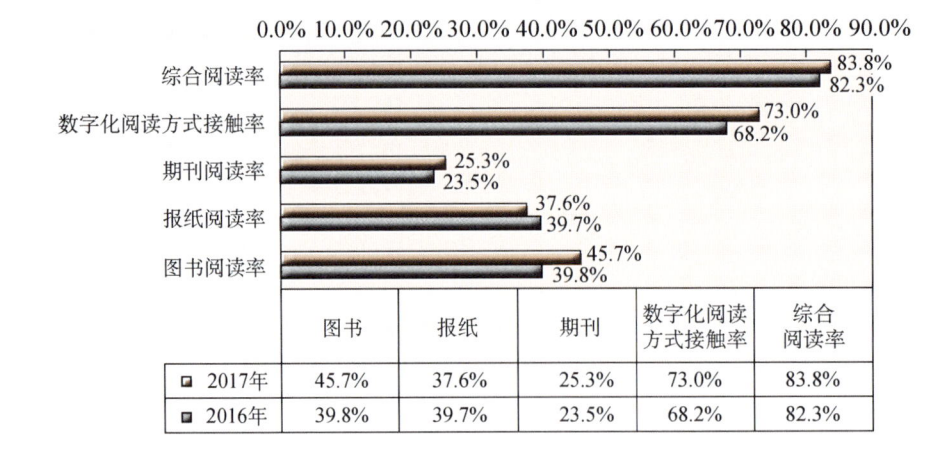

图 2-1-2 各媒介阅读率

2.1.3 图书阅读率

从整体情况考察，2017 年我国 18 周岁及以上成年国民图书阅读率为 59.1%，较 2016 年的 58.8% 上升了 0.3 个百分点。不同人口特征群体之间的图书阅读率均存在一定差异。

从性别差异来看，男性居民的图书阅读率为 61.2%，较女性居民（57.0%）高 4.2 个百分点。

从城乡对比看，城镇居民的图书阅读率为 68.1%，较农村居民（49.0%）高 19.1 个百分点。

从年龄分布上看，18—29 周岁群体的图书阅读率最高，为 76.7%，较 2016 年的 75.3% 增长了 1.4 个百分点；其次为 70 周岁以上群体的 64.6%；30—39 周岁群体的图书阅读率为 62.3%，均高于全国平均水平。而 50—59 周岁群体的图书阅读率最低，为 39.5%，较上年的 42.1% 下降了 2.6 个百分点。

从受教育程度来看，学历越高的群体，其图书阅读率越高。博士研究生学历群体的图书阅读率最高，为 97.1%；硕士研究生和本科学历群体的图书阅读率均在 90.0% 以上。小学及以下学历群体的图书阅读率最低，仅为28.2%，较上年的34.4%下降了6.2个百分点。

从职业或身份来看，"教师"群体的图书阅读率最高，为97.6%。"公务员""事业单位干部""学生""律师/医护人员/IT等专业技术人员""企业领导或管理人员"群体的图书阅读率均在90.0%以上；"农民"和"农民工（进城务工人员）"群体的图书阅读率相对较低，分别为35.9%和40.4%，均较上年有不同程度的下降（2016年"农民"和"农民工"群体的图书阅读率分别为37.8%和40.5%）。

从收入水平来看，中高收入群体的图书阅读率相对高于低收入群体。月收入在10000元及以上群体的图书阅读率最高，为90.5%；月收入在8000—10000元之间群体的图书阅读率次之，为88.5%。月收入在500元以下群体的图书阅读率最低，为34.1%。

具体情况如表2-1-2所示。

表2-1-2 不同人口特征群体图书阅读率

人口特征	类别	图书阅读率
性别	男性	61.2%
	女性	57.0%
城乡	城镇	68.1%
	农村	49.0%
年龄	18—29周岁	76.7%
	30—39周岁	62.3%
	40—49周岁	53.3%
	50—59周岁	39.5%
	60—70周岁	48.9%
	70周岁以上	64.6%
学历	博士研究生	97.1%
	硕士研究生	93.4%
	本科	91.8%
	大专	80.3%
	高中	64.8%
	初中	41.9%
	小学及以下	28.2%

续前表

人口特征	类别	图书阅读率
职业或身份	工人或商业/服务业人员	59.7%
	企业领导或管理人员	90.4%
	农民	35.9%
	农民工（进城务工人员）	40.4%
	事业单位干部	92.2%
	一般职员/文员/秘书	76.2%
	公务员	95.5%
	军人/武警	87.7%
	教师	97.6%
	律师/医护人员/IT等专业技术人员	90.5%
	私营或个体劳动者	56.8%
	学生	92.2%
	离退休人员	47.5%
	无业及失业人员	45.0%
	自由职业者	62.0%
	其他	0.0%
收入	无收入	58.8%
	500元以下	34.1%
	500—1000元	38.1%
	1000—1500元	45.3%
	1500—2000元	42.7%
	2000—3000元	56.6%
	3000—4000元	61.9%
	4000—5000元	74.8%
	5000—6000元	80.4%
	6000—7000元	81.1%
	7000—8000元	85.9%
	8000—10000元	88.5%
	10000元及以上	90.5%
	拒绝回答	67.0%

2.1.4 图书阅读量

2017年，我国18周岁及以上成年国民人均纸质图书阅读量为

4.66本，与2016年的4.65本基本持平。不同人口特征群体之间的图书阅读量均存在一定差异。

从性别差异来看，男性居民的图书阅读量为5.02本，较女性居民图书阅读量（4.30本）多出0.72本。

从城乡对比来看，城镇居民的图书阅读量为5.60本，较农村居民图书阅读量（3.64本）多出1.96本。

从年龄分布上看，年龄较轻群体的图书阅读量相对较多。18—29周岁群体的图书阅读量最多，为5.60本；30—39周岁群体的图书阅读量次之，为5.12本。而60—70周岁群体的图书阅读量最少，为3.27本。

从受教育程度来看，学历较高的群体图书阅读量相对较多。博士研究生学历群体的图书阅读量最多，为48.18本；硕士研究生学历群体的图书阅读量次之，为19.35本。初中和小学及以下学历群体的图书阅读量相对较少，分别为2.33本和1.11本，均较上年有不同程度的下降（2016年分别为3.05本和1.59本）。

从职业或身份来看，"教师"群体的图书阅读量最多，为17.73本。"事业单位干部""公务员""学生""军人/武警""企业领导或管理人员"群体的图书阅读量均在10本以上。"律师/医护人员/IT等专业技术人员"和"一般职员/文员/秘书"群体的图书阅读量均超过全国平均水平，显著多于"农民""农民工（进城务工人员）""私营或个体劳动者""无业及失业人员"等群体。

从收入水平来看，中高收入群体的图书阅读量相对多于低收入群体。月收入在8000—10000元之间的群体的图书阅读量最多，为11.26本；月收入在10000元以上群体的图书阅读量次之，为11.18本。月收入在500—1000元之间的群体的图书阅读量最少，仅为2.24本。

具体情况如表2-1-3所示。

表 2-1-3　不同人口特征群体图书阅读量

人口特征	类别	图书阅读量（本）
性别	男性	5.02
	女性	4.30
城乡	城镇	5.60
	农村	3.64
年龄	18—29 周岁	5.62
	30—39 周岁	5.12
	40—49 周岁	4.11
	50—59 周岁	4.21
	60—70 周岁	3.27
	70 周岁以上	4.56
学历	博士研究生	48.18
	硕士研究生	19.35
	本科	9.80
	大专	7.56
	高中	4.20
	初中	2.33
	小学及以下	1.11
职业或身份	工人或商业/服务业人员	3.59
	企业领导或管理人员	10.32
	农民	1.75
	农民工（进城务工人员）	1.81
	事业单位干部	12.01
	一般职员/文员/秘书	5.25
	公务员	11.50
	军人/武警	10.54
	教师	17.73
	律师/医护人员/IT 等专业技术人员	8.86
	私营或个体劳动者	3.49
	学生	10.72
	离退休人员	4.15
	无业及失业人员	3.50
	自由职业者	4.55
	其他	3.10

续前表

人口特征	类别	图书阅读量（本）
收入	无收入	3.59
	500 元以下	2.55
	500—1000 元	2.24
	1000—1500 元	3.46
	1500—2000 元	2.94
	2000—3000 元	3.97
	3000—4000 元	4.22
	4000—5000 元	6.06
	5000—6000 元	6.50
	6000—7000 元	8.64
	7000—8000 元	9.10
	8000—10000 元	11.26
	10000 元及以上	11.18
	拒绝回答	6.93

2.1.5 图书阅读来源

调查数据显示，我国18周岁及以上成年图书读者阅读图书的主要来源是"自费购买"，选择比例为78.0%；而通过借阅（"向他人借阅"和"到图书馆借阅"）途径获取图书的比例也相对较高，通过"向他人借阅"获取图书的比例为27.1%，通过"到图书馆借阅"获取图书的比例为24.5%；还有10.2%的成年图书读者阅读图书的主要来源为"在书店或书吧里看"。

具体情况如图2-1-3所示。

通过对城乡图书读者图书获取渠道的对比发现，城镇读者通过"到图书馆借阅""自费购买""在书店或书吧里看"等渠道获取图书的比例（29.8%、81.4%和11.5%）都要高于农村读者（15.8%、72.5%和8.2%）。而农村读者选择通过"向他人借阅"等渠道获取图书的比例（33.2%）要高于城镇读者（23.3%）。同时，农村读者通过"农家书屋"阅读图书的比例（3.3%）要高于城镇读者选择

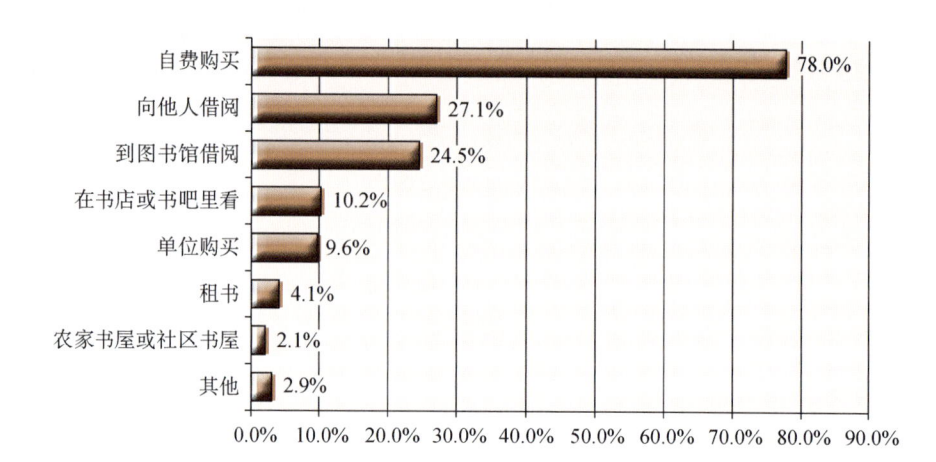

```
自费购买                          78.0%
向他人借阅        27.1%
到图书馆借阅      24.5%
在书店或书吧里看  10.2%
单位购买          9.6%
租书              4.1%
农家书屋或社区书屋 2.1%
其他              2.9%
```

图 2-1-3　图书阅读来源

"社区书屋"的比例（1.3%）。

具体情况如表 2-1-4 所示。

表 2-1-4　城乡居民图书阅读来源对比

图书阅读来源	城镇	农村
自费购买	81.4%	72.5%
到图书馆借阅	29.8%	15.8%
向他人借阅	23.3%	33.2%
在书店或书吧里看	11.5%	8.2%
单位购买	10.8%	7.6%
租书	3.2%	5.5%
农家书屋或社区书屋	1.3%	3.3%
其他	2.2%	4.1%

2.1.6　家庭藏书量

2017 年，我国 18 周岁及以上成年国民的平均家庭藏书量为 46.06 本，高于 2016 年的 38.96 本。近七成的成年国民（69.0%）表示家中有藏书，有 21.1% 的成年国民表示家庭藏书量在 50 本以上，9.5% 的成年国民表示家庭藏书量超过 100 本。

此外，2017 年，我国有过读书行为的成年国民的家庭藏书量为 78.56 本。有 36.2% 的读者表示家庭藏书量在 50 本以上，有

17.1%的读者表示家庭藏书量超过 100 本。

具体情况如图 2-1-4 所示。

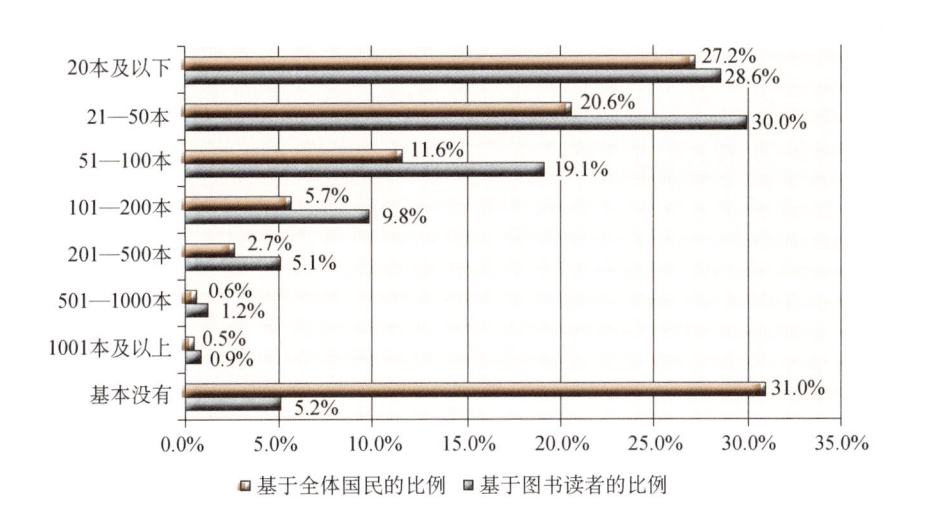

家庭藏书量	基于全体国民的比例	基于图书读者的比例
20本及以下	27.2%	28.6%
21—50本	20.6%	30.0%
51—100本	11.6%	19.1%
101—200本	5.7%	9.8%
201—500本	2.7%	5.1%
501—1000本	0.6%	1.2%
1001本及以上	0.5%	0.9%
基本没有	31.0%	5.2%

图 2-1-4 家庭藏书量

我国不同人口特征群体的成年国民的家庭藏书情况存在一定差异。

从城乡对比看，城镇居民的平均家庭藏书量为 62.15 本；而农村居民的平均家庭藏书量远低于城镇居民，仅为 27.14 本。

从年龄分布来看，70 周岁以上群体的平均家庭藏书量最多，为 58.46 本；而 60—70 周岁群体的平均家庭藏书量最少，仅为 38.21 本。

从受教育程度来看，博士研究生学历群体的平均家庭藏书量最多，为 450.18 本；硕士研究生学历群体的平均家庭藏书量次之，为 154.17 本；小学及以下学历群体的平均家庭藏书量最少，为 16.16 本。

从收入水平来看，月收入为 8000—10000 元群体的家庭藏书量最多，平均为 149.55 本；月收入在 500 元以下群体的平均家庭藏书量最少，仅为 13.91 本。

从职业或身份来看，"事业单位干部""公务员""教师"群体的平均家庭藏书量较多，均超过 90.00 本；而"农民"群体的平均家庭藏书量最少，仅为 16.97 本。

不同人口特征的成年读者群体的家庭藏书量存在不同程度的差异。

从城乡对比看，城镇读者的平均家庭藏书量为 93.55 本，较农村读者的平均家庭藏书量（54.11 本）多 39.44 本。

从年龄分布上看，70 周岁以上读者群体的平均家庭藏书量最多，为 104.65 本；而 18—29 周岁读者群体的平均家庭藏书量最少，为 63.05 本。

从受教育程度来看，博士研究生学历的读者群体的平均家庭藏书量最多，为 458.73 本；硕士研究生学历的读者群体的平均家庭藏书量次之，为 171.08 本；初中学历的读者群体的平均家庭藏书量最少，为 48.18 本。

从收入水平来看，月收入为 8000—10000 元群体的家庭藏书量最多，为 214.01 本；月收入在 500 元以下群体的平均家庭藏书量最少，为 27.93 本。

从职业或身份来看，"教师""公务员""事业单位干部""离退休人员""企业领导或管理人员"读者群体的平均家庭藏书量较多，均超过 100.00 本；而"农民"群体的平均家庭藏书量最少，仅为 37.68 本。

具体情况如表 2-1-5 所示。

表 2-1-5　不同人口特征群体家庭藏书量

人口特征	类别	家庭藏书量（基于全体国民）（本）	家庭藏书量（基于图书读者）（本）
城乡	城镇	62.15	93.55
	农村	27.14	54.11
年龄	18—29 周岁	43.60	63.05
	30—39 周岁	48.88	72.12
	40—49 周岁	50.96	95.66

续前表

人口特征	类别	家庭藏书量（基于全体国民）（本）	家庭藏书量（基于图书读者）（本）
年龄	50—59周岁	40.53	98.59
	60—70周岁	38.21	85.51
	70周岁以上	58.46	104.65
学历	博士研究生	450.18	458.73
	硕士研究生	154.17	171.08
	本科	100.51	113.71
	大专	62.99	82.71
	高中	42.24	60.97
	初中	23.92	48.18
	小学及以下	16.16	62.24
职业或身份	工人或商业/服务业人员	41.90	74.63
	企业领导或管理人员	80.89	102.10
	农民	16.97	37.68
	农民工（进城务工人员）	24.67	45.18
	事业单位干部	90.66	118.94
	一般职员/文员/秘书	55.49	71.98
	公务员	116.17	147.80
	军人/武警	25.25	31.64
	教师	164.35	176.94
	律师/医护人员/IT等专业技术人员	69.08	93.15
	私营或个体劳动者	35.17	65.18
	学生	72.47	82.44
	离退休人员	60.99	112.80
	无业及失业人员	36.05	71.62
	自由职业者	41.30	64.53
收入	无收入	40.21	75.12
	500元以下	13.91	27.93
	500—1000元	19.81	41.65
	1000—1500元	29.81	61.64
	1500—2000元	31.34	58.92
	2000—3000元	40.35	70.87
	3000—4000元	45.25	72.97
	4000—5000元	62.35	85.71
	5000—6000元	66.65	75.84
	6000—7000元	66.11	88.07
	7000—8000元	102.24	144.96
	8000—10000元	149.55	214.01
	10000元及以上	119.57	170.65
	拒绝回答	71.97	121.14

2.2 读书目的及不读书原因

2.2.1 读书目的认知

2017年，我国18周岁及以上成年图书读者读书的主要目的集中在学习型功能、休闲型功能和实用型功能上。首先，大部分图书读者是为了增加知识而读书，61.8%的读者的读书目的是"增加知识，开阔眼界"。其次，分别有40.0%、36.5%和30.7%的读者读书主要是为了"提高修养""满足兴趣爱好""打发时间/休闲消遣"。再次，有部分读者读书是出于实用型目的，34.0%的读者为"掌握一些实用技能"而读书，这些读者希望通过读书了解更多的专业知识和工作技能。

具体情况如图2-2-1所示。

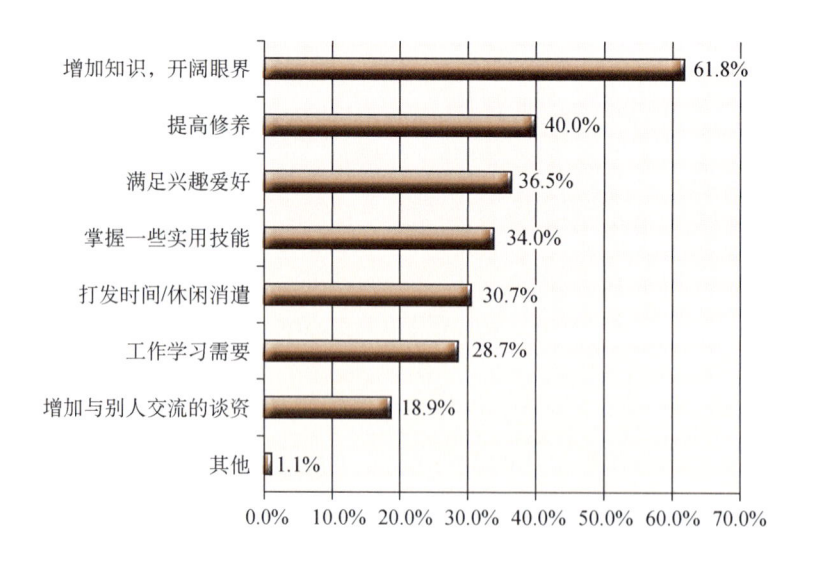

图2-2-1 图书读者读书目的认知

从城乡差异看，城镇图书读者与农村图书读者的读书目的存在一定差异。城镇读者选择"工作学习需要""满足兴趣爱好""提高修养""掌握一些实用技能""增加知识，开阔眼界"的比例要高于农村读者。而农村图书读者选择"打发时间/休闲消遣"的比例要高于城镇图书读者。

具体情况如图 2-2-2 所示。

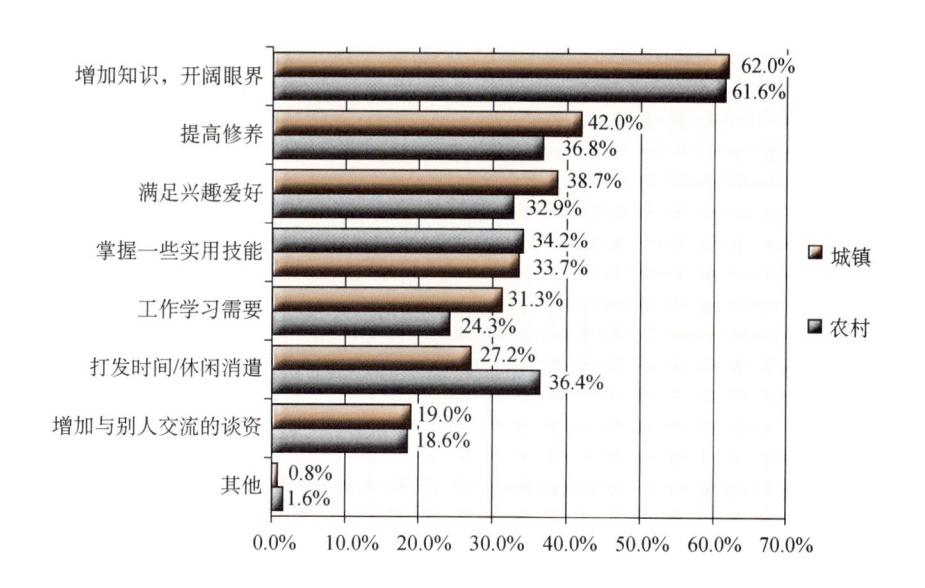

图 2-2-2　图书读者读书目的城乡差异比较

类别	城镇	农村
增加知识，开阔眼界	62.0%	61.6%
提高修养	42.0%	36.8%
满足兴趣爱好	38.7%	32.9%
掌握一些实用技能	34.2%	33.7%
工作学习需要	31.3%	24.3%
打发时间/休闲消遣	27.2%	36.4%
增加与别人交流的谈资	19.0%	18.6%
其他	0.8%	1.6%

2.2.2　没读书的原因

对我国 2017 年没有读书行为的 18 周岁及以上成年国民调查发现，工作忙和缺乏阅读习惯是其没读书的最主要原因。有 35.4% 的人表示没有读书的原因在于"没有读书的习惯/不喜欢读书"；有 37.6% 的人表示因"工作太忙没时间读书"。

阅读内容的缺位，也是导致成年国民不读书的重要因素。有 10.3% 的人因"找不到感兴趣的书"而没读书；有 7.8% 的人因"不知道该读什么"而不去读书。

其他媒介的干扰是另一重要因素。在过去一年没有读书行为的成年国民中，有 15.6% 的人"因看电视而没有时间读书"；有 13.4% 的人表示"因上网/玩游戏等而没时间读书"。

同时，还有 10.5% 的人因为"文化水平有限，读书有困难"而没读书,有 10.0% 的人因"缺少读书氛围"而没读书。

此外,看书的场所并非国民不读书的重要原因,只有 7.5% 的人因为"没有看书的地方"而不读书。而因经济原因导致没读书的选择比例也较低,只有 1.7% 的人因"书价过高买不起"而没有读书。不读书的国民大多并非认为读书无用,只有 3.2% 的人因认为"读书没用"而没去读书。

具体情况如图 2-2-3 所示。

原因	比例
工作太忙没时间读书	37.6%
没有读书的习惯/不喜欢读书	35.4%
因看电视而没有时间读书	15.6%
因上网/玩游戏等而没时间读书	13.4%
文化水平有限,读书有困难	10.5%
找不到感兴趣的书	10.3%
缺少读书氛围	10.0%
不知道该读什么	7.8%
没有看书的地方	7.5%
读书没用	3.2%
书价过高买不起	1.7%
其他	6.8%

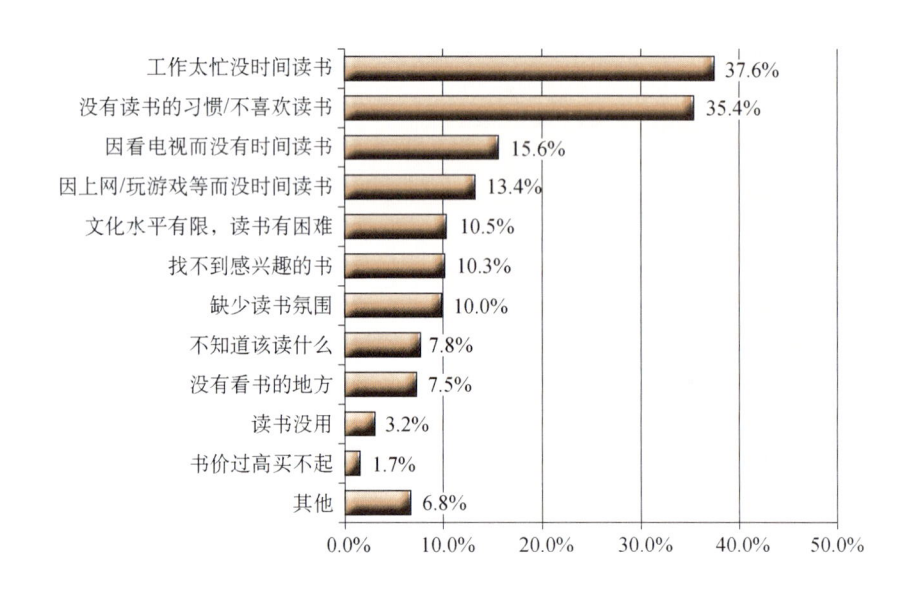

图 2-2-3 没读书的原因

对我国 2017 年没有读书行为的 18 周岁及以上成年国民没读书原因的城乡对比发现,导致城镇居民和农村居民没读书的最主要原因都是"工作太忙没时间读书",选择比例分别为 39.7% 和 35.3%;"没有读书的习惯/不喜欢读书"也是导致城镇居民和农村居民不读书的第二大原因,选择比例分别为 36.7% 和 33.9%。此外,城镇居民因"因看电视而没有时间读书""找不到感兴趣的书""缺少读书氛围"等原因而没读书的比例要高于农村居民;而农村居民因"上网/玩游戏等而没时间读书""没有看书的地方""读书没用"而没读书的比例高于城镇居民。由此可见,与农村居民相比,城镇居民更多是因为媒介的干扰因素和阅读内容的缺位而不读书；而农村居民更多是受到文化水平、经济因素的限制而不读书。此外，阅读软硬件环境的不足，也是导致农村居民不读书的重要因素。

具体情况如图2-2-4所示。

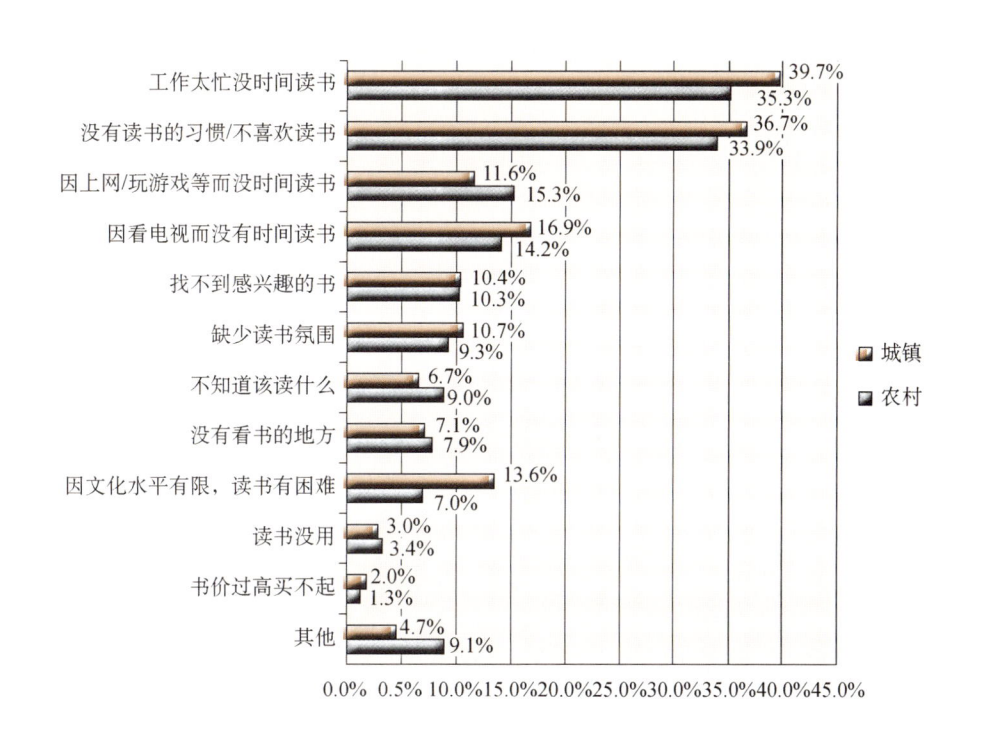

图2-2-4 城乡成年居民没读书原因对比

2.3 购书状况及变化

2.3.1 购书频率

2017年，我国成年国民人均购书3.15次，较2016年的2.19次多了0.96次。在我国18周岁及以上成年国民中，59.4%的人表示在2017年至少购买过一次图书，38.2%的成年国民表示在半年内至少购买过一次图书。此外，有14.6%的人表示在两年或更长的时间内才购买一次图书，还有40.6%的人表示从未购买过图书。

具体情况如表 2-3-1 所示。

表 2-3-1　图书购买频率

购书频率	选择比例
一星期一次	1.1%
半个月一次	2.5%
一个月一次	6.8%
两个月一次	8.0%
三个月一次	8.6%
半年一次	11.3%
一年一次	6.6%
两年或更长时间一次	14.6%
从不购买	40.6%

2.3.2　购书者的购书目的

调查数据显示，我国绝大多数18周岁及以上成年购书者购买图书是为了满足自己和家人的阅读需求，有80.9%的购书者的购书目的是"自己看"；有52.4%的购书者购买图书是为了"给孩子、家人看"；仅有5.6%的购书者购买图书是"作为礼品赠送他人"。

具体情况如图 2-3-1 所示。

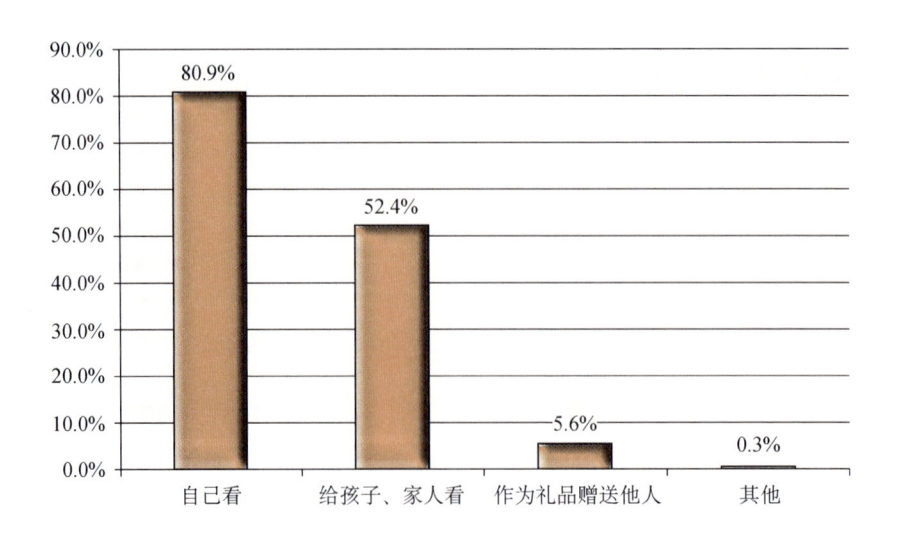

图 2-3-1　购书者的购书目的

2.3.3 购书渠道与渠道选择的原因

2.3.3.1 购书渠道

首先,实体书店仍是我国 18 周岁及以上成年购书者的主要购书渠道。有 65.5% 的购书者表示通常在本地"新华书店"购买图书;有 29.8% 的购书者经常在"私营书店"购买图书。其次,网络购书的选择比例仅次于实体书店,有 34.6% 的购书者表示经常在"网上购书"。此外,线下购书的渠道多样化为购书者提供了更多选择,有 18.9% 的购书者通常在"街头书摊"购书;有 8.5% 的购书者经常在"特价、旧书店"购书;有 8.0% 的购书者经常在"超市/商场"购书;有 7.4% 的购书者经常在"书展、书市"购书;有 6.4% 的购书者经常在"图书批发市场"购书。而通过"卖书者上门推销"购买图书的比例仅为 0.3%。

具体情况如表 2-3-2 所示。

表 2-3-2 购书渠道

购书渠道	选择比例
新华书店	65.5%
网上购书	34.6%
私营书店	29.8%
街头书摊	18.9%
特价、旧书店	8.5%
超市/商场	8.0%
书展、书市	7.4%
图书批发市场	6.4%
图书俱乐部/邮购	0.9%
卖书者上门推销	0.3%
其他	1.7%

通过进一步对比城乡居民购书渠道差异时发现,城镇居民选择"网上购书"和"新华书店"的比例远高于农村居民。城镇购书者选择"网上购书"的比例相较于农村购书者高出 15.2 个百分点;选择"新华书店"购买图书的比例较农村购书者高 5.6 个百分点;通

过"图书批发市场"购买图书的比例较农村购书者高 1.9 个百分点。而农村购书者通过"私营书店"购买图书的比例较城镇购书者高 12.4 个百分点；选择"街头书摊"的比例相较于城镇购书者高出 8.7 个百分点；通过"超市/商场""特价、旧书店"购书的比例分别较城镇购书者高出 4.6 个和 2.3 个百分点。其他购书渠道的城乡差异并不显著。

具体情况如表 2-3-3 所示。

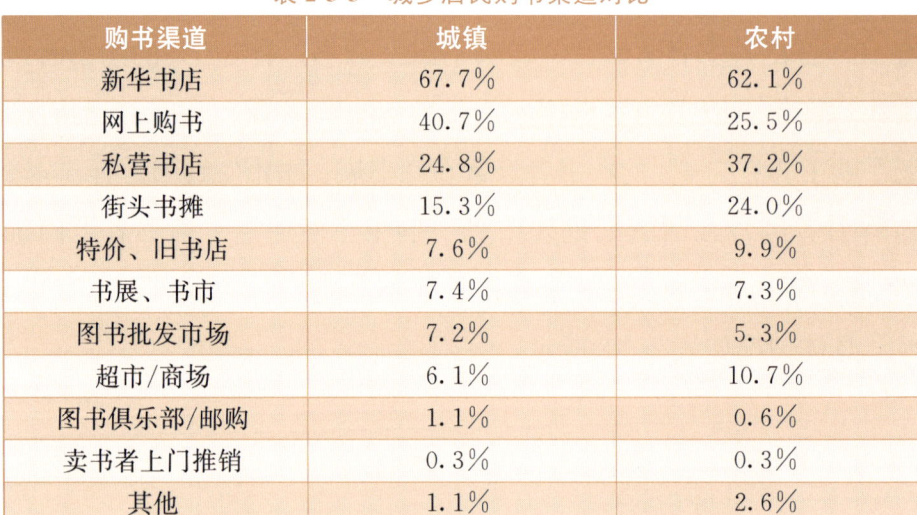

表 2-3-3　城乡居民购书渠道对比

购书渠道	城镇	农村
新华书店	67.7%	62.1%
网上购书	40.7%	25.5%
私营书店	24.8%	37.2%
街头书摊	15.3%	24.0%
特价、旧书店	7.6%	9.9%
书展、书市	7.4%	7.3%
图书批发市场	7.2%	5.3%
超市/商场	6.1%	10.7%
图书俱乐部/邮购	1.1%	0.6%
卖书者上门推销	0.3%	0.3%
其他	1.1%	2.6%

2.3.3.2　购书渠道选择原因

调查数据显示，图书种类与图书信息丰富程度、便利性和价格，是我国 18 周岁及以上成年购书者选择购书渠道时考虑的几个重要因素。首先，从图书种类与图书信息丰富程度看，有 55.7% 的购书者表示"图书种类多"是影响其选择购书渠道的主要原因之一；有 24.2% 的购书者认为"图书信息丰富"是影响其选择购书渠道的主要原因之一。其次，就便利性来说，有 32.1% 的购书者认为"离得较近"是影响其选择购书渠道的主要原因之一；有 31.4% 的购书者表示"很容易找到需要的书"是影响其购书渠道选择的主要因素之一。第三，有很多购书者比较关注价格因素，有 28.3% 的购书者表示"价格折扣"是影响其选择购书渠道的主要原因之一。

此外，购书环境与服务也是影响部分购书者选择购书渠道的重要因素之一。有 12.4% 的购书者将"店内环境好、设施齐全"作为选择购书渠道的主要原因之一；还有 9.8% 的购书者将"店主人或服务员态度亲切、服务好"作为是否选择该购书渠道的主要原因之一；而"开展读书活动"选择比例较低，仅为 2.2%。

具体情况如图 2-3-2 所示。

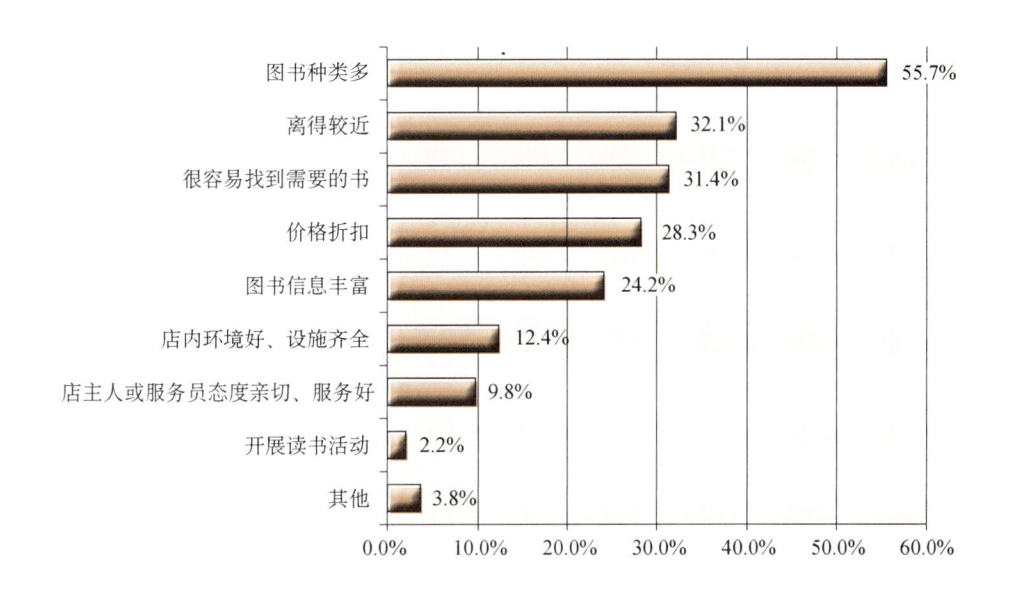

图 2-3-2　购书渠道的选择

2.3.4　图书信息的获取途径

首先，人际推荐是我国成年国民获取图书信息的重要渠道，有 28.6% 的人通过"朋友或他人推荐"获取图书信息；有 13.6% 的人通过"售书人员推荐"获取图书信息。其次，媒介在获取图书信息方面发挥着重要作用，有 27.6% 的人通过"互联网"获取图书信息；14.9% 的人从电视上获取图书信息；9.8% 的人通过报纸、期刊获取图书信息。除以上渠道外，"书店内广告宣传品"也是成年国民获取图书信息的重要渠道之一（6.9%）。还有 35.1% 的人表示没有获取图书信息的渠道。

具体情况如图 2-3-3 所示。

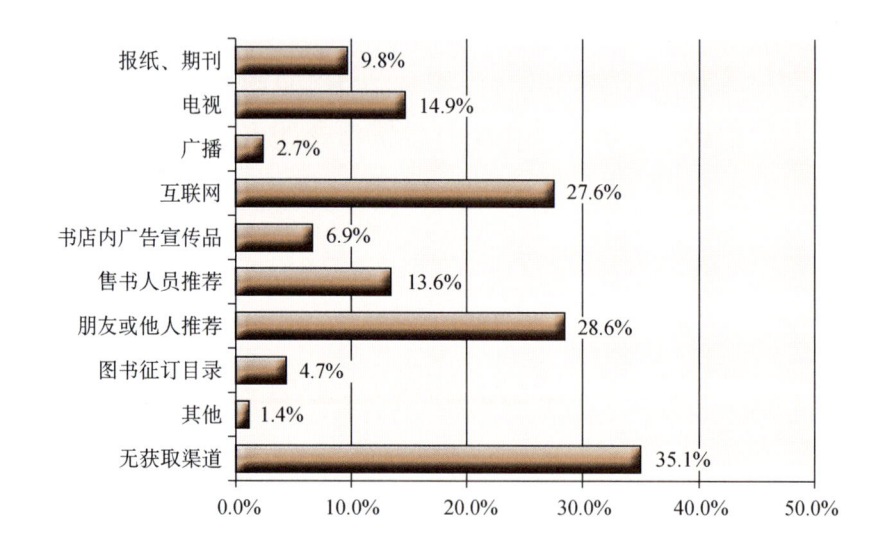

图书信息获取途径	比例
报纸、期刊	9.8%
电视	14.9%
广播	2.7%
互联网	27.6%
书店内广告宣传品	6.9%
售书人员推荐	13.6%
朋友或他人推荐	28.6%
图书征订目录	4.7%
其他	1.4%
无获取渠道	35.1%

图 2-3-3　图书信息获取途径

2.3.5　购书影响因素

调查数据显示，图书内容简介和书名目录这些能反映图书内容的因素对于图书销售的影响较大，有 48.0% 的购书者表示，"图书内容简介"是影响其购买图书的主要因素之一；"书名或目录"的选择比例为 24.7%。其次，"熟人推荐"（30.9%）和"店员推荐"（19.2%）这些人际传播因素，也是影响购书者的购书的重要因素。还有 20.1% 的购书者的购书行为会受到图书"价格"因素的影响。此外，"畅销书榜"（17.5%）、"作者"（15.1%）和"封面设计及外观"（12.5%）等也是影响购书者购书的重要因素。

值得注意的是，购书者在获取图书信息时受到的媒体引导作用有限。我国 18 周岁及以上成年购书者在购书时并不太在意"图书广告"和"媒体书讯和书评"，仅有 1.7% 和 4.9% 的购书者选择这两个选项。

具体情况如图 2-3-4 所示。

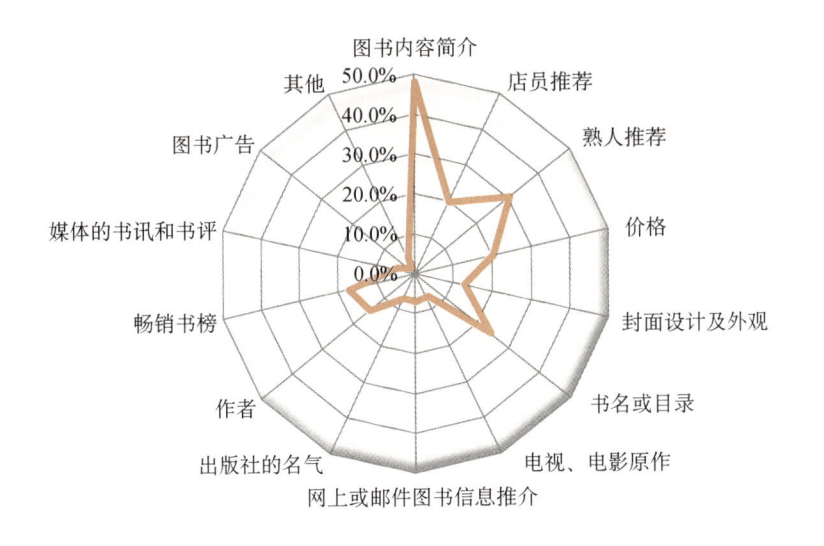

图 2-3-4　购书影响因素

2.3.6　购书制约因素

调查数据显示，首先，客观距离（"家离卖书的地方很远"）和信息传播不畅（"对书的信息知道的少"）是我国 18 周岁及以上成年国民认为在购书方面较为主要的不便因素，其选择比例均超过 10.0%。其次，购书场所软硬件设施的不足之处也是影响成年国民购书的重要因素，分别有 4.9%、3.9% 和 3.0% 的人因为"书店陈列混乱，很难找书""没有图书信息检索设备""书店服务态度不好"而感到购书不便。第三，在内容供给方面，有 4.4% 的人表示因为"想买的书总是没有"而感到购书不便。此外，66.5% 的成年国民认为在购书方面"没有什么不方便"。

具体情况如表 2-3-4 所示。

表 2-3-4　购书制约因素

购书不便之处	选择比例
家离卖书的地方很远	14.2%
对书的信息知道的少	11.7%

续前表

购书不便之处	选择比例
书店陈列混乱，很难找书	4.9%
想买的书总是没有	4.4%
没有图书信息检索设备	3.9%
书店服务态度不好	3.0%
其他	1.7%
没有什么不方便	66.5%

调查数据显示，制约城乡居民购书的因素存在一定差异。"家离卖书的地方很远"是造成农村居民购书不便的最主要原因（19.1%），这一比例较城镇居民（10.1%）高出 9.0 个百分点。而城镇居民认为购书"没有什么不方便"的比例（68.2%）较农村居民（64.5%）高 3.7 个百分点。

具体情况如表 2-3-5 所示。

表 2-3-5 城乡居民购书的制约因素

购书不便之处	城镇	农村
对书的信息知道的少	11.3%	12.2%
家离卖书的地方很远	10.1%	19.1%
书店陈列混乱，很难找书	6.4%	3.3%
想买的书总是没有	5.3%	3.3%
没有图书信息检索设备	4.9%	2.7%
书店服务态度不好	3.6%	2.3%
其他	1.3%	2.2%
没有什么不方便	68.2%	64.5%

2.3.7 购书距离

2017 年，我国 18 周岁及以上成年国民离家最近购书点的平均距离为 3.12 公里。城乡居民的购书距离存在一定差异，城镇居民表示，离家最近购书点的平均距离为 2.12 公里，而农村居民离家最近购书点的平均距离为 4.37 公里，比城镇居民多出 2.25 公里。

51.2% 的我国 18 周岁及以上成年国民表示离家最近购书点的距离在 3 公里以内，有 22.7% 的人表示离家最近购书点的距离不超过 1

公里。同时，有 30.6% 的人表示距离家最近购书点的距离超过 3 公里，有 7.7% 的人表示离家最近购书点的距离在 10 公里及以上。另外，还有 18.2% 的人对这一距离认知较为模糊（"不清楚/不知道"）。

具体情况如图 2-3-5 所示。

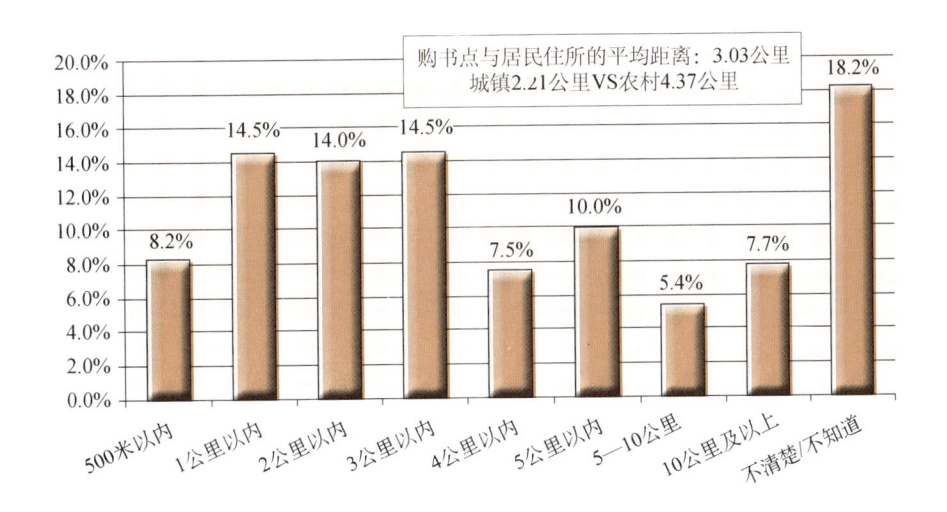

图 2-3-5 距家最近购书点距离

2.3.8 图书价格的评价

2017 年，在我国 18 周岁及以上成年国民中，有 31.0% 的人认为当前图书的定价高（"比较贵"或"非常贵"）；有 7.9% 的人认为当前图书的价格便宜（"比较便宜"或"非常便宜"）。另外，有 42.7% 的人认为当前的图书价格"合适"，还有 18.3% 的人对当前的图书价格感知比较模糊（"说不清"）。

具体情况如图 2-3-6 所示。

2.3.9 图书价格承受能力

通过对图书价格承受能力的分析发现，对于一本 200 页左右文学类简装书，2017 年我国 18 周岁及以上成年国民平均能够接受的价格为 15.13 元，略高于 2016 年的 14.42 元。

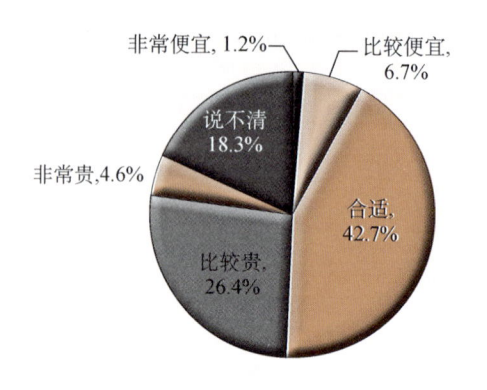

图 2-3-6 对当前图书价格的评价

对于购买一本 200 页左右的文学类简装书,大部分 18 周岁及以上成年国民能够接受的价格区间主要集中在 8—30 元。具体来看,能承受 12—20 元价格的成年国民的比例最高,达 28.4%;20.0%的成年国民能承受 8—12 元的价格;17.7%的成年国民能承受 20—30 元的价格;有 6.1%的成年国民只能接受 4 元以下的价格;仅有 4.9%的国民能够承受 30 元及以上的价格;还有 13.3%的成年国民认为对于图书"只要喜欢,多贵都买"。

具体情况如图 2-3-7 所示。

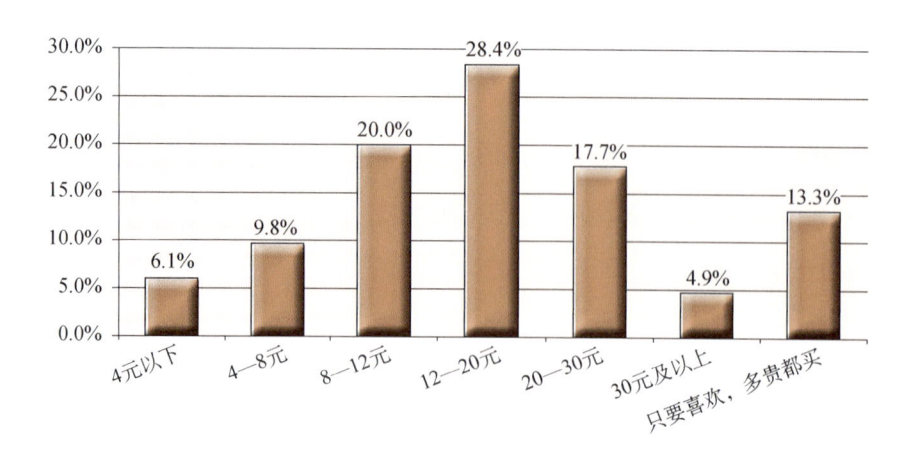

图 2-3-7 可接受的图书价格

数据显示，对于同样一本200页左右的文学类简装书，我国城乡居民可接受的价格呈现差异。城镇居民平均可承受的图书价格为15.72元，较农村居民（14.45元）多1.27元。

从可接受的图书价格分布来看，农村居民中能接受图书价格区间在12元以下的比例为38.3%，较城镇居民的这一数据（33.7%）低4.6个百分点。城镇居民中能接受12元及以上图书价格的比例为53.0%，较农村居民的这一数据（48.4%）高4.6个百分点。同时，城镇居民中表示"只要喜欢，多贵都买"的比例为13.4%，略高于农村居民（13.2%）。

具体情况如图2-3-8所示。

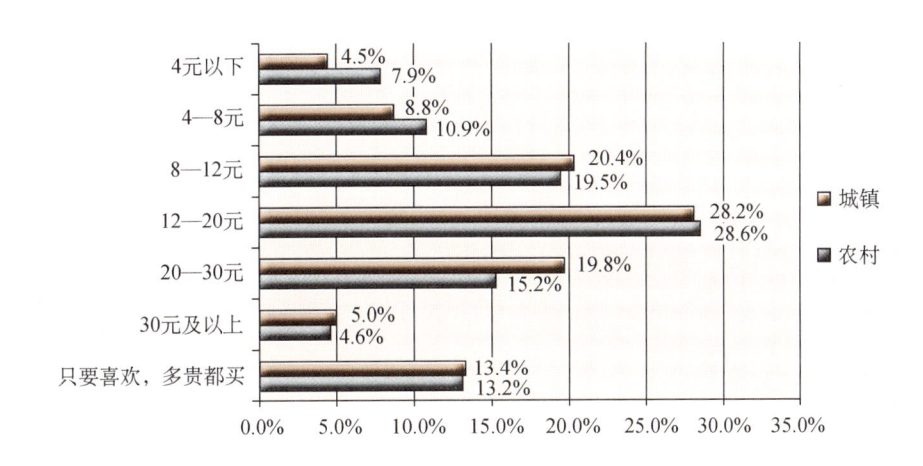

图2-3-8 城乡居民图书价格承受能力对比

2.3.10 书店的市场渗透率

在调查中，我们列举了一些国内较为知名的书店（包括网上书店），请被访者选择曾在其中哪些书店购买过出版物，然后再根据被访者选择情况来判断这些书店的市场渗透状况。结果显示，2017年，在我国成年国民中市场渗透率排名第一的仍是"本地新华书店"。除"本地大型书店、图书大厦、图书城等"外，"当当网""京东商城""亚马逊网"等网络书店位居书店市场渗透率的前五名。

具体情况如表2-3-6所示。

表2-3-6 书店的市场渗透率排名

排名	书店名称
1	本地新华书店
2	当当网
3	京东商城
4	本地大型书店、图书大厦、图书城等
5	亚马逊网
6	中国图书网
7	大众书局
8	新华文轩网上书城
9	苏宁易购
10	博库书城

2.4 分类图书市场

调查数据显示，2017年，在我国18周岁及以上成年国民中，有31.9%的人喜欢"文学"类图书；有18.0%的人喜欢"日常生活"类图书；喜欢"历史"类图书的比例为16.9%；喜欢"心理""教育""军事""经济、管理"类图书的人也相对较多，所占比例均在10.0%以上。

从各类图书的购买情况来看，"文学"类图书的购买率最高，18.8%的人在过去一年购买过此类图书；有9.7%的人在过去一年购买过"少儿"类图书。"教育""历史""日常生活""心理"类图书的购买率也相对较高，分别为8.2%、7.6%、7.6%和7.5%。

总体来看，偏好度较高的几类图书其购买率也相对较高。"文学""日常生活""历史""教育"这几类偏好度最高的图书，其购买率也较高。而值得注意的是，"少儿"类图书的购买率（9.7%）排名仅次于"文学"类图书，位居第二，远高于其偏好度的排名。

从市场空缺度来看，我国当前各类图书的市场空缺度都不高，均在5.0%以下。相对而言，"心理"类图书的市场空缺度最高，为3.7%；其次为"文学"类图书，为3.0%。"哲学""政治""教育""农业""经济、管理"类图书的市场空缺度相对高于其他图书种类。

从预购率来看，购买率较高的几类图书其预购率也相对较高。"文学""心理""少儿""教育""日常生活""历史"这几类购买率较高的图书，其预购率也名列前茅。其中"文学"类图书的预购率最高，为15.1%；而"心理""少儿""教育""日常生活""历史"类图书的预购率相对高于其他图书种类，分别为9.1%、9.0%、8.4%、7.9%和7.5%。

具体情况如表2-4-1所示。

表 2-4-1　分类图书市场占有情况

图书分类	偏好度	购买率	市场空缺度	预购率
文学	31.9%	18.8%	3.0%	15.1%
经济、管理	10.2%	6.0%	2.6%	6.5%
哲学	8.4%	4.4%	2.9%	4.6%
政治	8.2%	2.7%	2.8%	3.4%
法律	9.2%	2.7%	2.4%	4.4%
军事	10.8%	3.5%	2.0%	4.5%
教育	13.4%	8.2%	2.8%	8.4%
心理	15.4%	7.5%	3.7%	9.1%
美术书法艺术	4.4%	2.6%	0.9%	2.2%
历史	16.9%	7.6%	1.6%	7.5%
天文、地理	6.0%	1.9%	1.4%	2.6%

续前表

图书分类	偏好度	购买率	市场空缺度	预购率
医药卫生	9.2%	3.8%	2.3%	5.7%
数学物理化学	2.0%	1.8%	1.0%	1.4%
农业	4.7%	1.3%	2.7%	3.0%
生物科学	2.2%	0.7%	1.3%	1.0%
工业技术	2.7%	1.2%	1.4%	1.6%
计算机网络	4.3%	2.3%	0.9%	2.7%
体育健身	5.9%	1.8%	1.3%	2.9%
日常生活	18.0%	7.6%	1.8%	7.9%
少儿	9.4%	9.7%	1.8%	9.0%
科普	8.0%	3.6%	2.0%	4.1%
外文版图书	1.7%	0.9%	1.0%	0.9%
其他	4.3%	2.5%	2.2%	2.4%
以上皆无	27.7%	53.7%	72.1%	43.7%

进一步通过对购买率和市场空缺度，以及偏好度和预购率的数据分析，推断各类图书的市场表现及其发展前景。如图2-4-1和2-4-2所示，"文学""心理""教育""经济管理"类图书不仅购买率较高，其市场空缺度也相对较高；同时，这四类图书的偏好度和预购率也相对较高。据此推测，在所有图书种类中，"文学""心理""教育""经济管理"类图书的市场表现和市场前景较好。

而"外文版图书"和"生物科学"类图书的购买率不高，同时市场空缺度较低。据此推测，这两类图书的发展空间相对狭窄。

此外，虽然"少儿"类图书的购买率、预购率甚至偏好度均相对较高，但其市场空缺度较低，说明当前少儿类图书市场的总量相对饱和。

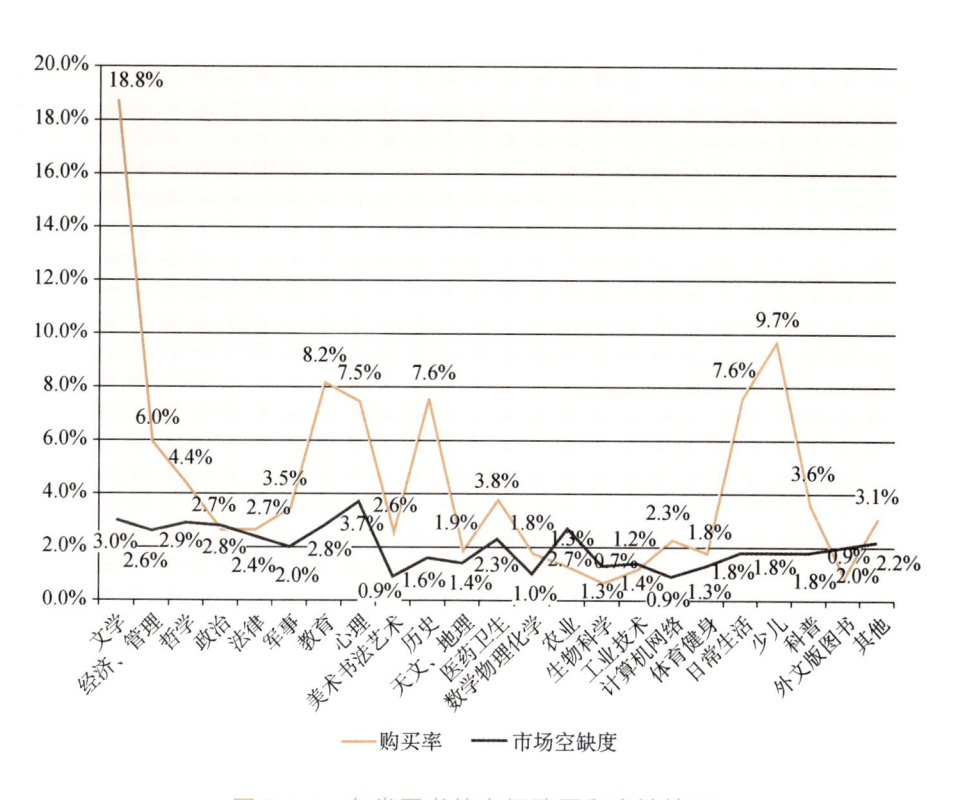

图 2-4-1 各类图书的市场购买和空缺情况

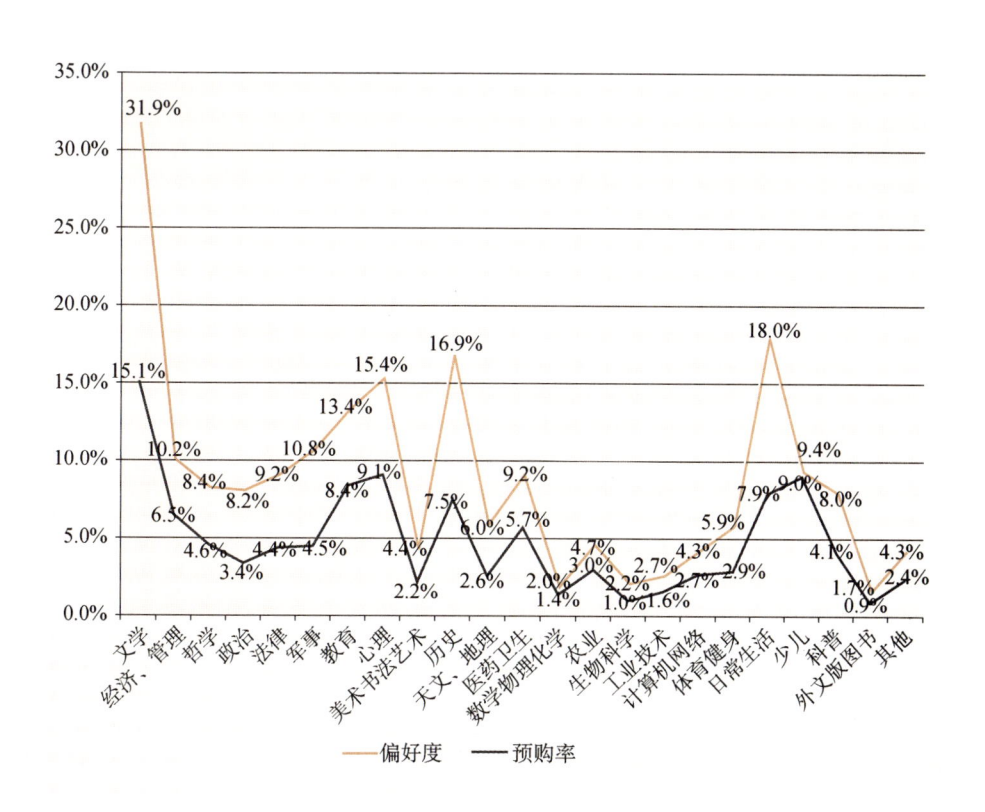

图 2-4-2 读者对各类图书的偏好度和预购率

2.5 成年国民最喜爱的图书作者

在无提示的情况下，我们请被访者说出其最喜爱的三个图书作者的姓名，然后根据作者被提及次数进行排名。结果显示，2017年我国18周岁及以上成年国民最喜爱的图书作者排在前三位的分别是鲁迅、莫言和老舍，巴金和三毛分列第四、第五位，郭敬明、韩寒、冰心、沈从文、余华位列前十名。

具体情况如表2-5-1所示。

表2-5-1 成年国民最喜爱的图书作者

排名	作 者
1	鲁迅
2	莫言
3	老舍
4	巴金
5	三毛
6	郭敬明
7	韩寒
8	冰心
9	沈从文
10	余华

2.6 成年国民最喜爱的图书

在无提示的情况下，我们请被访者说出其最喜欢的三本书的名字，然后根据图书被提及频次进行排名。数据显示，最受我国18周岁及以上成年国民喜爱的图书中，除了四大名著（《三国演义》《红楼梦》《水浒传》《西游记》）外，《平凡的世界》《围城》《骆驼祥子》《呐喊》《追风筝的人》《白夜行》进入排行榜前十位。

具体情况如表2-6-1所示。

表 2-6-1　成年国民最喜爱的图书

排名	图书名称
1	三国演义
2	红楼梦
3	平凡的世界
4	水浒传
5	西游记
6	围城
7	骆驼祥子
8	呐喊
9	追风筝的人
10	白夜行

■ 2.7　成年国民最喜爱的出版社

同样，在无提示的情况下，我们请被访者列举其最喜欢的三家国内出版社。结果显示，人民出版社、新华出版社和人民文学出版社位列前三。

具体情况如表 2-7-1 所示。

表 2-7-1　成年国民最喜爱的出版社

排名	出版社名称
1	人民出版社
2	新华出版社
3	人民文学出版社
4	江苏人民出版社
5	中国青年出版总社
6	中信出版社
7	北京大学出版社
8	人民教育出版社
9	清华大学出版社
10	中华书局

第三章
成年国民报刊阅读状况与购买倾向

3.1 报纸阅读状况

3.1.1 报纸阅读率

2017 年，我国 18 周岁及以上成年国民报纸阅读率为 37.6%，较 2016 年的 39.7% 下降了 2.1 个百分点。不同人口特征群体之间的报纸阅读率均存在一定差异。

从性别差异看，男性居民的报纸阅读率为 41.0%，较女性居民（34.2%）高 6.8 个百分点。

从城乡对比看，城镇居民的报纸阅读率为 43.9%，较农村居民（30.1%）高 13.8 个百分点。

从年龄分布上看，年龄越高的群体，其报纸阅读率相对更高。70 周岁以上群体的报纸阅读率最高，为 53.6%；而 18—29 周岁群体的报纸阅读率最低，为 29.3%。

从受教育程度来看，受教育程度越高的群体，其报纸阅读率越高。博士研究生的报纸阅读率最高，为 56.1%；小学及以下学历群体的报纸阅读率最低，仅为 21.0%。

从职业或身份来看，"军人/武警"群体的报纸阅读率最高，为

73.6%;"事业单位干部"和"教师"群体的报纸阅读率均在60.0%以上;而"农民"群体的报纸阅读率最低,仅为21.9%。

从收入水平来看,相对而言,中高收入群体的报纸阅读率高于收入较低的群体。月收入在7000—8000元群体的报纸阅读率最高,为60.7%;月收入在1000—1500元群体的报纸阅读率最低,仅为25.1%。

具体情况如表3-1-1所示。

表3-1-1 不同人口特征群体报纸阅读率

人口特征	类别	报纸阅读率
性别	男性	41.0%
	女性	34.2%
城乡	城镇	43.9%
	农村	30.1%
年龄	18—29周岁	29.3%
	30—39周岁	35.4%
	40—49周岁	40.0%
	50—59周岁	44.2%
	60—70周岁	43.0%
	70周岁以上	53.6%
学历	博士研究生	56.1%
	硕士研究生	54.1%
	本科	46.3%
	大专	42.5%
	高中	44.0%
	初中	32.1%
	小学及以下	21.0%
职业或身份	工人或商业/服务业人员	41.3%
	企业领导或管理人员	51.8%
	农民	21.9%
	农民工(进城务工人员)	22.2%
	事业单位干部	63.2%
	一般职员/文员/秘书	43.5%
	公务员	58.4%

续前表

人口特征	类别	报纸阅读率
职业或身份	军人/武警	73.6%
	教师	61.3%
	律师/医护人员/IT等专业技术人员	42.4%
	私营或个体劳动者	40.1%
	学生	25.9%
	离退休人员	58.2%
	无业及失业人员	31.3%
	自由职业者	33.8%
	其他	92.4%
收入	无收入	28.5%
	500元以下	28.6%
	500—1000元	26.2%
	1000—1500元	25.1%
	1500—2000元	30.1%
	2000—3000元	39.2%
	3000—4000元	40.6%
	4000—5000元	48.6%
	5000—6000元	55.9%
	6000—7000元	49.5%
	7000—8000元	60.7%
	8000—10000元	50.3%
	10000元及以上	41.6%
	拒绝回答	31.5%

3.1.2 报纸阅读量

2017年，我国18周岁及以上成年国民人均报纸阅读量为33.62期/份，低于2016年的44.66期/份。不同人口特征群体之间的报纸阅读量均存在一定差异。

从性别差异看，男性居民的报纸阅读量为39.83期/份，较女性居民（27.27期/份）多出12.56期/份。

从城乡对比看，城镇居民的报纸阅读量为49.36期/份，约为农村居民（15.12 期/份）的 3 倍多。

从年龄分布上看，年龄越高的群体，其报纸阅读量越高，老年群体的报纸阅读量相对多于青年群体。70 周岁以上群体的报纸阅读量最多，为 74.22 期/份；而 18—29 周岁群体的报纸阅读量最少，为 11.97 期/份。

从受教育程度来看，本科群体的报纸阅读量最多，为 42.75 期/份；高中群体的报纸阅读量次之，为 42.19 期/份；而小学及以下学历群体的报纸阅读量最少，仅为 13.63 期/份。

从职业或身份来看，"公务员"群体的报纸阅读量最多，为 98.24 期/份；"农民工（进城务工人员）"群体的报纸阅读量最少，仅为 6.10 期/份。

从收入水平来看，收入较高群体的报纸阅读量相对高于收入较低的群体。月收入在 8000—10000 元之间群体的报纸阅读量最多，为 101.71 期/份；无收入群体的报纸阅读量最少，仅为 12.33 期/份。

具体情况如表 3-1-2 所示。

表 3-1-2 不同人口特征群体报纸阅读量

人口特征	类别	报纸阅读量（期/份）
性别	男性	39.83
	女性	27.27
城乡	城镇	49.36
	农村	15.12
年龄	18—29 周岁	11.97
	30—39 周岁	23.36
	40—49 周岁	40.64
	50—59 周岁	47.85
	60—70 周岁	60.27
	70 周岁以上	74.22
学历	博士研究生	30.94
	硕士研究生	38.29

续前表

人口特征	类别	报纸阅读量（期/份）
学历	本科	42.75
	大专	36.94
	高中	42.19
	初中	28.72
	小学及以下	13.63
职业或身份	工人或商业/服务业人员	47.79
	企业领导或管理人员	45.34
	农民	14.81
	农民工（进城务工人员）	6.10
	事业单位干部	45.69
	一般职员/文员/秘书	34.03
	公务员	98.24
	军人/武警	30.75
	教师	56.33
	律师/医护人员/IT等专业技术人员	32.73
	私营或个体劳动者	25.19
	学生	10.68
	离退休人员	91.57
	无业及失业人员	27.09
	自由职业者	20.09
	其他	11.09
收入	无收入	12.33
	500元以下	24.37
	500—1000元	16.58
	1000—1500元	21.32
	1500—2000元	32.25
	2000—3000元	40.41
	3000—4000元	38.22
	4000—5000元	44.78
	5000—6000元	53.10
	6000—7000元	31.09
	7000—8000元	47.12
	8000—10000元	101.71
	10000元及以上	42.20
	拒绝回答	21.50

3.2 期刊阅读与消费状况

3.2.1 期刊阅读状况

3.2.1.1 期刊阅读率

2017年，我国成年国民的期刊阅读率为25.3%，较2016年的23.5%高1.8个百分点。不同人口特征群体之间的期刊阅读率均存在一定差异。

从性别差异看，男性居民的期刊阅读率为27.0%，高于女性居民的期刊阅读率（23.5%）。

从城乡对比看，城镇居民的期刊阅读率为30.7%，较农村居民的期刊阅读率（18.9%）高11.8个百分点。

从年龄分布上看，中青年群体的期刊阅读率相对高于老年群体。18—29周岁群体的期刊阅读率最高，为28.4%；70周岁以上群体的期刊阅读率最低，为18.2%。

从受教育程度来看，学历越高的群体，其期刊阅读率也相对较高。博士研究生学历群体的期刊阅读率最高，为86.1%；硕士研究生学历群体的期刊阅读率次之，为50.6%；而小学及以下学历群体的期刊阅读率最低，仅为6.5%。

从职业或身份来看，"教师"群体的期刊阅读率最高，为62.8%；"军人/武警""公务员""企业领导或管理人员"的期刊阅读率相对高于其他职业群体，分别为53.9%、47.0%和40.2%；而"农民"群体的期刊阅读率最低，仅为12.8%。

从收入水平来看，相对而言，中高收入群体的期刊阅读率相对高于收入较低的群体。月收入在7000—8000元群体的期刊阅读率最高，为42.7%；月收入在500元以下群体的期刊阅读率最低，仅为13.5%。

具体情况如表 3-2-1 所示。

表 3-2-1　不同人口特征群体期刊阅读率

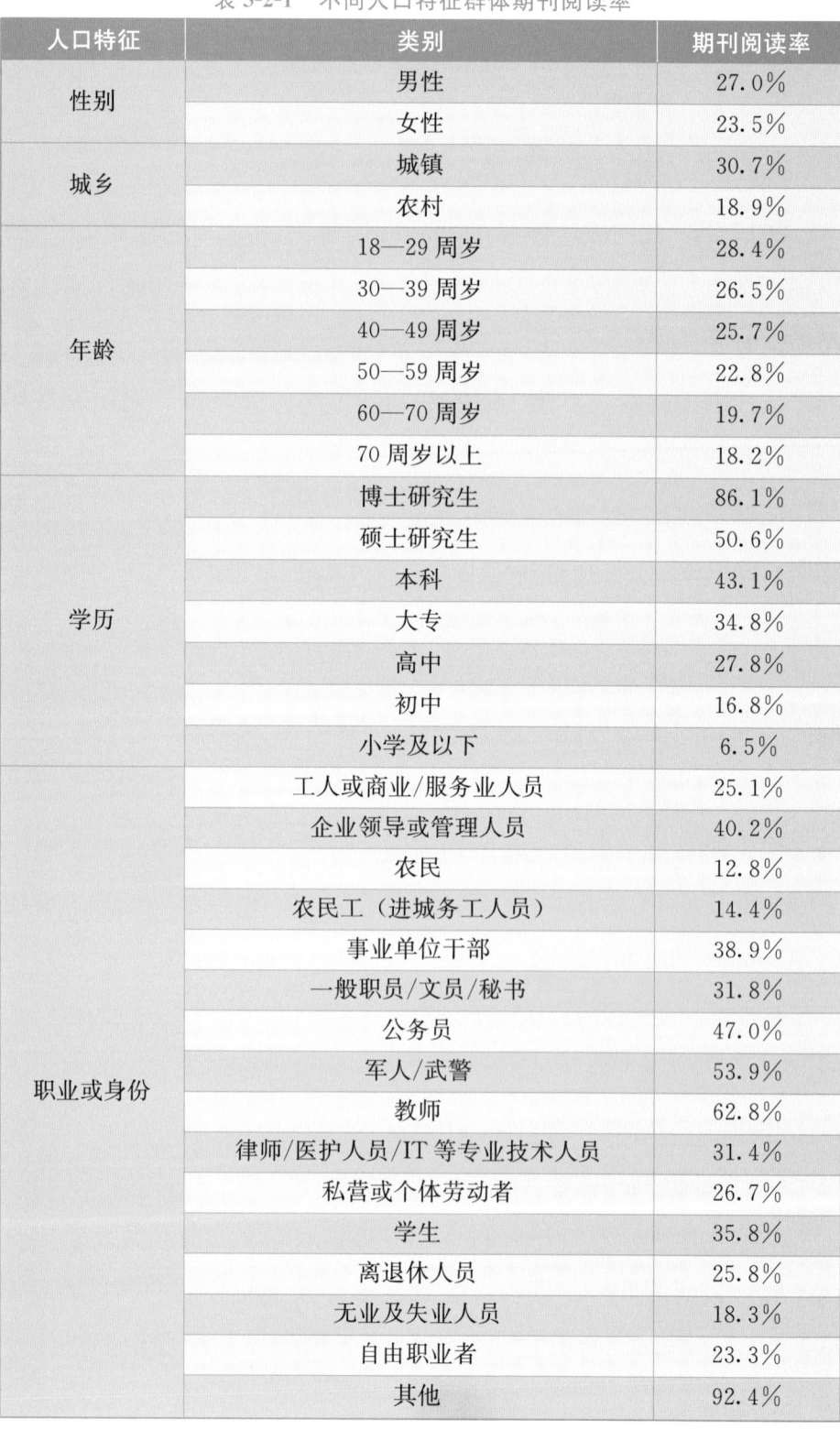

人口特征	类别	期刊阅读率
性别	男性	27.0%
	女性	23.5%
城乡	城镇	30.7%
	农村	18.9%
年龄	18—29 周岁	28.4%
	30—39 周岁	26.5%
	40—49 周岁	25.7%
	50—59 周岁	22.8%
	60—70 周岁	19.7%
	70 周岁以上	18.2%
学历	博士研究生	86.1%
	硕士研究生	50.6%
	本科	43.1%
	大专	34.8%
	高中	27.8%
	初中	16.8%
	小学及以下	6.5%
职业或身份	工人或商业/服务业人员	25.1%
	企业领导或管理人员	40.2%
	农民	12.8%
	农民工（进城务工人员）	14.4%
	事业单位干部	38.9%
	一般职员/文员/秘书	31.8%
	公务员	47.0%
	军人/武警	53.9%
	教师	62.8%
	律师/医护人员/IT 等专业技术人员	31.4%
	私营或个体劳动者	26.7%
	学生	35.8%
	离退休人员	25.8%
	无业及失业人员	18.3%
	自由职业者	23.3%
	其他	92.4%

续前表

人口特征	类别	期刊阅读率
收入	无收入	18.8%
	500 元以下	13.5%
	500—1000 元	17.0%
	1000—1500 元	18.2%
	1500—2000 元	18.5%
	2000—3000 元	25.6%
	3000—4000 元	26.5%
	4000—5000 元	34.2%
	5000—6000 元	41.6%
	6000—7000 元	29.7%
	7000—8000 元	42.7%
	8000—10000 元	37.0%
	10000 元及以上	32.5%
	拒绝回答	28.5%

3.2.1.2 期刊阅读量

2017 年，我国成年国民人均期刊阅读量为 3.81 期/份，比 2016 年的 3.07 期/份多 0.74 期/份。不同人口特征群体之间的期刊阅读量均存在一定差异。

从性别差异看，男性居民的期刊阅读量为 3.74 期/份，略低于女性居民的 3.89 期/份。

从城乡对比看，城镇居民的期刊阅读量为 5.37 期/份，较农村居民的期刊阅读量（2.00 期/份）多 3.37 期/份。

从年龄分布上看，60—70 周岁群体的期刊阅读量最多，为 10.40 期/份；70 周岁以上群体的期刊阅读量次之，为 7.13 期/份；而 18—29 周岁群体的期刊阅读量最少，为 2.24 期/份。

从受教育程度来看，博士研究生群体的期刊阅读量最多，为 13.61 期/份，本科学历群体的期刊阅读量次之，为 6.75 期/份；而小学及以下学历群体的期刊阅读量最少，仅为 1.18 期/份。

从职业或身份来看，"教师"群体的期刊阅读量最多，为 22.78

期/份；"公务员""离退休人员""军人/武警"群体的期刊阅读量相对高于其他职业群体，均在 5.00 期/份以上；而"农民工（进城务工人员）"群体的期刊阅读量最少，为 0.56 期/份。

从收入水平来看，相对而言，收入较高群体的期刊阅读量高于收入较低群体。月收入在 8000—10000 元之间群体的期刊阅读量最多，为 17.05 期/份；月收入在 1500—2000 元之间群体的期刊阅读量最少，为 1.75 期/份。

具体情况如表 3-2-2 所示。

表 3-2-2 不同人口特征群体期刊阅读量

人口特征	类别	期刊阅读量（期/份）
性别	男性	3.74
	女性	3.89
城乡	城镇	5.37
	农村	2.00
年龄	18—29 周岁	2.24
	30—39 周岁	2.44
	40—49 周岁	2.33
	50—59 周岁	5.75
	60—70 周岁	10.40
	70 周岁以上	7.13
学历	博士研究生	13.61
	硕士研究生	3.78
	本科	6.75
	大专	4.45
	高中	3.92
	初中	3.22
	小学及以下	1.18
职业或身份	工人或商业/服务业人员	3.13
	企业领导或管理人员	4.87
	农民	1.51
	农民工（进城务工人员）	0.56
	事业单位干部	3.54
	一般职员/文员/秘书	3.01

续前表

人口特征	类别	期刊阅读量（期/份）
职业或身份	公务员	7.07
	军人/武警	5.11
	教师	22.78
	律师/医护人员/IT等专业技术人员	3.09
	私营或个体劳动者	2.33
	学生	3.55
	离退休人员	9.63
	无业及失业人员	4.83
	自由职业者	3.91
	其他	11.09
收入	无收入	4.31
	500元以下	5.97
	500—1000元	2.89
	1000—1500元	3.34
	1500—2000元	1.75
	2000—3000元	3.07
	3000—4000元	3.17
	4000—5000元	3.99
	5000—6000元	4.97
	6000—7000元	6.49
	7000—8000元	6.61
	8000—10000元	17.05
	10000元及以上	3.66
	拒绝回答	6.06

3.2.1.3 期刊阅读偏好

通过对期刊读者偏好的期刊类别的考察，可以看出，"新闻时政""文学艺术""医药健康"类期刊的喜爱者较多。具体来看，有35.7%的期刊读者经常阅读"新闻时政"类期刊；有31.8%的期刊读者经常阅读"文学艺术"类期刊；有16.2%的期刊读者经常阅读"医药健康"类期刊。此外，表示经常阅读"女性家庭情感""旅游休闲""科普""娱乐明星/八卦""人文史地""服饰美容时尚"类期刊的读者也相对较多,选择比例均超过10.0%。而"IT/通信"和"外语类"类期刊的喜爱者较少,分别仅有2.4%和2.1%的期刊读者经常阅读这两类期刊。

具体情况如表3-2-3所示。

表3-2-3 期刊读者的阅读偏好

期刊类型	选择比例
文学艺术	31.8%
新闻时政	35.7%
服饰美容时尚	10.8%
家居装饰	9.1%
女性家庭情感	15.1%
旅游休闲	14.4%
外语类	2.1%
娱乐明星/八卦	13.7%
IT/通信	2.4%
科普	14.1%
卡通漫画	5.2%
人文史地	11.6%
体育	6.1%
汽车	4.2%
医药健康	16.2%
财经管理/大众理财	3.6%
学术科技	4.9%
其他	4.8%

在期刊阅读偏好上,不同性别期刊读者之间的差异较为显著。男性期刊读者中经常阅读"新闻时政""文学艺术""人文史地""科普""旅游休闲""体育""汽车""学术科技""财经管理/大众理财""IT/通信"类期刊的比例要高于女性期刊读者;而女性期刊读者中经常阅读"女性家庭情感""服饰美容时尚""娱乐明星/八卦""医药健康""家居装饰""卡通漫画""外语类"类期刊的比例要高于男性期刊读者。

具体情况如图3-2-1所示。

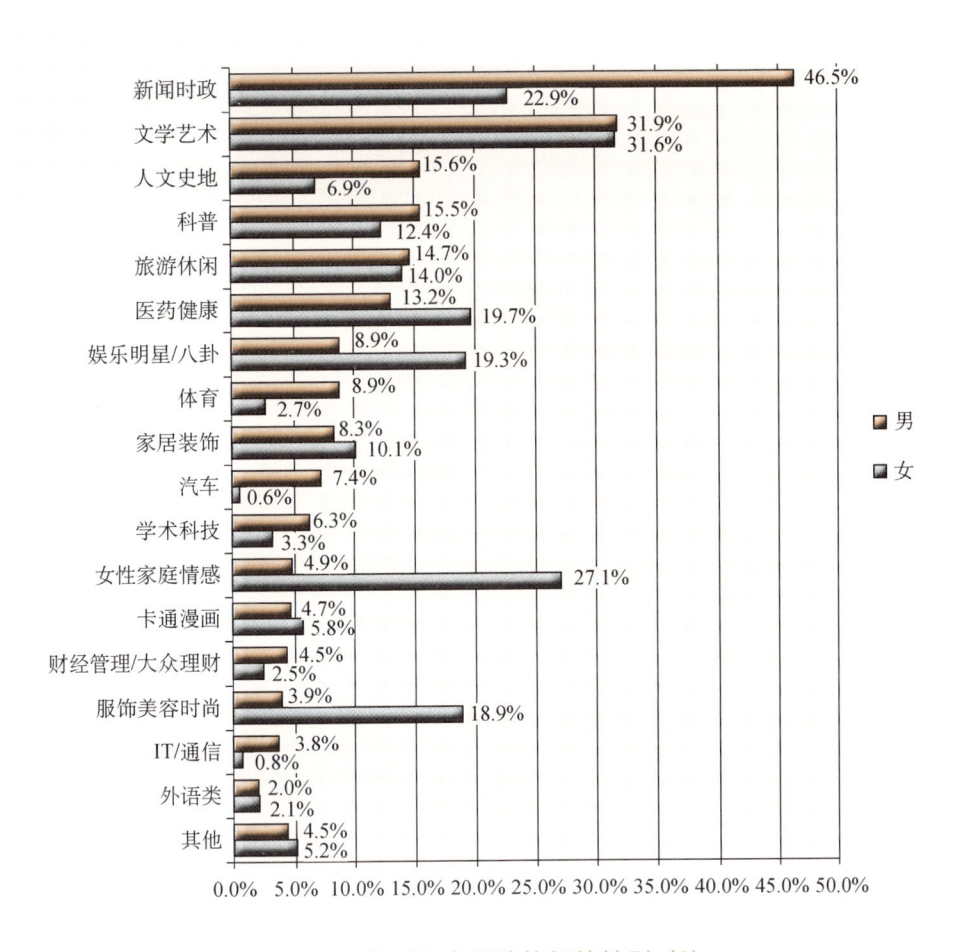

	男	女
新闻时政	46.5%	22.9%
文学艺术	31.9%	31.6%
人文史地	15.6%	6.9%
科普	15.5%	12.4%
旅游休闲	14.7%	14.0%
医药健康	13.2%	19.7%
娱乐明星/八卦	8.9%	19.3%
体育	8.9%	2.7%
家居装饰	8.3%	10.1%
汽车	7.4%	0.6%
学术科技	6.3%	3.3%
女性家庭情感	4.9%	27.1%
卡通漫画	4.7%	5.8%
财经管理/大众理财	4.5%	2.5%
服饰美容时尚	3.9%	18.9%
IT/通信	3.8%	0.8%
外语类	2.0%	2.1%
其他	4.5%	5.2%

图 3-2-1　期刊读者阅读偏好的性别对比

在期刊阅读偏好上，城乡期刊读者之间也存在一定差异。城镇期刊读者中喜欢"旅游休闲""娱乐明星/八卦""汽车""服饰美容时尚"等类期刊的比例高于农村期刊读者；而农村期刊读者中喜欢"新闻时政""学术科技""科普"类期刊的比例高于城镇期刊读者。

具体情况如图 3-2-2 所示。

3.2.1.4　期刊阅读的制约因素

在过去一年没有阅读过纸质期刊的我国成年国民中，因为"没时间"而不读期刊的选择比例最高（46.9%）。媒介的干扰和阅读内容缺乏吸引力也是较为主要的原因，选择"上网、看电视、听广播就够了，没必要再读它"和"对现在期刊的内容没兴趣"的比例均较高，分别为 29.3% 和 24.4%。此外，还分别有 12.0%、7.0%

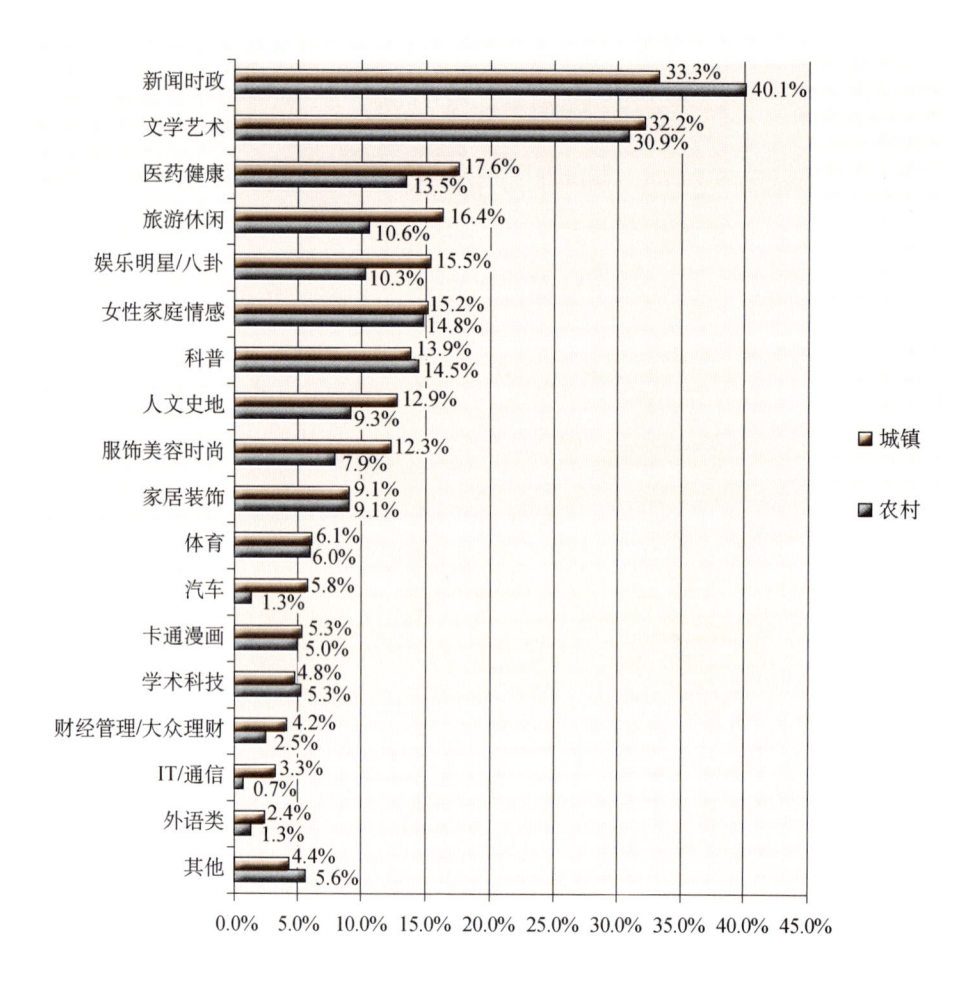

图 3-2-2　期刊读者阅读偏好的城乡对比

和 5.8% 的人因为"文化程度低，阅读有困难""买期刊不方便""期刊价格太贵"而不读期刊。仅有 2.8% 的人因为"读电子期刊就够了"而不读纸质期刊，说明期刊阅读载体的数字化对受众的吸引力有限，并非制约成年国民阅读纸质期刊的主要原因。

具体情况如图 3-2-3 所示。

在期刊阅读的制约因素上，城乡居民之间存在一定差异。相对于农村居民而言，媒介的干扰因素对城镇居民阅读期刊的制约作用更强，有 36.4% 的城镇居民因为"上网、看电视、听广播就够了，没必要再读它"而不阅读期刊，较农村居民（22.2%）高出 14.2 个百分点。相对于城镇居民而言，农村居民因"文化程度低，阅读有

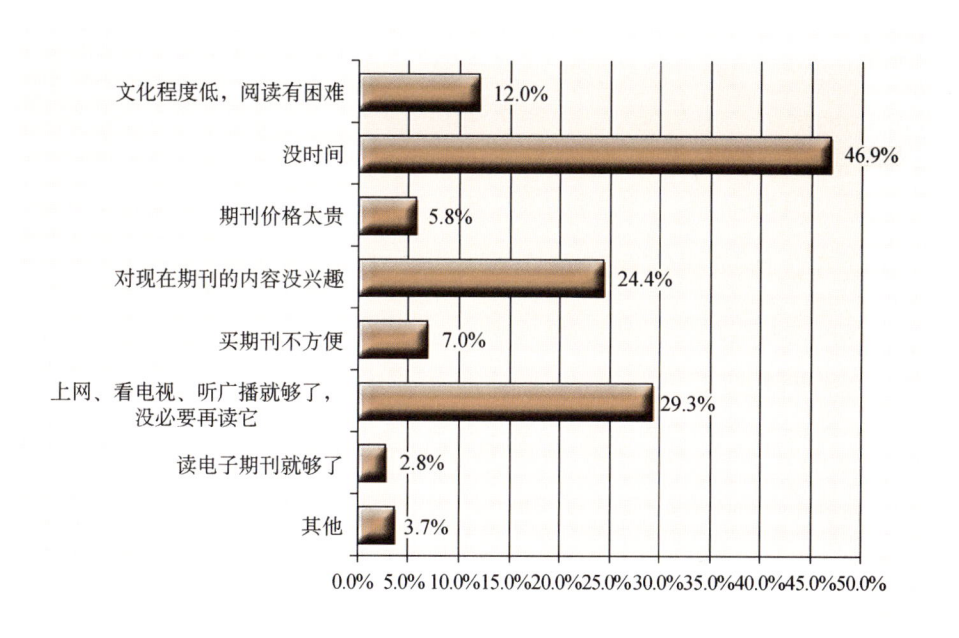

图 3-2-3　期刊阅读的制约因素

困难"和"没时间"而不阅读期刊的比例（16.6%和50.6%）高于城镇居民（7.5%和43.2%）。此外，相对而言，"买期刊不方便"和"对现在期刊的内容没兴趣"也是制约更多农村居民阅读期刊的因素。

具体情况如图 3-2-4 所示。

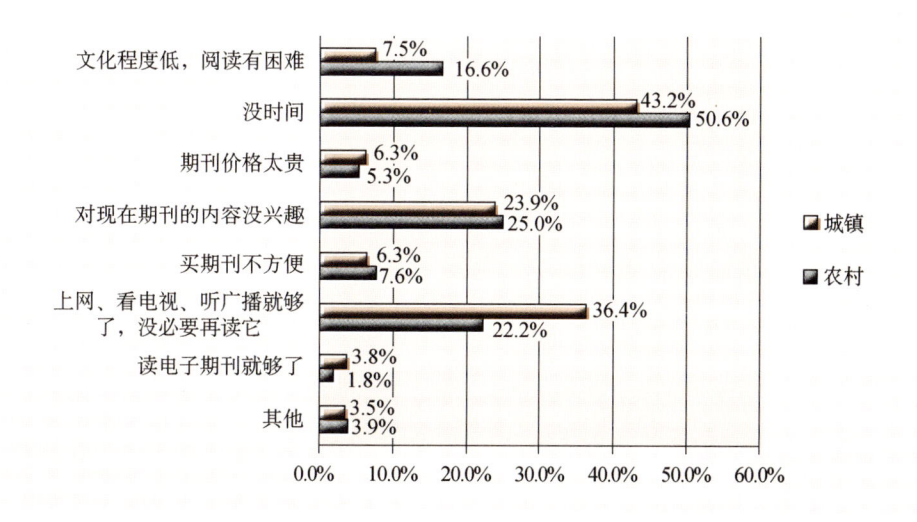

图 3-2-4　期刊阅读制约因素的城乡对比

3.2.2 期刊购买状况

3.2.2.1 期刊获取渠道

调查数据显示,"报摊购买"和"借阅"是我国 18 周岁及以上期刊读者获取期刊的两种最主要渠道,所占比例分别为 35.6% 和 27.8%。其次为"单位订阅"和"书店购买",分别有 22.5% 和 21.6% 的期刊读者通过这两种渠道来获取期刊。"赠阅"和"家庭订阅"(13.6% 和 10.8%)也是期刊读者获取期刊的主要渠道,选择比例均在 10.0% 以上。此外,还分别有 9.9%、6.7% 和 5.1% 的期刊读者表示通常会通过"网上购买""便利店购买""邮局购买"获取期刊。

具体情况如表 3-2-4 所示。

表 3-2-4 期刊获取渠道

期刊获取渠道	所占比例
报摊购买	35.6%
书店购买	21.6%
便利店购买	6.7%
邮局购买	5.1%
网上购买	9.9%
借阅	27.8%
家庭订阅	10.8%
单位订阅	22.5%
赠阅	13.6%
其他	2.1%

3.2.2.2 期刊价格评价

调查数据显示,有 45.3% 的我国 18 周岁及以上成年国民认为当前期刊的价格"合适";有 24.3% 的人认为目前期刊价格贵("比较贵"或"非常贵");仅有 7.9% 的人认为期刊价格便宜("比较便宜"或"非常便宜");另有 22.5% 的人对目前期刊的价格感知模糊,说不清期刊的价格是高是低。

具体情况如图 3-2-5 所示。

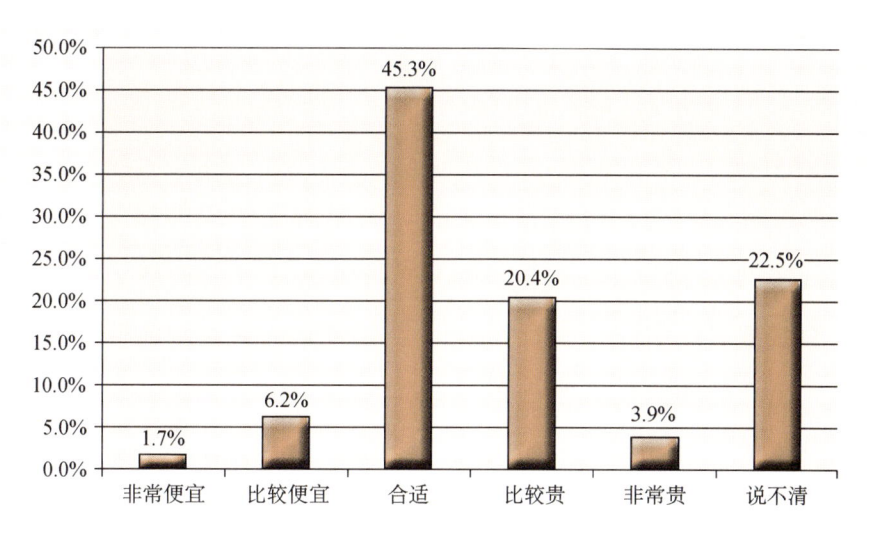

图 3-2-5　期刊价格评价

3.2.2.3　期刊价格承受能力

对期刊价格的承受能力进行分析发现，2017 年我国成年国民平均可接受一本期刊的价格为 7.12 元，比 2016 年的 6.85 元提高了 0.27 元，绝大部分（81.7%）成年国民能接受的期刊价格集中在 3—19 元之间。具体来看，能接受每本期刊价格在 3—6 元的成年国民占 32.8%；6—9 元的价格区间被 32.0% 的成年国民所接受；9—19 元的价格区间被 16.9% 的成年国民所接受；另有 14.9% 的成年国民只能接受 3 元以下的价格，而能接受每本期刊价格在 19 元及以上的成年国民的比例仅为 3.5%。

具体情况如图 3-2-6 所示。

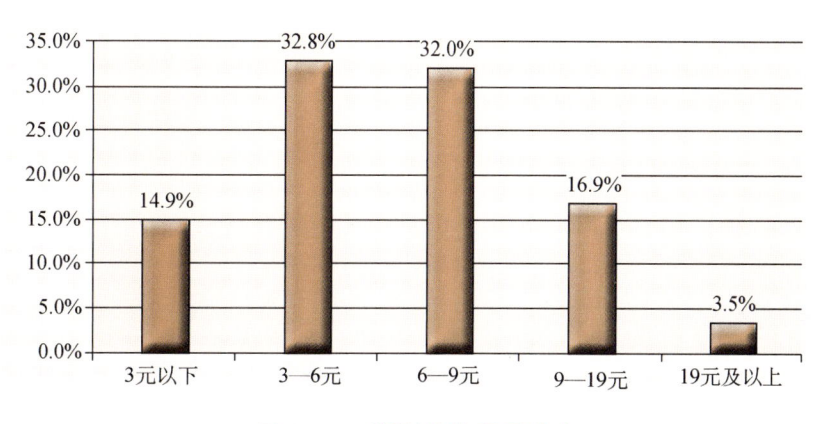

图 3-2-6　期刊价格承受能力

调查数据显示，城乡成年居民可接受的期刊价格存在差异。城镇居民平均可承受的期刊价格为 7.12 元，较农村居民（6.87 元）高 0.25 元。

从可接受的期刊价格分布来看，农村居民中仅能接受 9 元以下期刊价格的比例为 81.1%，较城镇居民（78.5%）高 2.6 个百分点。而城镇居民中能接受 9 元及以上期刊价格的比例为 21.6%，较农村居民（18.9%）高 2.7 个百分点。

具体情况如下图 3-2-7 所示。

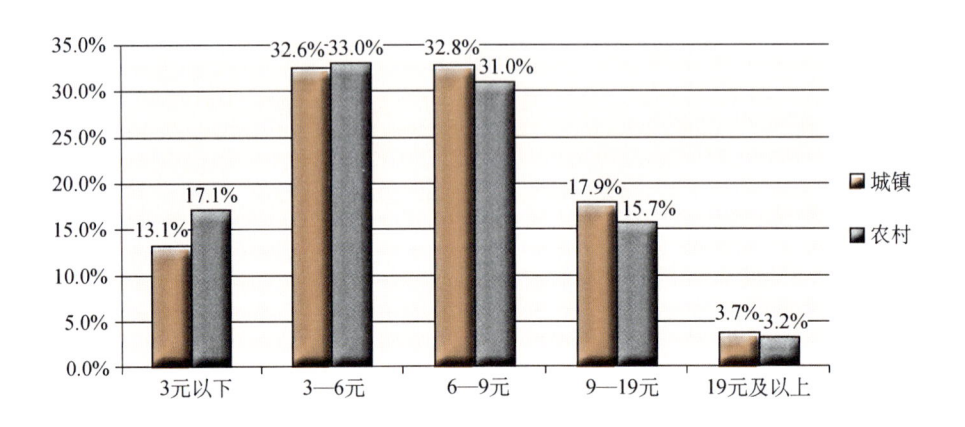

图 3-2-7　期刊价格承受能力的城乡对比

3.2.3　成年国民最喜爱的期刊

本次调查中，在无提示的情况下，我们请被访者列举其最喜欢的三本期刊的名称，然后根据期刊被提及的频次进行排名。数据显示，最受我国 18 周岁及以上成年期刊读者喜爱的期刊是《读者》，排在第二、第三位的是《特别关注》和《青年文摘》。从期刊的内容类型来看，排在前列的期刊仍以文学类期刊和时尚生活类期刊居多。

具体情况如表 3-2-5 所示。

表 3-2-5　成年国民最喜爱的期刊

排名	期刊名称
1	读者
2	特别关注
3	青年文摘
4	知音
5	意林
6	时尚
7	瑞丽
8	家庭医生
9	故事会
10	中国新闻周刊

第四章
成年国民动漫接触情况

■ 4.1 动漫产品接触率

2017年,我国18周岁及以上成年国民的动漫作品接触率为35.8%,相比2016年的44.1%下降了8.3个百分点。在我国18周岁及以上成年国民中,有22.8%的人接触过"动画片/动漫影视";其次为"网络游戏"和"漫画书",选择比例分别为15.6%和10.2%;排在第四位的是"单机游戏",其选择比例为9.0%;选择"漫画期刊"的比例最低,为4.0%。

具体情况如图4-1-1所示。

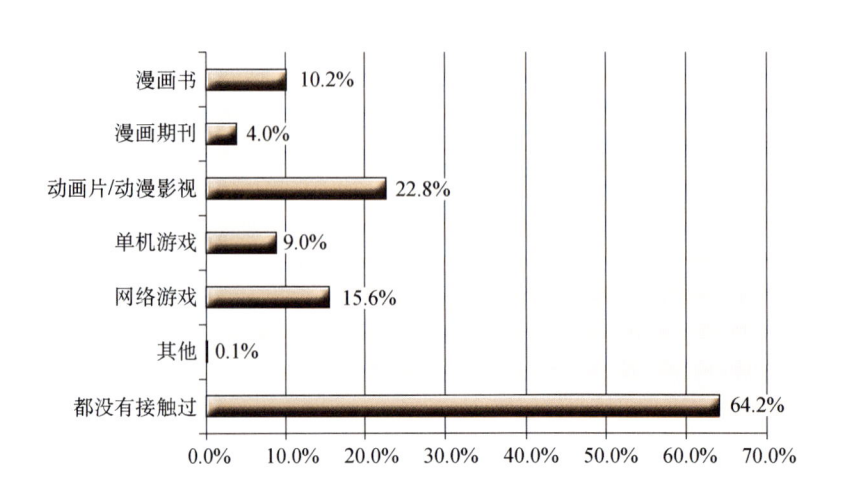

图 4-1-1　各类动漫作品的接触率

从性别特征看，不同性别群体的动漫作品接触率存在一定程度的差异。其中，男性居民的动漫作品接触率为36.7%，略高于女性居民（34.8%）。从接触动漫作品的类别上看，男性居民中接触过"网络游戏""单机游戏""漫画期刊"的比例显著高于女性居民，而女性居民中接触过"动画片/动漫影视""漫画书"的比例略高于男性。

具体情况如图4-1-2所示。

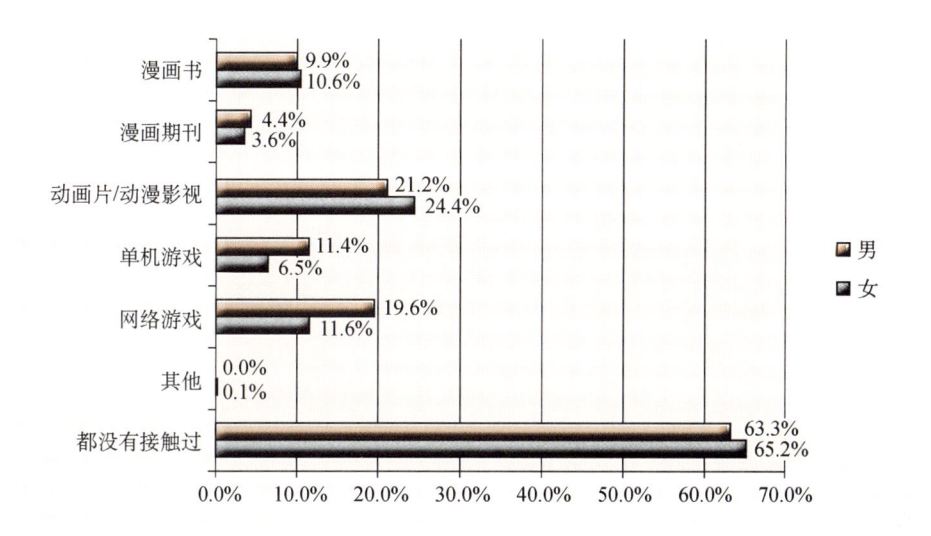

类别	男	女
漫画书	9.9%	10.6%
漫画期刊	4.4%	3.6%
动画片/动漫影视	21.2%	24.4%
单机游戏	11.4%	6.5%
网络游戏	19.6%	11.6%
其他	0.0%	0.1%
都没有接触过	63.3%	65.2%

图 4-1-2 动漫作品接触率的性别差异

从年龄分布上看，年龄越低的群体，其动漫作品接触率则越高。其中，18—29周岁群体的动漫作品接触率最高，该群体中有五成以上（55.9%）的人接触过不同形式的动漫作品；而60—70周岁和70周岁以上群体的动漫作品接触率则较低，均不足15.0%（分别为13.6%和12.8%）。

从动漫作品的类型来看，"动画片/动漫影视"在各年龄段群体中的接触率均较高。此外，18—29周岁群体对"网络游戏""漫画书"的接触率也较高，分别为29.7%和19.5%。

具体情况如表4-1-1所示。

表 4-1-1　不同年龄段群体的动漫作品接触率

	漫画书	漫画期刊	动画片/动漫影视	单机游戏	网络游戏	其他	都没有接触过
18—29 周岁	19.5%	7.7%	32.0%	15.8%	29.7%	0.2%	44.1%
30—39 周岁	11.9%	3.6%	29.2%	10.1%	20.3%	0.1%	55.3%
40—49 周岁	7.1%	4.0%	18.5%	7.6%	9.7%	0.0%	71.9%
50—59 周岁	3.2%	1.0%	14.4%	4.0%	5.4%	0.1%	80.7%
60—70 周岁	3.2%	1.0%	10.8%	1.8%	1.9%	0.0%	86.4%
70 周岁以上	0.9%	0.2%	12.4%	1.2%	1.3%	0.0%	87.2%

4.2　动漫题材偏好

在接触过动漫作品的我国 18 周岁及以上成年国民中，有 51.3%的人偏爱"搞笑"类动漫作品。其次，分别有三成左右（36.7%和 29.1%）的人喜欢"科幻"和"神话"类动漫作品。此外，喜爱"侦探""格斗""爱情""励志"类动漫作品的比例均在两成以上（分别为 27.3%、24.0%、20.8%和 20.1%）。而喜欢"体育"类动漫作品的人相对较少，选择比例为 12.3%。

具体情况如图 4-2-1 所示。

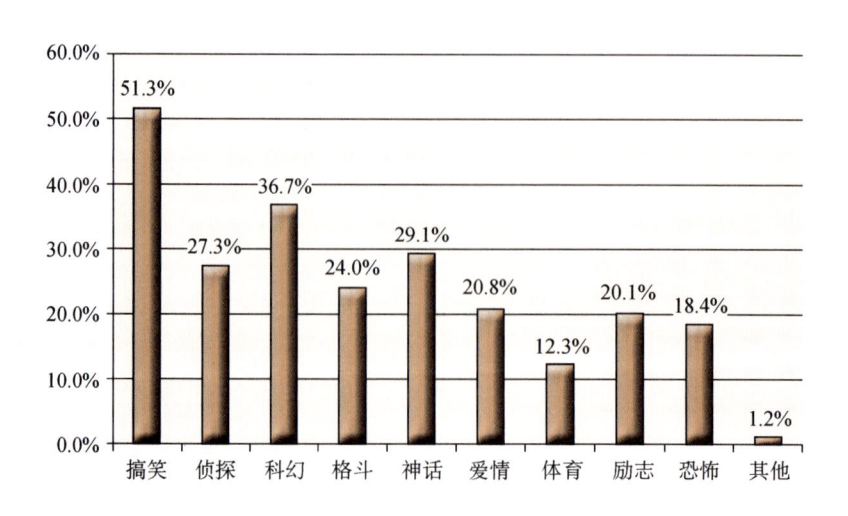

图 4-2-1　动漫接触者对动漫题材的偏好

第五章
成年国民数字出版物阅读与购买倾向

5.1 数字出版物阅读状况

5.1.1 数字化阅读方式接触率

2017年，我国成年国民数字化阅读方式（网络在线阅读、手机阅读、电子阅读器阅读、光盘阅读、Pad（平板电脑）阅读等）的接触率为73.0%，较2016年的68.2%上升了4.8个百分点。

进一步对各类数字化阅读载体的接触情况进行分析发现，2017年我国成年国民的网络在线阅读接触率和手机阅读接触率有所上升，其他数字化阅读方式的接触率有所下降。具体来看，2017年有59.7%的成年国民进行过网络在线阅读，较2016年的55.3%上升了4.4个百分点；71.0%的成年国民进行过手机阅读，较2016年的66.1%上升了4.9个百分点；14.3%的成年国民在电子阅读器上阅读，较2016年的7.8%高出6.5个百分点；12.8%的成年国民使用Pad（平板电脑）进行数字化阅读，较2016年的10.6%高出了2.2个百分点。另有63.4%的成年国民在2017年进行过微信阅读，较2016年的62.4%上升了1.0个百分点。

具体情况如图5-1-1所示。

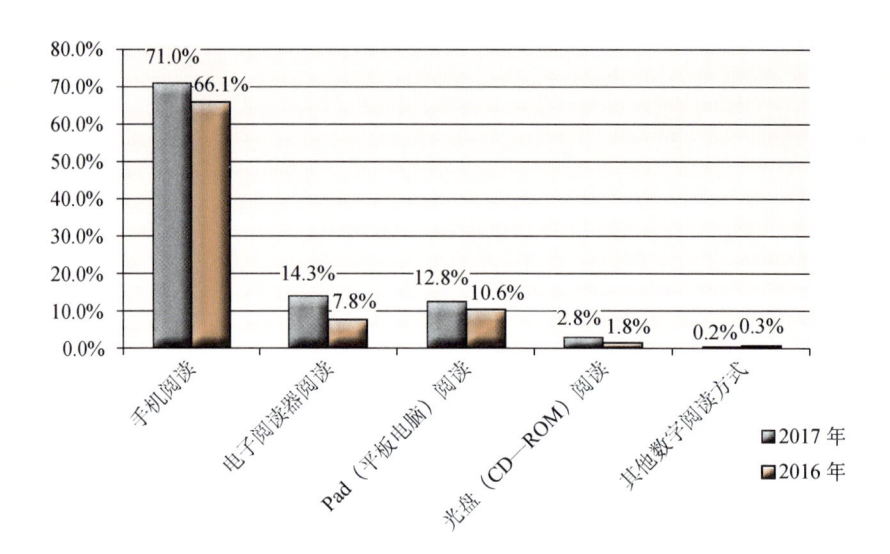

图 5-1-1　数字化阅读方式接触率

5.1.2　数字化阅读方式选择原因与制约因素

获取与阅读便利、成本低廉以及信息量大是我国成年数字化阅读方式接触者选择数字阅读的主要原因。从便利性因素来看，有53.8%的人因为"获取便利"而选择数字化阅读方式；有44.2%的人是因为"方便随时随地阅读"而选择数字化阅读方式；有32.6%的人因为"方便信息检索"而选择数字化阅读方式。其次，还有两成左右（25.2%和24.1%）的人因为"收费少甚至不付费"和"信息量大"而选择数字化阅读方式。第三，优质的用户体验也是成年数字化阅读方式接触者选择数字阅读的重要因素，分别有13.7%、12.5%和11.4%的人因为"交互性强""方便复制和分享""音画俱全，非常生动"而选择数字化阅读方式。

具体情况如表 5-1-1 所示。

表 5-1-1　选择数字化阅读方式的原因

选择原因	选择比例
获取便利	53.8%
方便随时随地阅读	44.2%
方便信息检索	32.6%

续前表

选择原因	选择比例
收费少甚至不付费	25.2%
信息量大	24.1%
交互性强	13.7%
方便复制和分享	12.5%
音画俱全，非常生动	11.4%
喜欢在电子设备上阅读	11.3%
其他	1.4%

然而，不少我国成年国民对数字化阅读仍持质疑态度。数据显示，七成以上（71.4%）的人认为数字化阅读"伤眼睛，容易视觉疲劳"，近五成（45.7%）的人认为数字化阅读"辐射大"。另有14.2%和13.7%的人分别表示数字化阅读"不习惯通过屏幕阅读"和"有一定操作限制"。

具体情况如表5-1-2所示。

表5-1-2 数字化阅读方式的不足之处

选择原因	选择比例
伤眼睛，容易视觉疲劳	71.4%
辐射大	45.7%
不习惯通过屏幕阅读	14.2%
有一定操作限制	13.7%
其他	0.7%
不清楚/不知道	12.1%

5.1.3 阅读倾向

对我国成年国民倾向的阅读方式的研究发现，尽管数字内容的阅读量在增加，但纸质读物仍是大多数成年国民倾向的阅读方式。结果表明，45.1%的成年国民更倾向于"拿一本纸质图书阅读"；有35.1%的成年国民倾向于"手机阅读"；有12.2%的成年国民更倾向于"网络在线阅读"；有6.2%的成年国民更倾向于"在电子阅读器上阅读"；1.4%的成年国民"习惯从网上下载并打印下来阅读"。

具体情况如图 5-1-2 所示。

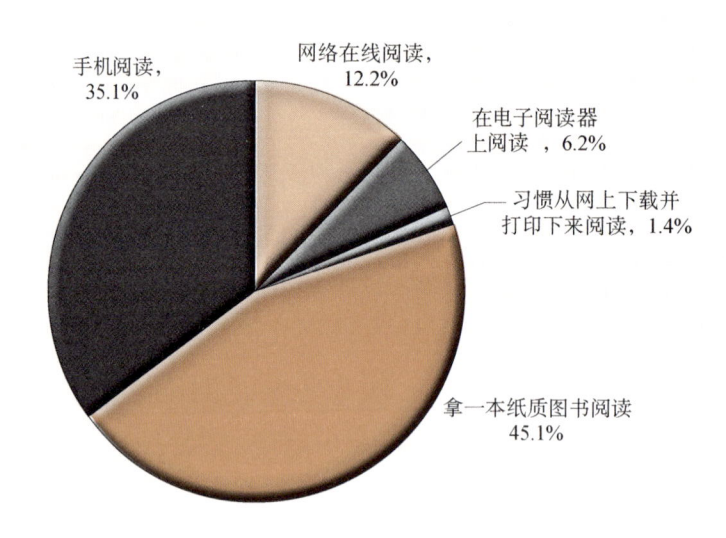

图中标注：
- 手机阅读，35.1%
- 网络在线阅读，12.2%
- 在电子阅读器上阅读，6.2%
- 习惯从网上下载并打印下来阅读，1.4%
- 拿一本纸质图书阅读，45.1%

图 5-1-2　倾向的阅读方式

5.2　电子书报刊阅读状况

5.2.1　电子书报刊阅读率

对电子书报刊的阅读情况考察发现，2017 年我国成年国民电子书阅读率为 28.4%，与 2016 年（28.3%）基本持平；电子报的阅读率为 10.3%，较 2016 年的 7.2% 提升了 3.1 个百分点；电子期刊的阅读率为 9.4%，较 2016 年的 6.5% 提升了 2.9 个百分点。

具体情况如图 5-2-1 所示。

2017 年我国成年国民人均阅读电子书 3.12 本，略低于 2016 年的 3.21 本。此外，成年国民人均纸质图书和电子书合计阅读量为 7.78 本，与 2016 年（7.86 本）基本相当。

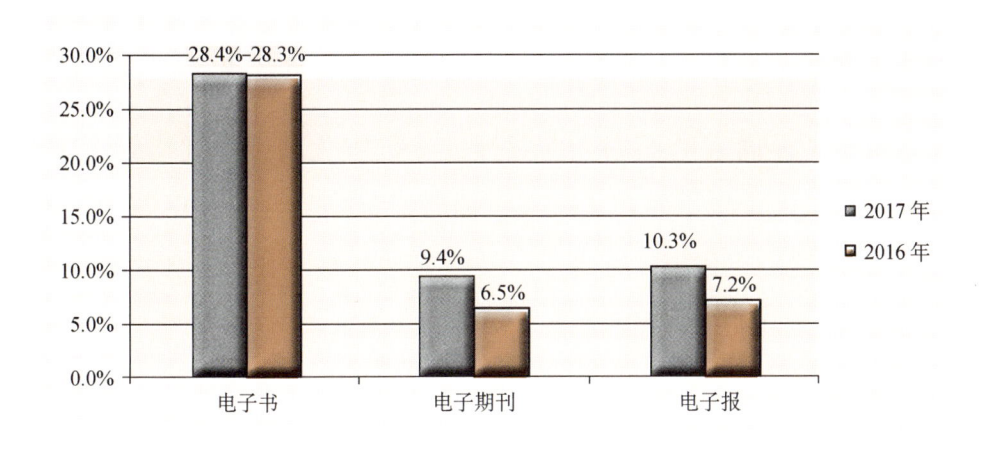

图 5-2-1 电子书报刊阅读率

5.2.2 电子书价格承受能力

2017 年，在接触过数字化阅读方式的成年国民中，有 49.6% 的人表示能够接受付费下载阅读电子书，这一比例较 2016 年的 40.0% 提升了 9.6 个百分点。

2017 年，我国成年数字化阅读接触者能够接受一本电子书的平均价格为 2.35 元，价格接受程度较 2016 年的 1.78 元增加了 0.57 元。

具体情况如图 5-2-2 所示。

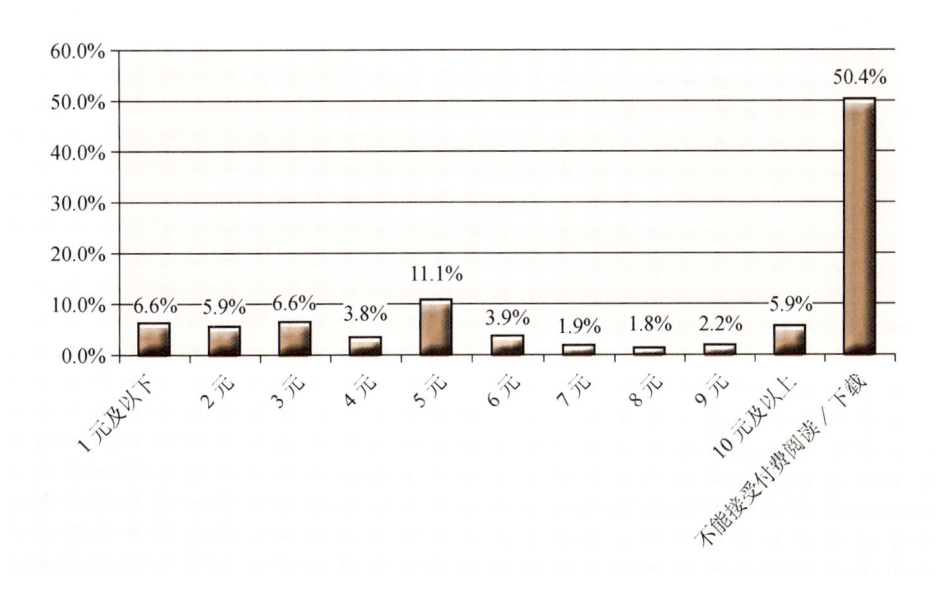

图 5-2-2 单本电子书价格承受能力

5.2.3 电子书刊对传统纸质书刊销售的影响

对于同样内容的图书,在我国成年数字化阅读方式接触者中,有52.7%的人表示更倾向于购买纸质版,有47.3%的人更倾向于购买电子版;对于同样内容的期刊,在我国成年数字化阅读方式接触者中,有57.4%的人表示更倾向于购买纸质版,有42.6%的人更倾向于购买电子版。由此可见,虽然在内容相同的前提下,选择纸质版书刊的比例略高于电子版,但电子书刊对纸质书刊的冲击力不容小觑。

具体情况如图5-2-3所示。

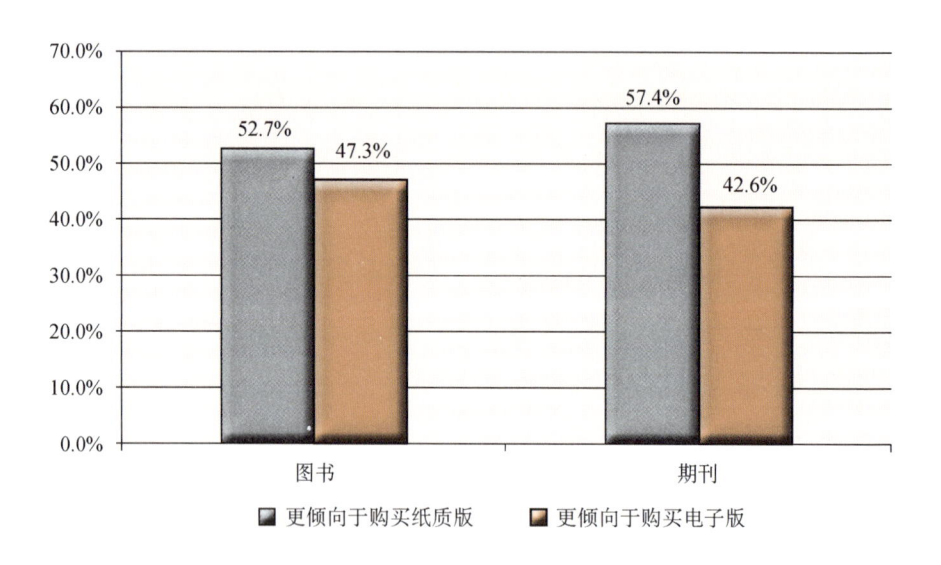

图 5-2-3 电子书刊对传统纸质书刊销售的影响

5.3 手机阅读行为

5.3.1 手机阅读接触率

2017年,我国成年国民的手机阅读接触率为71.0%。不同人口特征群体的手机阅读接触率存在一定差异。从性别差异看,男性居民的手机阅读接触率为74.2%,较女性居民(67.7%)高6.5个百分点。从城乡对比看,城镇居民的手机阅读接触率为78.3%,高出农村居民（62.3%）16.0 个百分点。

具体情况如表 5-3-1 所示。

表 5-3-1　不同人口特征群体手机阅读接触率

不同人口特征群体		手机阅读接触率
性别	男性	74.2%
	女性	67.7%
城乡	城镇	78.3%
	农村	62.3%

从年龄特征看，在接触过手机阅读方式的我国成年国民中，18—29 周岁群体所占比例最高，达到 26.3%；30—39 周岁和 40—49 周岁群体所占比例较高，均超过 20.0%（分别为 20.9% 和 22.5%）。此外，在手机阅读接触者中，50 周岁以上群体所占比例较 2016 年有所提升。具体来看，50—59 周岁群体所占比例较 2016 年（9.8%）增加了 5.9 个百分点，达 15.7%；60—70 周岁和 70 周岁以上群体所占比例均较 2016 年有所增加，分别由 2016 年的 2.8% 和 0.8% 增至 2017 年的 10.5% 和 4.1%。

具体情况如图 5-3-1 所示。

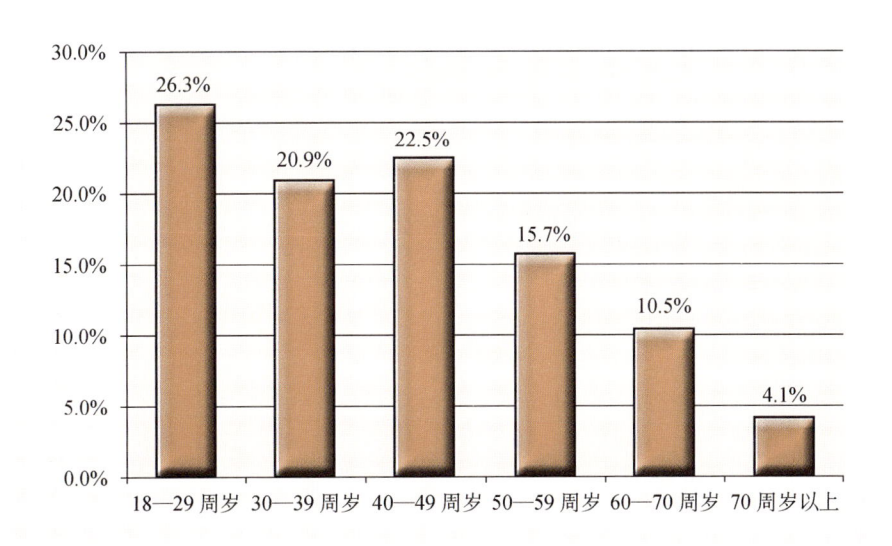

图 5-3-1　手机阅读接触者年龄分布

5.3.2　手机阅读时长

调查数据显示，2017年我国成年手机阅读群体平均每天手机阅读时长为48.56分钟。在我国成年手机阅读接触者中，只有10.5%的人平均每天手机阅读时长在10分钟以内。近八成（79.5%）的手机阅读接触者平均每天手机阅读时长集中在10分钟到2个小时之间。具体看来，有16.8%的人平均每天手机阅读时长为10—20分钟；有25.8%的人平均每天手机阅读时长为20—30分钟；有21.6%的人平均每天手机阅读时长为0.5—1小时；有15.3%的人平均每天手机阅读时长为1—2小时；还有10.0%的手机阅读接触者平均每天花费在手机阅读的时间超过2个小时。

具体情况如图5-3-2所示。

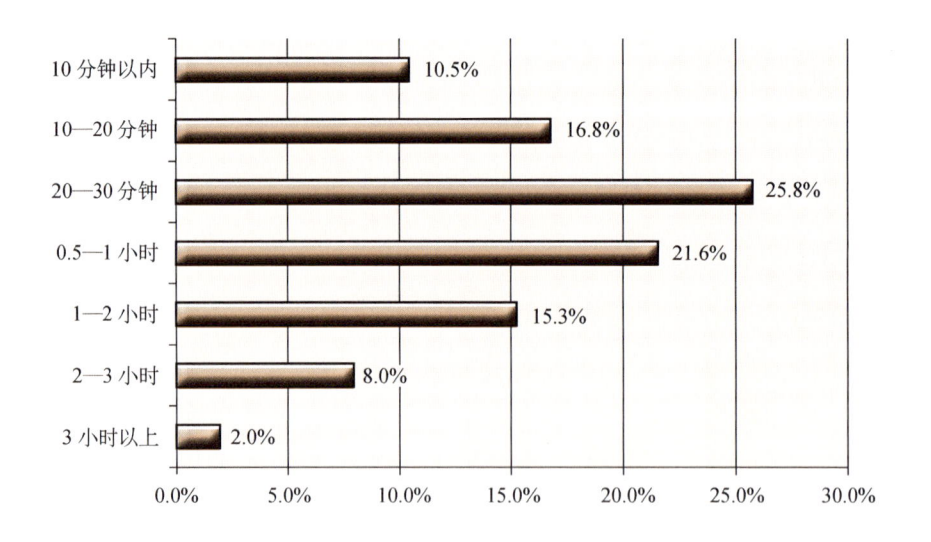

手机阅读时长	比例
10分钟以内	10.5%
10—20分钟	16.8%
20—30分钟	25.8%
0.5—1小时	21.6%
1—2小时	15.3%
2—3小时	8.0%
3小时以上	2.0%

图 5-3-2　手机阅读接触者手机阅读时长

5.3.3　手机阅读花费

通过对手机阅读花费的调查结果显示，2017年，在我国成年手机阅读群体中，有30.6%的人表示曾经接受付费阅读；而有69.4%

的人只看免费的手机读物。具体来看，有13.2%的手机阅读接触者的手机阅读花费在20元以下；有14.2%的手机阅读接触者的手机阅读花费在20—100元之间；还有3.2%的手机阅读接触者的手机阅读花费在100元以上。

2017年，我国成年手机阅读接触者的人均手机阅读花费为12.69元。农村手机阅读接触者的人均花费为12.09元，低于城镇手机阅读接触者的人均花费（13.10元）。

具体情况如表5-3-2所示。

表5-3-2 手机阅读者在手机阅读上的花费

花费金额	选择比例
10元及以下	7.8%
10—20元	5.4%
20—30元	6.3%
30—50元	4.4%
50—100元	3.5%
100—200元	1.7%
200元及以上	1.5%
从未付费	69.4%

5.3.4 手机读物价格承受力

面对和纸质读物内容完全相同的手机读物，有70.6%的手机阅读接触者选择"只看免费的"手机读物；有11.8%的手机阅读接触者表示"价格要低于纸质读物的80%以上"才愿意购买；有8.2%的手机阅读接触者表示"价格要低于纸质读物的50%以上"才愿意购买；6.7%的手机阅读接触者表示"价格要低于纸质读物的30%以上"才愿意购买；只有2.8%的手机阅读接触者表示"可以花费和购买纸质读物一样多的钱"来购买手机读物。

具体情况如图5-3-3所示。

价格要低于纸质读物的 80% 以上　11.8%

价格要低于纸质读物的 50% 以上　8.2%

价格要低于纸质读物的 30% 以上　6.7%

可以花费和购买纸质读物一样多的钱　2.8%

只看免费的　70.6%

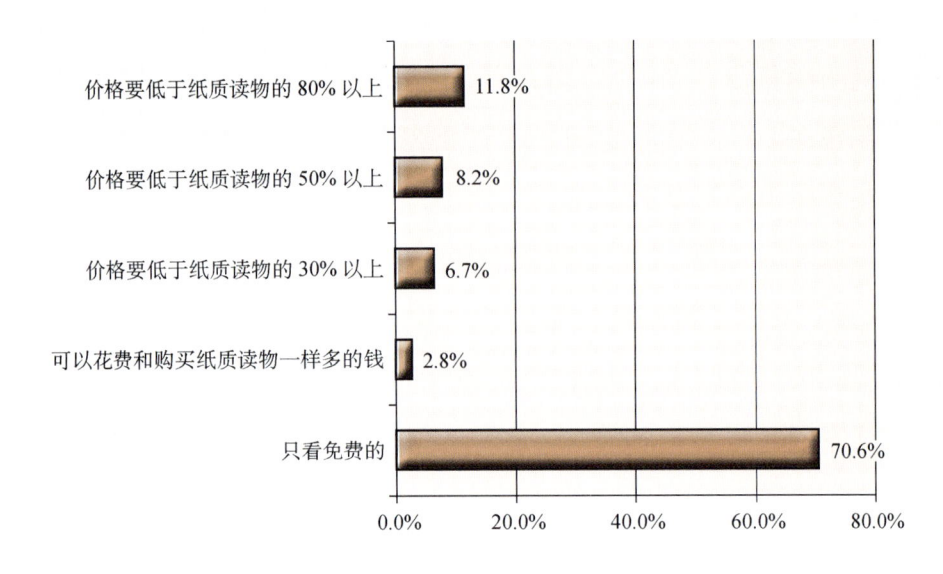

图 5-3-3　手机读物付费意愿

5.3.5　通过手机进行的活动

调查数据显示，用"微信"、"听音乐"和"看视频"等，是我国成年手机阅读接触者通过手机进行的主要活动。

当问及"您通过手机进行哪些活动？"时，微信、娱乐和实用功能更受手机阅读接触者的青睐，选择比例均超过 50.0%。具体来看，在接触过手机阅读的群体中：有 84.1% 的人选择"微信"；有 68.3% 的人选择"听音乐"；有 67.2% 的人选择"看视频"；有 50.0% 的手机阅读接触者选择"支付功能"。其次，选择"手机QQ、飞信等""看手机小说""手机游戏""浏览手机网页"的比例均超过 30.0%（分别为 44.5%、40.0%、36.6% 和 35.9%）。再次，有 29.0% 的手机阅读接触者选择通过手机查询"与工作/学习有关的信息"。还分别有 19.2% 和 15.2%、12.3% 的手机阅读接触者通过手机"阅读手机报"、看"博客或微博"、"手机查收电子邮件"。

具体情况如表 5-3-3 所示。

表 5-3-3　通过手机进行的活动

通过手机进行的活动	选择比例
微信	84.1%
听音乐	68.3%
看视频	67.2%
支付功能	50.0%
手机 QQ、飞信等	44.5%
看手机小说	40.0%
手机游戏	36.6%
浏览手机网页	35.9%
与工作/学习有关的信息	29.0%
阅读手机报	19.2%
博客或微博	15.2%
手机查收电子邮件	12.3%
其他	1.4%

5.3.6　电子书阅读情况

2017年，在我国成年手机阅读群体中，有40.0%的人通过手机阅读过电子书。具体看来，我国手机阅读群体最喜欢的手机小说类型为"都市言情"，其次为"历史军事"和"文学经典"类。其中"都市言情"类小说的选择比例为22.7%；"历史军事"类的选择比例为17.5%；"文学经典"类小说的选择比例为14.9%。喜爱"生活社科""玄幻奇幻""武侠仙侠""悬疑推理""影视娱乐"类小说的比例也较高，均超过10.0%。

具体情况如表5-3-4所示。

表 5-3-4　手机小说类型偏好

手机小说类型	选择比例
都市言情	22.7%
历史军事	17.5%
文学经典	14.9%
生活社科	13.8%
玄幻奇幻	13.7%
武侠仙侠	12.1%
悬疑推理	11.2%

续前表

手机阅读内容	选择比例
影视娱乐	10.8%
青春校园	9.3%
灵异科幻	9.3%
经管励志	8.4%
游戏竞技	5.9%
官场商战	3.7%
其他	0.6%

5.3.7 通过手机微信进行的活动

2017年，在成年手机阅读群体中，微信的即时通讯功能、社交功能和阅读功能的使用比例较高。具体看来，通过微信"聊天、收发文字、语音、图片等"的比例最高，达82.0%；有75.4%的人通过手机微信"查看朋友圈中的朋友状态"；另有65.1%和64.3%的人通过手机微信"阅读朋友圈中分享的文章"和"看腾讯新闻"；此外，还有25.6%的人选择"阅读公众订阅号发布的文章、信息"。因此，多数手机微信使用者都会通过微信进行与阅读相关的活动。

具体情况如表5-3-5所示。

表5-3-5 成年手机阅读接触者通过手机微信进行的活动

通过手机微信进行的活动	选择比例
聊天、收发文字、语音、图片等	82.0%
查看朋友圈中的朋友状态	75.4%
阅读朋友圈中分享的文章	65.1%
看腾讯新闻	64.3%
微信支付	62.8%
扫描二维码	42.6%
阅读公众订阅号发布的文章、信息	25.6%
微信游戏	24.5%
QQ邮箱	19.7%
在公众号上进行实用操作（如订票、打车、订餐等）	18.0%
摇一摇、查看附近的人	12.7%
其他	1.3%

5.3.8 手机阅读优缺点

对成年手机阅读接触者的调查数据显示，手机阅读的主要优点集中体现在高便捷性、低花费和强时效性三个方面。其中便利性成为最主要的优势因素，"可以随时随地阅读"和"不用携带图书或其他阅读设备就能阅读"的选择比例分别为81.7%和28.8%。此外，成年手机阅读接触者对信息时效性的重视较2016年有所提升，对花费金额的重视程度相应降低。具体看来，选择"信息时效性强"的比例由2016年的30.3%增至33.9%；选择"阅读内容费用较低或免费"的比例由2016年的38.1%降至34.1%。

具体情况如图5-3-4所示。

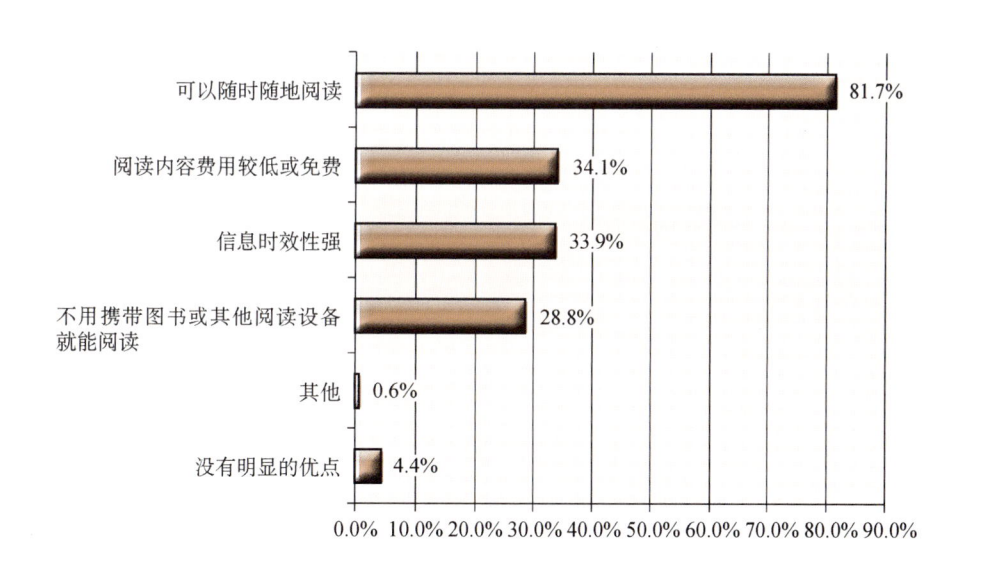

图5-3-4 手机阅读的优势

与之相对应，我国成年手机阅读接触者认为，手机阅读的主要不足之处在于会影响阅读者的身体健康，"伤眼睛，容易视觉疲劳""辐射大"的选择比例分别高达66.9%和54.5%。而"手机屏幕太小"和"有一定操作限制"的选择比例分别为31.5%和16.5%，这也是手机阅读目前需要完善之处。此外，仅有6.6%的手机阅读接触者认为手机阅读"没有明显的缺点"。

具体情况如图 5-3-5 所示。

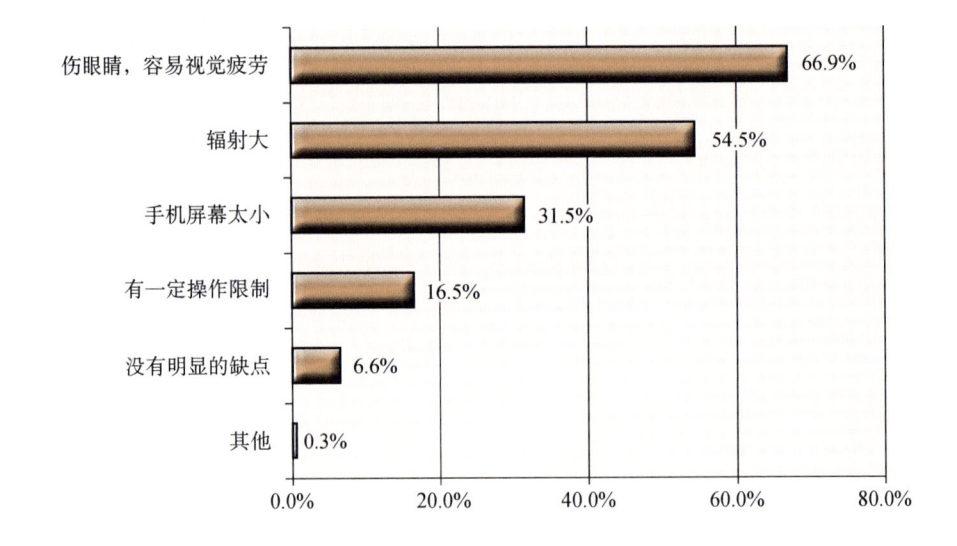

- 伤眼睛,容易视觉疲劳 66.9%
- 辐射大 54.5%
- 手机屏幕太小 31.5%
- 有一定操作限制 16.5%
- 没有明显的缺点 6.6%
- 其他 0.3%

图 5-3-5　手机阅读的缺点

■ 5.4　电子阅读器阅读

5.4.1　电子阅读器阅读接触率与电子阅读器拥有率

2017 年,有 14.3% 的成年国民在电子阅读器上进行过阅读,较 2016 年的 7.8% 提高了 6.5 个百分点。从性别差异看,男性居民的电子阅读器阅读接触率为 16.1%,高于女性居民的 12.5%。从城乡对比看,城镇居民的电子阅读器阅读接触率为 17.8%,显著高于农村居民的 10.2%。

具体情况如表 5-4-1 所示。

表 5-4-1　电子阅读器阅读接触率

人口特征	类别	电子阅读器阅读接触率
性别	男性	16.1%
	女性	12.5%
城乡	城镇	17.8%
	农村	10.2%

从年龄特征上来看，在我国电子阅读器阅读接触者中，18—29周岁群体所占比例最高，达到45.2%；其次是30—39周岁和40—49周岁群体，所占比例分别为25.5%和24.0%。而50周岁以上群体接触过电子阅读器阅读的比例显著低于中青年群体。具体看来，50—59周岁群体所占比例较低，不足5.0%；60周岁以上群体所占比例均不足0.1%。可见，18—49周岁之间的中青年群体是通过电子阅读器进行阅读活动的主要群体。

具体情况如图5-4-1所示。

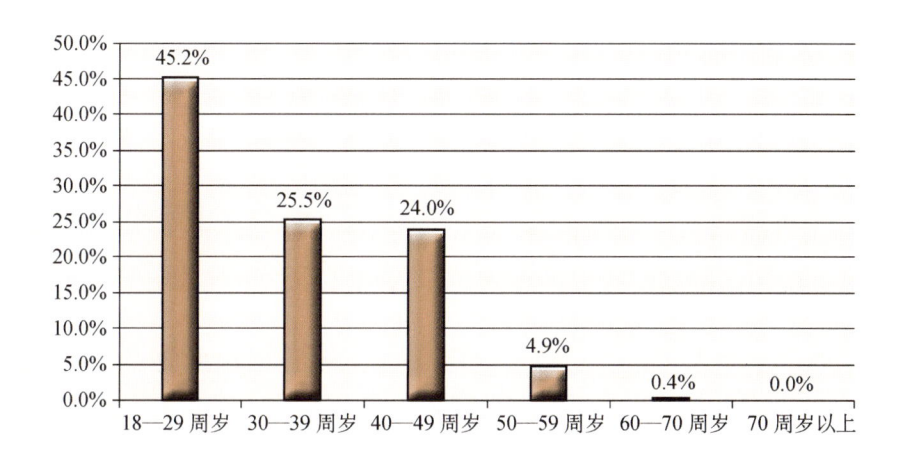

图5-4-1　电子阅读器阅读接触群体年龄分布特征

5.4.2　电子阅读器的功能使用

调查数据显示，"看电子书"是我国成年电子阅读器阅读接触者最经常使用的功能，选择比例为81.9%；"看视频"和"听音乐"的选择比例也较高，分别为34.6%和30.6%；"看电子期刊"的选择比例为13.7%；"看报纸"的选择比例为12.9%。

具体情况如图5-4-2所示。

5.4.3　电子阅读器阅读花费

2017年，我国成年电子阅读器阅读接触者在电子阅读器阅读上

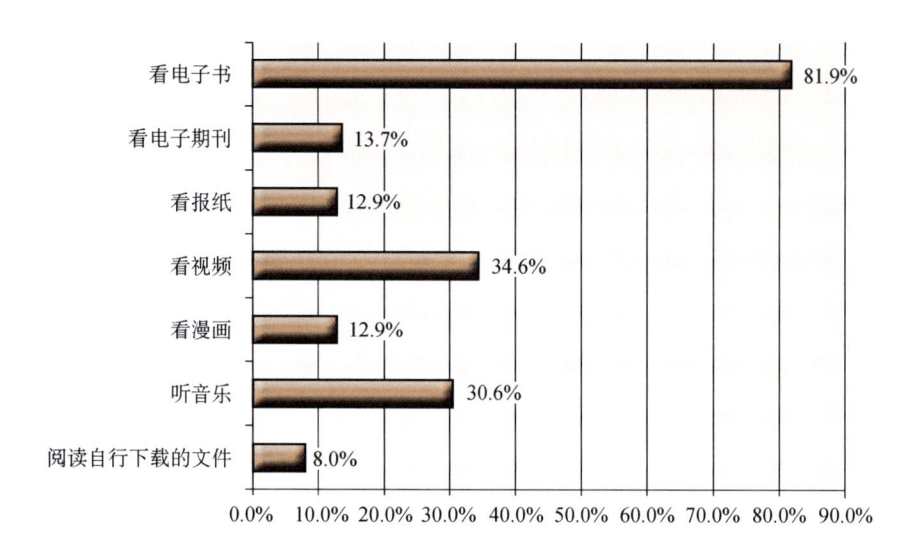

图 5-4-2　电子阅读器的功能使用

人均花费为 28.72 元，有 61.3% 的电子阅读器阅读接触者在电子阅读器阅读中有所花费。具体来看，2017 年，有 38.0% 的电子阅读器阅读接触者在电子阅读器阅读上的花费不足 30 元；有 14.9% 的电子阅读器阅读接触者在电子阅读器阅读上的花费在 30—100 元之间；还有 8.3% 的电子阅读器阅读接触者在电子阅读器阅读上的花费在 100 元及以上。

具体情况如图 5-4-3 所示。

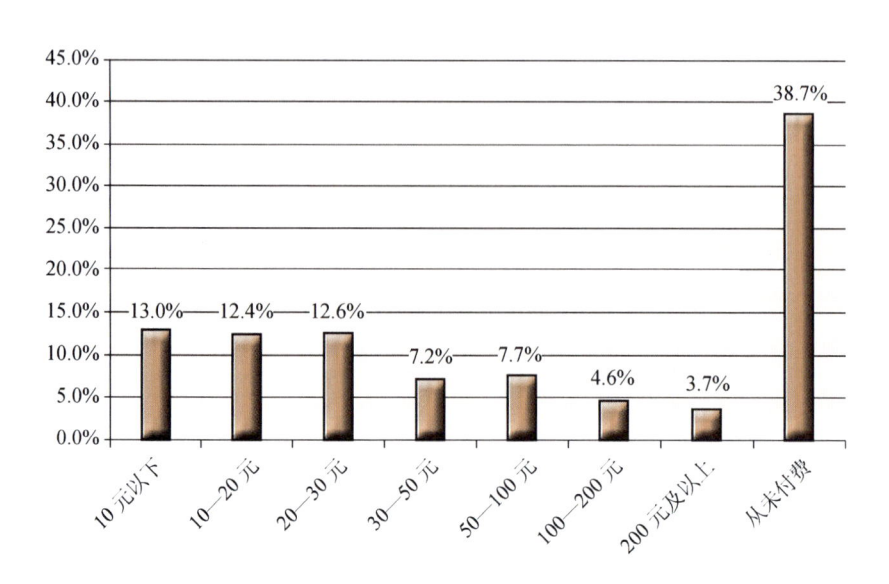

图 5-4-3　电子阅读器阅读的花费

5.5 上网行为与网络阅读

5.5.1 上网率与上网设备

2017年，我国成年国民上网率为79.1%，比2016年的73.8%增加了5.3个百分点。具体来看，有超过七成（77.9%）的人通过手机上网；四成以上（40.3%）的人通过电脑上网；还有7.4%的人通过Pad（平板电脑）上网。其中，通过手机上网的比例增速较快，与2016年的72.6%相比，增长了5.3个百分点，较2015年的65.9%增长了12.0个百分点。

具体情况如图5-5-1所示。

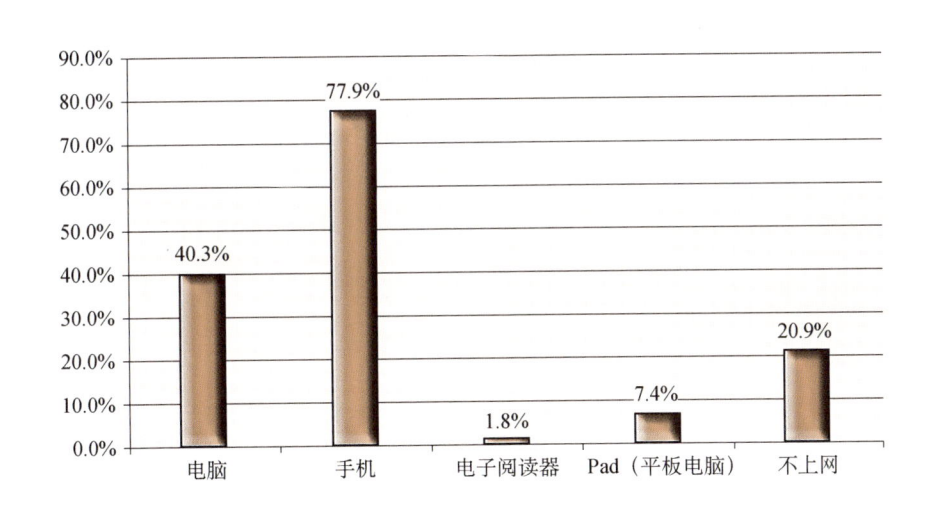

图5-5-1　上网率与上网设备

从城乡对比来看，2017年，我国城镇居民的上网率为86.0%，远高于农村居民的70.9%。从上网设备来看，城镇居民选择通过电脑、手机、Pad（平板电脑）和电子阅读器上网的比例，均高于农村居民。其中，有49.9%的城镇居民选择通过电脑上网，较农村居民（29.1%）高出20.8个百分点；有84.5%的城镇居民选择通过手机上网，较农村居民（70.0%）高出14.5个百分点；有10.7%

的城镇居民选择通过 Pad（平板电脑）上网，较农村居民（3.4%）高 10.3 个百分点。

具体情况如图 5-5-2 所示。

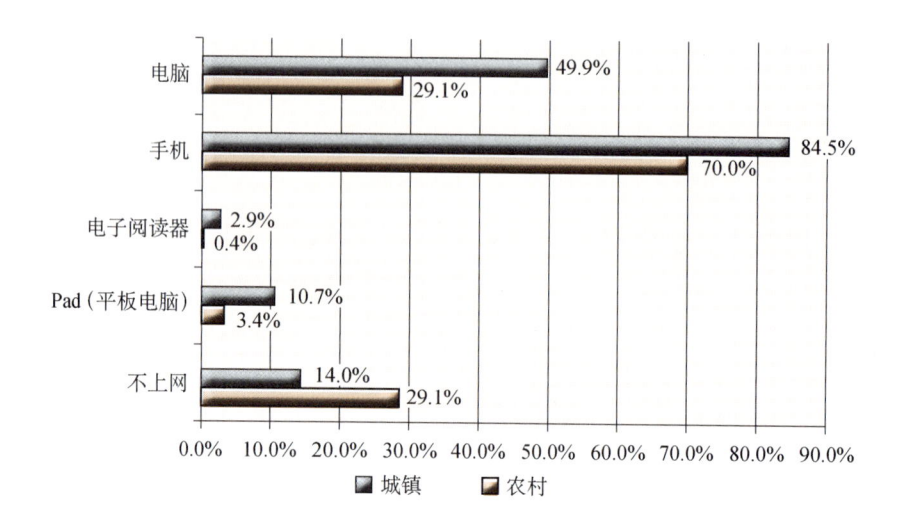

图 5-5-2 上网率、上网设备的城乡对比

5.5.2 上网频率

2017 年，有 99.5% 的成年网民每周至少上网一次。具体来看，八成以上（80.9%）的成年网民平均每天至少上网一次；11.3% 的成年网民平均每周上网 4—6 次；5.4% 的成年网民平均每周上网 2—3 次；还有 1.9% 的成年网民平均每周只上网 1 次。

具体情况如表 5-5-1 所示。

表 5-5-1 成年网民上网频率

上网频率	选择比例
每天 1 次或以上	80.9%
每周 4—6 次	11.3%
每周 2—3 次	5.4%
每周 1 次	1.9%
每月 2—3 次	0.2%
每月 1 次	0.1%
每月 1 次以下	0.2%

此外，我国成年网民人均每月上网 27.17 次，高于 2016 年的 26.99 次。不同人口特征群体之间的上网频率的差异不大，从性别差异看，男性成年网民的上网频率（27.13 次/月）略低于女性成年网民（27.21 次/月）；从城乡对比看，城镇成年网民的上网频率（27.19 次/月）略高于农村成年网民（27.14 次/月）。

5.5.3　上网从事的活动

2017 年，我国成年网民上网从事的活动中，信息获取功能受到越来越多网民的重视，具体来说，有 69.7% 的网民将"阅读新闻"作为主要网上活动之一；有 39.3% 的网民将"查询各类信息"作为主要网上活动之一；有 21.7% 的网民将"阅读网络书籍、报刊"作为主要网上活动之一。同时，互联网的娱乐功能仍然占据重要的位置，有 72.0% 的网民将"网上聊天/交友"作为主要网上活动之一；有 51.5% 的网民将"看视频"作为主要网上活动之一；有 42.9% 的网民将"在线听歌/下载歌曲和电影"作为主要网上活动之一；有 33.6% 的网民将"网络游戏"作为主要网上活动之一。还分别有 32.7% 和 36.6% 的网民将"即时通讯""网上购物"作为主要网上活动之一。

具体情况如图 5-5-3 所示。

5.5.4　网上阅读行为

当问及上网主要从事的与阅读相关的活动时，绝大多数成年网络在线阅读接触者表示会通过网络获取新闻信息（72.9%）。此外，在网上进行与阅读相关活动的选择比例也相对较高，有 31.2% 的人表示主要在网上"搜索图书信息"；有 28.4% 的人表示主要在"网上阅读电子书（或下载后阅读）"；有 9.7% 的人表示主要在"网上阅读电子报刊"。

具体情况如图 5-5-4 所示。

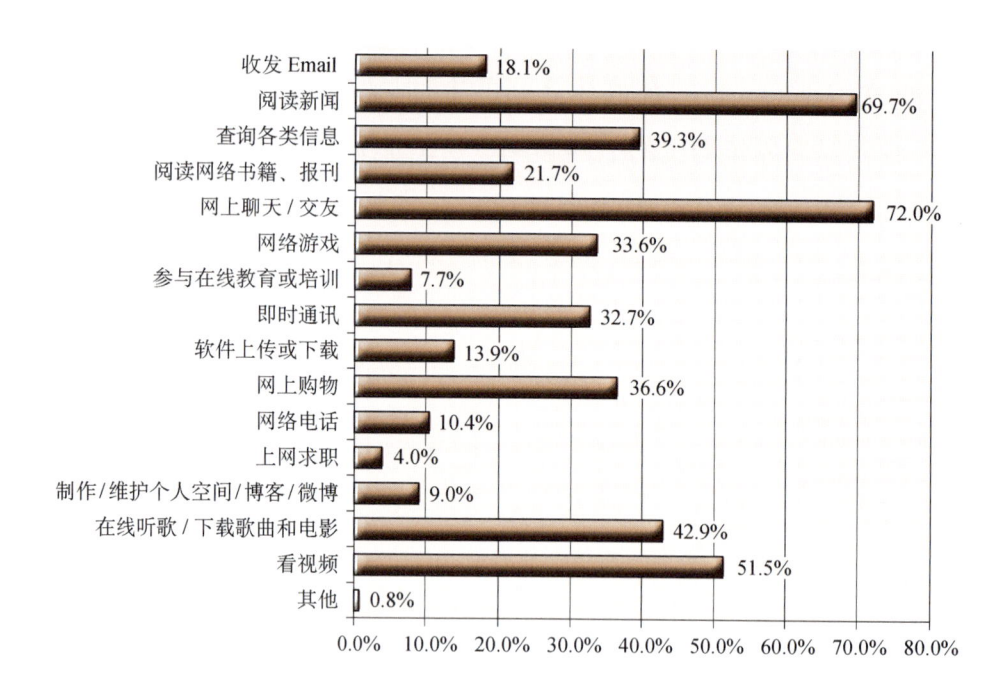

活动	比例
收发 Email	18.1%
阅读新闻	69.7%
查询各类信息	39.3%
阅读网络书籍、报刊	21.7%
网上聊天/交友	72.0%
网络游戏	33.6%
参与在线教育或培训	7.7%
即时通讯	32.7%
软件上传或下载	13.9%
网上购物	36.6%
网络电话	10.4%
上网求职	4.0%
制作/维护个人空间/博客/微博	9.0%
在线听歌/下载歌曲和电影	42.9%
看视频	51.5%
其他	0.8%

图 5-5-3 网上从事的主要活动

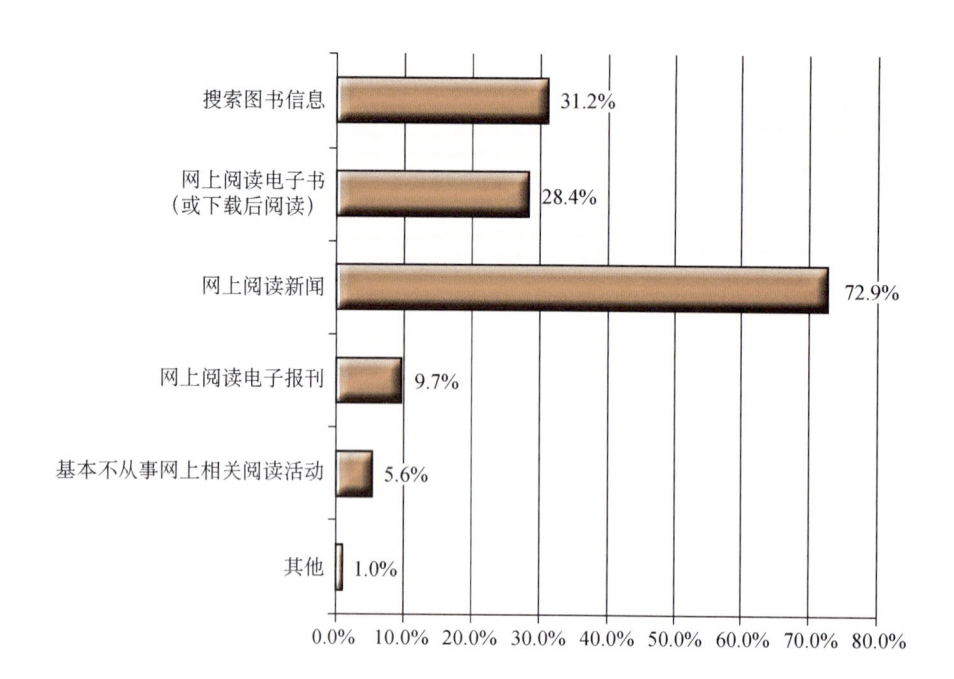

活动	比例
搜索图书信息	31.2%
网上阅读电子书（或下载后阅读）	28.4%
网上阅读新闻	72.9%
网上阅读电子报刊	9.7%
基本不从事网上相关阅读活动	5.6%
其他	1.0%

图 5-5-4 网上从事的与阅读相关的活动

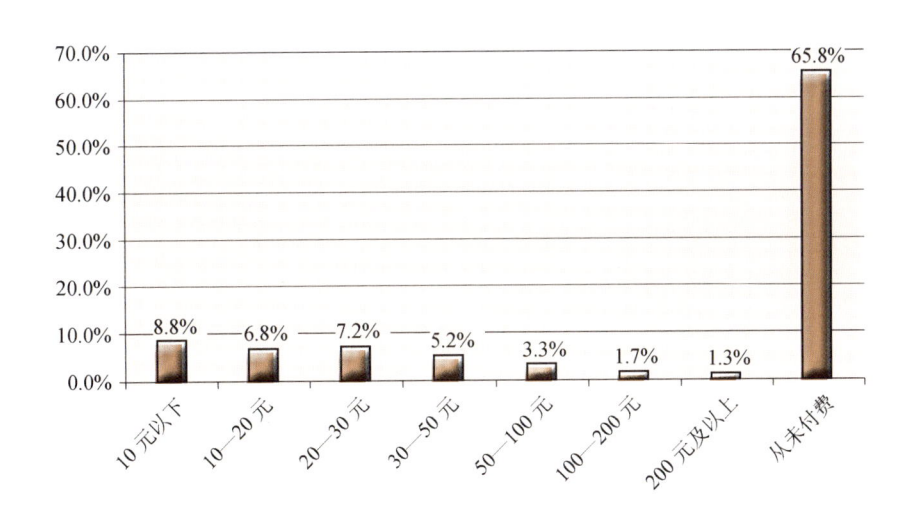

5.5.5 网络在线阅读花费

调查数据显示,2017年,我国成年网络在线阅读接触者在网络在线阅读上的人均花费为12.86元。

有34.2%的网络在线阅读接触者对网络在线阅读进行付费。有8.8%的网络在线阅读接触者的网络在线阅读花费在10元以下,花费金额在10—50元之间的网络在线阅读接触者的比例为19.2%,花费金额在50—100元的比例为3.3%,另有3.0%的网络在线阅读接触者表示花费在100元以上。

在网络在线阅读付费接触者中,农村居民网络在线阅读平均花费11.97元,低于城镇居民的平均水平(13.39元)。

具体情况如图5-5-5所示。

图5-5-5 网络在线阅读花费

5.5.6 网上购买的出版物类型

调查数据显示,有34.6%的我国成年网民通过互联网购买过不同类型出版物,"图书"是我国网民通过互联网购买的最主要出版物类型。在通过互联网购买过不同类型出版物的我国成年网民中,购买"图书"的人最多,其比例高达 30.8%;有 5.0% 的人通过互联网购买过"期刊";有 3.7% 的人通过互联网购买过"软件/游戏光盘";通过互联网购买过"CD/VCD/DVD"的比例为 1.6%;购买过"盒式录音带"的比例最少,仅为 0.4%。

具体情况如图 5-5-6 所示。

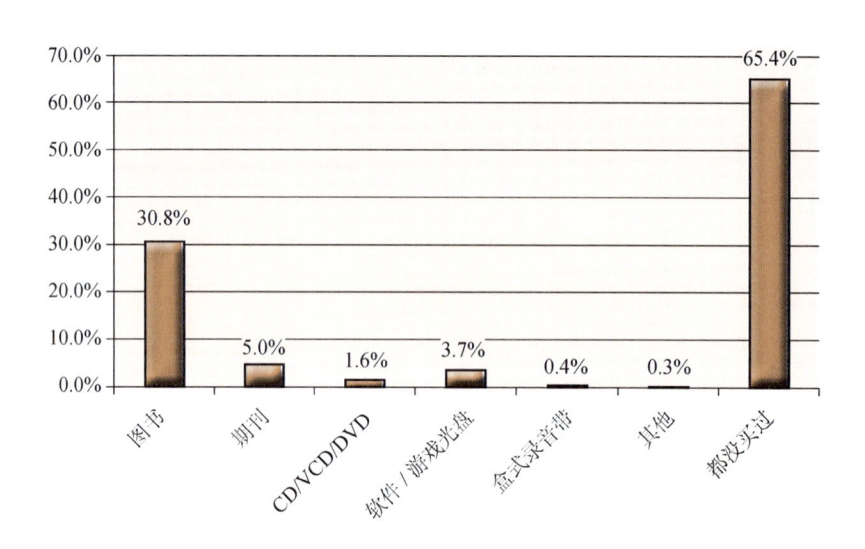

图 5-5-6 通过互联网购买的出版物类型

5.5.7 选择互联网购买出版物的原因和制约因素

通过互联网购买过出版物的成年网民表示,其在网上购买出版物的原因主要基于便利性、内容和价格三方面因素。在便利性因素中,分别有 50.2%、42.7% 和 20.7% 的人将"送货上门""节省去书店的时间和费用""很容易找到需要的书"作为选择网上购买出版物的主要原因;在内容因素中,"图书种类多"的选择比例高达 56.7%,"有丰富的信息和评论供参考"的选择比例为 16.8%;在价格因素中,有 54.2% 的人将"价格优惠"作为其网上购买出版物的主要原因;而"提供赠品,开展活动"的选择比例相对较低,仅为 8.9%。

具体情况如图 5-5-7 所示。

图书种类多　56.7%
节省去书店的时间和费用　42.7%
价格优惠　54.2%
有丰富的信息和评论供参考　16.8%
送货上门　50.2%
提供赠品，开展活动　8.9%
很容易找到需要的书　20.7%
其他　0.7%

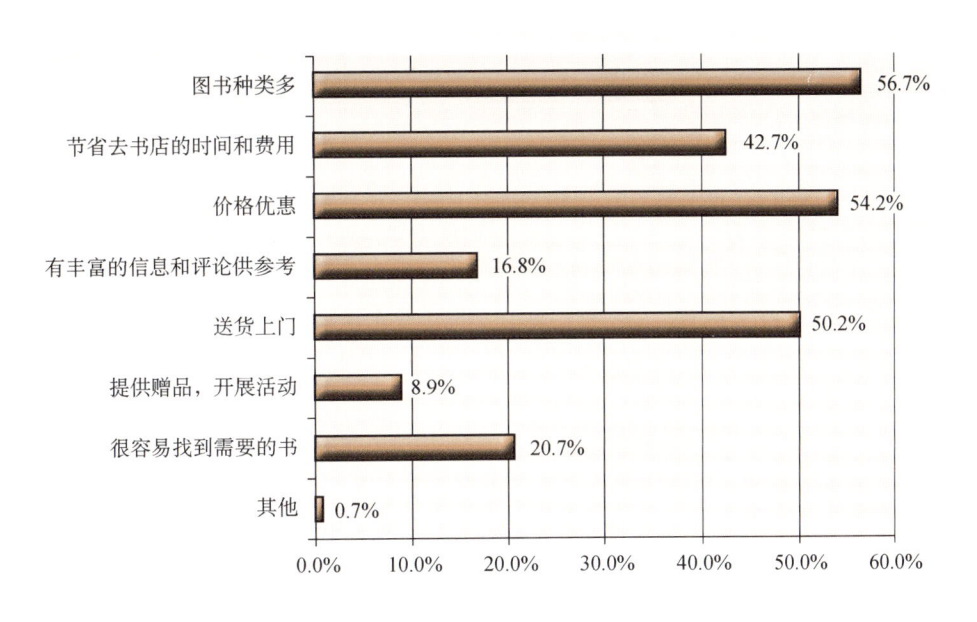

图 5-5-7　选择网购出版物的主要原因

在没有通过互联网购买过任何出版物的我国成年网民中，没有网络购物习惯的比例最高（有 37.6% 的人把"不习惯网上购物"作为不选择网上购买出版物的主要原因）；其次，分别有 26.2% 和 22.8% 的人因为"无法检验出版物质量"和"太麻烦/流程过于复杂"而不通过互联网购买出版物；还有 15.5% 的人因为感到"网上购物不安全"而不通过互联网购买出版物；此外，"运费太高""付费不方便""交货周期太长"的选择比例相对较低，均不足 10.0%（分别为 9.7%、9.3% 和 6.6%）。

具体情况如图 5-5-8 所示。

5.6　成年网民最喜爱的阅读网站或读书频道

在无提示的情况下，我们请被访者列举其最喜爱的三个阅读网站或读书频道的名称，其后进行统计。根据被访者提及的频次，对所提及的阅读网站或读书频道进行排名，腾讯网、百度网、新浪网

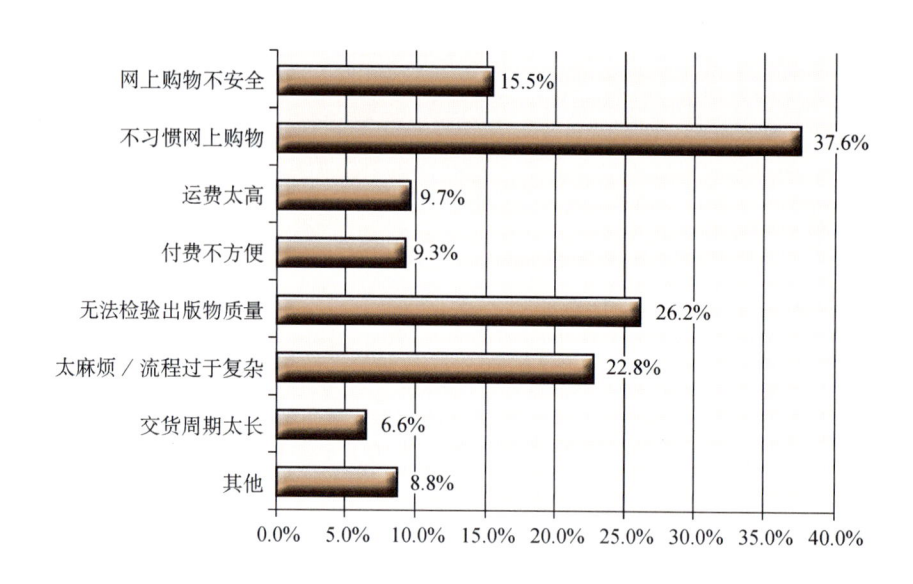

图 5-5-8　不选择网购出版物的主要原因

名列前茅，当当网、起点中文网、搜狐网、网易网、书旗网、晋江文学城和 17K 小说网也受到较多网民的喜爱，位居前十。

具体情况如表 5-6-1 所示。

表 5-6-1　成年网民最喜爱的阅读网站或读书频道

排名	阅读网站或读书频道名称
1	腾讯网
2	百度网
3	新浪网
4	当当网
5	起点中文网
6	搜狐网
7	网易网
8	书旗网
9	晋江文学城
10	17K 小说网

第六章
成年国民听书阅读状况

6.1 听书率

调查数据显示，2017年，我国18周岁及以上成年国民的听书率为22.8%，较2016年的17.0%提高了5.8个百分点。不同人口特征群体之间的听书率存在一定差异。

从城乡对比看，2017年我国城镇成年居民的听书率为27.4%，较农村居民（17.5%）高9.9个百分点。与上年相比，相对而言，城镇成年居民的听书率增速更高（较2016年的19.1%增长了8.3个百分点）。

从性别差异看，2017年男性成年国民的听书率为24.3%，较女性（21.2%）高3.1个百分点。与上年相比，相对而言，女性成年国民的听书率增长速度更快（较2016年的15.1%增长了6.1个百分点）。

具体情况如表6-1-1所示。

表6-1-1 不同人口特征群体的听书率

人口特征	类别	2017年	2016年
城乡	城镇	27.4%	19.1%
	农村	17.5%	14.9%
性别	男性	24.3%	19.0%
	女性	21.2%	15.1%

6.2 听书渠道

2017年对我国18周岁及以上成年国民听书介质进行考察发现，移动有声APP平台、广播和微信语音推送是成年国民最主要的听书渠道。具体来看，选择"移动有声APP平台的读书类内容"听书的成年国民比例最高，为10.4%，较2016年的6.5%增长了3.9个百分点。其次，有7.4%的成年国民选择通过"广播"听书，略低于2016年的8.4%。再次，有5.3%的成年国民选择通过"微信语音推送"听书，较2016年的3.6%增长了1.7个百分点。通过其他渠道听书的比例均较低，有1.8%的成年国民选择通过"有声阅读器或语音读书机"听书，高于2016年的1.0%；有0.9%的成年国民选择通过"录音带的讲书"听书，高于2016年的0.5%；选择通过"CD"听书的成年国民的比例在两年间持平，均为0.4%。

具体情况如图6-1-1所示。

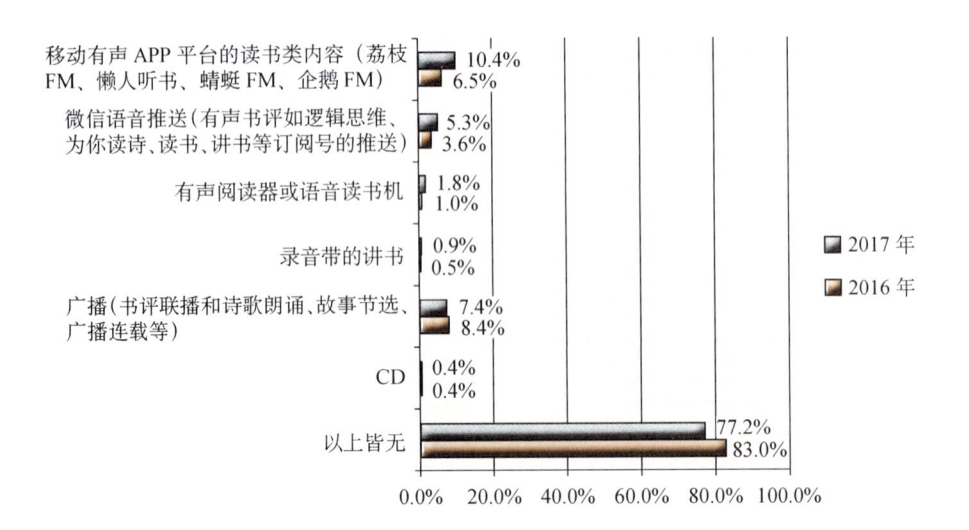

图6-1-1 听书渠道

6.3 通过听书进行的活动

2017年，在有听书行为的我国成年国民中，"听故事（情感故事、少儿故事等）""收听评书连播""听图书节选或连载"是其通过听书进行的主要活动。具体来看，2017年，有41.2%的成年国民选择"听故事"，略低于2016年的42.5%；有39.1%的成年国民选择"收听评书连播"，较2016年的47.7%下降了8.6个百分点；有26.9%的成年国民选择"听图书节选或连载"，较2016年的32.3%下降了5.4个百分点。

与上年相比，选择"听英语或进行其他语言学习"和"听图书介绍与图书推荐"的比例有所增加。具体来看，2017年，有7.5%的成年国民选择"听英语或进行其他语言学习"，较2016年的6.2%增长了1.3个百分点；有6.9%的成年国民选择"听图书介绍与图书推荐"，较2016年的5.0%增长了1.9个百分点。此外，选择"听诗歌朗诵"的比例两年间差异不大。

具体情况如图6-3-1所示。

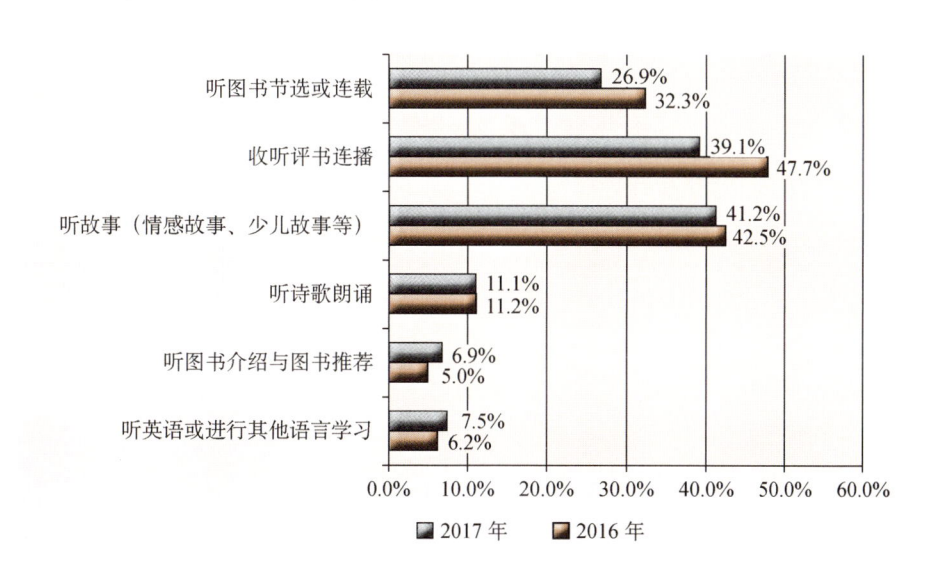

图6-3-1 通过听书进行的活动

6.4　听书内容偏好

2017年，在有听书行为的我国成年国民中，"历史文化、经典诵读""情感故事""文学""成功励志""传统评书"类有声内容的偏好者相对较多。与上年相比，偏好"成功励志""教育学习/外语或专业教育""经济管理"类有声内容的比例较上年有显著增加。与此同时，偏好"情感故事""历史文化、经典诵读""文学""传统评书"的比例较2016年有不同程度的下降。

具体来看，2017年，有34.2%的成年国民喜欢"历史文化、经典诵读"类有声书；较2016年的42.0%下降了7.8个百分点；有34.0%的成年国民喜欢听"情感故事"类有声书，较2016年的42.4%下降了8.4个百分点；有30.5%的成年国民喜欢听"文学"类有声书，较2016年的33.5%下降了3.0个百分点；有19.6%的成年国民喜欢听"传统评书"类有声书，较2016年的20.5%略有下降。

此外，有21.5%的成年国民喜欢听"成功励志"类有声书，较2016年17.9%增长了3.6个百分点；有10.8%的成年国民喜欢听"教育学习/外语或专业教育"类有声书，较2016年的8.3%增长了2.5个百分点；有8.3%的成年国民喜欢听"经济管理"类有声书，较2016年的7.4%略有增长。喜爱"少儿故事"类有声书的成年国民的比例在两年间差异不大。

具体情况如图6-4-1所示。

6.5　听书频率

2017年，有过听书行为的我国成年国民人均每月听书14.72次，高于2016年的13.64次。与上年相比，每天听书1次或以上的比例增长最快。2017年，有27.2%的成年国民每天至少听一次有声

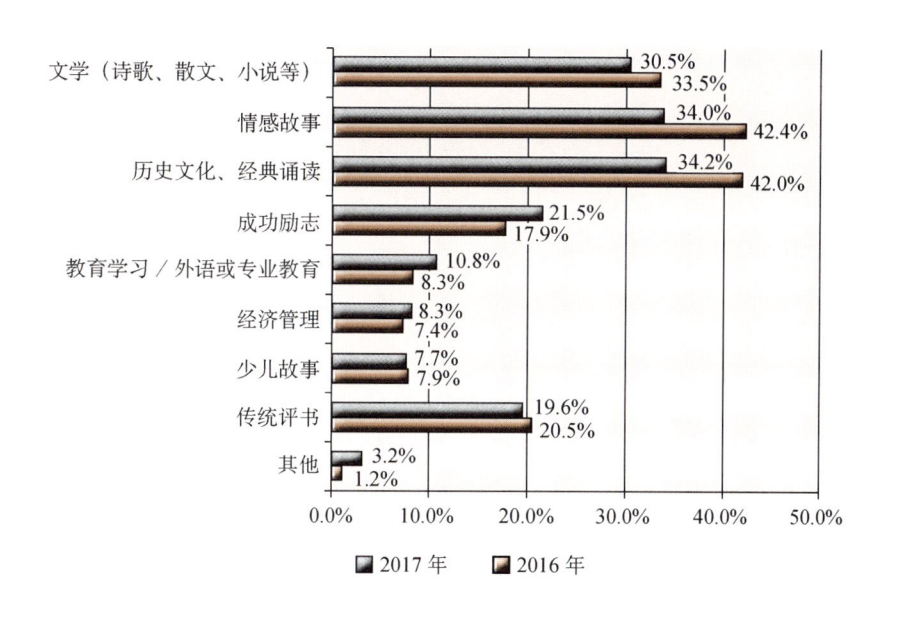

文学（诗歌、散文、小说等）	30.5% / 33.5%
情感故事	34.0% / 42.4%
历史文化、经典诵读	34.2% / 42.0%
成功励志	21.5% / 17.9%
教育学习/外语或专业教育	10.8% / 8.3%
经济管理	8.3% / 7.4%
少儿故事	7.7% / 7.9%
传统评书	19.6% / 20.5%
其他	3.2% / 1.2%

图 6-4-1　有声书内容偏好

书，较 2016 年的 20.5% 增长了 6.7 个百分点；"每周 4—6 次"的选择比例为 15.3%，较 2016 年的 20.0% 下降了 4.7 个百分点；"每周 2—3 次"的选择比例为 27.2%，较 2016 年的 26.0% 增长了 1.2 个百分点；"每周 1 次"的选择比例为 12.7%，低于 2016 年的 14.6%。总体来看，2017 年，有听书行为的成年国民每周至少听一次有声书的比例达到 82.4%，高于 2016 年的 81.1%；而每月听书 1 次或 1 次以下的比例则由 2016 年的 9.9% 下降至 2017 年的 9.4%。

具体情况如表 6-5-1 所示。

表 6-5-1　听书频率

听书频率	2017 年	2016 年
每天 1 次或以上	27.2%	20.5%
每周 4—6 次	15.3%	20.0%
每周 2—3 次	27.2%	26.0%
每周 1 次	12.7%	14.6%
每月 2—3 次	8.2%	9.0%
每月 1 次	5.5%	5.1%
每月 1 次以下	3.9%	4.8%
听书频次	14.72 次	13.64 次

6.6 听书花费

对听书花费的调查结果显示，2017年，在有听书行为的我国成年国民中，有31.5%的人表示对听书进行了付费，人均付费金额为12.50元。其中，有8.3%的成年国民的听书花费在10元以下，高于2016年的7.2%；有16.7%的成年国民的听书花费在10—50元之间，较2016年的6.9%高9.8个百分点；有6.6%的成年国民的听书花费超过50元，高于2016年的4.7%。

具体情况如表6-6-1所示。

表6-6-1 听书花费

听书花费	2017年	2016年
10元以下	8.3%	7.2%
10—20元	7.6%	2.7%
20—30元	4.5%	2.3%
30—50元	4.6%	1.9%
50—100元	3.4%	3.5%
100—200元	1.7%	0.8%
200元及以上	1.5%	0.4%
从未付费	68.5%	81.2%
花费金额	12.50元	6.81元

6.7 听书场合

调查显示，2017年，我国成年听书群体通常在"家里"听书，选择比例为81.5%，略低于2016年的83.6%。选择"开车时"和"乘交通工具时"的比例分别为8.6%和5.3%，均较2016年有所增长（分别为7.6%和4.8%）。而选择在"学校"和"图书馆"听书的比例相对较低，且两年间差异不大。此外，选择在"运动健身时"听书的比例较2016年略有增长（由2016年的0.9%增至2017年的1.4%）。

具体情况如图6-7-1所示。

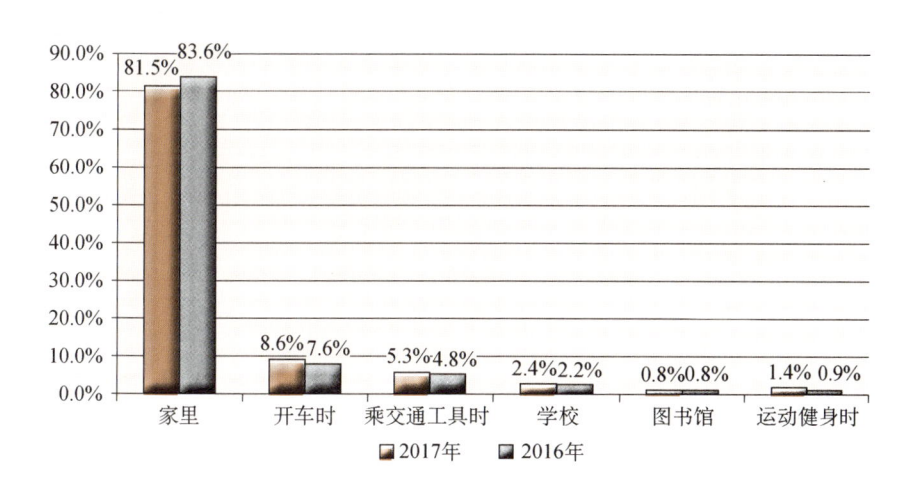

图6-7-1 听书场合

6.8 不听书的原因

2017年对我国没有听书行为的成年国民进行考察发现，当问及不听书的原因时，"没有听书习惯"是主要原因，超过半数（53.5%）的人选择这一选项，较2016年的50.8%高2.7个百分点。但与上年相比，"不了解有什么听书渠道"的选择比例大幅下降，由2016年的19.9%下降至2017年的12.1%。

此外，有13.5%的成年国民因"不喜欢听书的形式"而不听书，高于2016年的12.7%；还有12.7%的成年国民因"没有感兴趣的内容"而不听书，高于2016年的10.5%。而认为听书"工具使用不方便"和"内容不够丰富"的成年国民相对较少，2017年选择比例分别为5.3%和3.1%，均较2016年有所增加（分别为4.4%和1.7%）。

具体情况如图6-8-1所示。

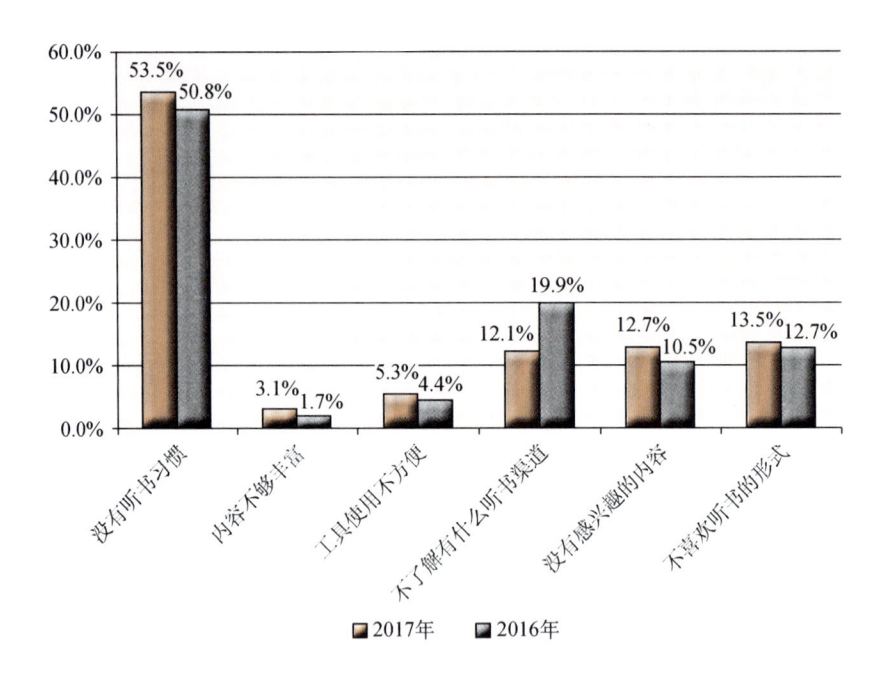

图 6-8-1　不听书的原因

第七章
成年国民版权认知状况

7.1 版权认知度

调查数据显示,2017年,我国18周岁及以上成年国民的版权认知度为72.2%。从性别差异看,男性居民版权认知度为75.5%,略高于女性居民的版权认知度(68.8%);从城乡对比看,城镇居民版权认知度为80.0%,高于农村居民的63.0%。

具体情况如表7-1-1所示。

表7-1-1 版权认知度

人口特征	类别	版权认知度
性别	男性	75.5%
	女性	68.8%
城乡	城镇	80.0%
	农村	63.0%

2017年,我国成年国民的版权认知度为72.2%。自2007年以来,我国成年国民的版权认知度一直保持在70.0%以上。

具体情况如图7-1-1所示。

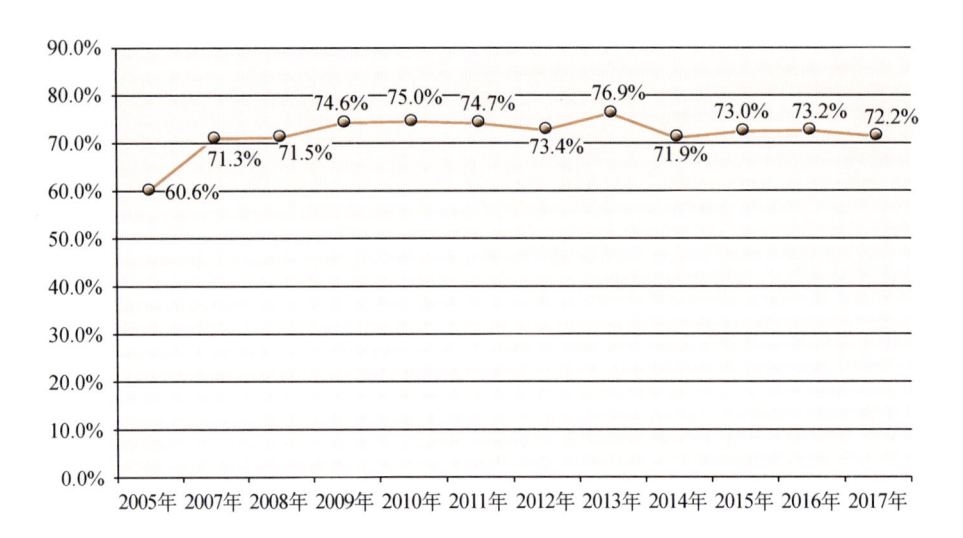

图 7-1-1 2005—2017 年版权认知度变化趋势

7.2 盗版出版物市场现状

7.2.1 盗版出版物市场占有状况

近年来我国 18 周岁及以上成年国民的盗版出版物购买率呈下降趋势，从 2005 年的 45.5% 逐年下降至 2017 年的 10.8%。

具体情况如图 7-2-1 所示。

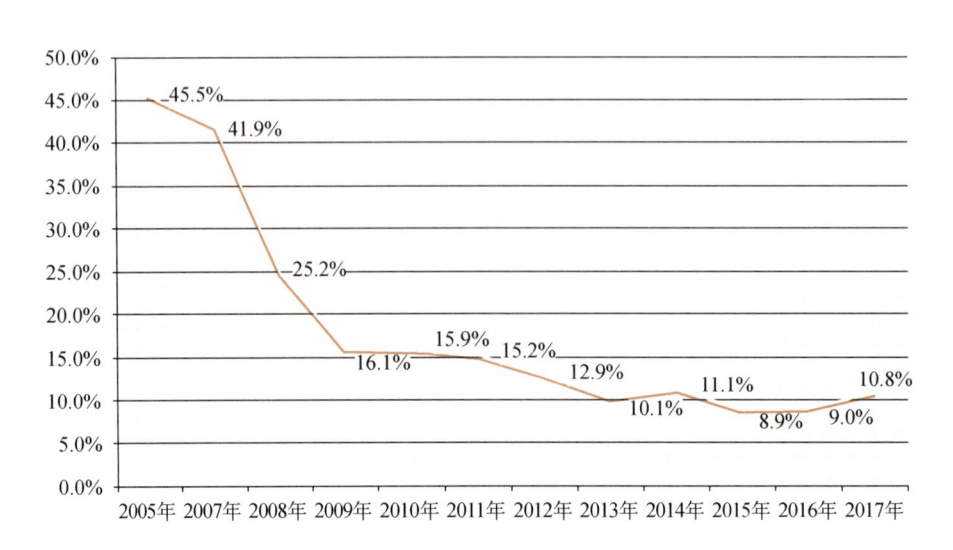

图 7-2-1 2005—2016 年盗版出版物购买率变化

调查数据显示，2017年，在我国18周岁及以上成年国民中，有14.3%的人表示购买的图书或音像制品均为正版；还有9.7%的人表示正版盗版出版物均购买过；仅有1.1%的成年居民表示购买的出版物均为盗版；另外，有24.8%的人表示分不清其购买的出版物是正版还是盗版。

具体情况如图7-2-2所示。

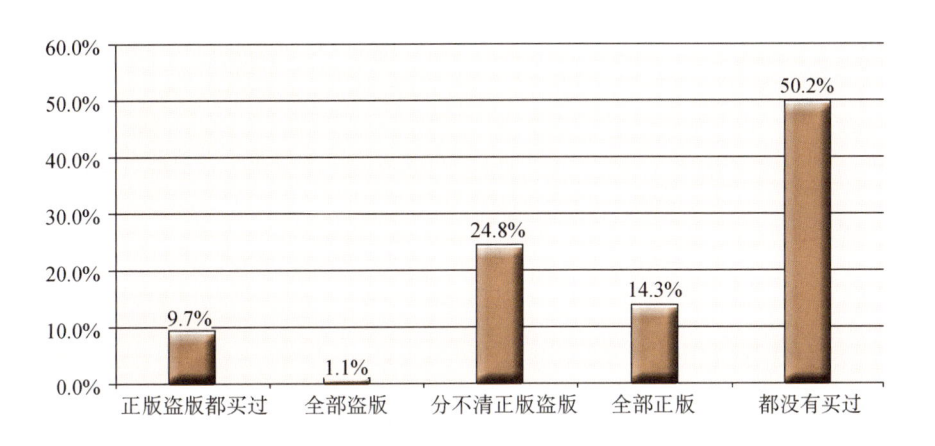

图7-2-2 盗版出版物消费情况

7.2.2 盗版出版物消费状况

7.2.2.1 购买盗版出版物类型

在各种盗版出版物中，盗版"一般图书"和盗版"教材教辅"的消费人群所占比例最大。在2017年购买过盗版出版物的我国18周岁及以上成年国民中，有76.9%的人表示曾购买过盗版"一般图书"；有14.9%的人表示曾经购买过盗版"教材教辅"；有10.7%的人表示曾经购买过盗版"计算机软件"和"音像制品"；有8.8%的人表示曾经购买过盗版"游戏软件"。

具体情况如图7-2-3所示。

7.2.2.2 购买盗版出版物原因

调查数据显示，对2017年购买过盗版出版物的我国18周岁及

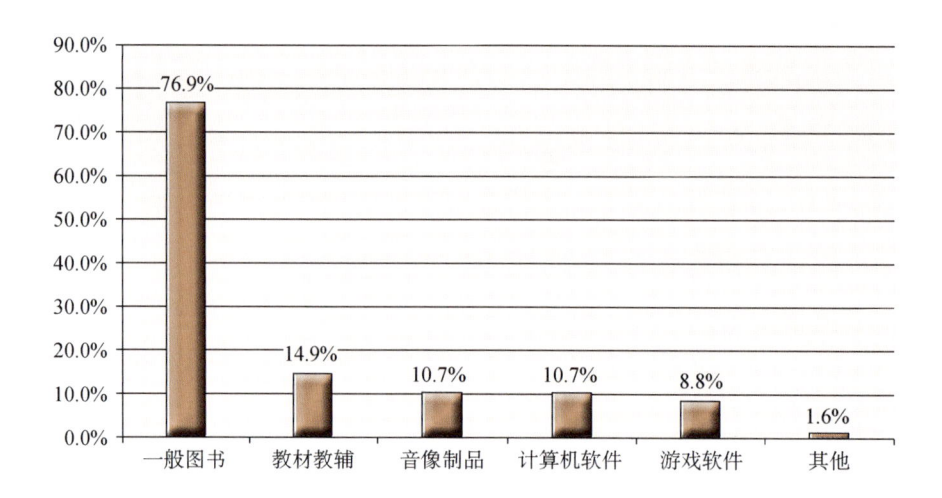

图 7-2-3　消费者购买的盗版出版物类型

以上成年国民而言,"价格便宜"是其购买盗版出版物的最主要原因,近七成(67.4%)的盗版出版物购买者选择这一选项。另外,有 31.1% 的盗版出版物购买者表示"买时不知道是盗版"是其购买盗版出版物的主要原因,还分别有 19.5% 和 12.7% 的盗版出版物购买者表示"购买方便"及"品种丰富"是其购买盗版出版物的主要原因。同时,有 5.9% 的盗版出版物购买者表示"没有正版可买"。

具体情况如图 7-2-4 所示。

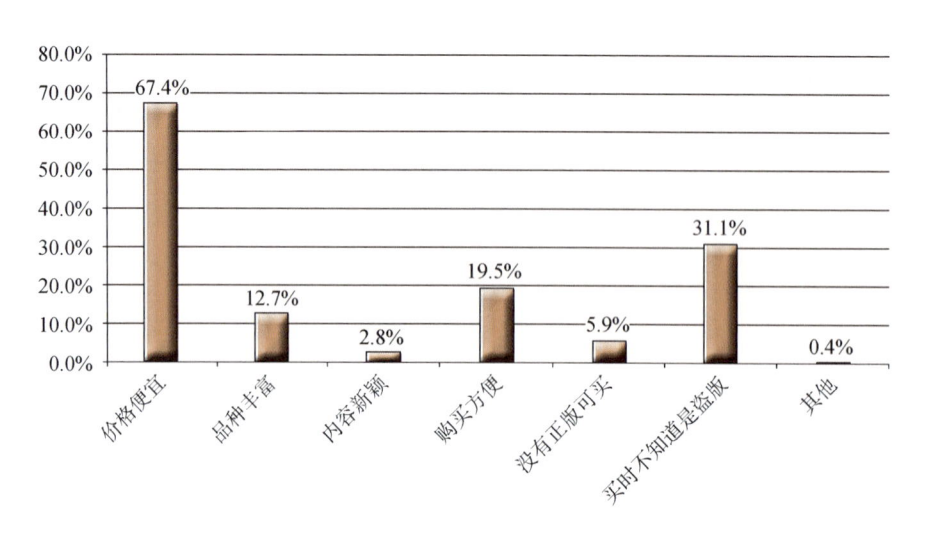

图 7-2-4　购买盗版出版物原因

第八章
公共阅读服务设施状况

■ 8.1 城镇公共阅读服务设施

8.1.1 城镇居民公共阅读服务设施认知状况

在调查执行过程中，我们请城镇居民回答其所在的街道附近是否有公共图书馆、社区阅览室/社区书屋和报刊栏等公共阅读服务设施。调查结果显示，2017年我国城镇成年居民对居住的街道有公共图书馆、社区阅览室/社区书屋、报刊栏等至少一种公共阅读服务设施的知晓率为47.1%。其中，33.6%的城镇居民表示在其居住的街道附近有报刊栏，23.9%的城镇居民表示在其居住的街道附近有公共图书馆，21.2%的城镇居民表示在其居住的街道附近有社区阅览室/社区书屋。

具体情况如图8-1-1所示。

8.1.2 城镇居民对公共阅读服务设施的使用情况

调查数据显示，在各类公共阅读服务设施中，报刊栏和公共图书馆的使用率相对较高。在表示其居住的街道附近有公共图书馆的城镇成年居民中，使用过公共图书馆的比例为54.2%；表示其居住

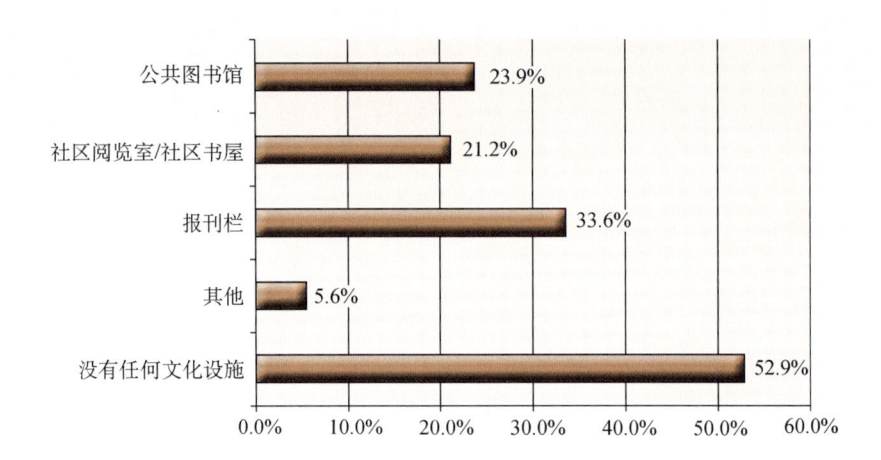

图 8-1-1 城镇居民公共文化服务设施知晓率

的街道附近有报刊栏的城镇成年居民中,使用过报刊栏的比例为43.1%;表示其居住的街道附近有社区阅览室/社区书屋的城镇成年居民中,使用过社区阅览室/社区书屋的比例为40.8%。

此外,2017年,表示其居住的街道附近有报刊栏的城镇成年居民,其报刊栏的人均使用频次为9.23/年;表示其居住的街道附近有公共图书馆的城镇成年居民,其公共图书馆的人均使用频次为9.87次/年;表示其居住的街道附近有社区阅览室/社区书屋的城镇成年居民,其社区阅览室/社区书屋的人均使用频次为8.29次/年。

具体使用情况如表8-1-1所示。

表 8-1-1 城镇居民对各类公共阅读服务设施的使用率

使用频率	公共图书馆	社区阅览室/社区书屋	报刊栏
每周1次及以上	8.3%	8.3%	9.3%
每月2—3次	10.9%	7.9%	8.9%
每月1次	13.6%	9.9%	10.6%
2—3个月1次	8.9%	5.6%	7.2%
4—6个月1次	5.4%	4.5%	2.4%
1年1次	7.1%	4.7%	4.7%
从未使用	45.8%	59.2%	56.9%
使用频次	9.87次/年	8.29次/年	9.23次/年

8.1.3 城镇居民对公共阅读服务设施的评价

对于使用过以上公共阅读服务设施的城镇居民而言,在上述公共阅读服务设施中,公共图书馆的满意度("非常满意"或"比较满意")最高,为59.8%;社区阅览室/社区书屋和报刊栏的满意度相对略低,分别为57.3%和47.0%。

而对以上三种公共阅读服务设施明确表示不满意("比较不满意"或"非常不满意")的比例分别为3.6%、4.6%和5.0%。

具体情况如表8-1-2所示。

表8-1-2 城镇居民对各类公共阅读服务设施的满意度

满意度	公共图书馆	社区阅览室/社区书屋	报刊栏
非常满意	20.8%	17.3%	10.1%
比较满意	39.0%	40.0%	36.9%
一般	33.5%	35.0%	44.6%
比较不满意	2.7%	3.6%	4.0%
非常不满意	0.9%	1.0%	1.0%
说不好	3.1%	3.0%	3.4%

8.2 农村公共阅读服务设施——农家书屋

8.2.1 农家书屋认知与使用情况

2017年,我国农村成年居民对农家书屋的认知度为12.5%,较2016年的9.5%上升了3.0个百分点。

在表示知道其居住的村内建有农家书屋的村民中,使用过农家书屋的比例为40.0%。从使用频次来看,2017年,表示知道其居住的村内建有农家书屋的村民人均每年使用农家书屋6.63次。

具体情况如表8-2-1所示。

表8-2-1 农家书屋的使用率

使用频次	农家书屋
使用率	40.0%
每周1次及以上	6.7%

续前表

使用频次	农家书屋
每月 2—3 次	4.2%
每月 1 次	8.1%
2—3 个月 1 次	6.1%
4—6 个月 1 次	7.3%
1 年 1 次	7.5%
从未使用	60.0%
使用频次	6.63 次/年

8.2.2 农家书屋满意度

在表示使用过农家书屋的农村成年居民中，超过六成（66.7%）的村民对农家书屋表示满意（"非常满意"或"比较满意"）；明确表示不满意（"非常不满意"或"比较不满意"）的比例为 4.2%；有 27.8% 的村民对农家书屋的评价为"一般"；还有 1.2% 的农村居民对农家书屋的评价较为模糊（"说不好"）。

具体情况如图 8-2-1 所示。

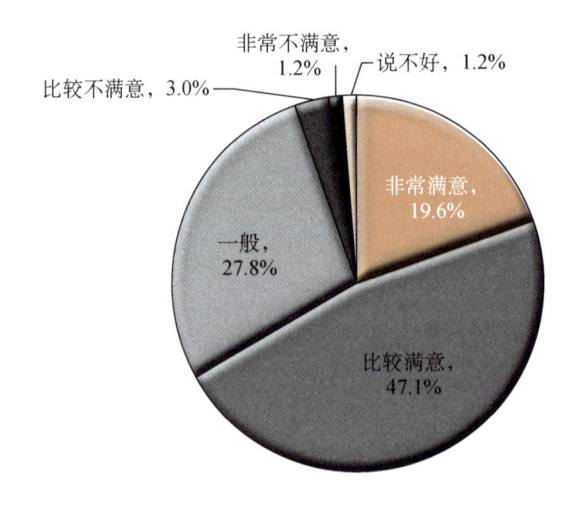

图 8-2-1 农家书屋的满意度

8.2.3 农家书屋内容提供情况

调查数据显示，"农业科普类图书"在农家书屋中最受欢迎。

在使用过农家书屋的成年农村居民中，有49.2%的人表示经常阅读农业科普类图书。法律和文学类图书也受到了较多农村居民的喜爱，分别有27.7%和26.2%的人经常阅读"法律类图书"和"文学类图书"。报纸也是在农家书屋中较受欢迎的阅读资料，有19.4%的人表示经常阅读"报纸"。此外，分别有14.9%、14.6%、13.8%和13.8%的人表示经常在农家书屋中阅读"历史地理类图书""农业科教影像资料""经济类图书"和"科学、教育类图书"。

具体情况如图8-2-2所示。

出版物类型	比例
农业科普类图书	49.2%
法律类图书	27.7%
文学类图书	26.2%
报纸	19.4%
历史地理类图书	14.9%
农业科教影像资料	14.6%
经济类图书	13.8%
科学、教育类图书	13.8%

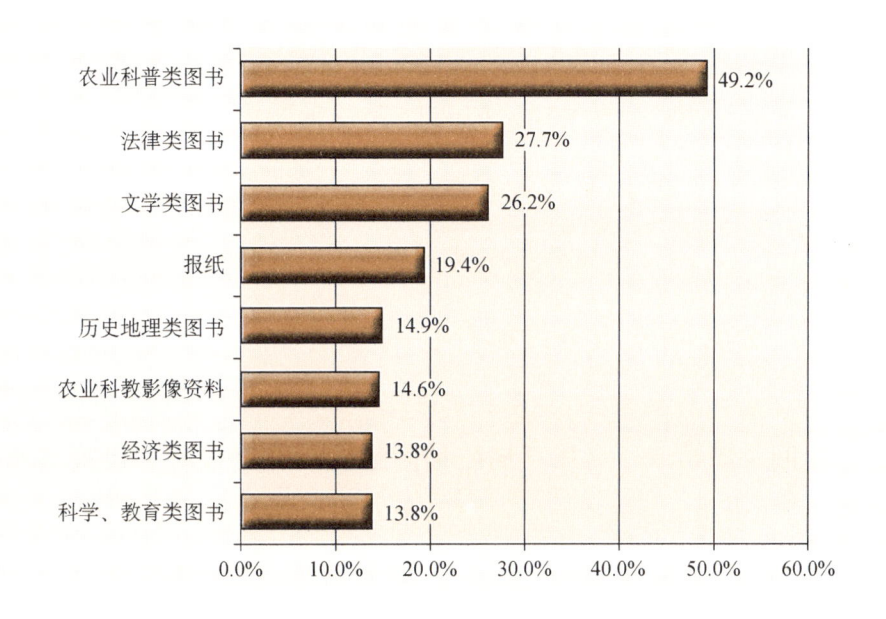

图8-2-2 农村居民在农家书屋经常阅读的出版物类型

同时，"农业科普类图书""法律类图书""农业科教影像资料"等阅读资料是我国农村成年居民认为农家书屋中比较缺乏的出版物类型。在使用过农家书屋的农村居民中，有22.0%的人认为缺少"农业科普类图书"；有19.4%的人认为缺少"法律类图书"；有9.7%的人认为农家书屋中缺少"农业科教影像资料"。认为缺少"育儿保健类图书""戏曲、音乐光盘""历史地理类图书"的比例均超过5.0%（分别为6.3%、6.1%和5.4%）。最不缺乏的出版物类型为"期刊"，选择比例仅为2.1%。

具体情况如图 8-2-3 所示。

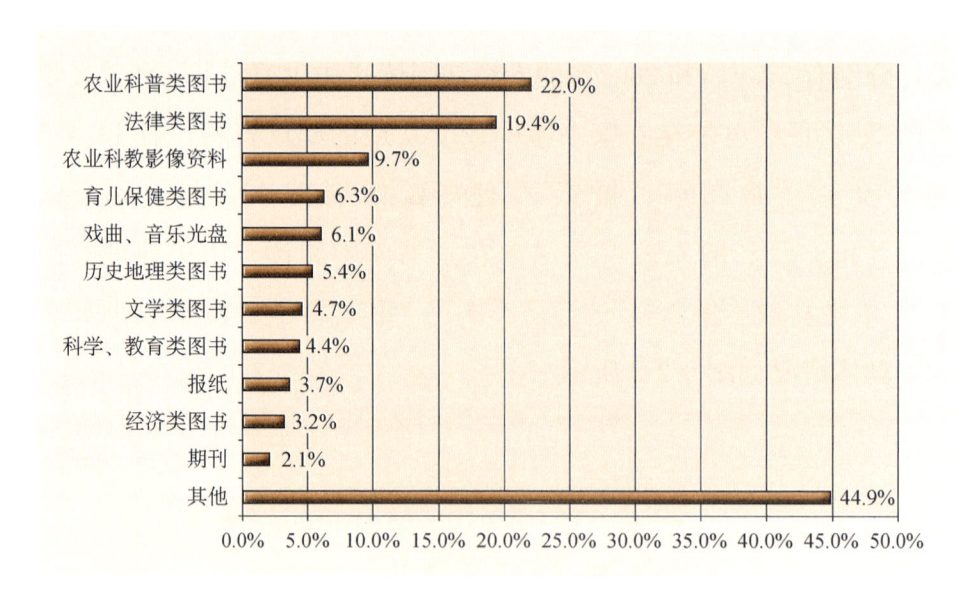

类型	百分比
农业科普类图书	22.0%
法律类图书	19.4%
农业科教影像资料	9.7%
育儿保健类图书	6.3%
戏曲、音乐光盘	6.1%
历史地理类图书	5.4%
文学类图书	4.7%
科学、教育类图书	4.4%
报纸	3.7%
经济类图书	3.2%
期刊	2.1%
其他	44.9%

图 8-2-3　农家书屋比较缺乏的出版物类型

■ 8.3　公共阅读服务设施存在的不足

当问及城镇成年居民其居住地附近的公共阅读服务设施有哪些不足时，"书报刊太少""信息更新不及时""环境不理想""路途太远"和"开放时间太短"的选择比例相对较高，均超过 5.0%（分别为 11.6%、8.8%、7.6%、6.9% 和 6.3%）。还有 4.1% 和 3.7% 的成年居民认为"管理混乱"和"音像制品太少"是身边公共阅读服务设施的一大不足之处。仅有 2.1% 的人认为"服务态度不好"是身边公共阅读服务设施的不足之处。

具体情况如图 8-3-1 所示。

在对公共阅读服务设施存在的不足之处的认知方面，城乡居民间存在显著差异。城镇居民认为公共阅读服务设施存在"书报刊太少""信息更新不及时""环境不理想""路途太远""开放时间太短""管理混乱""音像制品太少"等不足之处的比例高于农村居民。而

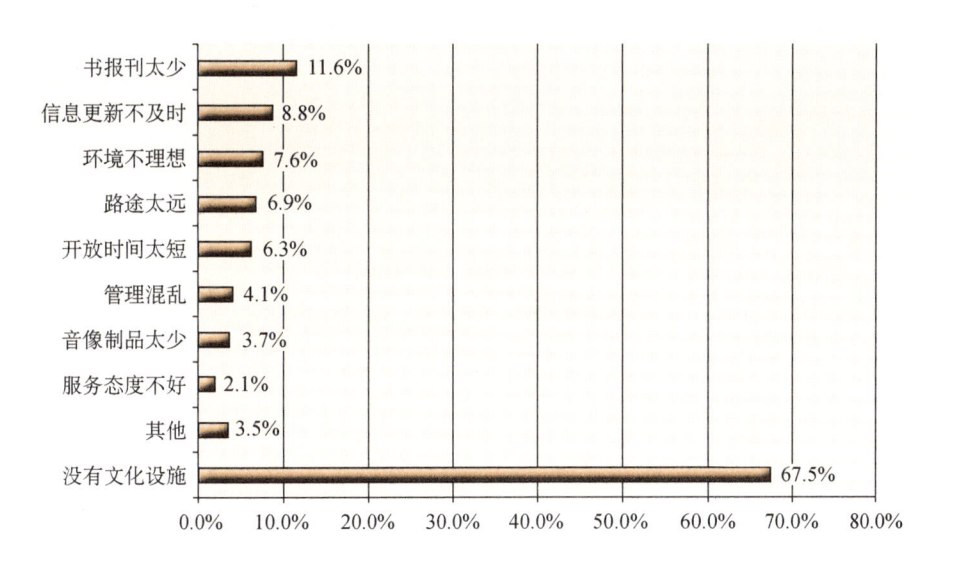

不足之处	比例
书报刊太少	11.6%
信息更新不及时	8.8%
环境不理想	7.6%
路途太远	6.9%
开放时间太短	6.3%
管理混乱	4.1%
音像制品太少	3.7%
服务态度不好	2.1%
其他	3.5%
没有文化设施	67.5%

图 8-3-1 公共阅读服务设施的不足之处

农村居民认为身边的公共阅读服务设施最大不足之处在于"没有文化设施",该项的选择比例高达82.2%,较城镇居民(55.0%)高27.2个百分点。

具体情况如图 8-3-2 所示。

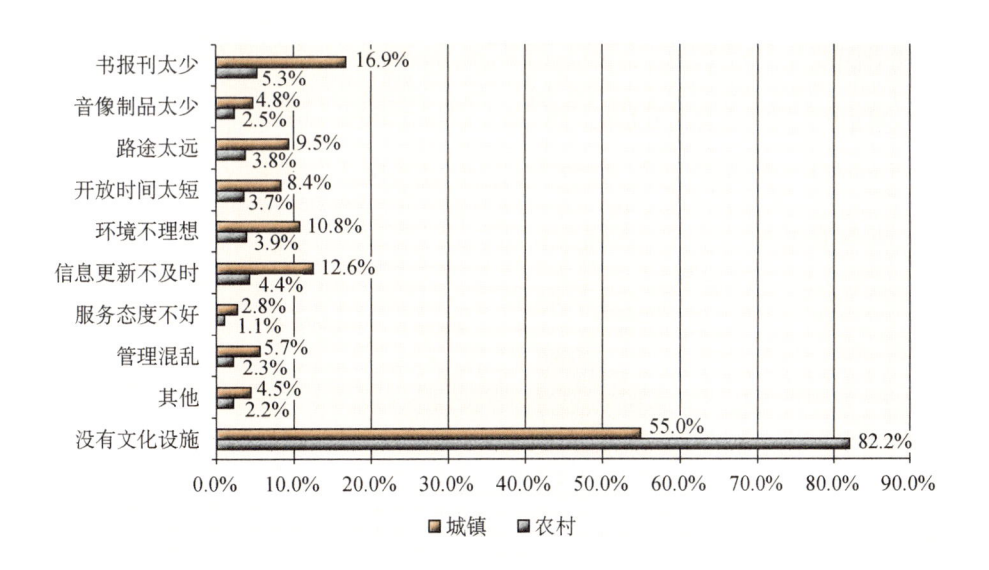

不足之处	城镇	农村
书报刊太少	16.9%	5.3%
音像制品太少	4.8%	2.5%
路途太远	9.5%	3.8%
开放时间太短	8.4%	3.7%
环境不理想	10.8%	3.9%
信息更新不及时	12.6%	4.4%
服务态度不好	2.8%	1.1%
管理混乱	5.7%	2.3%
其他	4.5%	2.2%
没有文化设施	55.0%	82.2%

图 8-3-2 公共阅读服务服务设施不足之处的城乡对比

第九章
成年国民个人阅读情况评价与阅读活动参与状况

9.1 个人阅读情况评价

9.1.1 个人阅读量评价

2017年，从我国18周岁及以上成年国民对个人阅读数量的评价来看，认为自己阅读数量多的比例仅占一成左右（选择"很多"或"比较多"的比例为10.5%）；有37.7%的成年国民认为自己的阅读量"一般"；近四成（39.5%）的成年国民认为自己的阅读数量"很少"或"比较少"。另外，有12.2%的人对于自己的阅读量认知模糊（"说不清"）。

具体情况如图9-1-1所示。

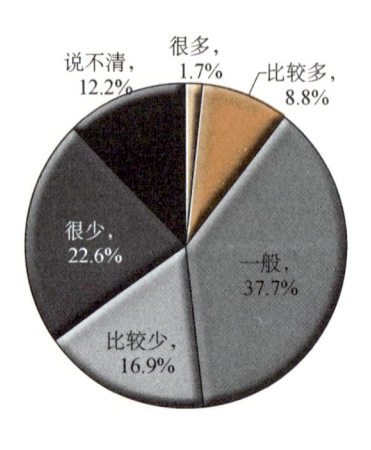

图 9-1-1　个人阅读量评价

9.1.2 个人阅读量变化情况

从成年国民对个人纸质阅读内容和数字阅读内容的阅读量变化情况的反馈来看，与上年相比，2017 年，有 7.0% 的成年国民表示"增加了纸质内容的阅读"；有 8.6% 的成年国民表示"增加了数字阅读的内容"；有 9.1% 的成年国民表示"减少了纸质内容的阅读"；有 5.7% 的成年国民表示"减少了数字阅读的内容"；另有五成以上（56.1%）的人表示"没有什么变化"。

具体情况如图 9-1-2 所示。

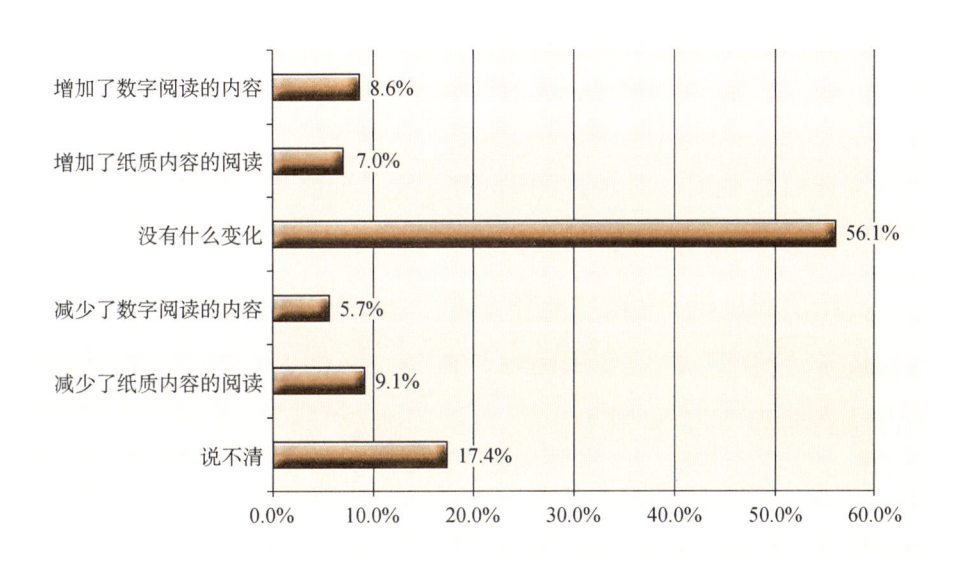

图 9-1-2 阅读量变化情况

9.1.3 个人阅读满意度评价

对个人阅读状况评价的调查发现，有 23.7% 的成年国民对自己的阅读状况表示满意（"非常满意"或"比较满意"）；有 13.1% 的成年国民表示不满意（"比较不满意"或"非常不满意"）；另有 48.6% 的成年国民对个人阅读情况的评价为"一般"。

具体情况如图 9-1-3 所示。

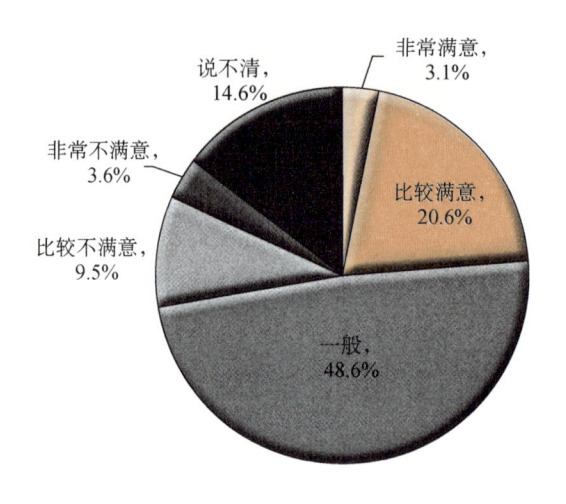

图 9-1-3 个人阅读满意度评价

9.1.4 阅读量与阅读满意度的关系

调查数据显示，对于我国18周岁及以上成年国民而言，认为个人阅读量多（"很多"或"比较多"）的人，更容易对自己的总体阅读状况给出积极的评价（"非常满意"或"比较满意"）。在认为自己阅读量"很多"的成年国民中，有71.3%的人对自己的总体阅读情况感到满意（"非常满意"或"比较满意"）；在认为自己的阅读量"很少"的成年国民中，只有8.8%的人对自己的总体阅读情况感到满意（"非常满意"或"比较满意"）。

具体情况如表 9-1-1 所示。

表 9-1-1 阅读量与阅读满意度

	非常满意	比较满意	一般	比较不满意	非常不满意
很多	40.5%	30.8%	23.9%	2.7%	1.8%
比较多	10.1%	55.4%	28.5%	3.4%	1.2%
一般	2.3%	25.0%	64.3%	4.0%	0.4%
比较少	0.4%	15.3%	55.0%	21.8%	1.9%
很少	1.2%	7.6%	41.2%	14.5%	11.7%
说不清	2.5%	12.3%	22.7%	5.1%	2.5%

9.2 读书活动参与状况

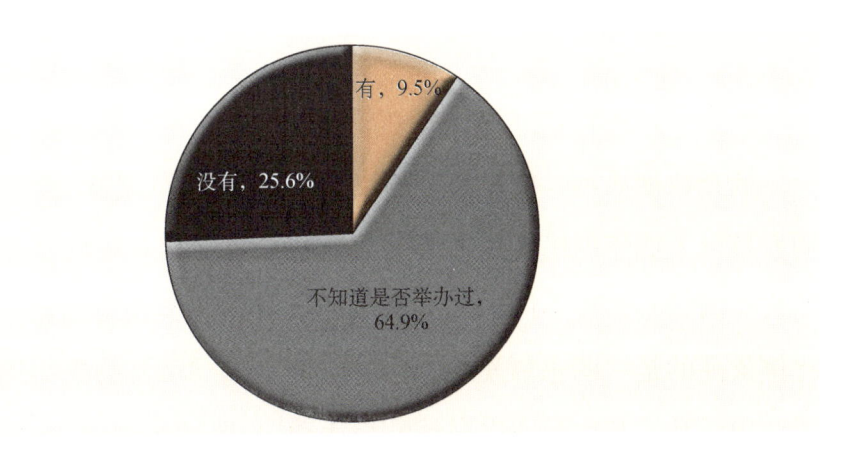

9.2.1 读书活动/读书节的开展情况

调查数据显示,在不提及具体读书活动的前提下,2017年,只有9.5%的成年国民表示身边举办过读书活动/读书节,有25.6%的成年国民表示身边没有读书活动/读书节,另有64.9%的成年国民表示不知道身边是否举办过读书活动/读书节。

具体情况如图9-2-1所示。

图 9-2-1 读书活动/读书节的开展情况

9.2.2 读书活动诉求情况

调查数据显示,成年国民对当地举办阅读活动的呼声较高,而农村居民的期望程度要高于城镇居民。2017年,有64.2%的成年国民认为有关部门应当举办读书活动/读书节,较2016年的65.7%下降了1.5个百分点。其中,农村居民认为当地有关部门应该举办阅读活动的比例为65.2%,而城镇居民中这一比例为63.4%。此外,有33.1%的人对于当地有关部门是否应当举办读书活动/读书节持"无所谓"的态度。

具体情况如图9-2-2所示。

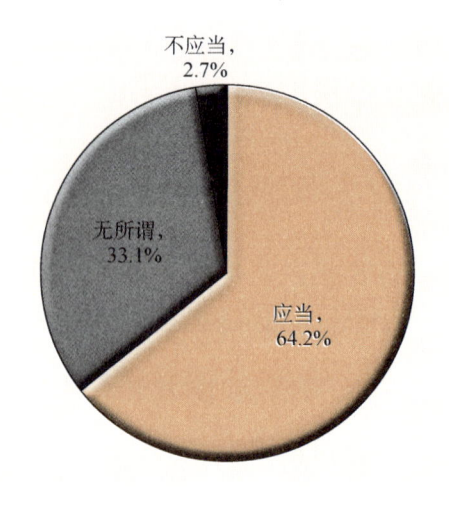

图 9-2-2 对读书活动/读书节的诉求情况

9.2.3 读书活动参与状况

调查数据显示,在提及具体读书活动前提下,2017年,我国18周岁及以上成年国民对各种读书活动的参与度相对较低,有11.2%的成年国民参加过不同形式的读书活动。在各类读书活动中,参与比例最高的是"图书展览会/特价书市",有3.4%的成年国民参加了此项活动;其次是"捐书献爱心活动",选择比例为3.0%;再次为"读书征文/作文或书画摄影大赛",选择比例为2.7%。

具体情况如图 9-2-3 所示。

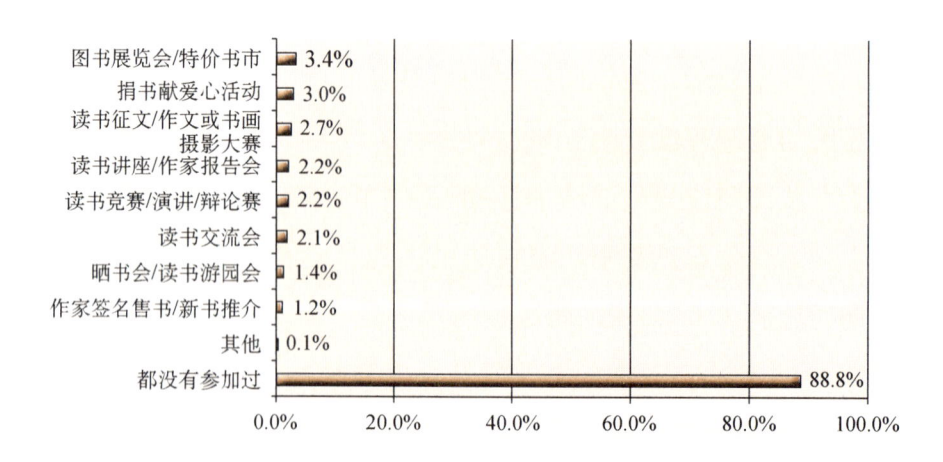

图 9-2-3 各类读书活动/读书节的参与情况

9.2.4 参与读书活动的原因

我国成年国民参加读书活动的内驱力因素较为显著,调查数据显示,"促进自己的读书学习"是成年国民参加读书活动的最主要原因,选择该项的比例达 47.0%。其次,分别有 22.6%、22.0% 和 19.2% 的人参加读书活动是因为"有意思,好玩""方便得到图书信息""看书、买书优惠"等内在因素。此外,分别有 24.3% 和 24.1% 的人参加读书活动是基于"结识朋友"和"学校组织参加"等外部因素。

具体情况如图 9-2-4 所示。

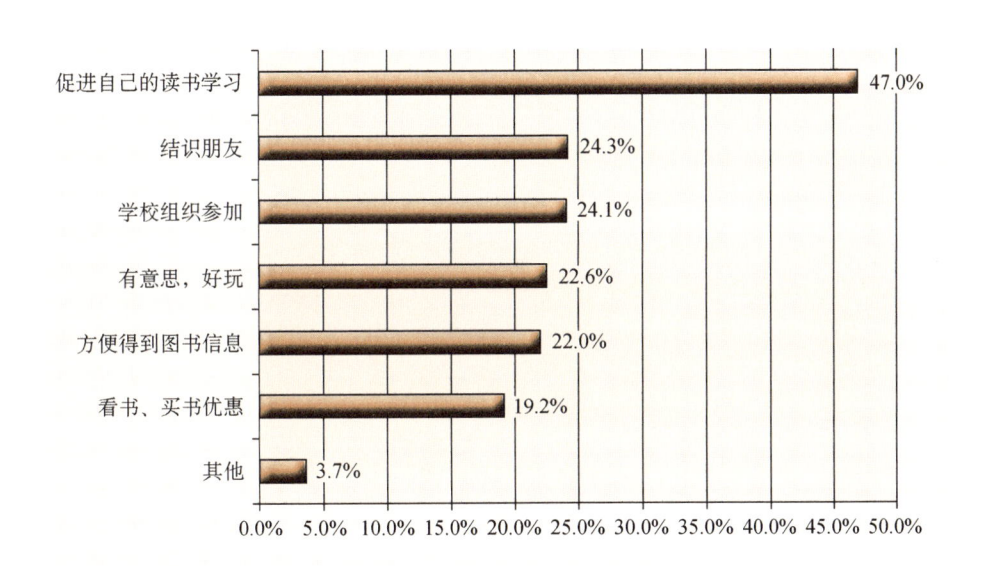

图 9-2-4 参与各类读书活动的原因

在没有参加过任何读书活动的我国 18 周岁及以上成年国民中,表示"没见到相关活动"的比例最高,为 45.7%;表示"没时间参加"读书活动的比例为 36.9%;表示对读书活动"不感兴趣"的比例为 33.1%;仅有 5.1% 的成年国民认为"相关活动缺乏吸引力"。

具体情况如图 9-2-5 所示。

原因	百分比
没见到相关活动	45.7%
没时间参加	36.9%
不感兴趣	33.1%
相关活动缺乏吸引力	5.1%
其他	0.8%

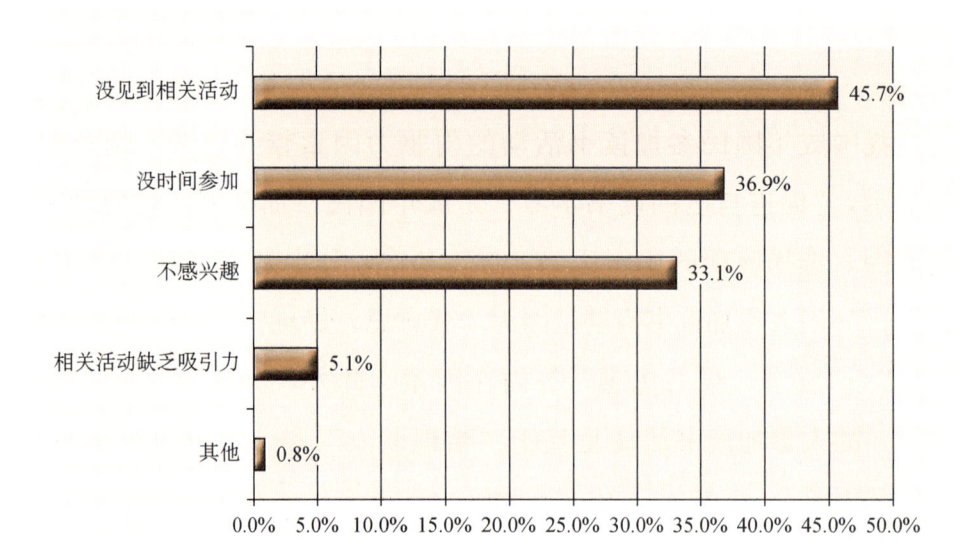

图 9-2-5　没有参与各类读书活动的原因

第二篇

14—17周岁青少年部分

第一章
14—17周岁青少年媒介接触情况

■ 1.1 青少年媒介接触率

对青少年过去一周媒介接触行为的调查数据进行分析显示，2017年，我国14—17周岁青少年各媒介接触率中，手机超过图书、电视和互联网，成为接触率最高的媒介，有90.0%的青少年在过去一周内接触过手机；其次为图书，有81.1%的青少年在过去一周内看过书；另有80.1%的青少年在过去一周内看过电视，这三种媒介的接触率均在80.0%以上。

在书报刊这三类主要的传统纸质媒介中，图书接触率最高，为81.1%；期刊接触率居中，为29.5%；报纸接触率最低，为20.2%。此外，青少年的Pad（平板电脑）接触率、电子阅读器（电子书、电纸书等设备）接触率、广播接触率和音像出版物（CD/VCD/DVD/录音带等）接触率分别为19.9%、16.8%、16.4%和10.4%，均低于20.0%。

具体情况如表1-1-1所示。

表 1-1-1　14—17 周岁青少年媒介接触率

媒介类型	媒介接触率
手机	90.0%
图书	81.1%
电视	80.1%
互联网	77.3%
期刊	29.5%
报纸	20.2%
Pad（平板电脑）	19.9%
电子阅读器（电子书、电纸书等设备）	16.8%
广播	16.4%
音像出版物（CD/VCD/DVD/录音带等）	10.4%

1.2　青少年媒介接触时长

本次调查显示，2017 年，我国 14—17 周岁青少年人均每天接触手机媒介时长为 69.33 分钟，超过互联网、图书、电视，成为我国青少年人均每天接触时长最长的媒介。其次，我国青少年人均每天上网时长为 55.07 分钟，与手机媒介接触时长（69.33 分钟）相差 14.26 分钟。再次，我国青少年人均每天读书时长为 48.89 分钟。第四，我国青少年人均每天看电视时长为 47.41 分钟。此外，我国青少年人均每天接触 Pad（平板电脑）的时长为 10.35 分钟；人均每天阅读期刊时长为 9.36 分钟；人均每天接触电子阅读器时长为 9.23 分钟；人均每天读报时长为 6.28 分钟，人均每天听广播的时长为 5.61 分钟；人均每天接触音像出版物的时长为 4.66 分钟。

具体情况如图 1-2-1 所示。

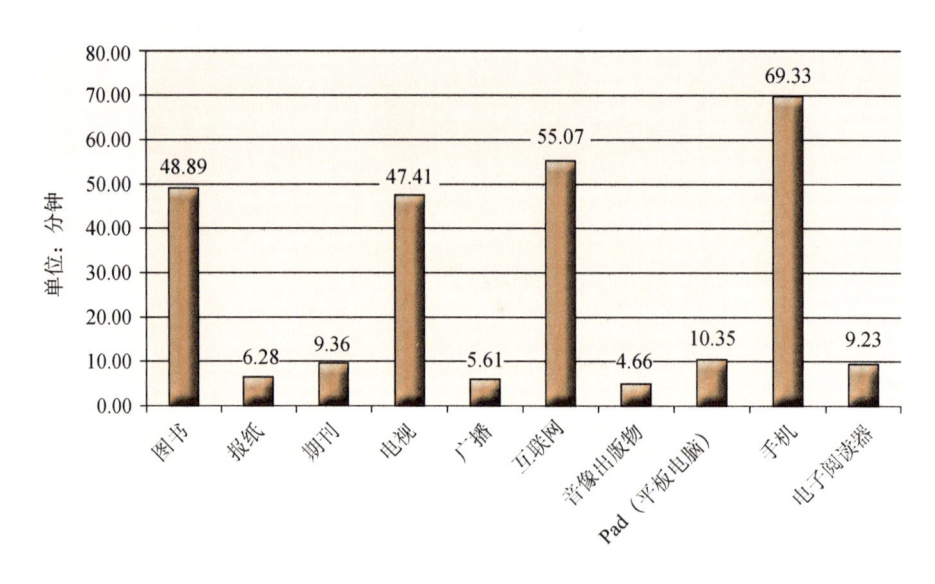

图 1-2-1　14—17 周岁青少年各媒介接触时长

1.3　青少年自费消费出版物情况

调查数据显示，2017 年，在书报刊这三种纸质媒体中，我国 14—17 周岁青少年的人均图书自费消费数量为 7.75 本；人均报纸自费消费种类为 0.44 种；人均期刊自费消费种类为 0.62 种。此外，人均 CD/VCD/DVD 自费消费数量为 0.25 张；人均盒式录音带自费消费数量为 0.13 盒；人均 CD-ROM 自费消费数量为 0.05 张；人均手机报自费消费种类为 0.12 种；人均电子书自费消费数量为 1.54 本。

2017 年，在我国 14—17 周岁青少年自费购买的出版物中，图书的人均消费金额最多，为 160.10 元。除图书外，期刊、报纸的人均消费金额也相对较多，14—17 周岁青少年人均期刊消费金额为 22.69 元；人均报纸消费金额为 15.39 元。

具体情况如表 1-3-1 所示。

表 1-3-1　14—17 周岁青少年人均自费消费出版物数量和金额

出版物种类	人均消费数量	人均消费金额（元）
报纸	0.44 种	15.39

续前表

出版物种类	人均消费数量	人均消费金额（元）
期刊	0.62 种	22.69
图书	7.75 本	160.10
CD/VCD/DVD	0.25 张	5.81
盒式录音带	0.13 盒	3.14
CD-ROM	0.05 张	0.76
手机报	0.12 种	0.87
电子书	1.54 本	10.29

1.4 青少年阅读载体的使用场合

调查数据显示，"家中""学校或单位"这些与个人生活、学习联系密切的地方，是我国14—17周岁青少年最经常进行阅读的场所。

具体来看，74.7%的青少年通常在家中阅读图书；23.3%的青少年通常在家中阅读期刊；16.2%的青少年通常在家中阅读报纸；54.2%的青少年通常会在家进行网络在线阅读；有66.4%的青少年通常会在家中进行手机阅读；13.9%的青少年通常在家进行Pad（平板电脑）阅读；还有11.8%的青少年通常会在家使用电子阅读器阅读。

此外，51.6%的青少年通常在学校或单位阅读图书；12.6%的青少年通常在学校或单位阅读期刊；有9.6%的青少年通常在学校或单位阅读报纸；9.2%的青少年通常在学校或单位进行网络在线阅读；14.1%的青少年通常在学校或单位进行手机阅读；通常在学校或单位进行Pad（平板电脑）阅读和电子阅读器阅读的青少年比例均为2.2%。

由于手机等载体携带方便，因此，除了"家中""学校或单位"外，也有一些青少年在乘坐交通工具时使用这些阅读载体进行阅读，有11.2%的青少年通常会在乘坐交通工具时进行手机阅读。

还有部分青少年习惯在书店或图书馆阅读图书，有 18.7% 的青少年通常在书店阅读图书；有 22.0% 的青少年通常在图书馆阅读图书。

具体情况如表 1-4-1 所示。

表 1-4-1　各类阅读载体的使用场所

阅读场所 阅读载体	家中	书店	学校或单位	网吧	图书馆	乘交通工具时	其他地点	基本不阅读
图书	74.7%	18.7%	51.6%	0.0%	22.0%	4.6%	0.3%	10.9%
期刊	23.3%	2.7%	12.6%	0.0%	3.2%	0.4%	1.2%	65.9%
报纸	16.2%	0.5%	9.6%	0.0%	1.5%	1.2%	0.8%	73.3%
网络在线阅读	54.2%	1.1%	9.2%	0.7%	1.4%	4.8%	0.5%	41.5%
手机阅读	66.4%	1.4%	14.1%	0.2%	1.6%	11.2%	0.6%	29.1%
Pad（平板电脑）	13.9%	0.5%	2.2%	0.0%	0.8%	0.0%	1.0%	84.5%
电子阅读器	11.8%	0.4%	2.2%	0.1%	1.1%	1.2%	0.5%	85.3%

第二章
14—17周岁青少年图书阅读与购买状况[①]

2.1 青少年图书阅读状况

2.1.1 阅读重要性认知

本次调查结果显示,我国81.5%的14—17周岁的青少年认为,在当今社会,阅读对于个人的生存和发展来说是重要的("非常重要"或"比较重要")。具体来看,认为阅读"非常重要"的青少年占38.9%;认为阅读"比较重要"的青少年占42.6%;有1.8%的青少年认为阅读不重要("比较不重要"或"非常不重要");还有15.1%的青少年认为阅读的重要性"一般"。

具体情况如图2-1-1所示。

从城乡对比来看,我国14—17周岁城乡青少年均认识到阅读对于个人的重要性,但14—17周岁城镇青少年中认识到阅读重要("比较重要"或"非常重要")的比例(86.5%)较农村同一年龄段青少年(75.3%)高11.2个百分点。

具体情况如表2-1-1所示。

---

① 本章所指图书均为除教科书和期刊外的纸质图书。

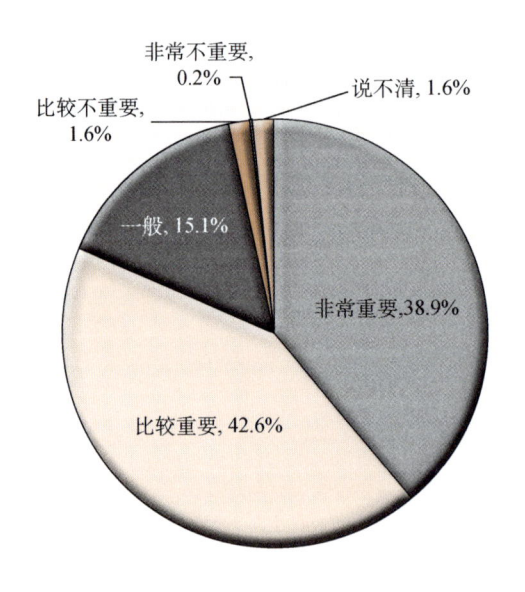

图 2-1-1　14—17 周岁青少年对阅读重要性的认知

表 2-1-1　14—17 周岁青少年对阅读重要性认知的城乡差异

	非常重要	比较重要	一般	比较不重要	非常不重要	说不清
城镇	42.1%	44.4%	10.6%	0.9%	0.4%	1.7%
农村	34.9%	40.4%	20.7%	2.5%	0.0%	1.6%

2.1.2　图书阅读率和阅读量

2017 年我国 14—17 周岁青少年的图书阅读率为 90.4%，较 2016 年的 88.2% 提高了 2.2 个百分点。

从性别差异看，该年龄段男生的图书阅读率为 88.1%，较女生的图书阅读率（92.8%）低 4.7 个百分点。从城乡对比看，该年龄段城镇青少年的图书阅读率为 91.7%，较农村青少年的图书阅读率 88.8% 高 2.9 个百分点。

具体情况如表 2-1-2 所示。

表 2-1-2　不同人口特征 14—17 周岁青少年的图书阅读率

人口特征	类别	图书阅读率
性别	男生	88.1%
	女生	92.8%
城乡	城镇	91.7%
	农村	88.8%

2017年，我国14—17周岁青少年人均纸质图书阅读量为11.57本，较2016年的9.11本增加了2.46本。

从性别差异看，该年龄段男生的图书阅读量为11.94本，较女生的图书阅读量（11.17本）多0.77本。从城乡对比看，城镇青少年的图书阅读量为13.37本，较农村青少年的图书阅读量（9.34本）多4.03本。

具体情况如表2-1-3所示。

表2-1-3　不同人口特征14—17周岁青少年的图书阅读量

人口特征	类别	图书阅读量（本）
性别	男生	11.94
	女生	11.17
城乡	城镇	13.37
	农村	9.34

2.1.3　阅读来源

本次调查显示，我国14—17周岁青少年读者阅读的课外图书主要是通过"自己购买"获得，选择比例高达78.8%。其次，通过"到图书馆借阅"和"向他人借阅"来获得课外图书的比例也较高，选择比例分别为42.5%和37.5%。除此之外，青少年读者阅读课外图书的来源还包括"家人购买""在书店或书吧里看""读家里的藏书""他人赠送"和"租书"，其选择比例分别为27.9%、14.6%、11.7%、10.7%和6.2%。而"农家书屋或社区书屋"选项的选择比例则相对不高，仅为0.7%。

具体情况如图2-1-2所示。

通过对14—17周岁青少年读者所阅读课外图书获取渠道的城乡对比发现，城镇青少年读者通过"自己购买""到图书馆借阅""在书店或书吧里看"等渠道获取图书的比例（82.3%、44.6%和16.4%）要高于农村青少年读者（74.3%、39.8%和12.2%）。而农村青少年读者通过"向他人借阅"等渠道获取图书的比例

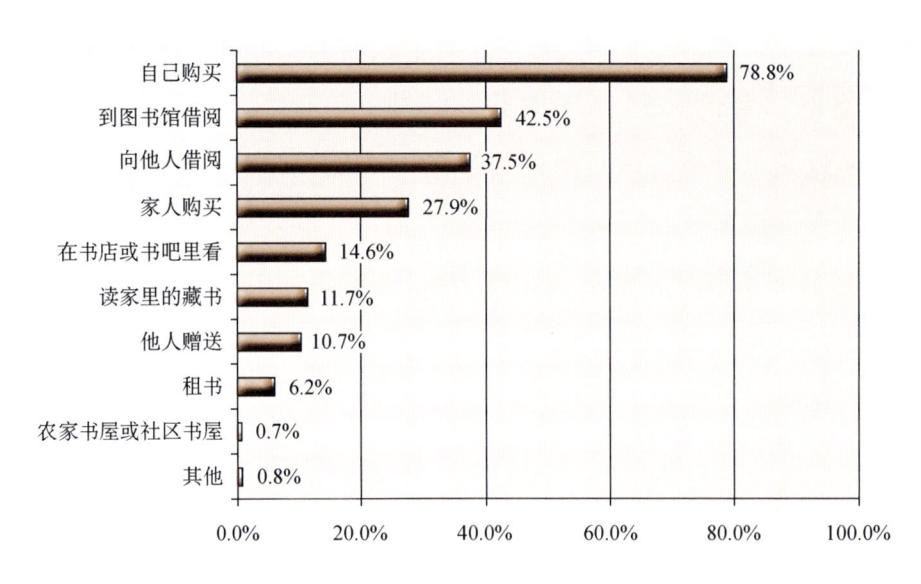

来源	比例
自己购买	78.8%
到图书馆借阅	42.5%
向他人借阅	37.5%
家人购买	27.9%
在书店或书吧里看	14.6%
读家里的藏书	11.7%
他人赠送	10.7%
租书	6.2%
农家书屋或社区书屋	0.7%
其他	0.8%

图 2-1-2　14—17 周岁青少年读者的图书阅读来源

（44.2%）要高于城镇青少年读者（32.3%）。值得注意的是，农村青少年读者通过"农家书屋"阅读图书的比例（1.1%），高于城镇青少年读者选择"社区书屋"的比例（0.4%）。

具体情况如图 2-1-3 所示。

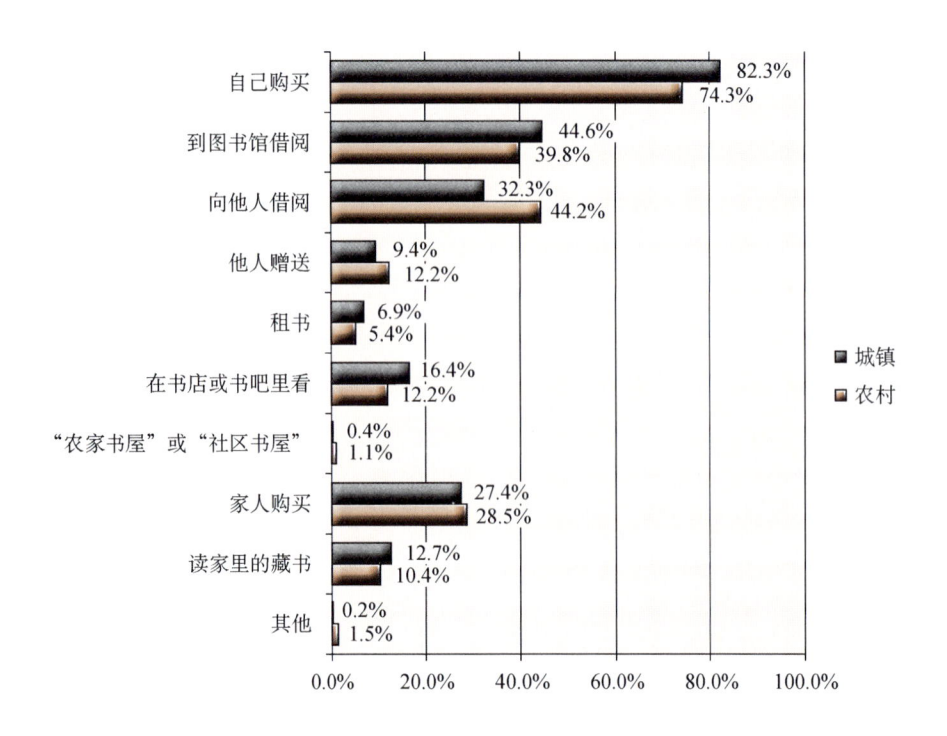

来源	城镇	农村
自己购买	82.3%	74.3%
到图书馆借阅	44.6%	39.8%
向他人借阅	32.3%	44.2%
他人赠送	9.4%	12.2%
租书	6.9%	5.4%
在书店或书吧里看	16.4%	12.2%
"农家书屋"或"社区书屋"	0.4%	1.1%
家人购买	27.4%	28.5%
读家里的藏书	12.7%	10.4%
其他	0.2%	1.5%

图 2-1-3　14—17 周岁青少年图书阅读来源的城乡对比

2.1.4 图书拥有量

2017年，我国14—17周岁青少年的人均图书拥有量为56.22本，较2016年的54.38本增加了1.84本。超过九成（90.9%）的我国14—17周岁青少年表示有属于自己的图书。具体来看，27.5%的青少年表示图书拥有量在20本及以下；34.0%的青少年表示图书拥有量在21—50本之间；20.9%的青少年表示图书拥有量在51—100本之间；仅有8.5%的青少年表示图书拥有量超过100本；另有9.1%的青少年表示家里基本没有属于自己的图书。

具体情况如图2-1-4所示。

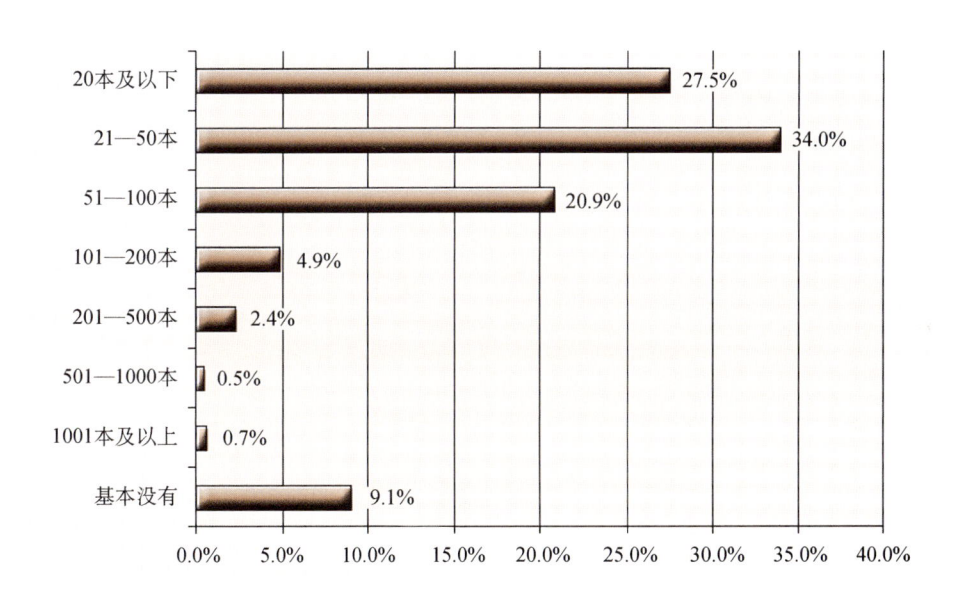

区间	比例
20本及以下	27.5%
21—50本	34.0%
51—100本	20.9%
101—200本	4.9%
201—500本	2.4%
501—1000本	0.5%
1001本及以上	0.7%
基本没有	9.1%

图 2-1-4　14—17周岁青少年的图书拥有量

不同人口特征青少年群体的图书拥有情况存在一定差异。从性别差异看，该年龄段男生的人均图书拥有量为59.34本，较该年龄段女生（52.88本）多6.46本。从城乡对比看，该年龄段城镇青少年的人均图书拥有量为72.11本，较该年龄段农村青少年的人均图书拥有量（36.61本）多35.5本。

具体情况如表2-1-4所示。

表 2-1-4　不同人口特征 14—17 周岁青少年的图书拥有量

人口特征	类别	图书拥有量（本）
性别	男生	59.34
	女生	52.88
城乡	城镇	72.11
	农村	36.61

2.1.5　青少年读书遇到困难时的求助对象

2017 年，有 61.7% 的青少年表示，自己读书遇到困难时会求助于"同学/朋友"；有 56.1% 的青少年表示，自己读书遇到困难时会求助于"老师/专家"；还有 41.0% 的青少年表示会求助于"父母/家人"。而表示在阅读遇到困难时会求助"邻居/亲戚""出版社/书店""读书俱乐部等组织"的比例均相对较低。可见，"同学/朋友""老师/专家""父母/家人"是帮助青少年阅读的最重要力量。

具体情况如图 2-1-5 所示。

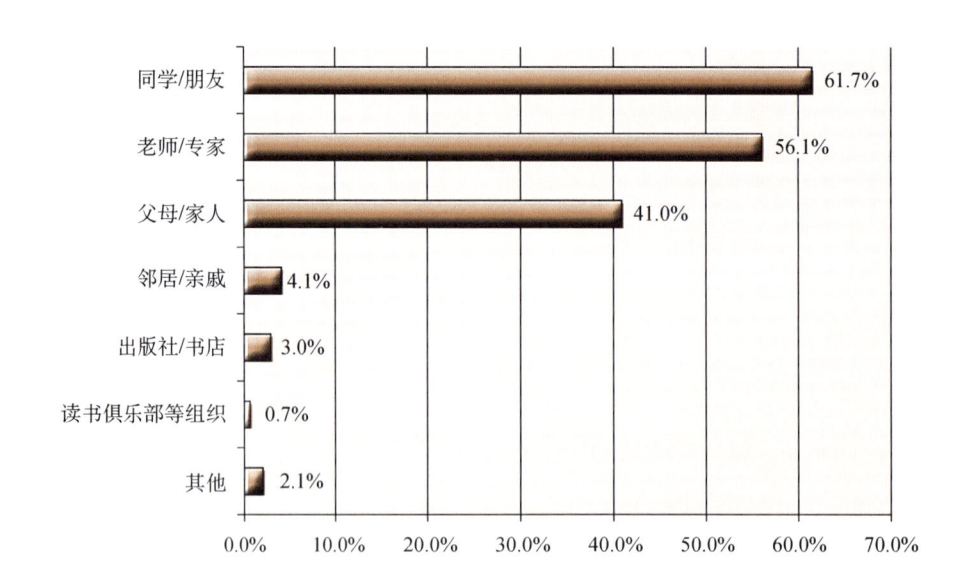

求助对象	比例
同学/朋友	61.7%
老师/专家	56.1%
父母/家人	41.0%
邻居/亲戚	4.1%
出版社/书店	3.0%
读书俱乐部等组织	0.7%
其他	2.1%

图 2-1-5　14—17 周岁青少年读书遇到困难时的求助对象

2.2 青少年的读书目的及不读书的原因

2.2.1 阅读课外书的目的

调查显示，2017年，对于我国读过课外书的14—17周岁青少年来说，增加知识是其阅读课外书的最主要目的，有63.7%的青少年读者是因为想"增加知识，开阔眼界"而阅读课外书。其次，以"功课、学习的需要"和"满足兴趣爱好"作为阅读课外书目的的青少年读者也不在少数，选择比例分别为51.1%和45.2%。再次，有39.5%的青少年读者是为了"提高修养"而阅读课外书；有30.8%的青少年读者是为了"掌握一些实用技能"而阅读课外书；有22.7%的青少年读者是为了"休闲消遣"而阅读课外书；有21.1%的青少年读者是为了"满足家长、学校的要求"而阅读课外书，选择比例均在20.0%以上。还有12.5%的青少年读者是"为和他人更好地沟通"而阅读课外书。

具体情况如图2-2-1所示。

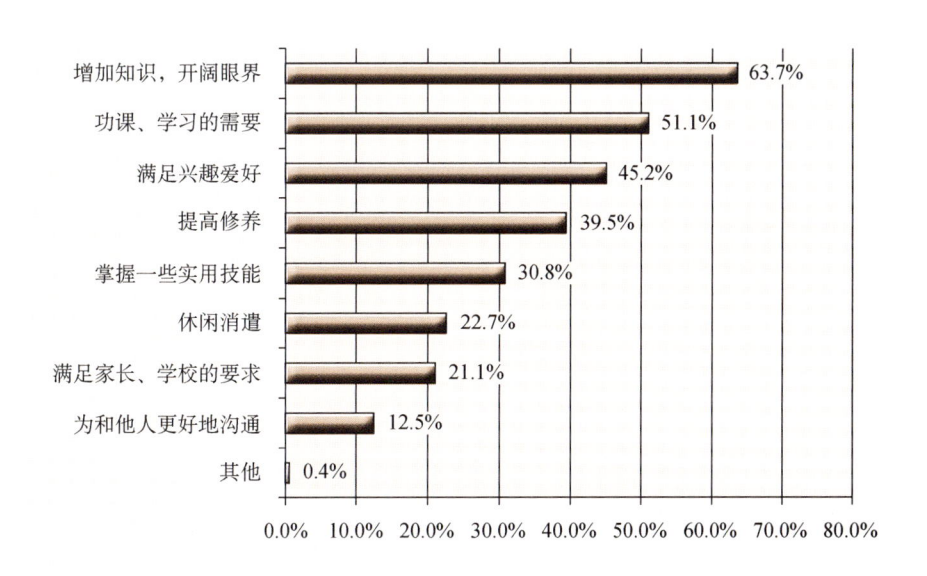

图2-2-1 14—17周岁青少年读者阅读课外书的目的

选项	比例
增加知识，开阔眼界	63.7%
功课、学习的需要	51.1%
满足兴趣爱好	45.2%
提高修养	39.5%
掌握一些实用技能	30.8%
休闲消遣	22.7%
满足家长、学校的要求	21.1%
为和他人更好地沟通	12.5%
其他	0.4%

2.2.2 不读课外书的原因

青少年不读课外书的原因多种多样，2017年对我国没有读过课外书的青少年进行调查发现，"没有读书的习惯/不喜欢读书"是其不读书的最主要原因，有45.0%的青少年选择此项，可见阅读习惯的养成对阅读行为具有重要作用。其次，有22.5%的青少年将"因功课而没时间读书"作为不读课外书的原因。再次，"不知道该读什么""因上网/玩游戏等而没时间读书""找不到感兴趣的书"也是影响其不读书的主要原因，有20.2%的青少年选择"不知道该读什么"作为不读课外书的原因；有15.0%的青少年选择"因上网/玩游戏等而没时间读书"作为其不读课外书的原因；有14.8%的青少年选择"找不到感兴趣的书"作为不读课外书的原因，均超过10.0%。此外，有8.3%的青少年选择"父母不允许读课本以外的书"作为其不读课外书的原因；有3.7%的青少年选择"缺少读书氛围"作为其不读课外书的原因；有3.4%的青少年认为"没有看书的地方"是其不读课外书的原因。值得注意的是，有1.8%的青少年不读课外书是因为认为"读书没用"；还有3.6%的青少年认为"书价过高买不起"是其不读课外书的原因。

具体情况如表2-2-1所示。

表 2-2-1　14—17周岁青少年不读书的原因

不读书的原因	选择比例
没有读书的习惯/不喜欢读书	45.0%
因功课而没时间读书	22.5%
不知道该读什么	20.2%
因上网/玩游戏等而没时间读书	15.0%
找不到感兴趣的书	14.8%
父母不允许读课本以外的书	8.3%
缺少读书氛围	3.7%
书价过高买不起	3.6%
没有看书的地方	3.4%
读书没用	1.8%
因看电视而没有时间读书	1.2%
其他	5.3%

2.3 青少年购书状况

2.3.1 获取图书信息的主要渠道

通过对我国14—17周岁青少年进行调查获知,熟人推荐依然是我国青少年获取图书信息的最主要途径。有53.8%的青少年认为"老师或学校推荐"是其获取图书信息的主要渠道;有47.5%的青少年认为"朋友或他人推荐"是其获取图书信息的主要渠道。媒体的作用也不能小觑,有29.8%的青少年会从互联网上了解图书信息;有12.0%的青少年会从电视上了解图书信息;有6.6%的青少年所获取的图书信息来自于报纸、期刊。再次,售书人员推荐、店内宣传和图书征订目录也有一定作用,有9.7%的青少年通过"售书人员推荐"来了解图书信息;有8.6%的青少年从"书店内广告宣传品"来了解图书信息;有7.8%的青少年通过"图书征订目录"来了解图书信息。

具体情况如图2-3-1所示。

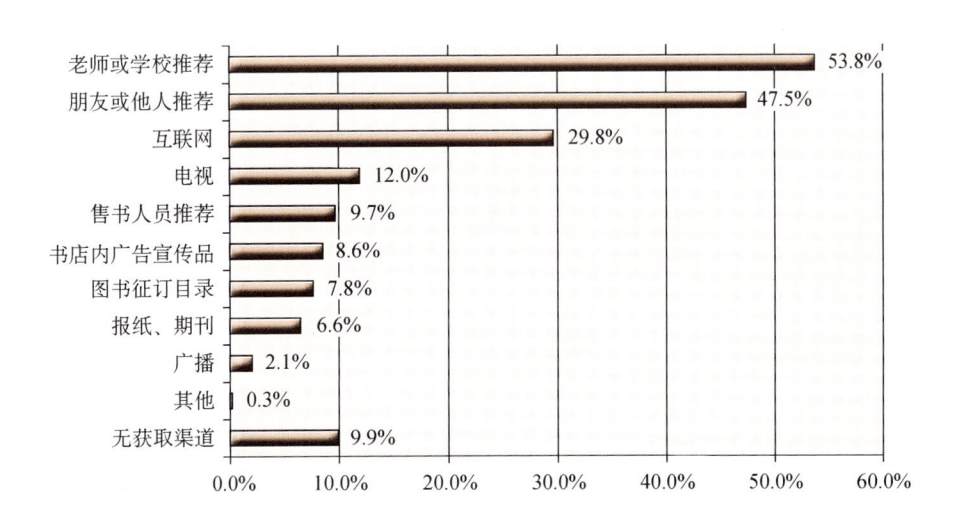

渠道	比例
老师或学校推荐	53.8%
朋友或他人推荐	47.5%
互联网	29.8%
电视	12.0%
售书人员推荐	9.7%
书店内广告宣传品	8.6%
图书征订目录	7.8%
报纸、期刊	6.6%
广播	2.1%
其他	0.3%
无获取渠道	9.9%

图2-3-1 14—17周岁青少年获取图书信息的主要渠道

2.3.2 购书频率

本次调查显示，2017年，我国14—17周岁青少年人均购书9.29次。2017年，我国14—17周岁青少年的图书购买率为82.5%，即82.5%的青少年表示在过去一年（2017年）至少购买过一次图书。具体看来，65.1%的青少年表示平均每三个月购买一次图书，35.1%的青少年表示平均每个月购买一次图书。

具体情况如图2-3-2所示。

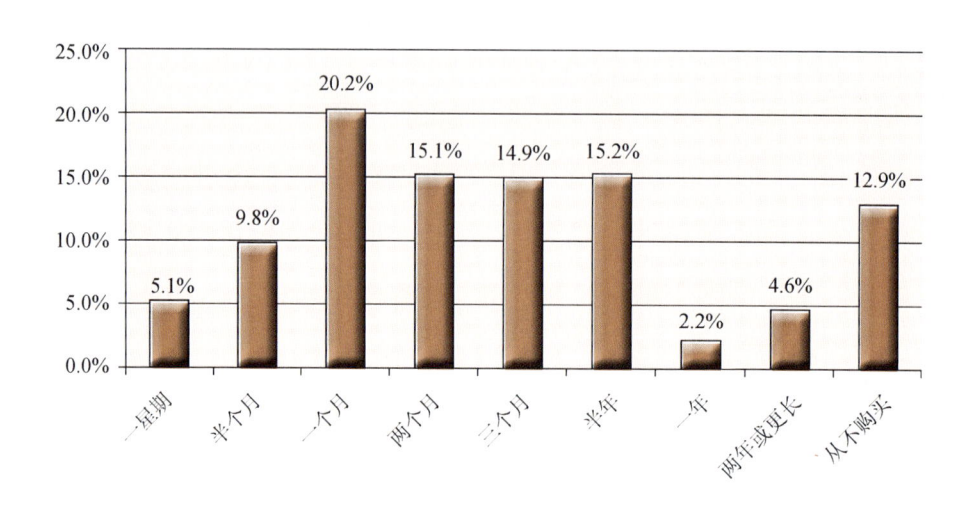

图 2-3-2 14—17周岁青少年购书频率

2.3.3 购书渠道

调查数据显示，2017年，实体书店依然是我国14—17周岁青少年购书者的主要购书渠道。有78.1%的青少年购书者表示通常在"新华书店"购书；选择在"私营书店"购书的比例次之，为34.8%。还有16.3%的青少年购书者表示通常在"街头书摊"购书；有9.1%的青少年购书者表示通常在"特价书店"购书；有8.9%的青少年购书者表示通常在"图书批发市场"购书；有8.6%的青少年购书者表示通常在"书展、书市"购书；有4.8%的青少年购书者表示通常在"超市商场"购书。此外，有超过三成（31.0%）的青少年购书者表示通常通过"网上书店"购书。而通过其他途径购书的青少年相对较少，选择比例均低于2.0%。

具体情况如图2-3-3所示。

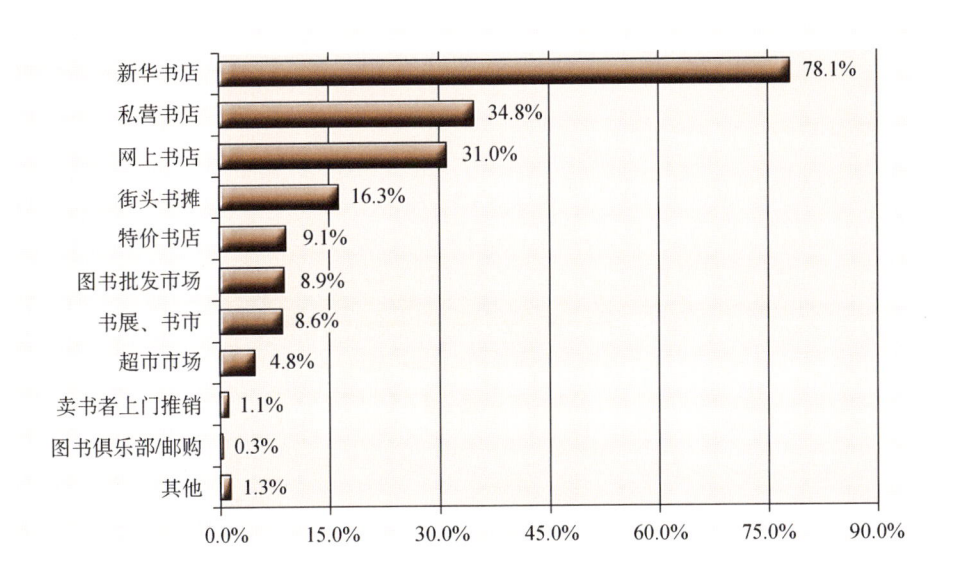

购买渠道	比例
新华书店	78.1%
私营书店	34.8%
网上书店	31.0%
街头书摊	16.3%
特价书店	9.1%
图书批发市场	8.9%
书展、书市	8.6%
超市市场	4.8%
卖书者上门推销	1.1%
图书俱乐部/邮购	0.3%
其他	1.3%

图2-3-3　14—17周岁青少年购书者图书购买渠道

2.3.4　影响购书的因素

通过对我国14—17周岁青少年购书者进行调查得知，"老师或学校推荐"和"图书内容简介"是影响其购书的最主要因素，选择比例分别为59.5%和38.8%。

其次，书名或目录、作者、价格、封面设计及外观、畅销书榜和店员推荐等因素对于青少年购书的影响也较大，有25.1%的青少年购书者表示"书名或目录"是影响其购买图书的主要因素之一；有23.5%的青少年购书者表示"作者"是影响其购买图书的主要因素之一；有18.4%的青少年购书者表示"价格"是影响其购买图书的主要因素之一；有18.3%的青少年购书者表示"封面设计及外观"是影响其购买图书的主要因素之一；有17.9%的青少年购书者表示"畅销书榜"是影响其购买图书的主要因素之一；有 13.5% 的青少年购书者表示"店员推荐"是影响其购买图书的主要因素之一。

值得注意的是，我国青少年购书者在购书时对"电视、电影原作""出版社的名气""媒体的书讯和书评""网上或邮件图书信息推介"和"图书广告"等因素并不太在意，选择比例相对不高，均低于 10.0%。

具体情况如图 2-3-4 所示。

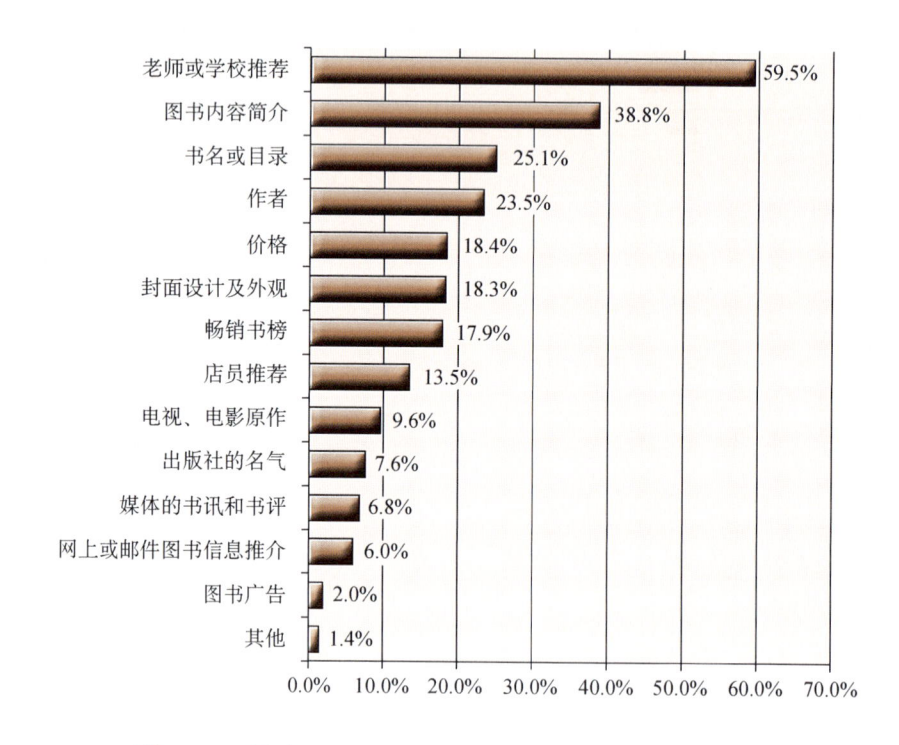

因素	比例
老师或学校推荐	59.5%
图书内容简介	38.8%
书名或目录	25.1%
作者	23.5%
价格	18.4%
封面设计及外观	18.3%
畅销书榜	17.9%
店员推荐	13.5%
电视、电影原作	9.6%
出版社的名气	7.6%
媒体的书讯和书评	6.8%
网上或邮件图书信息推介	6.0%
图书广告	2.0%
其他	1.4%

图 2-3-4　影响 14—17 周岁青少年购书者购书的主要因素

2.3.5　购书制约因素

调查数据显示，我国有 50.0% 的 14—17 周岁青少年购书者认为在购书方面没有什么不便之处。我国 14—17 周岁青少年购书者认为距离是导致其购书不便的最主要原因，有 21.5% 的青少年购书者表示购书不便是因为"家离卖书的地方很远"。还有 13.8% 的青少年购书者因为"想买的书总是没有"感到不便；有13.8%的青少年购书者表示"对书的信息知道的少"会影响其购买图书；有13.8%的青少年购书者表示"书价过高"会影响其购买图书。"书店陈列混乱，很难找书""没有图书信息检索设备""书店服务态度不好"的选择比例相对较低，分别为7.1%、6.7%和5.1%，均低于10.0%。

具体情况如图2-3-5所示。

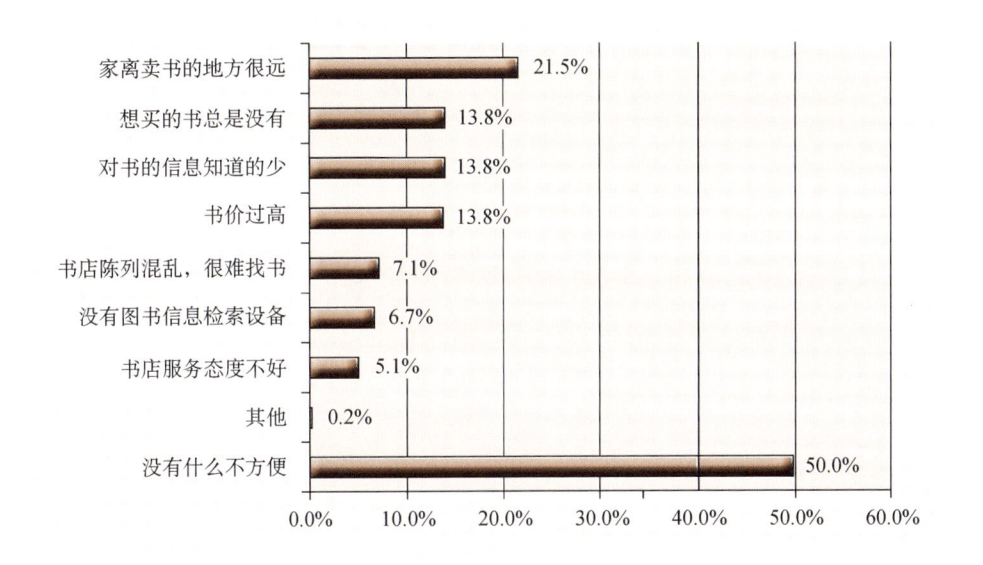

图2-3-5　14—17周岁青少年购书者购买图书的制约因素

2.3.6　购书距离

调查数据显示，我国14—17周岁青少年离家最近购书点的平均距离为2.69公里。具体来看，我国有30.3%的14—17周岁青少年表示离家最近购书点的距离不超过1公里；有58.7%的青少年表示离家最近购书点的距离不超过3公里。值得注意的是，还有5.9%的青少年表示离家最近购书点的距离超过10公里。另外，有13.4%的青少年对这一距离表示"不清楚/不知道"。

具体情况如图2-3-6所示。

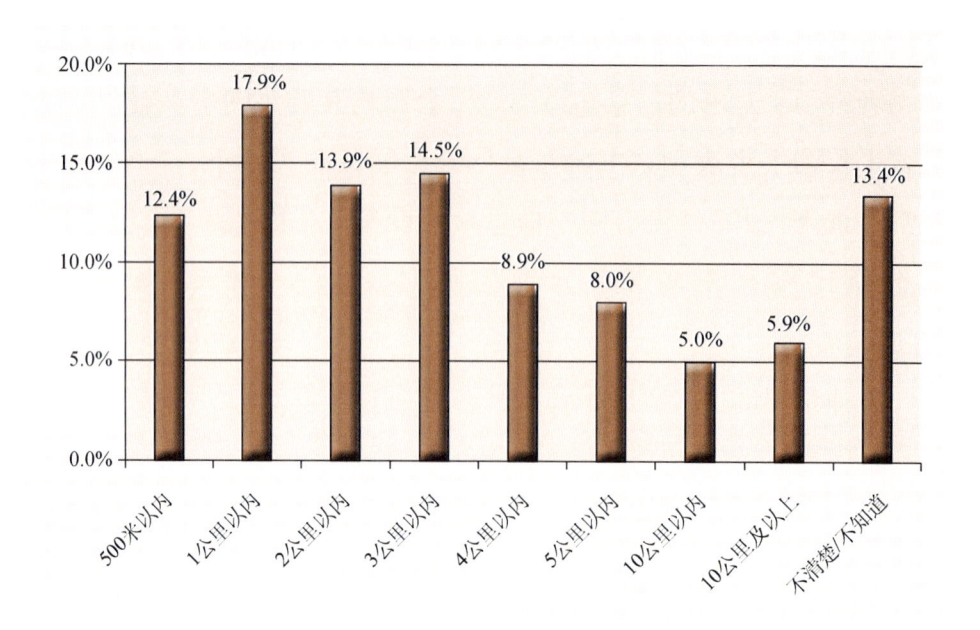

图 2-3-6　14—17 周岁青少年离家最近购书点距离

从城乡对比来看，城镇青少年距离家最近购书点的平均距离为 1.78 公里，农村青少年距离家最近购书点的平均距离为 3.94 公里，比城镇青少年远 2.16 公里。

2.3.7　图书价格评价

调查显示，我国 29.9% 的 14—17 周岁青少年认为当前图书价格贵（"比较贵"或"非常贵"），仅有 8.9% 的青少年认为当前图书价格便宜（"比较便宜"或"非常便宜"）。另外，认为当前图书价格"合适"的青少年比例为 52.8%，还有 8.5% 的青少年表示"说不清"当前图书价格。

具体情况如图 2-3-7 所示。

2.3.8　图书价格承受力

对图书价格承受能力进行分析发现，对于一本 200 页左右文学类简装书而言，我国 14—17 周岁青少年人均能够接受的图书定价为 17.79 元，较我国成年国民所能承受价格（15.13 元）高 2.66 元。

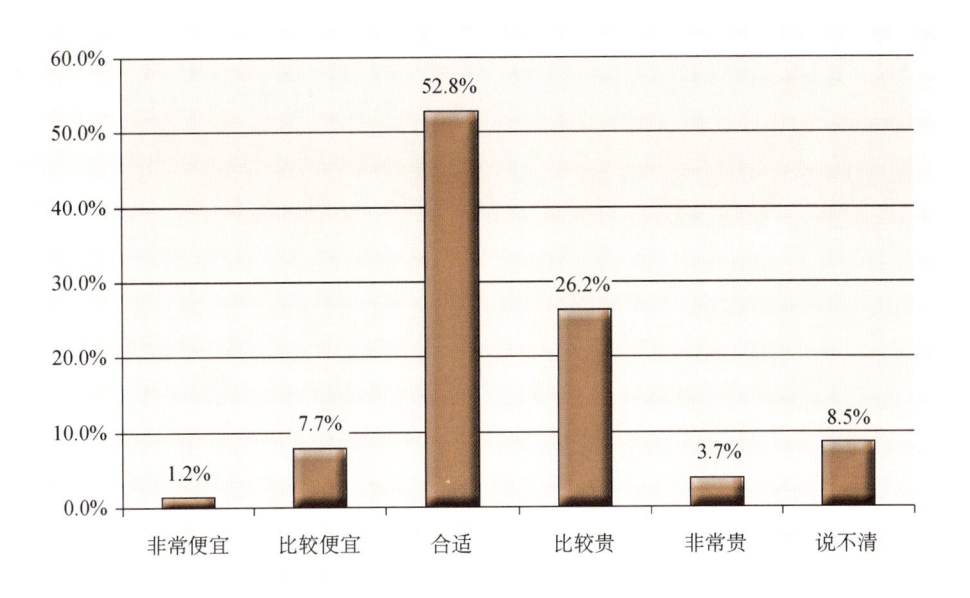

图 2-3-7　14—17 周岁青少年对图书价格的评价

其中，城镇青少年表示可以接受的图书定价为 17.25 元，农村青少年可接受的图书定价为 18.44 元。

在我国 14—17 周岁青少年中，对于购买一本 200 页左右的文学类简装书而言，近八成（77.5%）青少年能够接受的价格区间主要集中在 8—30 元。具体来看，17.0% 的青少年能承受 8—12 元的价格；32.2% 的青少年能承受的价格为 12—20 元；28.3% 的青少年能承受的价格为 20—30 元；有 4.5% 的青少年能够承受的价格在 30 元及以上；还有 12.8% 的青少年认为对于图书"只要喜欢，多贵都买"。此外，有 5.2% 的青少年只能接受 8 元以下的价格。

具体情况如图 2-3-8 所示。

2.3.9　书店市场渗透率

在调查中，我们列举了一些国内较为知名的书店（包括网上书店），询问青少年被访者曾在其中哪些书店购买过出版物，再根据青少年被访者的选择比例来判断这些书店的市场渗透情况。数据显示，2017 年，在我国 14—17 周岁青少年中，近六成（57.9%）曾去过"本地新华书店"购买出版物；其次，曾在"当当网""京东商

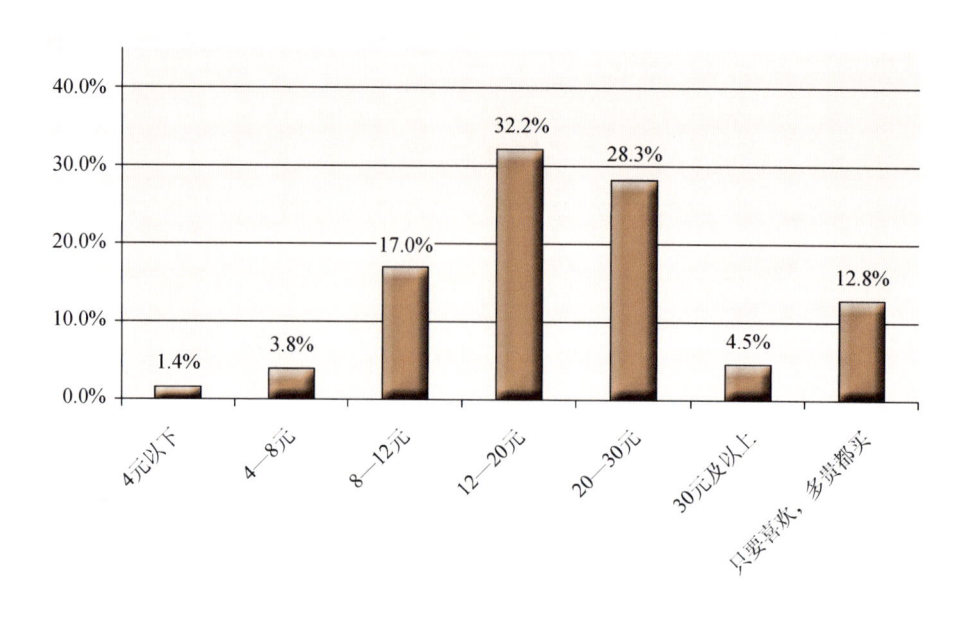

图 2-3-8　14—17 周岁青少年图书价格承受力

城""本地大型书店、图书大厦、图书城等""亚马逊网"购买过出版物的比例也相对较高，分列第二至五位。

具体情况如表 2-3-1 所示。

表 2-3-1　书店的市场渗透率排名

排名	书店名称
1	本地新华书店
2	当当网
3	京东商城
4	本地大型书店、图书大厦、图书城等
5	亚马逊网

2.4　分类图书市场状况

2.4.1　喜欢阅读的图书类型

本次调查显示，我国 14—17 周岁青少年最喜欢阅读的是"文学"类图书，选择比例高达 60.1%。其次，"历史"和"科普"类图书，也较受该年龄段青少年读者的喜爱，有 34.7% 的人喜欢"历史"类图书；有 23.2% 的青少年喜欢"科普"类图书。而喜欢"农业"和"工业技术"类图书的青少年相对较少,选择比例分别均为1.5%。

具体情况如图2-4-1所示。

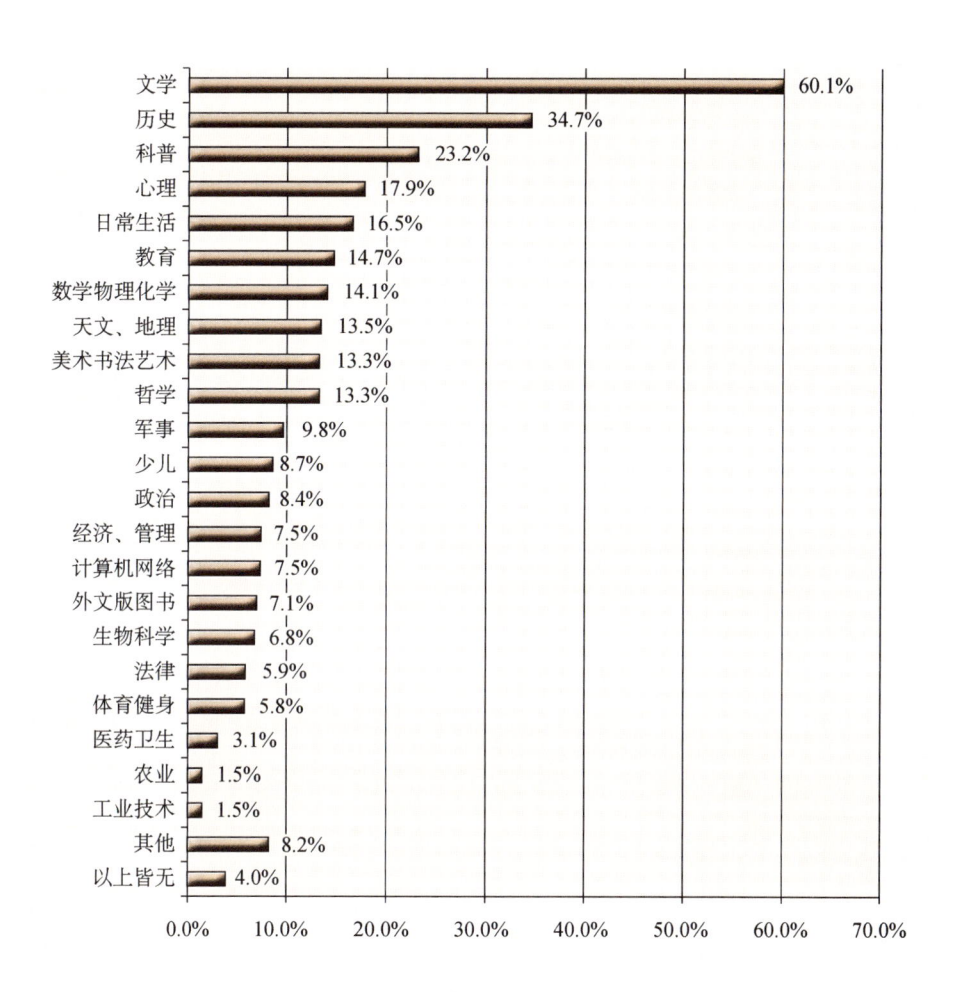

类型	比例
文学	60.1%
历史	34.7%
科普	23.2%
心理	17.9%
日常生活	16.5%
教育	14.7%
数学物理化学	14.1%
天文、地理	13.5%
美术书法艺术	13.3%
哲学	13.3%
军事	9.8%
少儿	8.7%
政治	8.4%
经济、管理	7.5%
计算机网络	7.5%
外文版图书	7.1%
生物科学	6.8%
法律	5.9%
体育健身	5.8%
医药卫生	3.1%
农业	1.5%
工业技术	1.5%
其他	8.2%
以上皆无	4.0%

图2-4-1 14—17周岁青少年喜欢阅读的图书类型

2.4.2 各类型图书购买情况

调查显示,我国14—17周岁青少年购买的图书类型与阅读喜好较为一致,他们购买较多的图书类型,也是他们喜欢的图书类型。2017年,购买率最高的是"文学"类图书,有51.9%的14—17周岁青少年购买过该类图书。"历史""科普""数学物理化学""教育"类图书的青少年购买率也相对较高,分别为27.5%、15.7%、

14.3%和10.9%。

具体情况如图2-4-2所示。

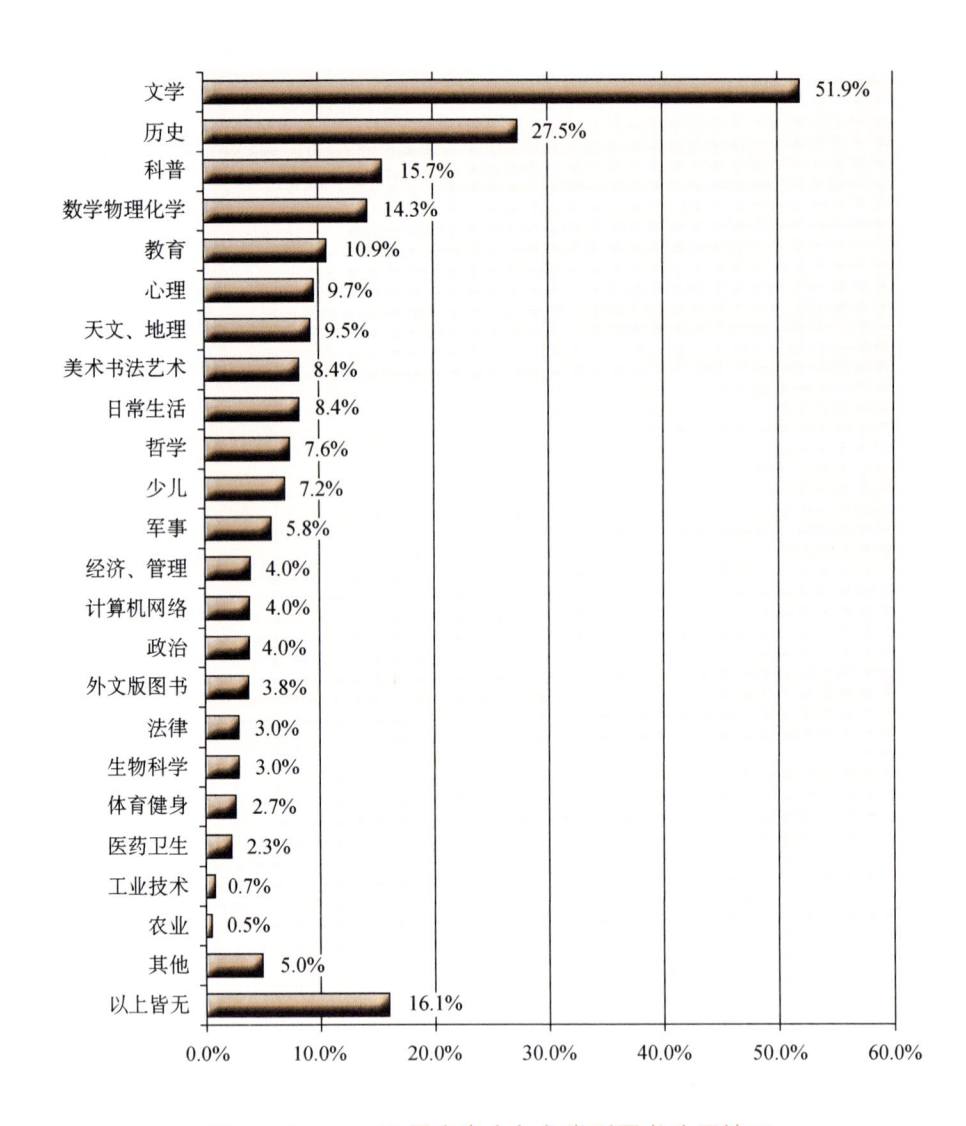

类型	百分比
文学	51.9%
历史	27.5%
科普	15.7%
数学物理化学	14.3%
教育	10.9%
心理	9.7%
天文、地理	9.5%
美术书法艺术	8.4%
日常生活	8.4%
哲学	7.6%
少儿	7.2%
军事	5.8%
经济、管理	4.0%
计算机网络	4.0%
政治	4.0%
外文版图书	3.8%
法律	3.0%
生物科学	3.0%
体育健身	2.7%
医药卫生	2.3%
工业技术	0.7%
农业	0.5%
其他	5.0%
以上皆无	16.1%

图2-4-2　14—17周岁青少年各类型图书购买情况

2.4.3　各类型图书空缺情况

调查显示，有57.7%的14—17周岁青少年认为，市场上的图书种类并不缺乏，这说明青少年图书市场供给较为充足。相对来看，"心理""文学""哲学""法律"类图书的市场空缺度略高，有6.5%的青少年表示"心理"类图书较为缺少；有6.2%的青少年表示"文学"类图书目前较为缺少；有5.6%的青少年表示"哲学"类图书较为缺少；有5.2%的青少年表示"法律"类图书较为缺少。

具体情况如图2-4-3所示。

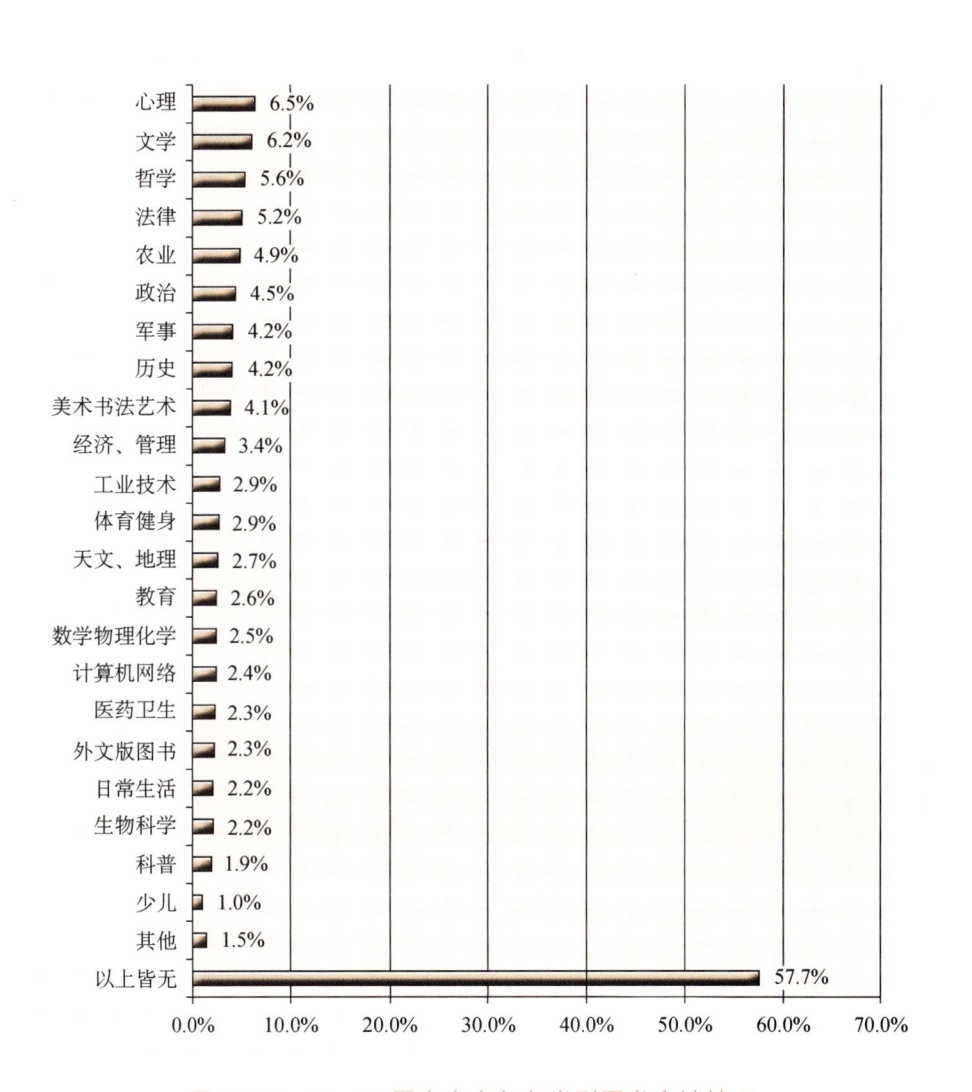

类型	比例
心理	6.5%
文学	6.2%
哲学	5.6%
法律	5.2%
农业	4.9%
政治	4.5%
军事	4.2%
历史	4.2%
美术书法艺术	4.1%
经济、管理	3.4%
工业技术	2.9%
体育健身	2.9%
天文、地理	2.7%
教育	2.6%
数学物理化学	2.5%
计算机网络	2.4%
医药卫生	2.3%
外文版图书	2.3%
日常生活	2.2%
生物科学	2.2%
科普	1.9%
少儿	1.0%
其他	1.5%
以上皆无	57.7%

图2-4-3　14—17周岁青少年各类型图书空缺情况

2.4.4　各类型图书预购情况

调查显示，14—17周岁青少年图书市场中，预购率最高的为"文学"类图书，有38.7%的青少年今后打算购买该类图书，远高于其他各类图书。"历史""心理""科普""教育"类图书的预购率也相对较高，分别为21.6%、11.9%、11.3%和10.0%，均超过或等于10.0%。相比之下，"农业"类图书的预购率最低，仅为1.6%。

具体情况如图2-4-4所示。

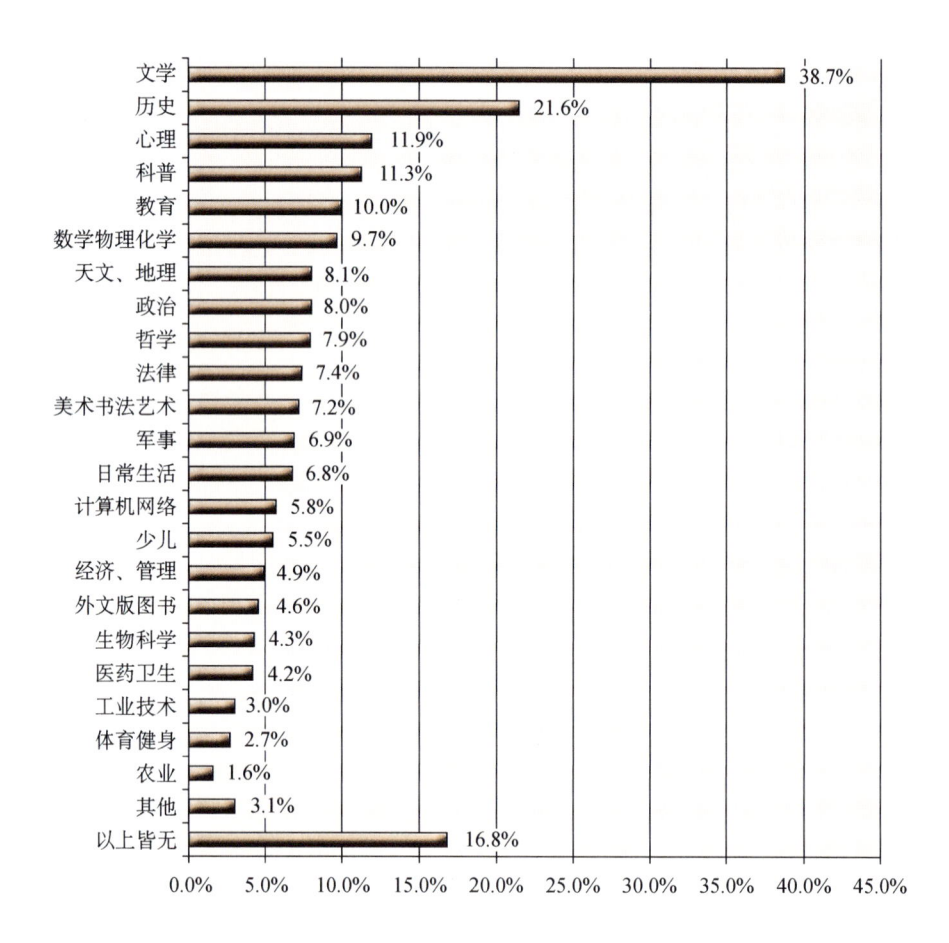

类别	百分比
文学	38.7%
历史	21.6%
心理	11.9%
科普	11.3%
教育	10.0%
数学物理化学	9.7%
天文、地理	8.1%
政治	8.0%
哲学	7.9%
法律	7.4%
美术书法艺术	7.2%
军事	6.9%
日常生活	6.8%
计算机网络	5.8%
少儿	5.5%
经济、管理	4.9%
外文版图书	4.6%
生物科学	4.3%
医药卫生	4.2%
工业技术	3.0%
体育健身	2.7%
农业	1.6%
其他	3.1%
以上皆无	16.8%

图2-4-4　14—17周岁青少年各类型图书预购情况

2.5　青少年最喜爱的图书

在无提示的情况下，调查者向青少年被访者询问他们最喜欢的三本图书是什么，然后根据图书被提及频次进行排名。结果显示，2017年，14—17周岁青少年最喜欢的图书中，《西游记》《水浒传》

《鲁滨逊漂流记》《骆驼祥子》《朝花夕拾》《三国演义》《钢铁是怎样炼成的》《简·爱》等中外经典文学名著进入榜单，《哈利·波特》和《斗罗大陆》这些当代畅销小说或网络文学作品也深受青少年喜爱。

具体情况如表 2-5-1 所示。

表 2-5-1　14—17 周岁青少年最喜爱的十本图书

排名	2017 年最喜爱的图书名称	2016 年最喜爱的图书名称
1	西游记	三国演义
2	水浒传	平凡的世界
3	鲁滨逊漂流记	鲁滨逊漂流记
4	骆驼祥子	红楼梦
5	朝花夕拾	西游记
6	三国演义	钢铁是怎样炼成的
7	钢铁是怎样炼成的	水浒传
8	简·爱	朝花夕拾
9	哈利·波特	骆驼祥子
10	斗罗大陆	斗破苍穹

2.6　青少年最喜爱的图书作者

在无提示的情况下，调查者向青少年被访者询问他们最喜欢的三位图书作者的姓名，然后根据作者被提及频次进行排名。结果显示，2017 年 14—17 周岁青少年最喜爱的图书作者排名前三位的分别是鲁迅、老舍和冰心，莫言、巴金、沈石溪、吴承恩、唐家三少、郭敬明、三毛也进入榜单。

具体情况如表 2-6-1 所示。

表 2-6-1　14—17 周岁青少年最喜爱的十位图书作者

排名	2017 年最喜爱的作者	2016 年最喜爱的作者
1	鲁迅	鲁迅
2	老舍	冰心
3	冰心	韩寒
4	莫言	郭敬明
5	巴金	老舍
6	沈石溪	莫言

续前表

排名	2017年最喜爱的作者	2016年最喜爱的作者
7	吴承恩	沈石溪
8	唐家三少	巴金
9	郭敬明	杨红樱
10	三毛	施耐庵

2.7 青少年最喜爱的出版社

同样，在无提示的情况下，调查者向青少年被访者询问他们最喜欢的三家出版社是哪些，然后根据出版社被提及频次进行排名。结果显示，2017年14—17周岁青少年最喜爱的出版社前三位分别是：人民出版社、人民教育出版社和中国青年出版总社。

具体情况如表2-7-1所示。

表2-7-1　14—17周岁青少年最喜爱的十大出版社

排名	2017年最喜爱的出版社名称	2016年最喜爱的出版社名称
1	人民出版社	新华出版社
2	人民教育出版社	人民教育出版社
3	中国青年出版总社	人民文学出版社
4	北京大学出版社	人民出版社
5	人民文学出版社	中国青年出版社
6	长江文艺出版社	中国人民大学出版社
7	清华大学出版社	商务印书馆
8	中华书局	译林出版社
9	北京师范大学出版社	北京出版社
10	译林出版社	中华书局

第三章
14—17 周岁青少年报刊阅读状况

3.1 青少年报纸阅读状况

3.1.1 报纸阅读率

本次调查显示，2017年我国14—17周岁青少年的报纸阅读率为27.5%，较2016年的26.7%提高了0.8个百分点。从性别差异来看，该年龄段男生的报纸阅读率为25.8%，较女生的报纸阅读率（29.3%）低3.5个百分点。从城乡对比来看，该年龄段城镇青少年的报纸阅读率为33.8%，较农村青少年的报纸阅读率（19.7%）高14.1个百分点。

具体情况如表3-1-1所示。

表3-1-1 不同人口特征14—17周岁青少年报纸阅读率

人口特征	类别	报纸阅读率
性别	男生	25.8%
	女生	29.3%
城乡	城镇	33.8%
	农村	19.7%

3.1.2 报纸阅读量

进一步分析数据可知，2017年，我国14—17周岁青少年的人均报纸阅读量为 6.81 期/份，较 2016 年的 11.19 期/份减少了 4.38 期/份。

从性别差异看，该年龄段男生的报纸阅读量为 6.41 期/份，较女生的报纸阅读量（7.23 期/份）少 0.82 期/份。从城乡对比看，该年龄段城镇青少年的报纸阅读量为 8.71 期/份，多于农村青少年的报纸阅读量（4.51 期/份）。

具体情况如表 3-1-2 所示。

表 3-1-2　不同人口特征群体 14—17 周岁青少年报纸阅读量

人口特征	类别	报纸阅读量（期/份）
性别	男生	6.41
	女生	7.23
城乡	城镇	8.71
	农村	4.51

■ 3.2　青少年期刊阅读状况

3.2.1　期刊阅读率

调查显示，2017 年我国 14—17 周岁青少年的期刊阅读率为 36.0%，较 2016 年的 32.9%提高了 3.1 个百分点。

从性别差异看，该年龄段男生的期刊阅读率为 33.2%，较女生的期刊阅读率（39.1%）低 5.9 个百分点。从城乡对比看，该年龄段城镇青少年的期刊阅读率为 41.2%，较农村青少年的期刊阅读率（29.7%）高 11.5 个百分点。

具体情况如表 3-2-1 所示。

表 3-2-1　不同人口特征 14—17 周岁青少年期刊阅读率

人口特征	类别	期刊阅读率
性别	男生	33.2%
	女生	39.1%
城乡	城镇	41.2%
	农村	29.7%

3.2.2　期刊阅读量

2017年我国14—17周岁青少年人均阅读期刊3.50期/份，较2016年的4.22期/份减少了0.72期/份。

从性别差异看，该年龄段男生的期刊阅读量为3.18期/份，较女生的期刊阅读量（3.86期/份）少0.68期/份。从城乡对比看，该年龄段城镇青少年的人均期刊阅读量为4.32期/份，较农村青少年的人均期刊阅读量（2.51期/份）多1.81期/份。

具体情况如表3-2-2所示。

表3-2-2　不同人口特征群体14—17周岁青少年期刊阅读量

人口特征	类别	期刊阅读量（期/份）
性别	男生	3.18
	女生	3.86
城乡	城镇	4.32
	农村	2.51

3.2.3　制约青少年阅读期刊的原因

在过去一年没有阅读过纸质期刊的14—17周岁青少年中，有54.8%的青少年表示"没时间"是其不读期刊的主要原因，选择比例最高。排在第二位不读期刊的原因是"对现在期刊上的内容没兴趣"，选择比例为35.3%。还有13.3%的青少年因为"看电视、听广播就够了，没必要再读期刊"而不读期刊。认为"买期刊不方便""期刊价格太贵""读电子期刊就够了"和"文化程度低，阅读有困难"的青少年相对不多，由于这些原因而不读期刊的青少年所占比例相对较低，分别为7.8%、7.5%、2.4%和0.8%，均不足10.0%。

具体情况如图3-2-1所示。

没时间　54.8%
对现在期刊上的内容没兴趣　35.3%
看电视、听广播就够了，没必要再读期刊　13.3%
买期刊不方便　7.8%
期刊价格太贵　7.5%
读电子期刊就够了　2.4%
文化程度低，阅读有困难　0.8%
其他　3.8%

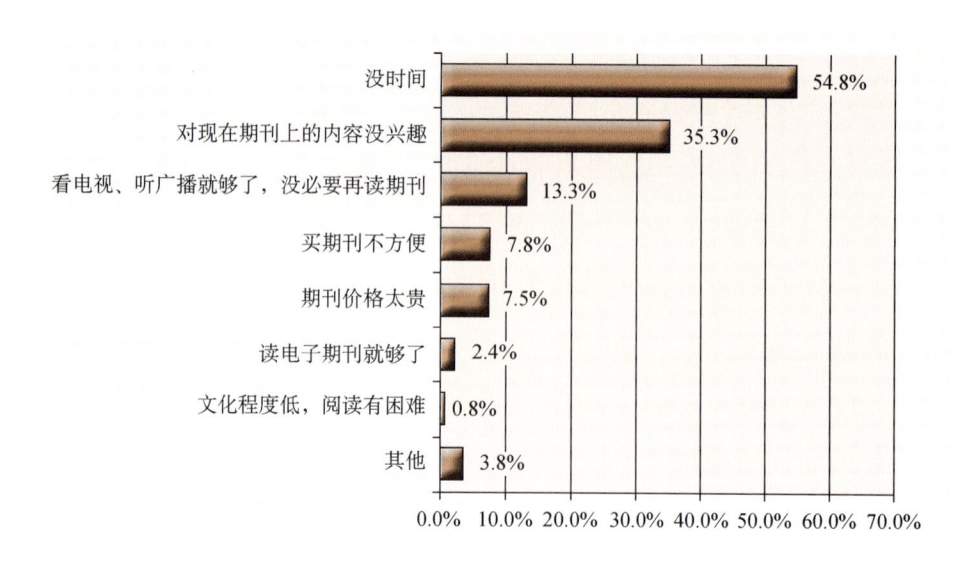

图 3-2-1　制约 14—17 周岁青少年阅读期刊的原因

3.2.4　期刊阅读来源

本次调查显示，我国 14—17 周岁青少年期刊读者阅读期刊的主要来源是"书店购买""向同学朋友借阅"，选择比例分别为 44.7% 和 35.5%。通过"学校订阅""报摊购买""网上购买""图书馆阅读"来获取期刊的青少年比例也相对较高，分别为 29.7%、27.3%、21.3%、12.8%，均超过 10.0%。而选择"便利店购买""个人/家庭订阅""邮局购买"渠道获得期刊的青少年则相对较少，选择比例分别为 7.2%、4.9% 和 3.6%。

具体情况如图 3-2-2 所示。

3.2.5　期刊阅读偏好

通过对我国 14—17 周岁青少年期刊读者调查得知，"文学艺术/青春文学"类期刊的喜爱者最多。具体来看，有 44.8% 的青少年期刊读者经常阅读"文学艺术/青春文学"类期刊。"作文类""科普类""学习辅导类""流行时尚/明星八卦"和"卡通漫画类"期刊的喜爱者也相对较多，分别有 40.1%、25.6%、25.2%、25.1% 和

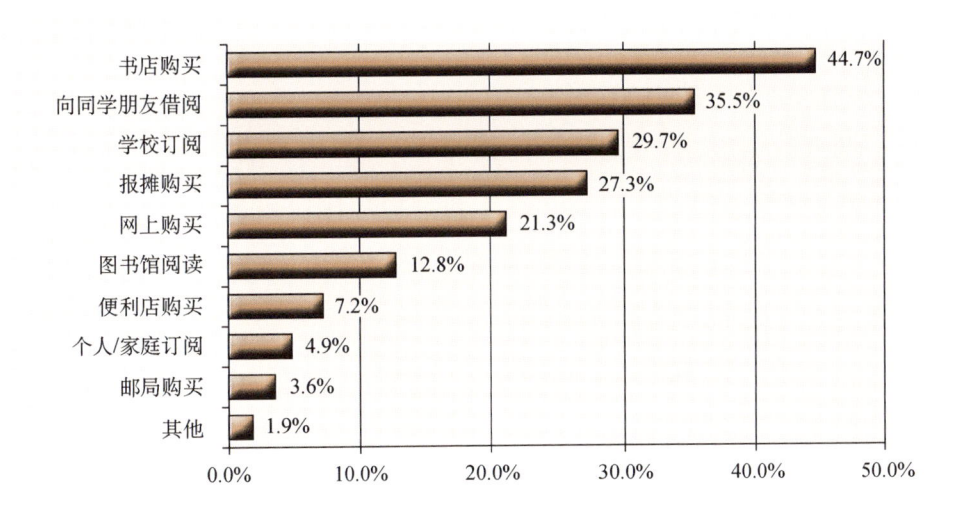

图 3-2-2　14—17 周岁青少年期刊读者阅读期刊的来源

22.2%的青少年期刊读者经常阅读，均超过 20.0%。而"军事类""网络/游戏类""学术科技类"和"体育类"期刊的喜爱者相对较少，选择比例分别仅为 7.3%、7.3%、6.8%和 6.7%。

具体情况如图 3-2-3 所示。

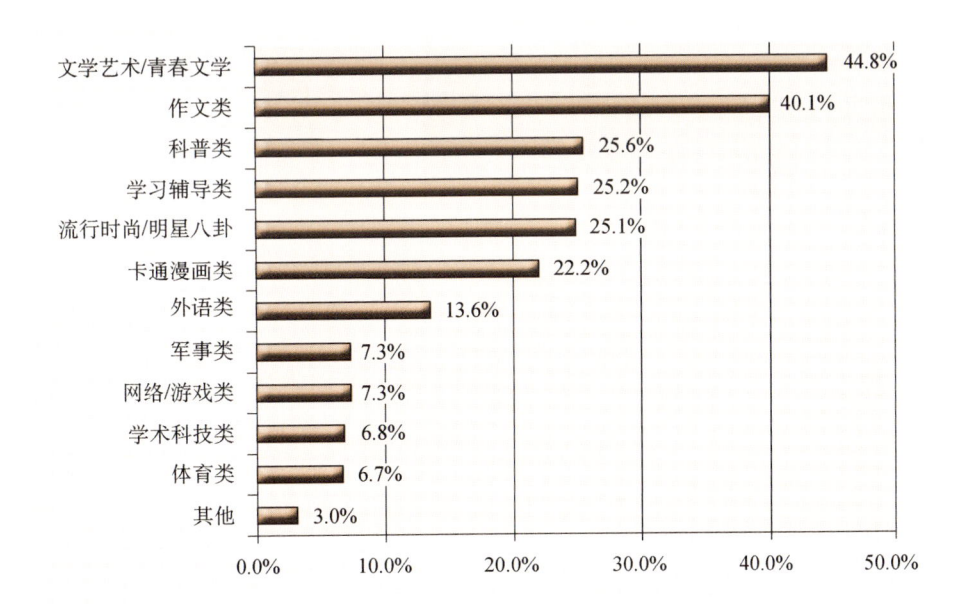

图 3-2-3　14—17 周岁青少年期刊读者经常阅读的期刊类型

3.2.6 期刊价格承受力

调查数据显示，2017年，我国14—17周岁青少年人均可接受的单本期刊价格为7.57元，高于我国成年国民可接受的价格（7.12元）。进一步分析得出，我国近九成（87.6%）的14—17周岁青少年能够接受的期刊价格集中在3—19元。具体来看，32.7%的青少年能够接受的期刊价格区间在3—6元；35.7%的青少年能够接受的期刊价格区间在6—9元；19.2%的青少年能够接受的期刊价格区间在9—19元。此外，9.2%的青少年只能接受3元以下的期刊价格；而能接受每本期刊价格在19元及以上的青少年比例仅为3.1%。

具体情况如图3-2-4所示。

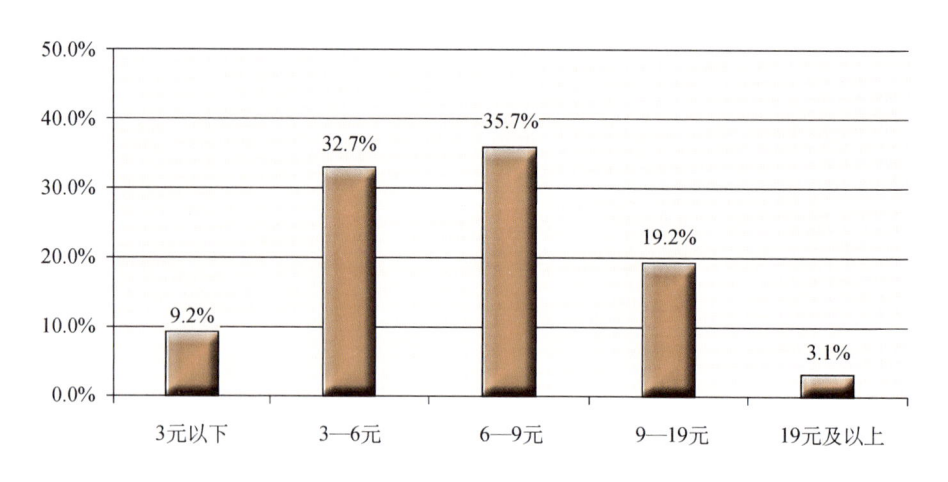

图3-2-4　14—17周岁青少年的期刊价格承受力

数据显示，2017年，有50.2%的14—17周岁青少年认为目前的期刊价格"合适"。此外，有17.0%的青少年认为目前的期刊价格"比较贵"；有3.4%的青少年认为目前期刊价格"非常贵"。而仅有11.1%的青少年认为目前期刊价格便宜（"非常便宜"或"比较便宜"）。

具体情况如图3-2-5所示。

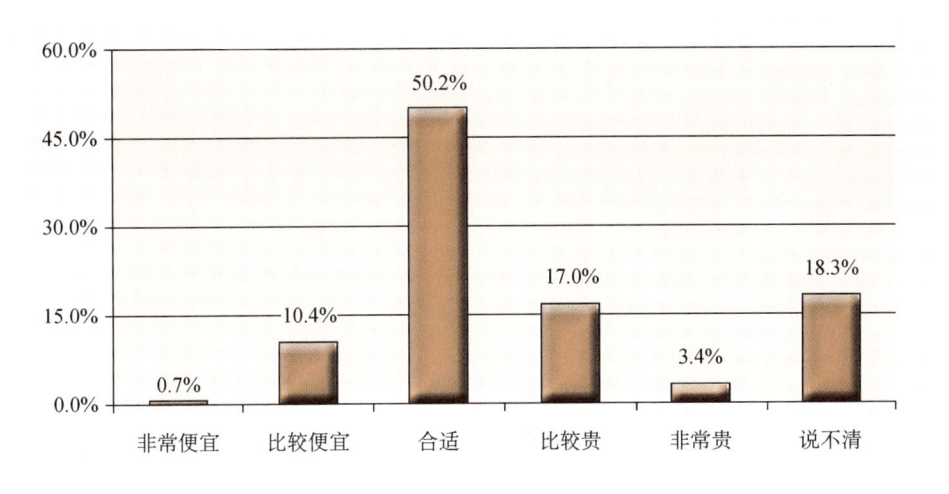

图 3-2-5　14—17 周岁青少年的期刊价格评价

3.3　青少年最喜爱的期刊

本次调查中，在无提示的情况下，我们请青少年被访者列举其最喜欢的三本期刊的名称，然后根据期刊被提及的频次进行排名。结果显示，与去年情况相似，最受我国 14—17 周岁青少年期刊读者喜爱的期刊是《意林》，排在第二、第三位的依次是《读者》和《故事会》。从期刊的内容类型看，排在前列的期刊以文学类期刊居多。

具体情况如表 3-3-1 所示。

表 3-3-1　14—17 周岁青少年期刊读者最喜爱的期刊

排名	2017 年最喜爱的期刊名称	2016 年最喜爱的期刊名称
1	意林	读者
2	读者	青年文摘
3	故事会	意林
4	青年文摘	知音
5	知音漫客	诗刊
6	时尚	故事会
7	男生女生	格言
8	儿童文学	课堂内外
9	花火	知识窗
10	课堂内外	知音漫客

第四章
14—17 周岁青少年
数字出版产品阅读与购买状况

■ 4.1 青少年数字化阅读状况

4.1.1 数字化阅读方式接触情况

调查显示，2017 年，我国 14—17 周岁青少年的数字化阅读方式（包括网络在线阅读、手机阅读、电子阅读器阅读、光盘阅读、Pad（平板电脑）阅读等阅读方式）接触率为 82.6%。我国有 78.9% 的 14—17 周岁青少年表示接触过手机阅读；有 66.6% 的青少年表示接触过网络在线阅读；有 20.1% 的青少年接触过电子阅读器阅读；有 18.1% 的青少年表示接触过 Pad（平板电脑）阅读；表示接触过光盘（CD-ROM）阅读的青少年比例最少，仅为 5.0%。

具体情况如图 4-1-1 所示。

4.1.2 选择数字阅读的主要原因与制约因素

通过对我国 14—17 周岁青少年选择数字阅读的原因进行调查，我们发现便利性、海量性和低成本是其选择数字化阅读方式的主要因素。调查数据显示，就便利性而言，有 52.6% 的青少年数字化阅读接触者因为"获取便利"而选择数字阅读；39.6% 的青少年接触

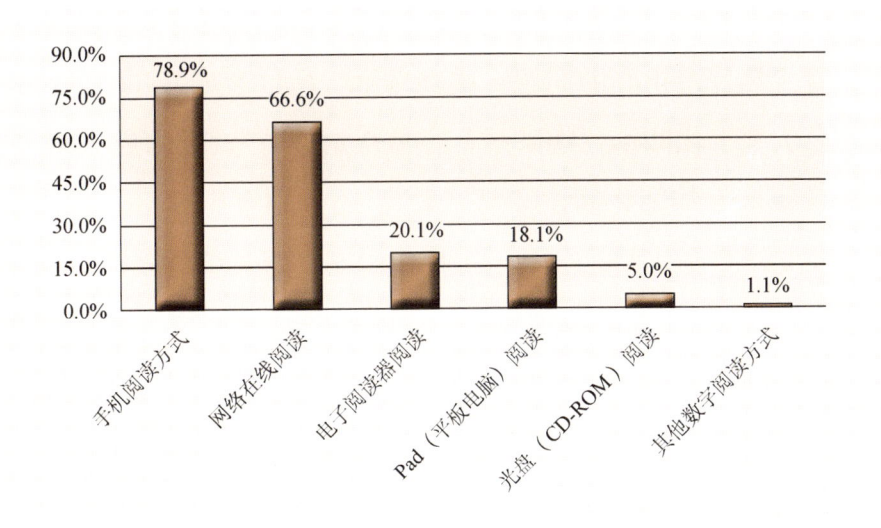

图 4-1-1　14—17 周岁青少年各类数字化阅读方式接触率

者因为"方便随时随地阅读"而选择数字阅读；有 29.5% 的青少年接触者因为"方便信息检索"而选择数字阅读。

其次，就海量性和低成本而言，有 24.7% 的青少年数字化阅读接触者因为"信息量大"而选择数字阅读；有 22.4% 的青少年数字化阅读接触者因为"收费少甚至不付费"而选择数字阅读。

具体情况如图 4-1-2 所示。

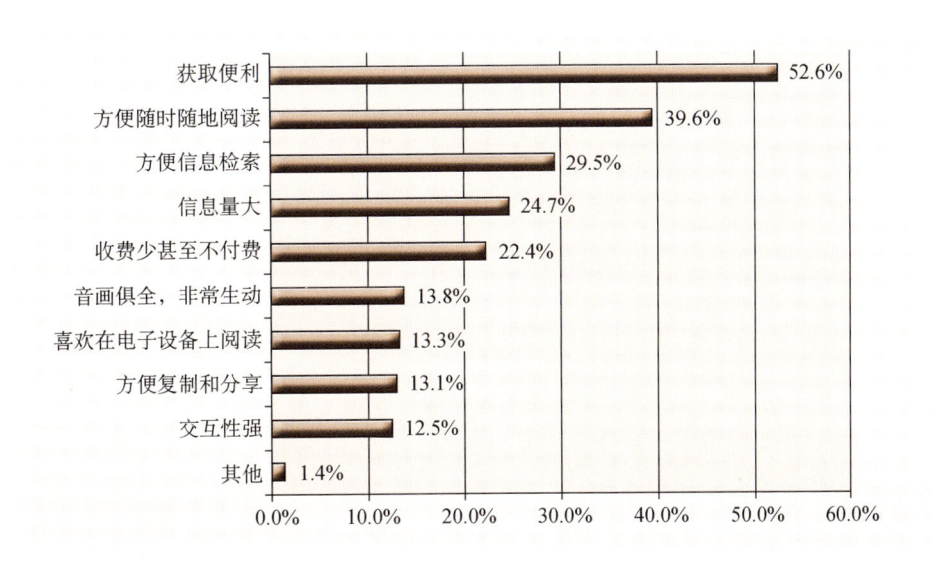

图 4-1-2　14—17 周岁青少年数字化阅读方式接触者选择数字阅读的主要原因

然而，数字阅读也存在一些缺点，伤眼睛和辐射问题是14—17周岁青少年普遍担心的问题。调查显示，超过七成（73.3%）的青少年认为数字化阅读"伤眼睛，容易视觉疲劳"；近六成（58.0%）的青少年认为数字化阅读"辐射大"。还分别有13.6%、13.0%的青少年表示数字化阅读"有一定操作限制"或者"不习惯通过屏幕阅读"。以上这些不足是今后进一步改善数字化阅读方式时需要优先考虑的问题。

具体情况如图4-1-3所示。

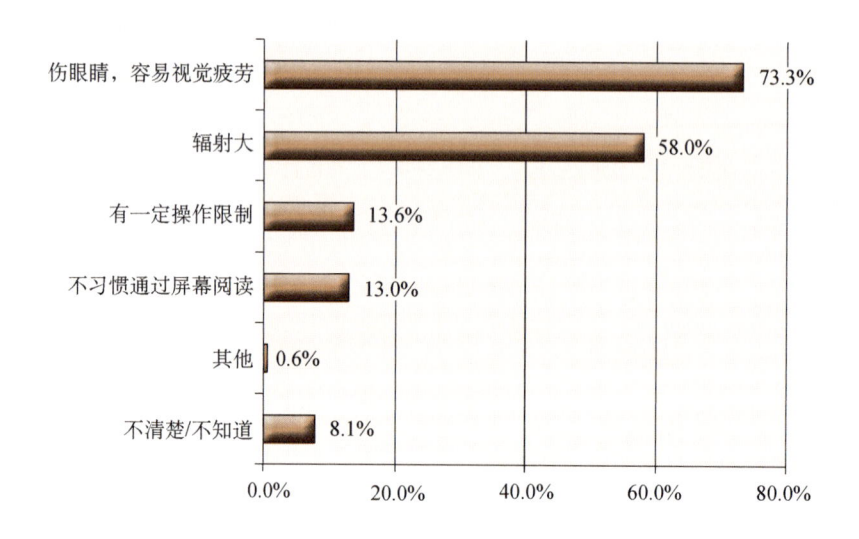

图4-1-3 14—17周岁青少年认为数字阅读的不足之处

4.1.3 阅读倾向

在我国14—17周岁青少年中，58.9%的青少年更倾向于"拿一本纸质图书阅读"；有21.7%的青少年倾向于"在手机上阅读"；有11.0%的青少年更倾向于"网络在线阅读"；有7.5%的青少年倾向于"在电子阅读器上阅读"；仅有0.8%的青少年"习惯从网上下载并打印下来阅读"。这说明大多数14—17周岁青少年的阅读习惯还是倾向于传统的纸质图书阅读。

具体情况如图4-1-4所示。

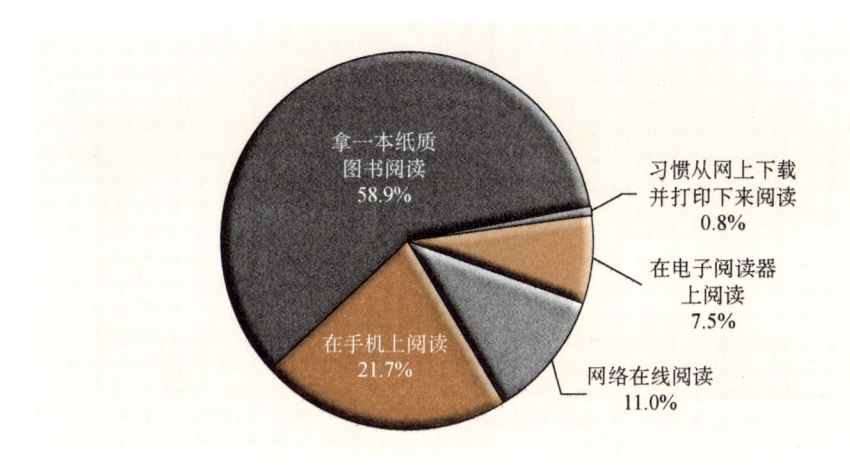

图 4-1-4　14—17 周岁青少年倾向的阅读方式

4.2　青少年电子书报刊阅读状况

4.2.1　电子书报刊阅读率

对电子书报刊的阅读情况进行考察发现，2017 年我国 14—17 周岁青少年电子书的阅读率为 39.8%；电子期刊阅读率为 9.8%；电子报阅读率为 8.8%。

2017 年我国 14—17 周岁青少年人均阅读电子书 3.24 本，人均纸质图书和电子书合计阅读量为 14.81 本。

4.2.2　电子书价格承受力

调查数据显示，2017 年，我国 14—17 周岁青少年平均能接受的单本电子书价格为 2.71 元。

在接触过数字化阅读方式的我国青少年中，有 36.5% 的青少年不能接受付费阅读/下载。表示只能接受 1 元及以下单本电子书价格的青少年数字化阅读方式接触者比例为 9.7%；表示能够接受单本电子书价格在 2—5 元之间的青少年数字化阅读方式接触者比例为 37.5%；表示能够接受 6—9 元价格区间的青少年数字化阅读方式接触者比例为 10.8%；还有 5.6% 的青少年数字化阅读方式接触者能够接受 10 元及以上的单本电子书价格。

具体情况如图 4-2-1 所示。

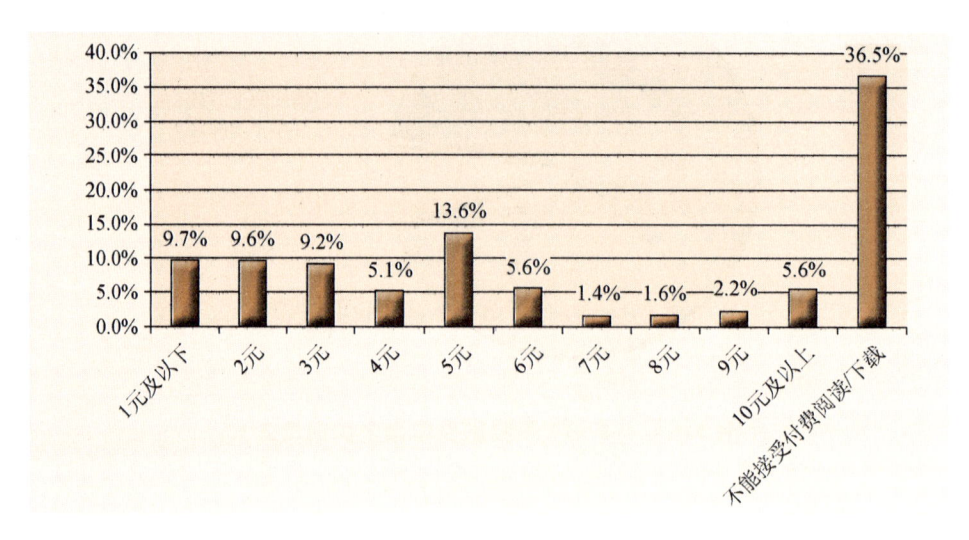

图 4-2-1　14—17 周岁青少年数字化阅读方式接触者电子书价格承受力

4.2.3　电子书对纸质图书销售的影响

调查结果显示，在接触过数字化阅读方式的我国 14—17 周岁青少年电子书读者中，有 60.1% 的青少年表示，对于同样内容的图书，更倾向于购买纸质版；有 64.4% 的青少年表示，对于同样内容的期刊，更倾向于购买纸质版。

具体情况如图 4-2-2 所示。

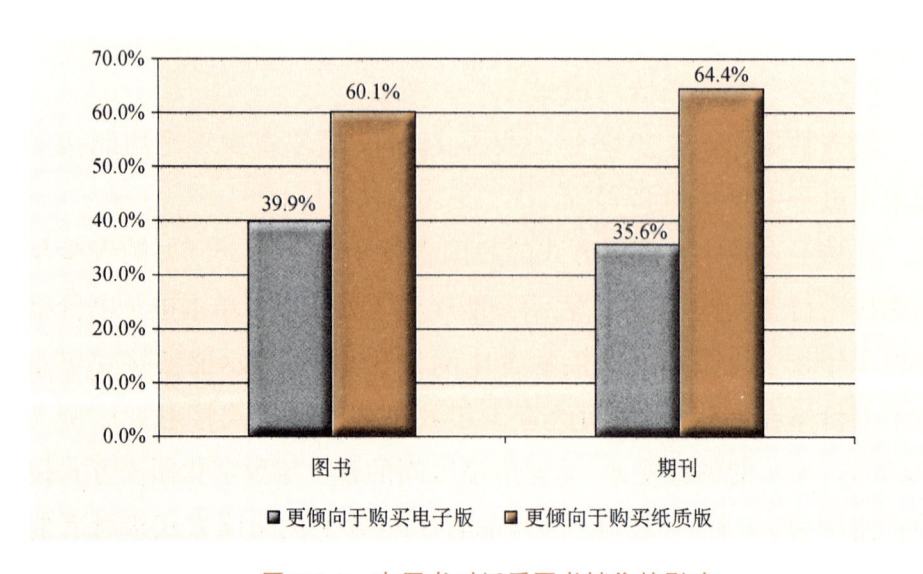

图 4-2-2　电子书对纸质图书销售的影响

4.3 青少年手机阅读状况

4.3.1 手机阅读接触率

2017年，我国14—17周岁青少年的手机阅读接触率为78.9%，较2016年的81.0%略有下降。

具体情况如图4-3-1所示。

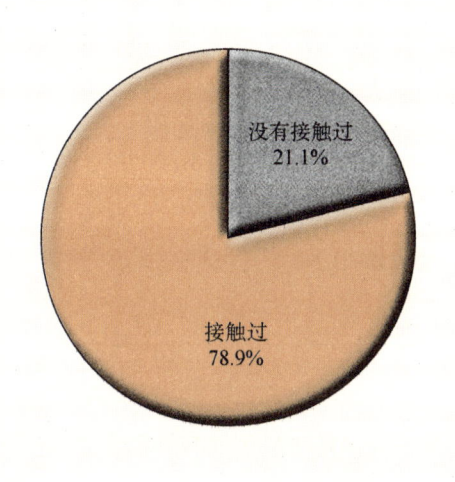

图 4-3-1　14—17周岁青少年手机阅读接触率

4.3.2 通过手机进行的活动

本次调查数据显示，当问及你通过手机进行哪些活动时，"听音乐"、用"微信"、"看视频"是我国14—17周岁青少年手机阅读接触者使用手机进行的最主要的活动。在接触过手机阅读的青少年中，有79.4%的青少年选择"听音乐"，有69.8%的青少年选择用"微信"，有62.1%的青少年选择"看视频"，有59.4%的青少年选择使用"手机QQ、飞信等"。

其次，有48.7%的青少年选择玩"手机游戏"，有46.0%的青少年选择"看手机小说"，有36.1%的青少年选择用手机查询"与工作/学习有关的信息",有31.5%的青少年选择"浏览手机网页",有29.5%的青少年选择"支付功能"。此外,还有15.1%的青少年选择用"博客或微博",有11.3%的青少年选择"阅读手机报",而用"手机查收电子邮件"的选择比例则相对较低,为6.8%。

具体情况如图4-3-2所示。

活动	比例
听音乐	79.4%
微信	69.8%
看视频	62.1%
手机QQ、飞信等	59.4%
手机游戏	48.7%
看手机小说	46.0%
与工作/学习有关的信息	36.1%
浏览手机网页	31.5%
支付功能	29.5%
博客或微博	15.1%
阅读手机报	11.3%
手机查收电子邮件	6.8%
其他	0.6%

图4-3-2　14—17周岁青少年手机阅读接触者通过手机进行的活动及比例

从性别差异看,在我国14—17周岁青少年手机阅读接触群体中,男生、女生使用手机时会有不同的选择倾向。具体来看,当问及你通过手机进行哪些活动时,男生选择玩"手机游戏"等选项的比例要高于女生;女生选择查询"与工作/学习有关的信息"等选项的比例要高于男生。

具体情况如图4-3-3所示。

4.3.3　手机阅读时长

调查数据显示,2017年,我国接触过手机阅读的14—17周岁青少年平均每天手机阅读时长为40.53分钟。具体来看,在我国接触过手机阅读的14—17周岁青少年中,有18.2%的青少年平均每天花费在手机阅读的时间不足10分钟;有19.1%的青少年平均每

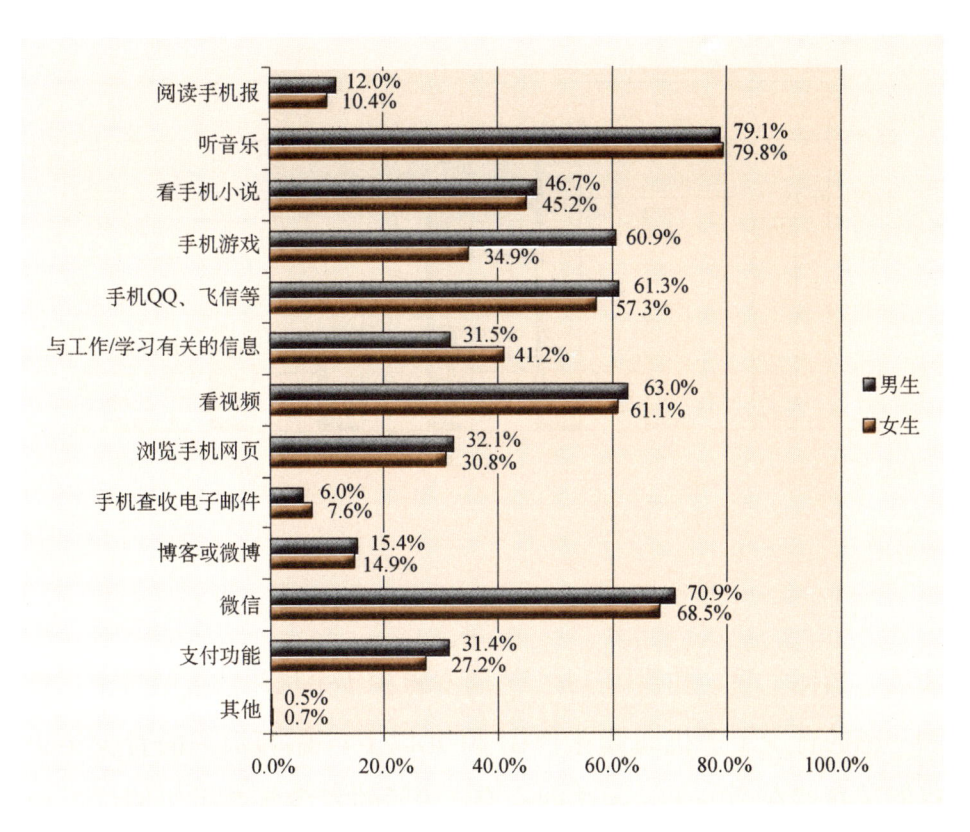

图 4-3-3　14—17 周岁青少年手机阅读接触者通过手机进行活动的性别差异

天花费在手机阅读的时间在 10—20 分钟之间；有 24.1% 的青少年平均每天花费在手机阅读的时间在 20—30 分钟之间；有 20.7% 的青少年平均每天手机阅读时长在 0.5—1 小时之间；有 16.8% 的青少年平均每天手机阅读时长在 1—3 小时之间。此外，仅有 1.1% 的青少年手机阅读接触者平均每天花费在手机阅读上的时间超过 3 个小时。

具体情况如图 4-3-4 所示。

4.3.4　手机阅读花费

本次调查数据显示，2017 年，我国 14—17 周岁青少年手机阅读接触者人均手机阅读花费为 11.97 元。

在我国 14—17 周岁青少年手机阅读接触者中，有 60.4% 的青少年从未对手机阅读进行付费；有 39.6% 的青少年进行过付费手机

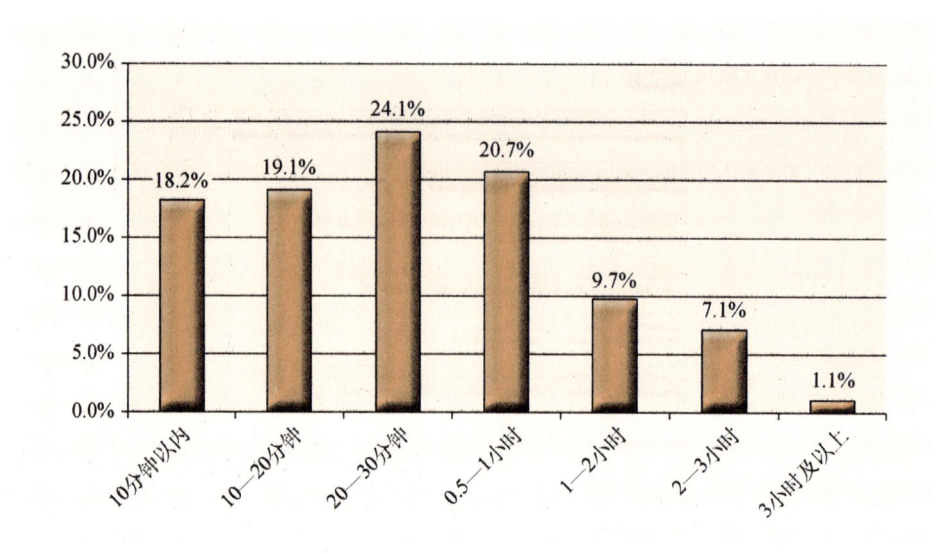

图 4-3-4　14—17 周岁青少年手机阅读接触者手机阅读时长

阅读。具体来看，在我国 14—17 周岁青少年手机阅读接触者中，有 20.6% 的青少年手机阅读花费在 20 元以下；有 17.1% 的青少年手机阅读花费在 20—100 元之间；有 1.9% 的青少年在手机阅读方面的花费在 100 元及以上。

具体情况如图 4-3-5 所示。

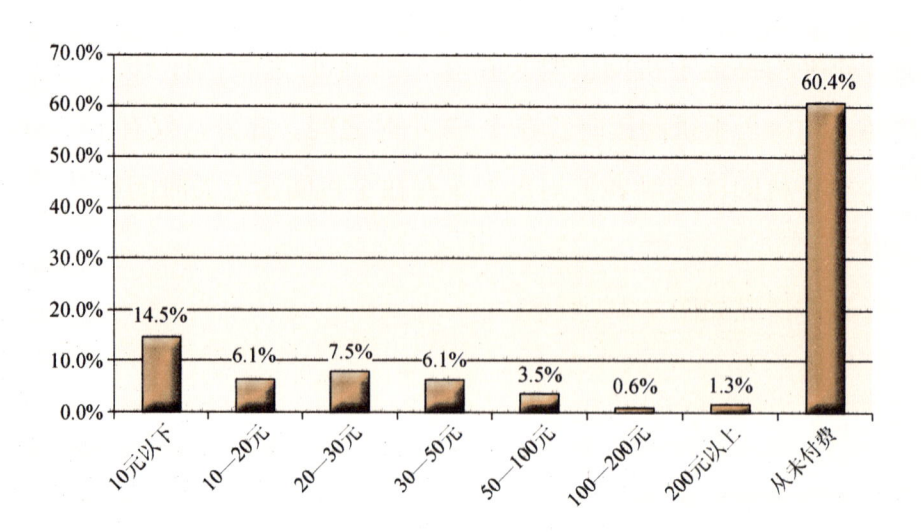

图 4-3-5　14—17 周岁青少年手机阅读接触者的手机阅读花费

4.3.5　手机读物价格承受力

本次调查显示，面对和纸质读物内容完全相同的手机读物，"只看免费的"是我国 14—17 周岁青少年手机阅读接触者的首选，选择比例高达 62.1%。此外，可以接受"价格低于纸质读物的 80% 以上"的手机读物的青少年手机阅读接触者比例为 14.1%；可以接受"价格低于纸质读物的 50% 以上"的手机读物的青少年手机阅读接触者比例为 12.3%；可以接受"价格低于纸质读物的 30% 以上"的手机读物的青少年手机阅读接触者比例为 5.5%；有 6.0% 的青少年手机阅读接触者认为"可以花费和购买纸质读物一样多的钱"来购买手机读物。

具体情况如图 4-3-6 所示。

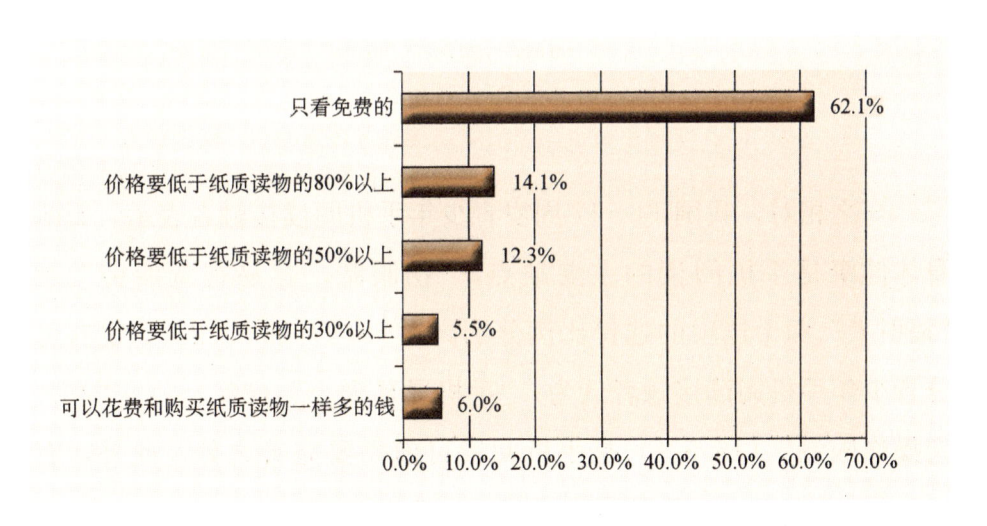

图 4-3-6　14—17 周岁青少年手机阅读接触者手机读物价格承受程度

4.3.6　手机阅读优缺点

接触过手机阅读的我国 14—17 周岁青少年表示，便利性是手机阅读最大的优点。数据显示，82.4% 的青少年认为"可以随时随地阅读"是手机阅读的优点；28.8% 的青少年认为"不用携带图书或其他阅读设备就能阅读"是手机阅读的优点。

此外，有 35.6% 的青少年认为"阅读内容费用较低或免费"是手机阅读的优点。还有不少青少年将时效性强作为手机阅读的优点，选择"信息时效性强"的比例为 32.3%。

具体情况如图 4-3-7 所示。

选项	比例
可以随时随地阅读	82.4%
阅读内容费用较低或免费	35.6%
信息时效性强	32.3%
不用携带图书或其他阅读设备就能阅读	28.8%
其他	0.5%
没有明显的优点	5.0%

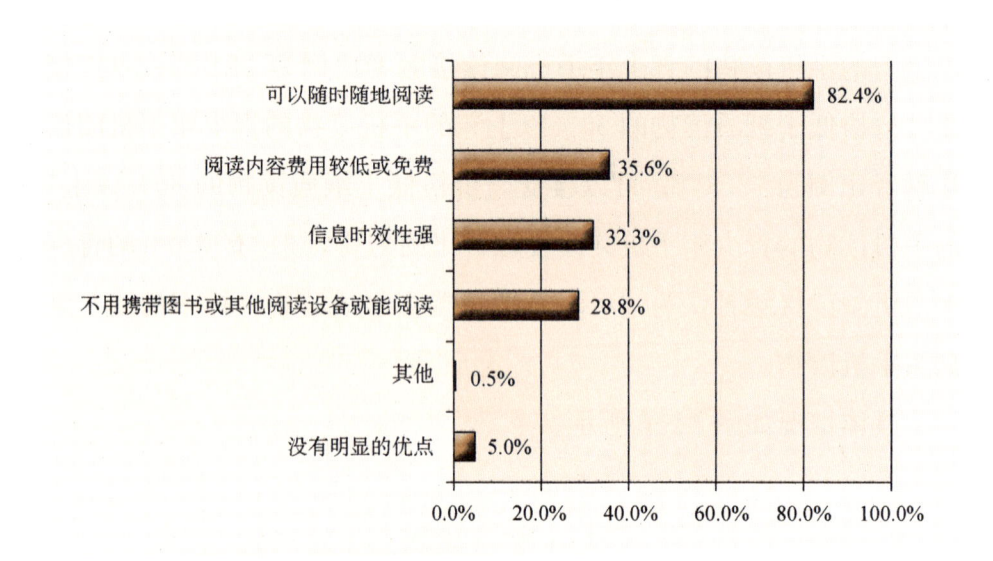

图 4-3-7　14—17 周岁青少年手机阅读接触者认为的手机阅读优点

与之相对，我国 14—17 周岁青少年手机阅读接触者表示，影响身体健康是手机阅读的主要缺点，"伤眼睛，容易视觉疲劳"和"辐射大"两个选项的选择比例分别高达 69.8% 和 59.2%。也有部分青少年手机阅读接触者认为，"手机屏幕太小"（29.1%）、"有一定操作限制"（16.5%）是手机阅读目前需要完善之处。此外，有 6.2% 的青少年认为手机阅读"没有明显的缺点"。

具体情况如图 4-3-8 所示。

4.3.7　电子书阅读类型

2017 年，我国 14—17 周岁青少年手机阅读接触者中，有 70.2% 的人通过手机阅读过电子书。具体来看，我国 14—17 周岁青少年手机阅读接触最喜欢的电子书类型为"玄幻奇幻"类，选择比

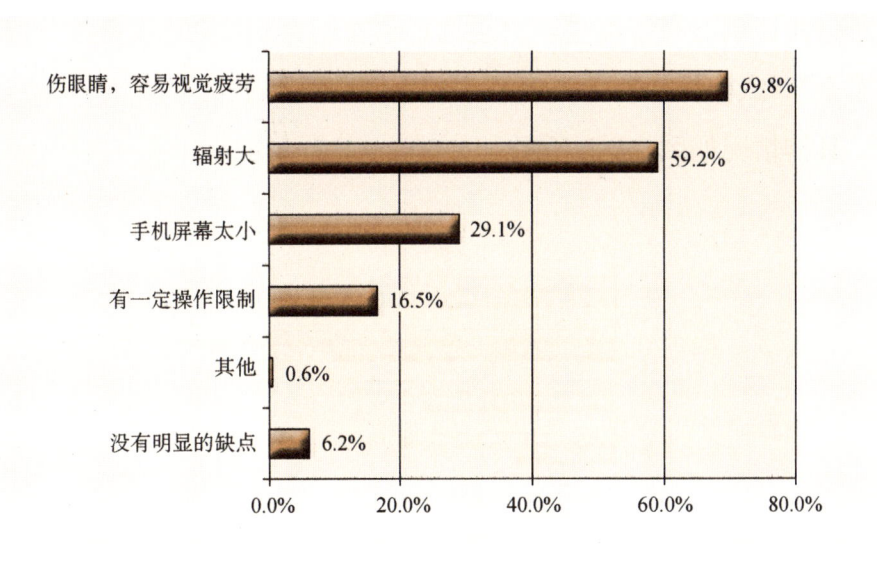

图 4-3-8　14—17 周岁青少年手机阅读接触者认为的手机阅读缺点

例为 30.3%。其次为"青春校园"和"武侠仙侠"类;"青春校园"类电子书的选择比例为 26.6%;"武侠仙侠"类电子书的选择比例为 20.4%,均超过 20.0%。

具体情况如表 4-3-1 所示。

表 4-3-1　14—17 周岁青少年手机阅读接触者不同类型电子书阅读情况

电子书类型	选择比例
玄幻奇幻	30.3%
青春校园	26.6%
武侠仙侠	20.4%
文学经典	19.9%
悬疑推理	19.4%
都市言情	18.3%
历史军事	13.5%
灵异科幻	13.1%
游戏竞技	13.1%
影视娱乐	12.8%
生活社科	6.7%
经管励志	5.8%
官场商战	2.5%
其他	0.1%

进一步分析数据发现,男生和女生对手机阅读电子书类型的偏好有所不同,女生选择"青春校园""都市言情""影视娱乐"等类

电子书的比例要高于男生，男生选择"玄幻奇幻""游戏竞技""历史军事""武侠仙侠"等类电子书的比例则要高于女生。

具体情况如图 4-3-9 所示。

类型	男生	女生
都市言情	13.0%	24.4%
玄幻奇幻	36.4%	23.4%
武侠仙侠	24.5%	15.9%
历史军事	18.0%	8.4%
游戏竞技	17.8%	7.6%
灵异科幻	12.8%	13.5%
青春校园	20.5%	33.4%
悬疑推理	19.6%	19.2%
经管励志	5.7%	5.8%
生活社科	7.7%	5.5%
文学经典	19.6%	20.2%
影视娱乐	11.1%	14.7%
官场商战	2.2%	2.9%
其他	0.2%	0.0%
没有通过手机读过电子书	24.7%	35.5%

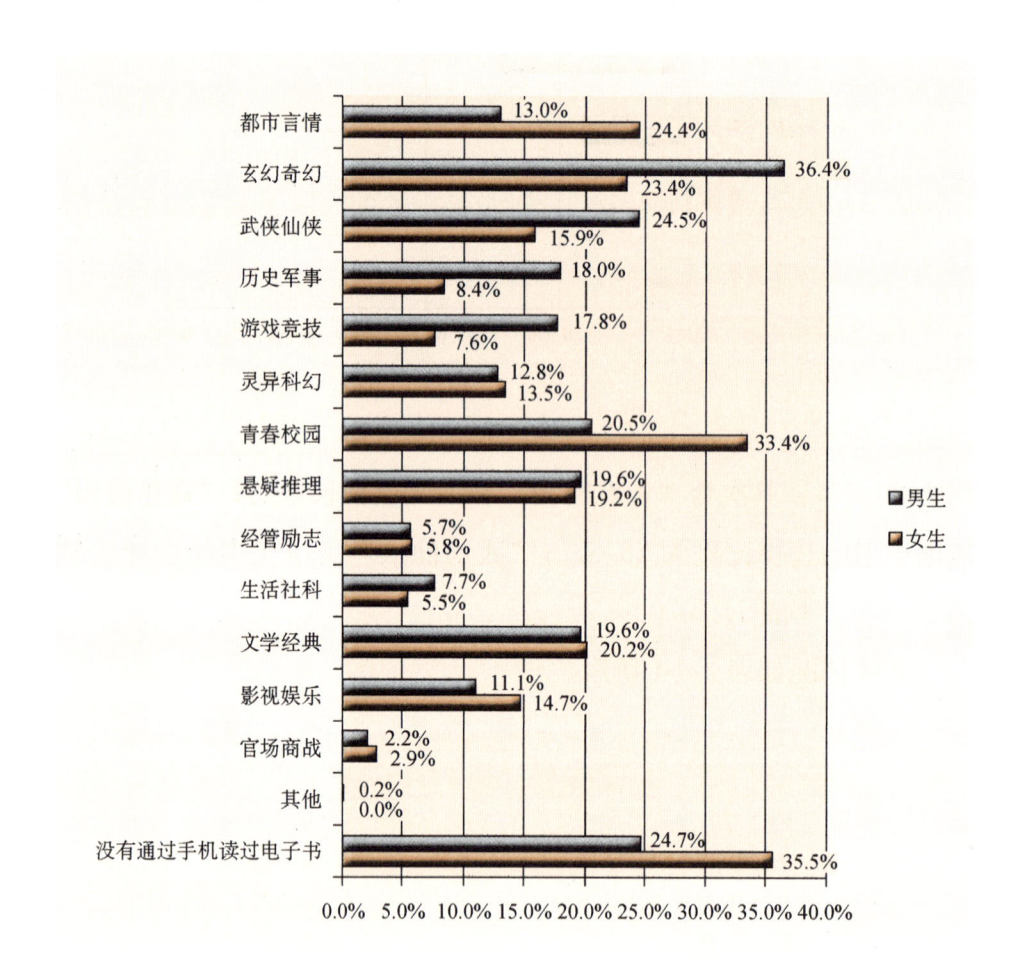

图 4-3-9　14—17 周岁青少年的手机阅读小说类型性别对比

4.3.8　通过手机微信进行过的活动

调查显示，聊天与查看朋友圈中的朋友状态是我国青少年手机阅读接触者使用手机微信最经常进行的活动。在我国 14—17 周岁青少年手机阅读接触者中，有 71.7% 的人用手机微信"聊天、收发文字、语音、图片等"；有 65.5% 的人用手机微信"查看朋友圈中的朋友状态"。其次，很多青少年也经常用手机微信从事一些与阅读相关的活动，有49.3%的青少年手机阅读接触者会通过手机微信"阅读朋友圈中分享的文章"；有44.6%的青少年会通过手机微信"看腾讯新闻"；有19.1%的青少年会通过手机微信"阅读公众订阅号发布的文章、信息"。另外，其他一些手机微信应用的选择比例也相对较高，"微信支付""扫描二维码""微信游戏"等选项的选择比例分别为49.2%、33.6%和23.8%，均在20.0%以上。

具体情况如表4-3-2所示。

表4-3-2　14—17周岁青少年手机阅读接触者通过手机微信进行的活动

通过手机微信进行的活动	选择比例
聊天、收发文字、语音、图片等	71.7%
查看朋友圈中的朋友状态	65.5%
阅读朋友圈中分享的文章	49.3%
微信支付	49.2%
看腾讯新闻	44.6%
扫描二维码	33.6%
微信游戏	23.8%
阅读公众订阅号发布的文章、信息	19.1%
QQ邮箱	14.3%
摇一摇、查看附近的人	11.3%
在公众号上进行实用操作（如订票、打车、订餐等）	8.9%
其他	7.4%

4.4　青少年电子阅读器阅读消费行为分析

4.4.1　电子阅读器阅读接触率

如图4-4-1所示，2017年，我国14—17周岁青少年电子阅读器阅读接触率为20.1%，较2016年的14.2%提高了5.9个百分点。

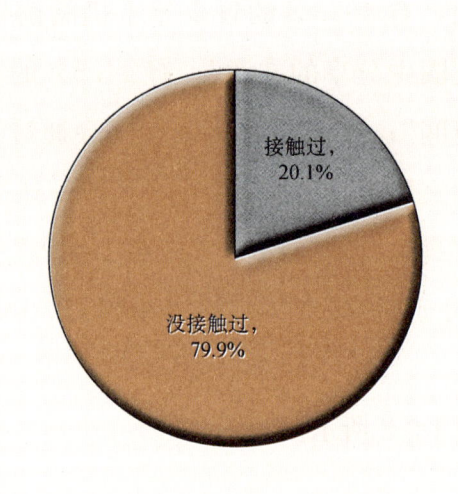

图 4-4-1 14—17 周岁青少年电子阅读器阅读接触情况

4.4.2 电子阅读器的功能使用

2017 年，在接触过电子阅读器阅读的我国 14—17 周岁青少年中，绝大部分青少年经常用电子阅读器"看电子书"，其选择比例为 70.0%。其次，有 49.3% 的青少年电子阅读器阅读接触者经常用电子阅读器"听音乐"；有 36.3% 的青少年电子阅读器阅读接触者经常用电子阅读器"看视频"；有 35.8% 的青少年电子阅读器阅读接触者经常用电子阅读器"看漫画"。此外，还有 11.3% 的青少年电子阅读器阅读接触者经常用电子阅读器"看报纸"；有 9.3% 的青少年电子阅读器阅读接触者经常用电子阅读器"看电子期刊"；有 7.5% 的青少年电子阅读器阅读接触者经常用电子阅读器"阅读自行下载的文件"。

具体情况如图 4-4-2 所示。

4.4.3 电子阅读器阅读花费

2017 年，我国 14—17 周岁青少年电子阅读器接触者在电子阅读器阅读上人均花费 18.15 元，有 61.0% 的青少年电子阅读器阅读

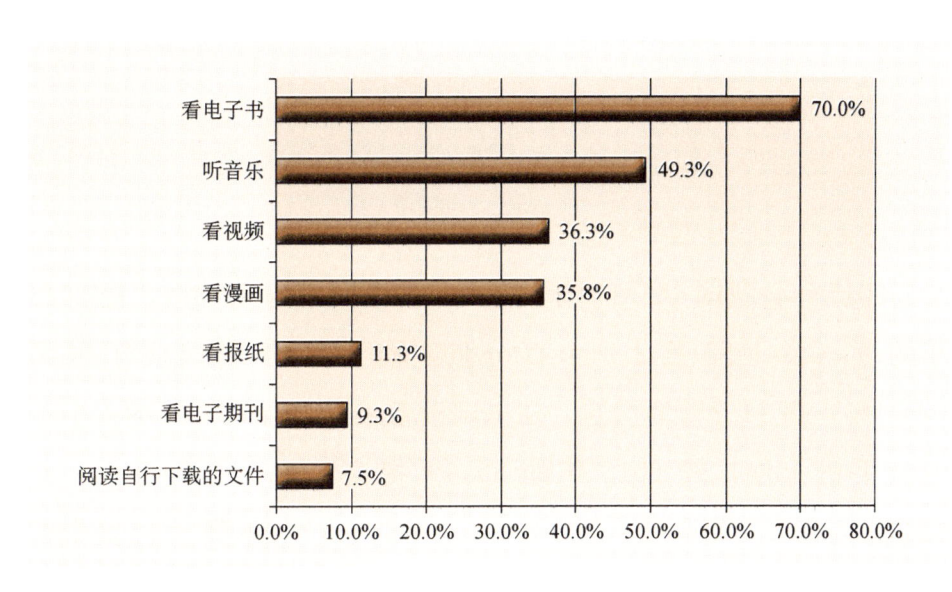

图 4-4-2　14—17 周岁青少年电子阅读器阅读接触者对电子阅读器的功能选择

接触者对电子阅读器阅读进行了付费。具体来看，有 19.1% 的青少年电子阅读器阅读接触者在电子阅读器阅读上的花费不足 10 元；有 31.3% 的青少年电子阅读器阅读接触者在电子阅读器阅读上的花费在 10—50 元之间；还有 10.5% 的青少年电子阅读器阅读接触者在电子阅读器阅读上的花费在 50 元及以上。

具体情况如图 4-4-3 所示。

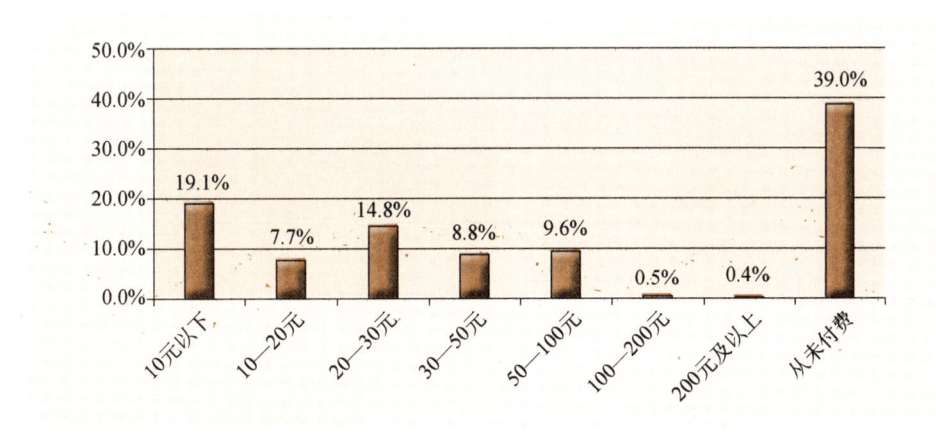

图 4-4-3　青少年在电子阅读器阅读上的花费情况

4.5 青少年互联网接触状况

4.5.1 上网率与上网设备

2017年,我国14—17周岁青少年的上网率为93.8%,较2016年的96.0%下降了2.2个百分点,较2017年我国成年国民(79.1%)高14.7个百分点。从上网设备来看,有90.3%的青少年通过手机上网,较2016年的89.6%提高了0.7个百分点;有42.5%的青少年用电脑上网,较2016年的60.7%下降了18.2个百分点;有9.3%的青少年通过Pad等平板电脑上网,较2016年的10.6%下降了1.3个百分点;仅有2.7%的青少年用电子阅读器上网,较2016年的2.8%基本持平。由此可见,手机已经成为我国14—17周岁青少年最重要的上网设备之一。

具体情况如图4-5-1所示。

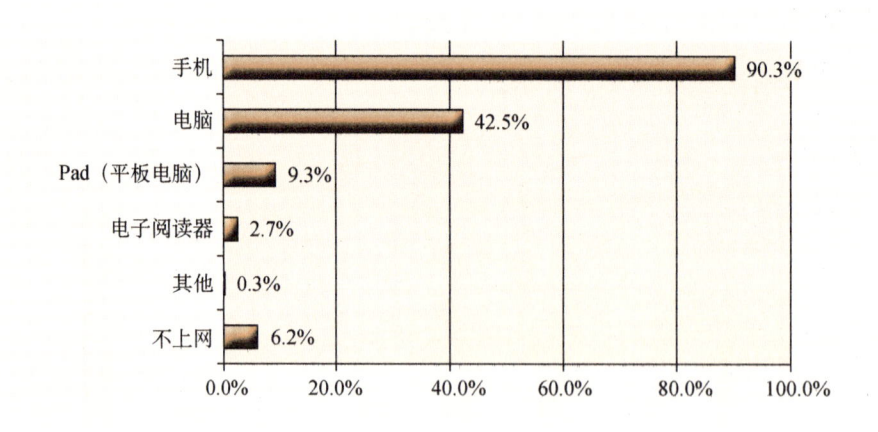

图4-5-1 14—17周岁青少年上网设备的选择比例

4.5.2 上网频率

2017年,我国14—17周岁青少年网民的人均上网频率为每月19.31次,较2016年的每月19.75次减少了0.44次。大部分我国该年龄段青少年会经常上网。在我国 14—17 周岁青少年网民中,有 41.8% 的青少年网民平均每天至少上一次网;19.5% 的青少年网民平均每周上网 4—6 次;23.3% 的青少年网民平均每周上网 2—3 次;还有 13.1% 的青少年网民表示平均每周上网 1 次。总体来看,有 97.7% 的 14—17 周岁我国青少年网民每周至少上网一次,较 2016 年的 97.8% 基本持平。

具体情况如图 4-5-2 所示。

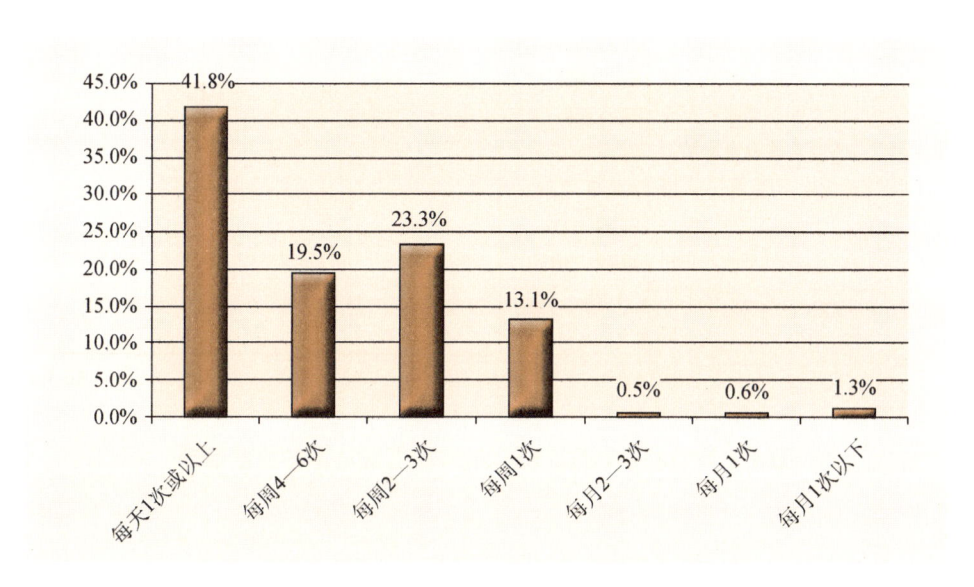

图 4-5-2　14—17 周岁青少年网民上网频率

4.5.3　上网从事的活动

调查显示,"网上聊天/交友"是 2017 年我国 14—17 周岁青少年网民上网时最经常进行的活动,其选择比例高达 73.5%。选择"网络游戏""在线听歌/下载歌曲和电影""看视频"的 14—17 周岁青少年网民也相对较多,选择比例分别为 50.9%、46.0%、40.6%,均高于 40.0%。还有部分该年龄段青少年网民在网上"阅读新闻"、"查询各类信息"、使用"即时通讯"和"阅读网络书籍、报刊",选择比例分别为 38.6%、35.1%、23.4% 和 20.5%,选择比例均超过 20.0%。其余选项的选择比例则相对不高,均在 15.0%

以下。

具体情况如图4-5-3所示。

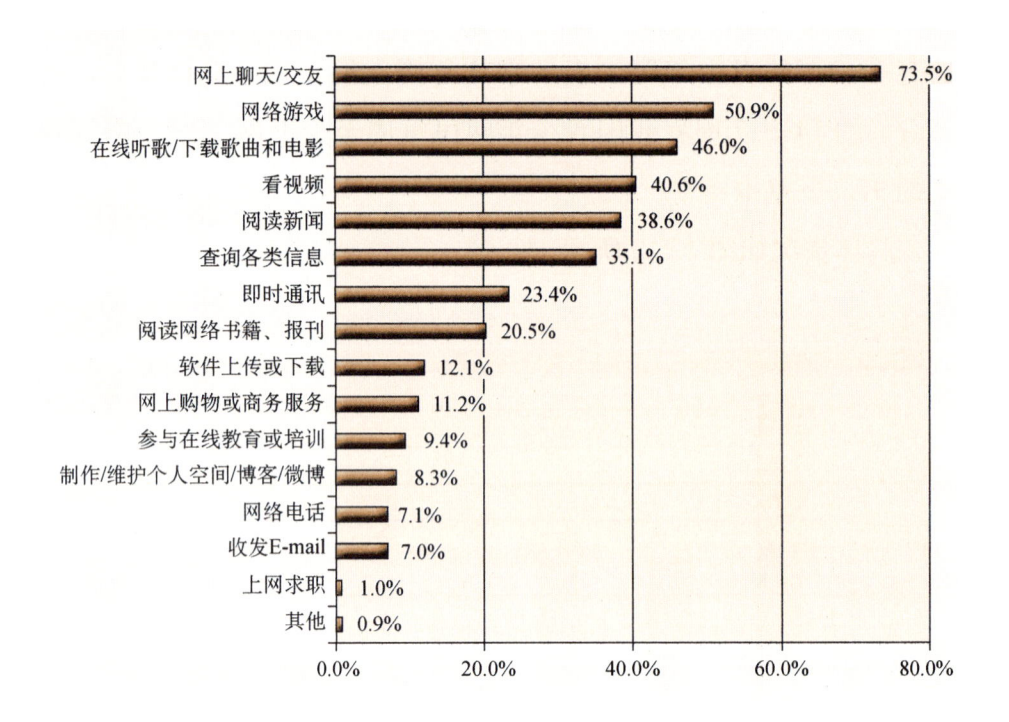

图4-5-3　14—17周岁青少年网民上网从事的主要活动

活动	比例
网上聊天/交友	73.5%
网络游戏	50.9%
在线听歌/下载歌曲和电影	46.0%
看视频	40.6%
阅读新闻	38.6%
查询各类信息	35.1%
即时通讯	23.4%
阅读网络书籍、报刊	20.5%
软件上传或下载	12.1%
网上购物或商务服务	11.2%
参与在线教育或培训	9.4%
制作/维护个人空间/博客/微博	8.3%
网络电话	7.1%
收发E-mail	7.0%
上网求职	1.0%
其他	0.9%

4.5.4　网上阅读行为

本次调查显示，我国14—17周岁青少年网络在线阅读接触者在网上从事的与阅读相关的活动首选"网上阅读新闻"，选择比例为48.4%。排在第二、第三的网上从事的与阅读相关活动是"搜索图书信息"和"网上阅读电子书（或下载后阅读）"，选择比例分别为45.4%和36.9%。而"网上阅读电子报刊"的选择比例相对不高，仅为6.4%。

具体情况如图4-5-4所示。

4.5.5　网络在线阅读时长

调查数据显示，2017年我国14—17周岁青少年网络在线阅读

网上阅读新闻	48.4%
搜索图书信息	45.4%
网上阅读电子书（或下载后阅读）	36.9%
网上阅读电子报刊	6.4%
其他	2.0%
基本不从事网上相关阅读活动	7.9%

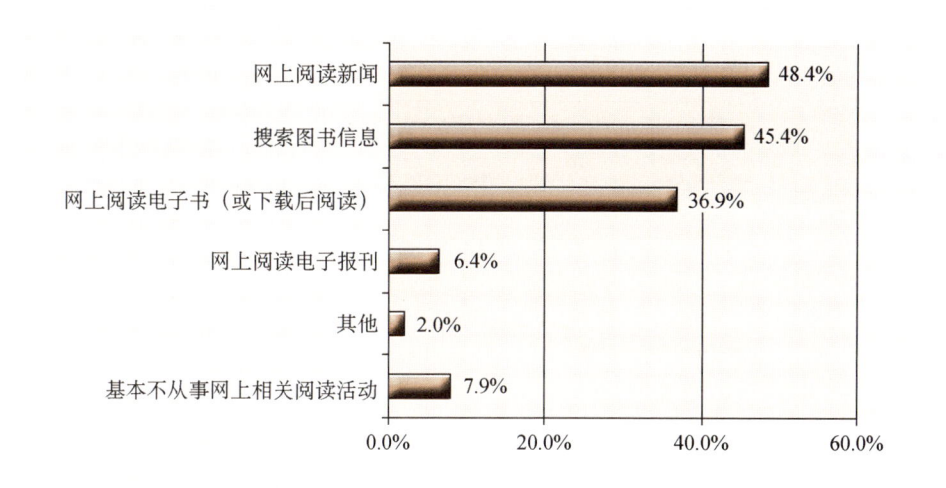

图 4-5-4　14—17 周岁青少年网络在线阅读接触者从事的与阅读相关活动的选择比例

接触者人均每天网络在线阅读时长为 38.39 分钟。其中，城镇青少年网络在线阅读接触者平均每天网络在线阅读时长为 34.58 分钟，较农村相应群体（44.67 分钟）少 10.09 分钟。

在我国 14—17 周岁青少年网络在线阅读群体中，92.4%的青少年平均每天网络在线阅读时长集中在 2 个小时以内。具体看来，有 19.5%的青少年平均每天网络在线阅读时长在 10 分钟以下；有 17.5%的青少年平均每天网络在线阅读时长在 10—20 分钟；有 28.0%的青少年平均每天网络在线阅读时长在 20—30 分钟；有 18.5%的青少年平均每天网络在线阅读时长在 0.5—1 小时；有 8.9%的青少年平均每天网络在线阅读时长在 1—2 小时。此外，有 7.5%的该年龄段青少年网络在线阅读接触者平均每天花费在网络在线阅读的时间超过 2 个小时。

具体情况如图 4-5-5 所示。

4.5.6　网络在线阅读花费

本次调查显示，2017 年，我国接触过网络在线阅读的 14—17 周岁青少年人均花费在网络在线阅读上的金额为 11.57 元，有

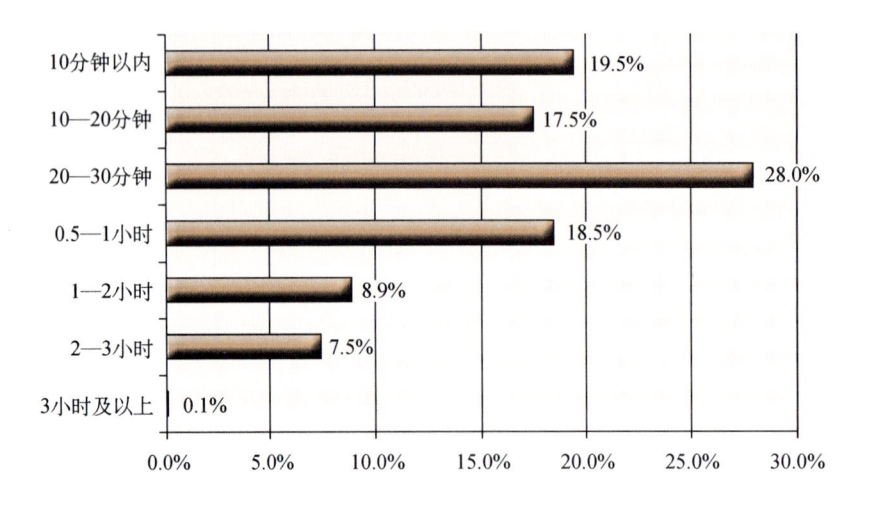

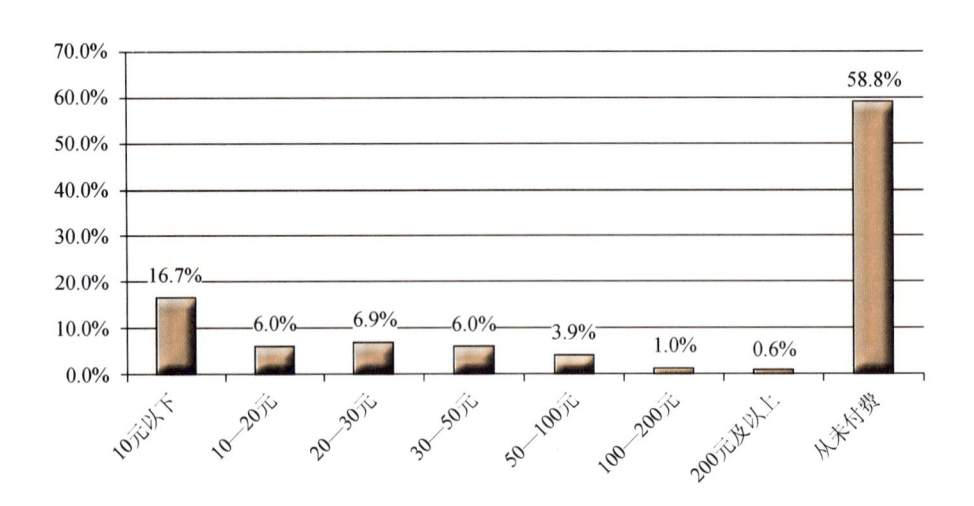

图 4-5-5　14—17 周岁青少年网络在线阅读接触者网络在线阅读时长

41.2%的青少年网络在线阅读接触者曾对网络在线阅读进行付费。

具体来看，有 16.7%的青少年网络在线阅读接触者付费额度在 10 元以下，付费额度在 10—50 元的青少年网络在线阅读接触者比例为 18.9%，另有 5.5%的青少年表示付费额度在 50 元及以上。

具体情况如图 4-5-6 所示。

图 4-5-6　14—17 周岁青少年网络在线阅读接触者网络在线阅读花费

4.5.7 网上购买出版物情况

本次调查显示，有 43.9% 的我国 14—17 周岁青少年网民通过互联网购买过不同类型出版物。在通过网络购买过出版物的青少年中，大部分青少年都曾经购买过图书，其选择比例为 93.9%。其次，表示通过网络购买过期刊的青少年比例为 13.1%，通过网络购买过软件/游戏光盘的青少年比例为 10.0%。而通过互联网购买过 CD/VCD/DVD 和盒式录音带的青少年比例则相对较低，分别仅为 6.9% 和 1.4%。

具体情况如图 4-5-7 所示。

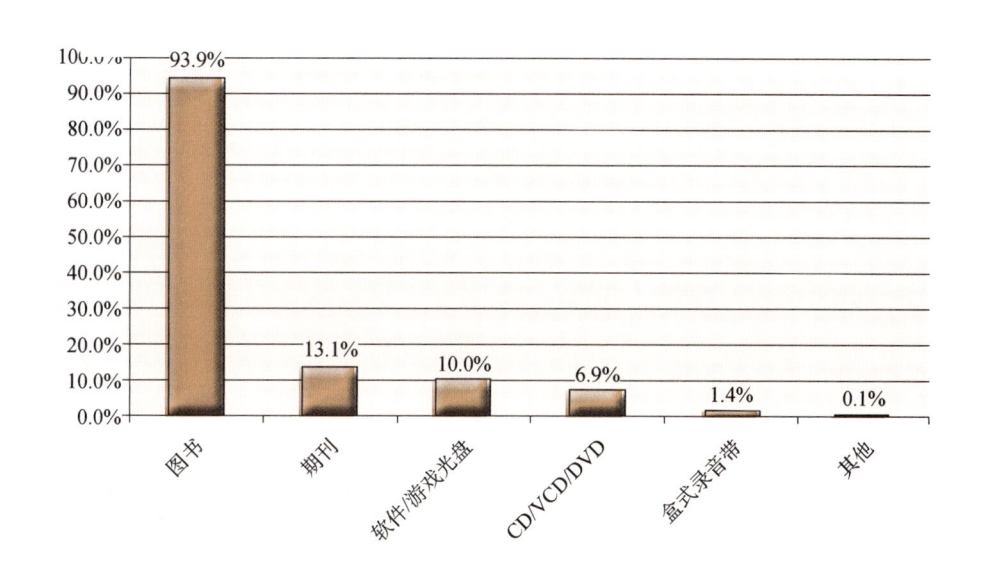

图 4-5-7 14—17 周岁有网络购买行为的青少年网民网上购买出版物的种类

首先，在表示曾通过互联网购买过出版物的青少年网民中，有 51.5% 的青少年将"图书种类多"作为其在网上购买出版物的主要原因。其次，在表示曾通过互联网购买过出版物的青少年网民中，50.3% 的青少年选择"价格优惠"作为其在网上购买出版物的主要原因。再次，便利性也是网络购买出版物的一个巨大优势。具体来看，在表示曾通过互联网购买过出版物的我国 14—17 周岁青少年网民中，有49.7%的青少年表示网络购买出版物可以"节省去书店的时间和费用"；有37.5%的青少年表示网络购买出版物可以"送货上门"；有26.8%的青少年表示通过网络购买出版物时"很容易找到需要的书"。除此之外，还有11.8%的青少年表示因为"有丰富的信息和评论供参考"所以选择在网上购买出版物；9.5%的青少年表示因为"提供赠品，开展活动"所以选择在网上购买出版物。

具体情况如图4-5-8所示。

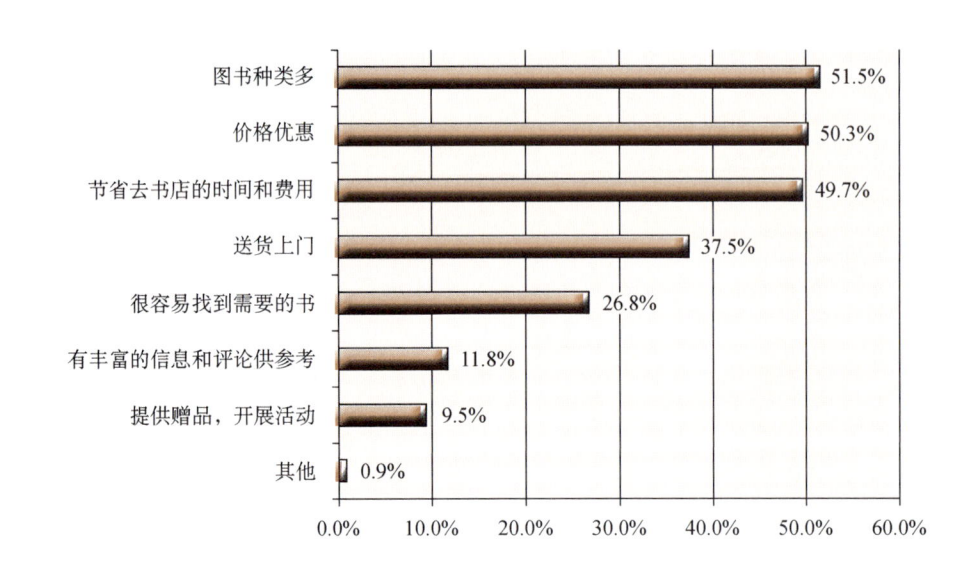

图4-5-8　14—17周岁青少年选择网购出版物的原因

通过对未在网上购买过出版物的14—17周岁青少年网民展开调查，我们发现，购物习惯、安全因素以及便捷程度是制约青少年网民网上购买出版物的三大主要因素。首先，就购物习惯来说，在没有通过互联网购买过任何出版物的青少年网民中，有34.1%的青少年网民把"不习惯网上购物"作为不选择网上购买出版物的主要原因，是诸项原因中选择比例最高的一项。其次，就安全因素而言，有23.2%的青少年网民因为担心"无法检验出版物质量"而不通过互联网购买出版物，有17.9%的青少年网民因为"网上购物不安全"而不通过互联网购买出版物。再次，就便捷程度而言，有

16.8%的青少年网民因为"太麻烦/流程过于复杂"而不通过互联网购买出版物；有13.3%的青少年网民因为"付费不方便"而不通过互联网购买出版物；有12.4%的青少年网民因为"交货周期太长"而不通过互联网购买出版物。还有12.3%的青少年网民因为"运费太高"而不通过互联网购买出版物。

具体情况如图4-5-9所示。

制约因素	比例
不习惯网上购物	34.1%
无法检验出版物质量	23.2%
网上购物不安全	17.9%
太麻烦/流程过于复杂	16.8%
付费不方便	13.3%
交货周期太长	12.4%
运费太高	12.3%
其他	6.9%

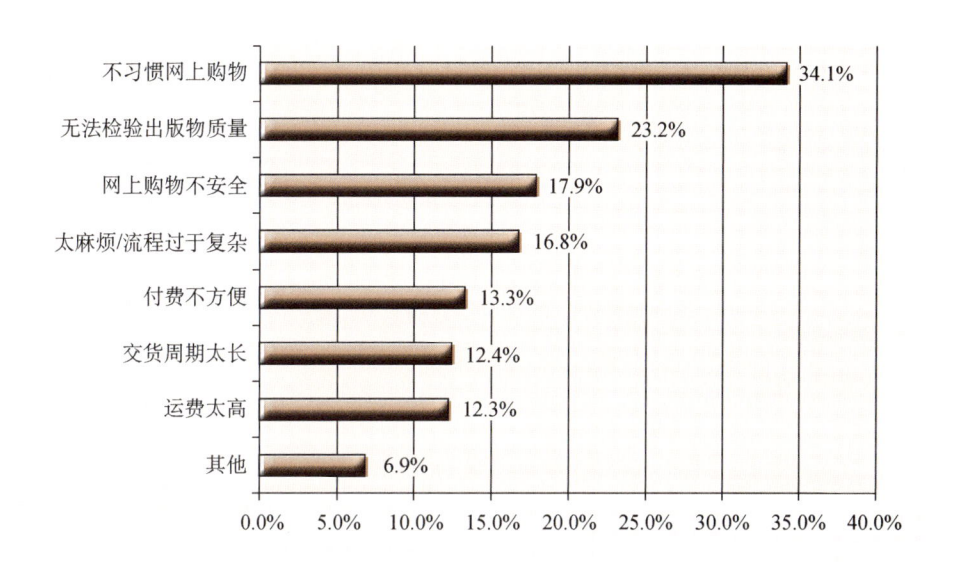

图4-5-9　14—17周岁青少年网络购买出版物的制约因素

4.6　青少年网民最喜爱的阅读网站或读书频道

通过向14—17周岁青少年中表示接触过数字化阅读方式的被访者询问最喜爱的三个阅读类网站或读书频道，然后根据被访者的提及频次进行排名。结果显示，在国内阅读类网站中，百度、腾讯和新浪的阅读或读书频道最受青少年喜爱。起点中文网、书旗网、搜狐和网易的阅读或读书频道、晋江文学城、17k小说网、红袖添香的提及频次也较高，分列四至十位。

具体情况如表4-6-1所示。

表 4-6-1　14—17 周岁青少年网民最喜爱的阅读网站或读书频道

排名	阅读网站或读书频道名称
1	百度
2	腾讯
3	新浪
4	起点中文网
5	书旗网
6	搜狐
7	网易
8	晋江文学城
9	17k 小说网
10	红袖添香

第五章
14—17周岁青少年听书阅读状况

5.1 听书率与听书渠道

2017年,我国14—17周岁青少年的听书率为28.4%,较2016年的25.9%提高了2.5个百分点。从性别差异看,2017年该年龄段男生的听书率为33.2%,较女生(23.2%)高10.0个百分点。2016年该年龄段男生的听书率为31.9%,较女生(19.3%)高12.6个百分点。从城乡对比看,2017年该年龄段城镇青少年的听书率为29.7%,较农村青少年(26.7%)高3.0个百分点。2016年该年龄段城镇青少年的听书率为21.3%,较农村青少年(30.6%)低9.3个百分点。

具体情况如表5-1-1所示。

表5-1-1 不同人口特征14—17周岁青少年听书率

人口特征	类别	2017年	2016年
性别	男生	33.2%	31.9%
	女生	23.2%	19.3%
城乡	城镇	29.7%	21.3%
	农村	26.7%	30.6%

2017 年对我国 14—17 周岁青少年听书介质的考察发现，选择"移动有声 APP 平台的读书类内容"听书的青少年比例较高，为 14.9%，高于 2016 年的 8.6%。其次，有 5.9% 的青少年选择通过"微信语音推送"听书，低于 2016 年的 10.1%。还有 5.6% 的青少年选择通过"广播"听书，高于 2016 年的 3.8%；有 4.6% 的青少年选择通过"有声阅读器或语音读书机"听书，高于 2016 年的 4.2%；有 3.1% 的青少年选择通过"录音带的讲书"听书，高于 2016 年的 1.4%；有 1.9% 的青少年选择通过"CD"听书，高于 2016 年的 0.9%。

具体情况如图 5-1-1 所示。

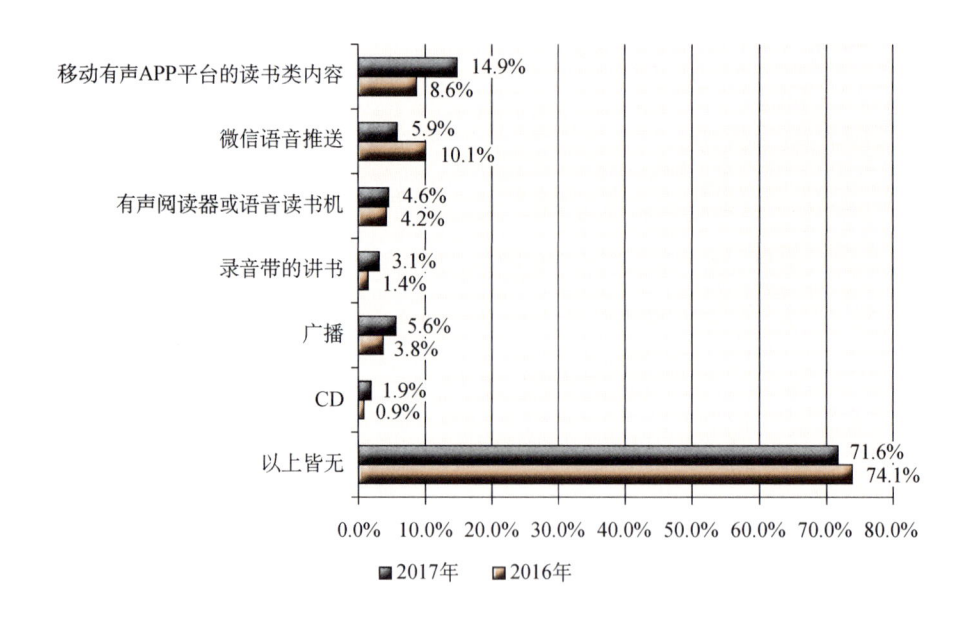

图 5-1-1　14—17 周岁青少年听书渠道选择比例

5.2　通过听书进行的活动

2017 年，在有听书行为的我国 14—17 周岁青少年中，有 30.6% 的青少年选择"听英语或进行其他语言学习"，高于 2016 年的 27.8%；有 27.8% 的青少年选择"听故事"，与 2016 年的 27.2% 基本持平；有 24.0% 的青少年青少年选择"听图书节选或连载"，低于 2016 年的 43.8%；有 23.3% 的青少年选择"收听评书连播"，高于 2016 年的 15.0%；有 20.7% 的青少年选择"听诗歌朗诵"，高于 2016 年的 10.3%；有 11.6% 的青少年选择"听图书介绍与图书推荐"，高于 2016 年的 2.3%。

具体情况如图 5-2-1 所示。

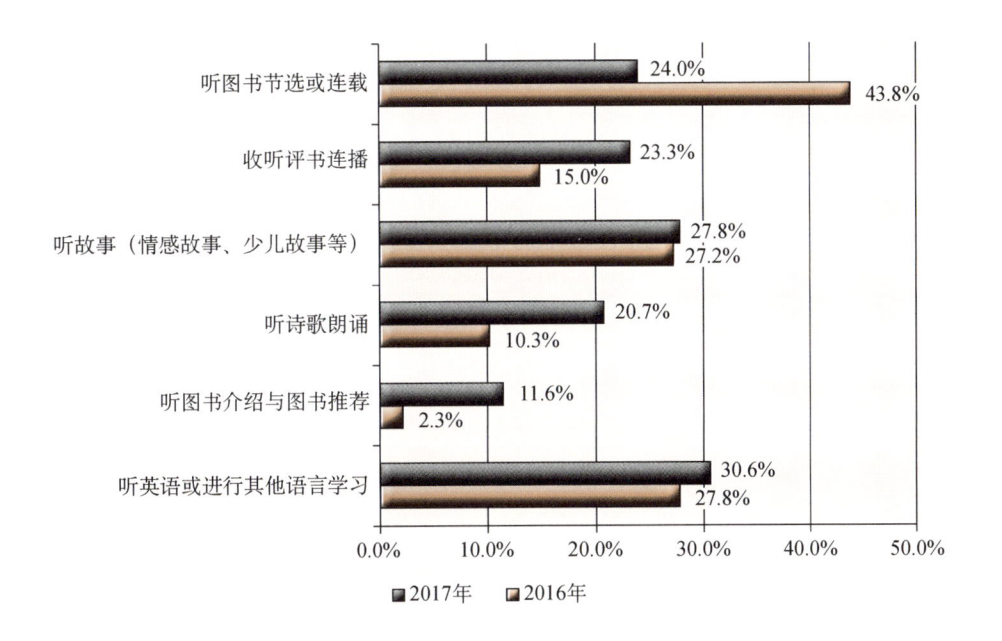

图 5-2-1 14—17 周岁听书青少年通过听书进行的活动

5.3 有声书内容偏好

2017 年，在有听书行为的我国 14—17 周岁青少年中，有 38.0% 的青少年喜欢听"文学"类有声书，低于 2016 年的 43.5%；有 30.3% 的青少年喜欢"历史文化、经典诵读"类有声书，与 2016 年的 30.1% 基本持平；有 26.2% 的青少年喜欢听"教育学习/外语或专业教育"类有声书，高于 2016 年的 23.6%；有 24.3% 的青少年喜欢听"情感故事"类有声书，高于 2016 年的 12.1%；有 23.5% 的青少年喜欢听"成功励志"类有声书，低于 2016 年 37.9%；有 12.0% 的青少年喜欢听"传统评书"类有声书，高于 2016 年的 4.3%。而"经济管理"和"少儿故事"类有声书的青少年喜爱者相对较少，分别仅有 6.5% 和 5.0% 的青少年经常听这两类有声书，高于 2016 年的 1.7% 和 3.9%。

具体情况如图 5-3-1 所示。

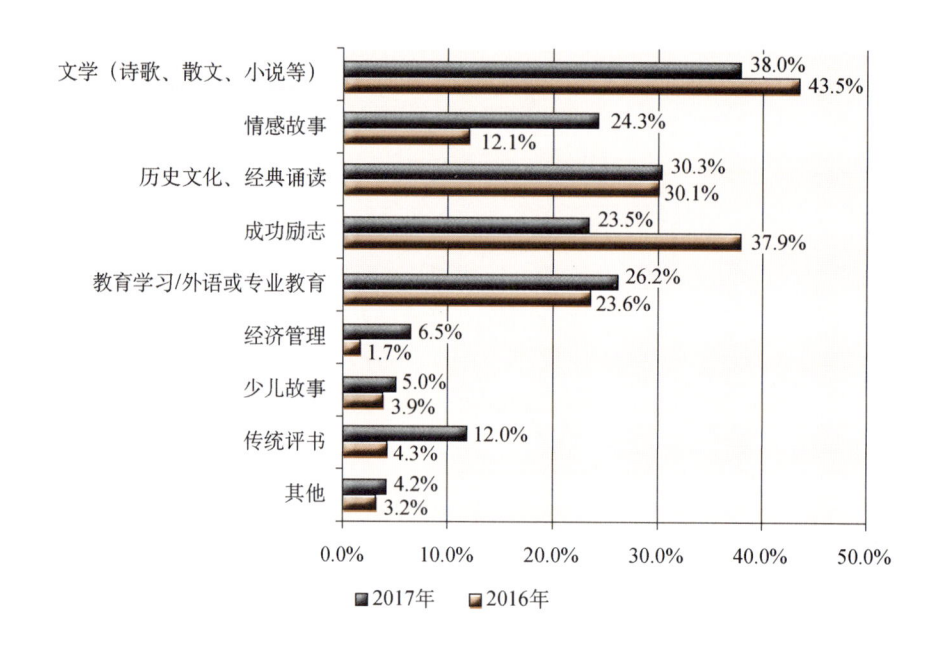

图 5-3-1　14—17 周岁听书青少年有声书内容偏好

5.4　听书频率

2017 年，有过听书行为的我国 14—17 周岁青少年的人均听书频次为每月 13.23 次，高于 2016 年的每月 12.85 次。2017 年，15.4% 的青少年每天至少听一次有声书，高于 2016 年的 4.9%。此外，"每周 4—6 次"的选择比例为 27.4%，低于 2016 年的 35.3%；"每周 2—3 次"的选择比例为 20.2%，低于 2016 年的 35.2%；"每周 1 次"的选择比例为 21.6%，高于 2016 年的 16.1%。总体来看，2017 年，每周至少听一次有声书的青少年比例为 84.6%，低于 2016 年的 91.5%。

具体情况如表 5-4-1 所示。

表 5-4-1　14—17 周岁听书青少年听书频率

听书频率	2017 年	2016 年
每天 1 次或以上	15.4%	4.9%
每周 4—6 次	27.4%	35.3%
每周 2—3 次	20.2%	35.2%
每周 1 次	21.6%	16.1%
每月 2—3 次	6.3%	4.7%
每月 1 次	5.4%	2.7%
每月 1 次以下	3.5%	1.1%

5.5　听书花费

通过对听书花费的调查结果显示，2017 年，在有听书行为的我国 14—17 周岁青少年中，有 55.0% 的青少年表示"从未付费"，高于 2016 年的 50.0%；有 13.2% 的青少年的听书花费在 10 元以下，高于 2016 年 4.1%；有 27.8% 的青少年的听书花费在 10—50 元之间，低于 2016 年的 34.8%；有 4.1% 的青少年的听书花费超过 50 元，低于 2016 年的 11.2%。

另外，调查显示，2017 年我国 14—17 周岁青少年听书群体的听书花费为 12.05 元，少于 2016 年 25.30 元。

具体情况如表 5-5-1 所示。

表 5-5-1　14—17 周岁听书青少年听书花费

听书花费	2017 年	2016 年
10 元以下	13.2%	4.1%
10—20 元	13.6%	24.2%
20—30 元	8.8%	1.2%
30—50 元	5.4%	9.4%

续前表

听书花费	2017 年	2016 年
50—100 元	2.0%	1.4%
100—200 元	1.2%	6.2%
200 元及以上	0.9%	3.6%
从未付费	55.0%	50.0%
人均花费金额	12.05 元	25.30 元

5.6 听书场合

调查显示，2017 年，我国 14—17 周岁青少年听书群体通常在"家里"听书，选择比例为 71.4%，高于 2016 年 68.3%。也有青少年通常在"学校"听书，选择比例为 16.2%，低于 2016 年的 25.4%；有 12.1%的青少年选择"乘交通工具时"听书，高于 2016 年的 5.4%。而选择其他选项的青少年相对较少。

具体情况如图 5-6-1 所示。

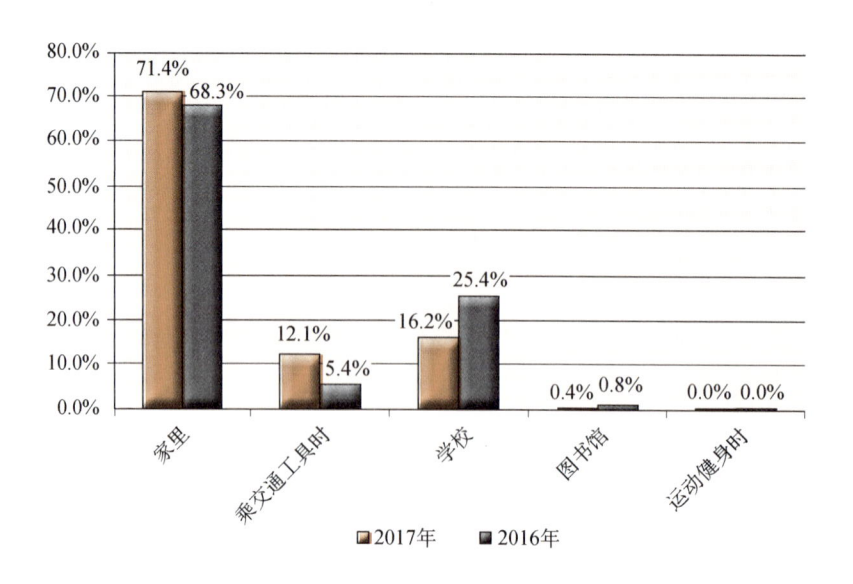

图 5-6-1　14—17 周岁听书青少年听书场合

5.7 不听书的原因

2017年对我国没有听书行为的14—17周岁青少年进行考察发现，当问及不听书的原因时，"没有听书习惯"是其主要原因，五成以上（54.0%）的青少年选择这一选项，略低于2016年的55.9%。此外，还有13.6%的青少年因"没有感兴趣的内容"而不听书，高于2016年的8.0%；有13.2%的青少年因"不喜欢听书的形式"而不听书，低于2016年的15.1%；有9.6%的青少年因"不了解有什么听书渠道"而不听书，低于2016年的12.7%。而认为听书"工具使用不方便"和"内容不够丰富"的青少年相对较少，2017年选择比例分别为6.3%和3.2%，2016年选择比例分别为6.4%和2.0%。

具体情况如图5-7-1所示。

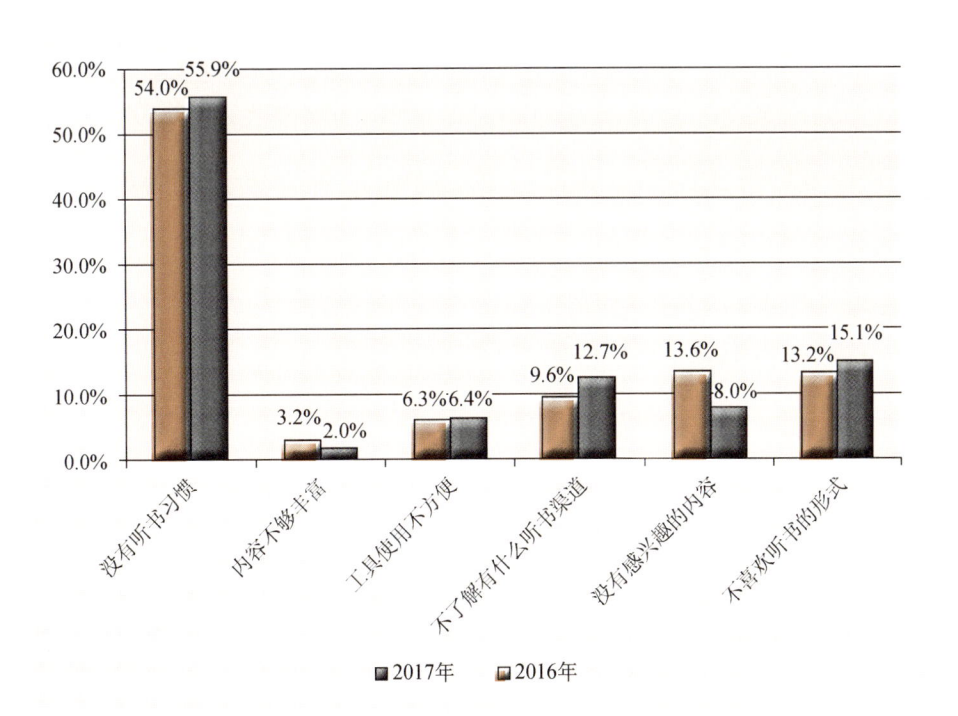

图5-7-1　14—17周岁青少年不听书的原因

第六章
14—17周岁青少年动漫游戏接触状况

6.1 青少年喜爱的动漫形式

2017年,"漫画书"是我国14—17周岁青少年最经常接触的动漫作品形式,其选择比例达到47.2%。接触过"动画片/动漫影视"的青少年也较多,选择比例为44.4%。还有32.1%的青少年表示接触过"网络游戏"形式的动漫作品;有20.9%的青少年表示接触过"单机游戏"形式的动漫作品;有13.3%的青少年表示接触过"漫画期刊"形式的动漫作品。此外,有24.1%的我国青少年表示没有接触过任何形式的动漫作品。

具体情况如图6-1-1所示。

6.2 青少年喜爱的动漫题材

2017年,我国14—17周岁青少年动漫作品接触者最喜爱的动漫题材是"搞笑"类动漫,选择比例高达51.9%。位列第二、第三、第四和第五位受欢迎的分别是"科幻""侦探""神话"和"格斗"类动漫,选择比例分别为43.6%、38.8%、36.1%和32.1%,

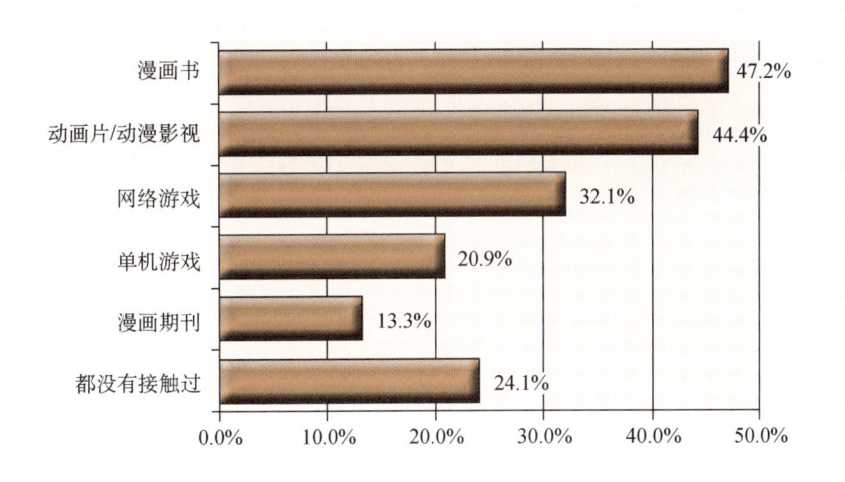

图 6-1-1　14—17 周岁青少年最喜爱的动漫形式

均高于 30.0%。

具体情况如图 6-2-1 所示。

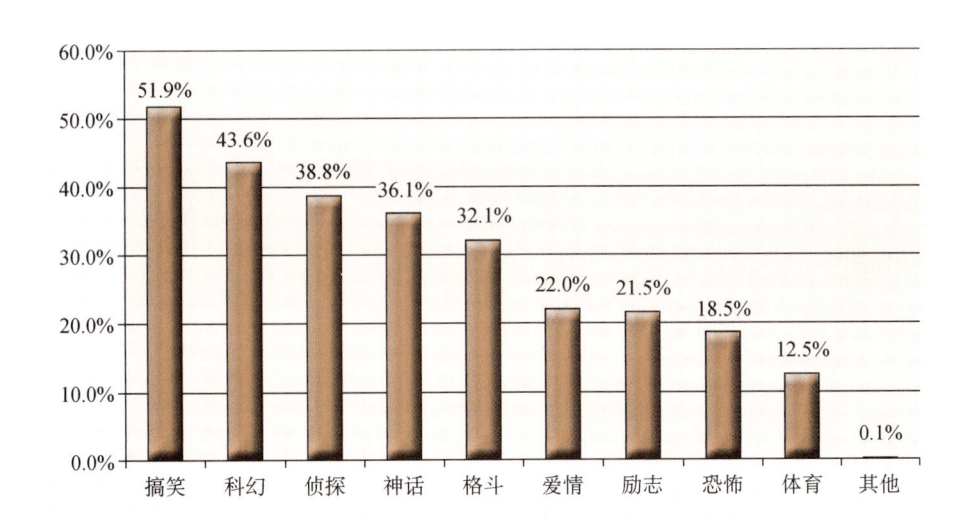

图 6-2-1　14—17 周岁青少年动漫作品接触者最喜爱的动漫题材

第七章
14—17周岁青少年版权认知状况

7.1 青少年版权认知度

2017年,我国14—17周岁青少年的版权认知度较高,有80.1%的该年龄段青少年表示其"听说过"版权问题,较2016年的79.0%提高了1.1个百分点。从性别差异看,该年龄段男生版权认知度为78.0%,低于女生的版权认知度(82.4%)。从城乡对比看,该年龄段城镇青少年版权认知度为85.2%,而农村青少年版权认知度为73.8%,较城镇青少年低11.4个百分点。

具体情况如表7-1-1所示。

表7-1-1 不同人口特征14—17周岁青少年版权认知度

人口特征	类别	版权认知度
性别	男生	78.0%
	女生	82.4%
城乡	城镇	85.2%
	农村	73.8%

7.2 盗版出版物购买状况

7.2.1 盗版出版物购买率

调查数据显示，2017年，我国14—17周岁青少年的盗版出版物购买率为14.3%，较2016年的10.4%提高了3.9个百分点。具体来看，仅有1.1%的青少年表示购买的出版物均为盗版，还有13.2%的青少年表示正版盗版出版物均购买过。同时，在我国14—17周岁青少年中，有24.0%的青少年表示购买的图书或音像制品均为正版。另外，仍有37.7%的人表示分不清其购买的出版物是正版还是盗版。

具体情况如图7-2-1所示。

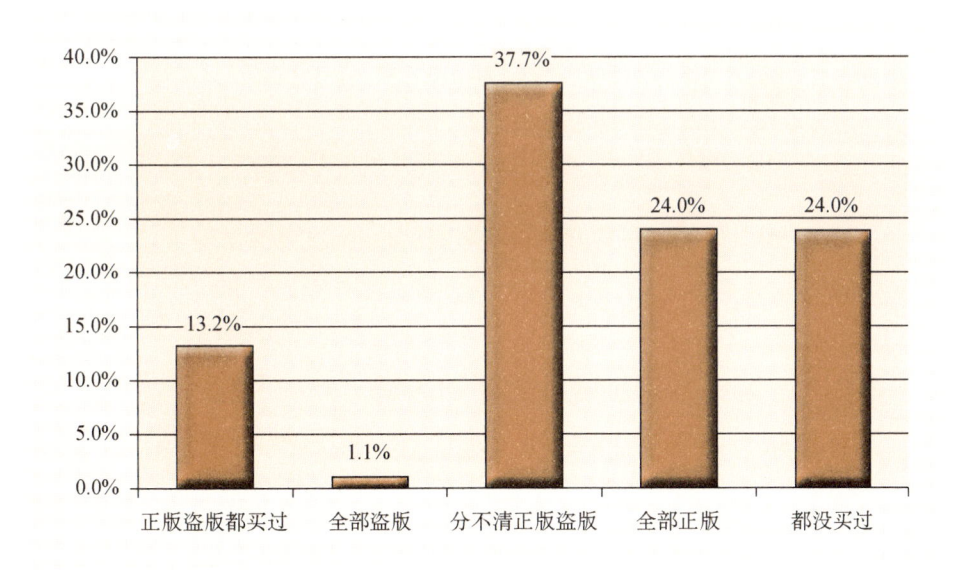

图7-2-1 14—17周岁青少年盗版出版物消费情况

7.2.2 购买盗版出版物的类型

2017年，在各种盗版出版物中，盗版"一般图书"是被青少年购买最多的盗版出版物。在购买过盗版出版物的我国14—17周岁青少年中，有75.4%的青少年表示曾购买过盗版"一般图书"；有21.2%的青少年表示曾经购买过盗版"教材教辅"；有10.4%的人表示曾经购买过盗版"游戏软件"；有5.2%的青少年表示曾经购买过盗版"计算机软件"；有4.9%的青少年表示曾经购买过盗版"音像制品"。

具体情况如图7-2-2所示。

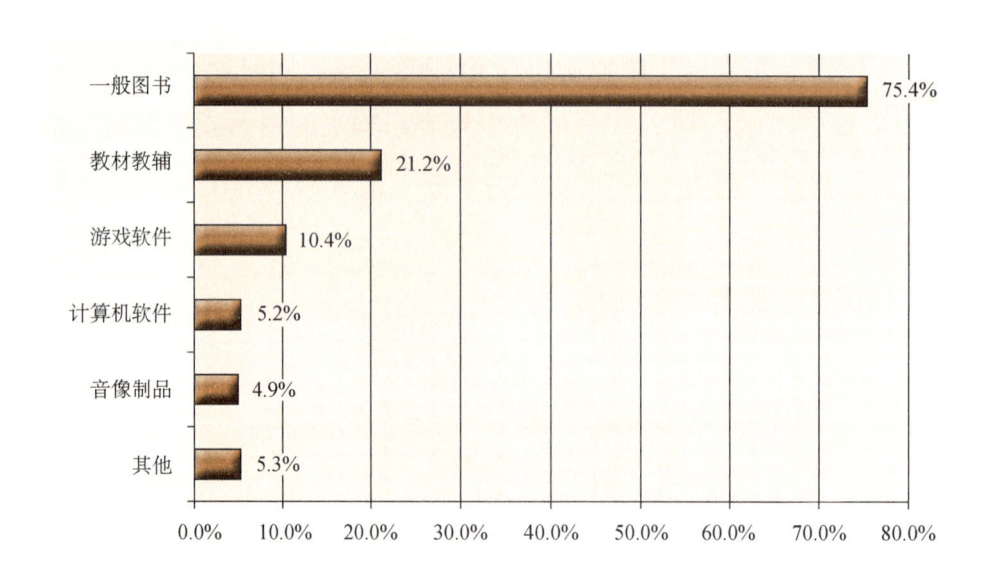

图7-2-2 14—17周岁青少年购买的盗版出版物类型

7.2.3 购买盗版出版物的驱动因素

调查显示，对于2017年购买过盗版出版物的我国14—17周岁青少年而言，"价格便宜"是其购买盗版出版物的最主要原因，有近六成（59.3%）的青少年盗版出版物购买者选择这一选项。另外，有20.5%的青少年盗版出版物购买者表示"购买方便"是促使其购买盗版出版物的主要原因，还分别有7.9%的青少年盗版出版物购买者表示"没有正版可买"和"品种丰富"是其购买盗版出版物的主要原因。此外，有高达37.7%的青少年盗版出版物购买者表示"买时不知道是盗版"，有2.0%的青少年盗版出版物购买者表示

"内容新颖"是其购买盗版出版物的主要原因。

具体情况如图 7-2-3 所示。

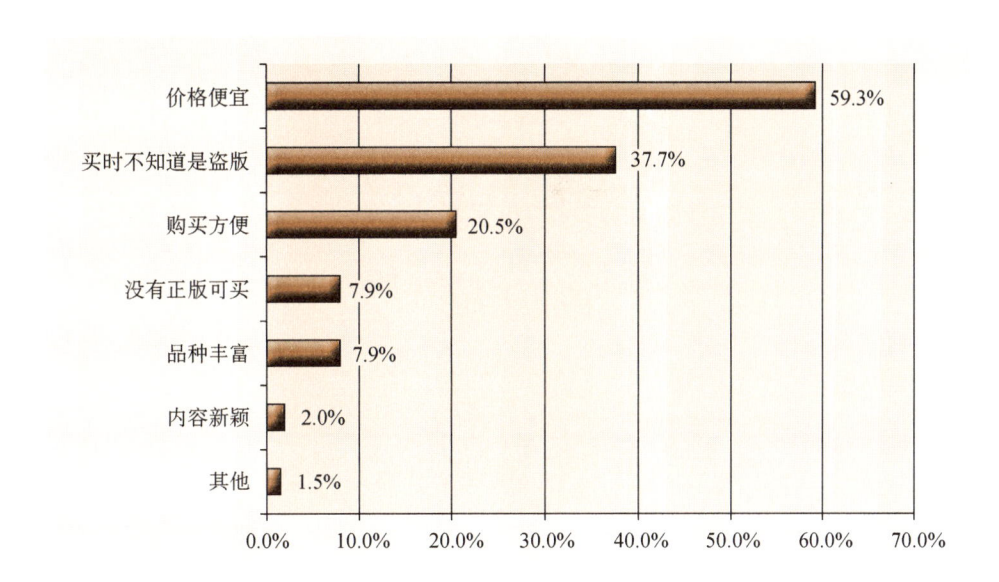

图 7-2-3　14—17 周岁青少年购买盗版出版物驱动因素

第八章
14—17周岁青少年个人阅读评价与阅读活动参与状况

8.1 青少年个人阅读状况评价

8.1.1 对个人阅读量的评价

2017年，我国有超过五成（52.0%）的14—17周岁青少年认为自己的阅读量"一般"，有17.8%的青少年认为自己的阅读量"比较多"；仅有4.4%的青少年认为自己的阅读量"很多"；还有23.6%的青少年认为自己的阅读量"很少"或"比较少"。

具体情况如图8-1-1所示。

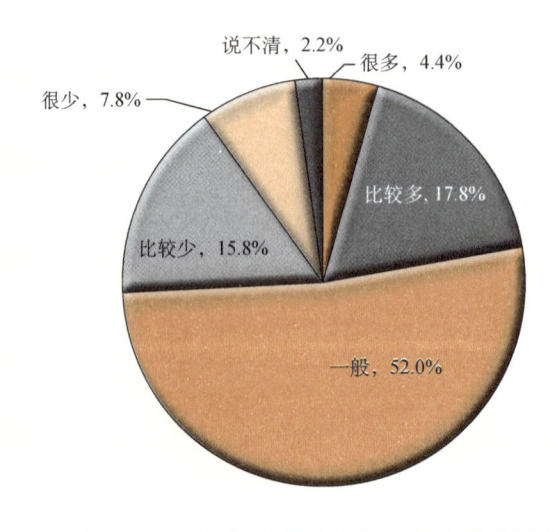

图8-1-1　14—17周岁青少年个人阅读量的评价

8.1.2 对个人阅读满意度的评价

2017年，我国有33.3%的14—17周岁青少年对个人阅读情况表示满意（"比较满意"或"非常满意"）；有52.8%的青少年对个人阅读情况的满意度评价为"一般"；还有11.1%的青少年对个人阅读情况表示不满意（"比较不满意"或"非常不满意"）。

具体情况如图8-1-2所示。

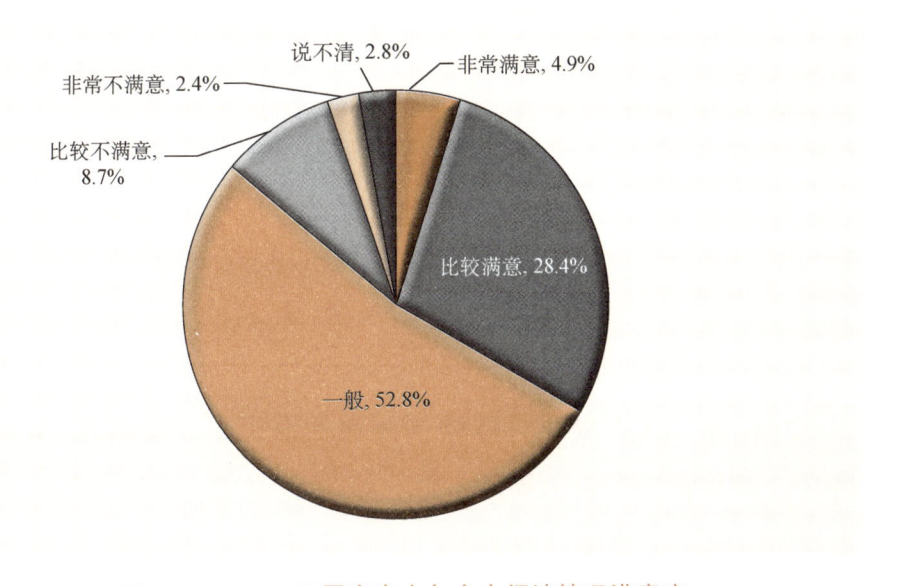

图8-1-2　14—17周岁青少年个人阅读情况满意度

8.1.3 对自己读书影响最大的人

调查显示，"同学/朋友"和"老师"是对青少年读书影响最大的人。具体来说，有61.7%的14—17周岁青少年表示对自己读书影响最大的人是"同学/朋友"；有56.1%的该年龄段青少年表示对自己读书影响最大的人是"老师"；有41.0%的该年龄段青少年表示对自己读书影响最大的人是"父母/家人"。

具体情况如图8-1-3所示。

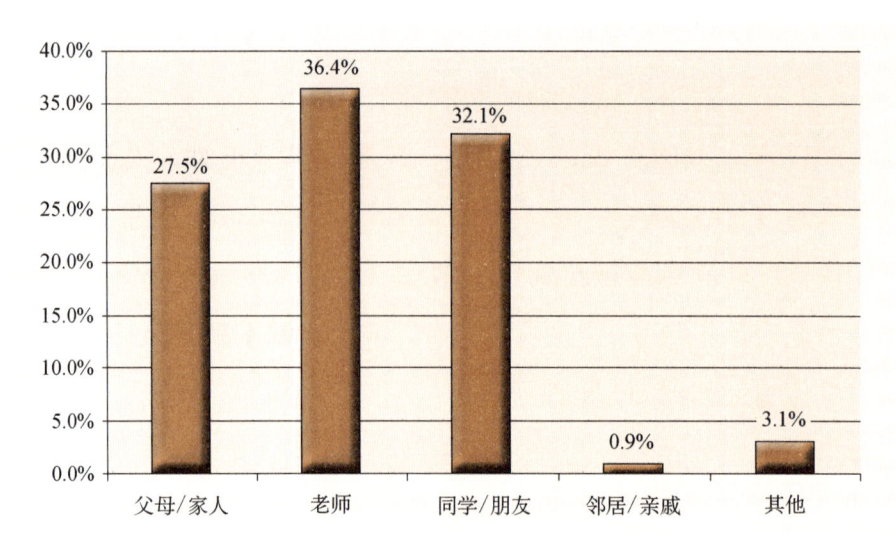

图 8-1-3　对 14—17 周岁青少年读书影响最大的人

8.2　青少年读书活动参与状况

8.2.1　读书活动/读书节知晓情况

2017 年，在不提及具体读书活动的前提下，我国有 29.9% 的 14—17 周岁青少年表示周围举办过读书活动/读书节；有 50.0% 的青少年明确表示周围没有举办过读书活动/读书节；另有 20.1% 的青少年表示不知道周围是否举办过读书活动/读书节。

具体情况如图 8-2-1 所示。

通过对城乡之间的差异进行考察发现，城镇 14—17 周岁青少年表示周围没有举办过读书活动/读书节的比例为 45.0%，而农村该年龄段青少年表示周围没有举办过读书活动/读书节的比例为 56.2%，较城镇青少年高出 11.2 个百分点。

具体情况如图 8-2-2 所示。

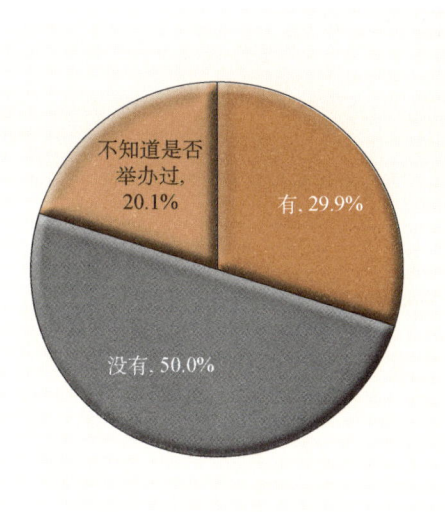

图 8-2-1　14—17 周岁青少年读书活动/读书节知晓情况

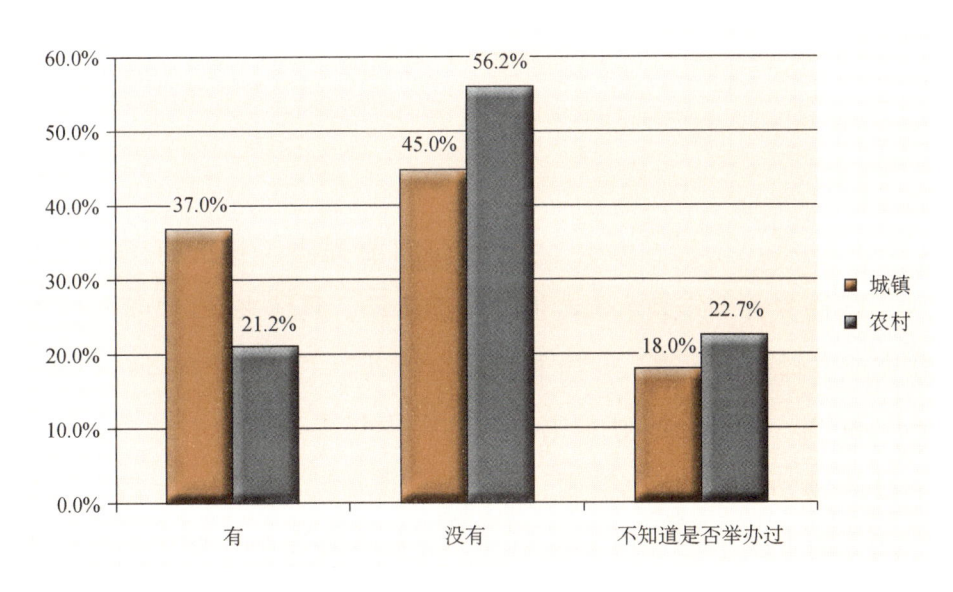

图 8-2-2　14—17 周岁青少年读书活动/读书节知晓情况的城乡差异

8.2.2　读书活动/读书节诉求情况

2017 年，我国有 79.6% 的 14—17 周岁青少年认为学校或当地其他部门应当举办读书活动/读书节；对于学校或当地其他部门是否应当举办读书活动/读书节持"无所谓"态度的青少年比例为 18.3%；另有 2.1% 的青少年认为不应当举办读书活动/读书节。

具体情况如图 8-2-3 所示。

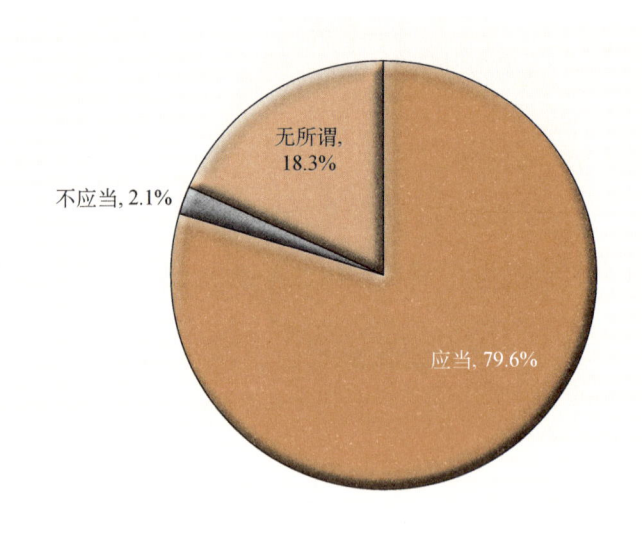

图 8-2-3　14—17 周岁青少年对是否应该举办读书活动或读书节的看法

8.2.3　读书活动参与类型

2017 年，在提及具体读书活动的前提下，我国有 50.5% 的 14—17 周岁青少年表示曾参加过阅读活动。具体来看，"读书征文/作文或书画摄影大赛""捐书献爱心活动""读书竞赛/演讲/辩论赛"和"图书展览会/特价书市"的青少年参与者相对较多，在参加过阅读活动的青少年中，分别有 37.8%、36.4%、27.3% 和 24.0% 的青少年参加过上述活动。此外，在参加过阅读活动的青少年中，还有 17.4% 的青少年参与了"读书交流会"；有 14.7% 的青少年参与了"读书讲座/作家报告会"；有 13.6% 的青少年参与了"晒书会/读书游园会"；有 11.3% 的青少年参与了"作家签名售书/新书推介"。

具体情况如图 8-2-4 所示。

8.2.4　参与读书活动的原因

2017 年，我国大多数 14—17 周岁青少年阅读活动参与者表示

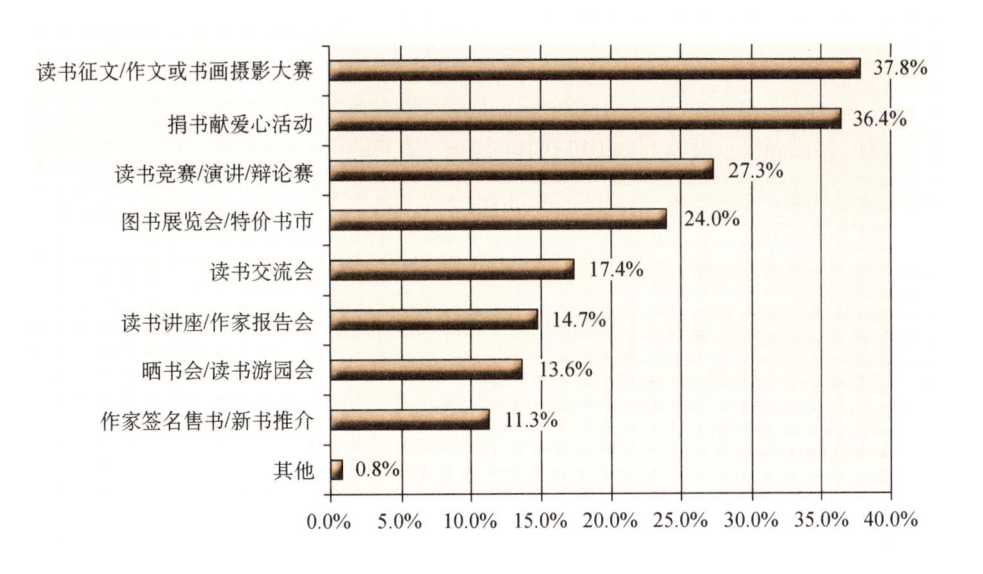

图 8-2-4　14—17 周岁青少年阅读活动的参与类型及比例

自己参与阅读活动的主要原因是"学校组织参加"和为了"促进自己的读书学习",其选择比例分别高达 59.3% 和 46.1%。此外,有 22.5% 的青少年认为参与阅读活动是为了"有意思,好玩";有 19.5% 的青少年认为参与阅读活动是为了"方便得到图书信息";有 19.1% 的青少年认为参与阅读活动是因为"看书、买书优惠";有 16.9% 的青少年认为参与阅读活动是为了"结识朋友"。

具体情况如图 8-2-5 所示。

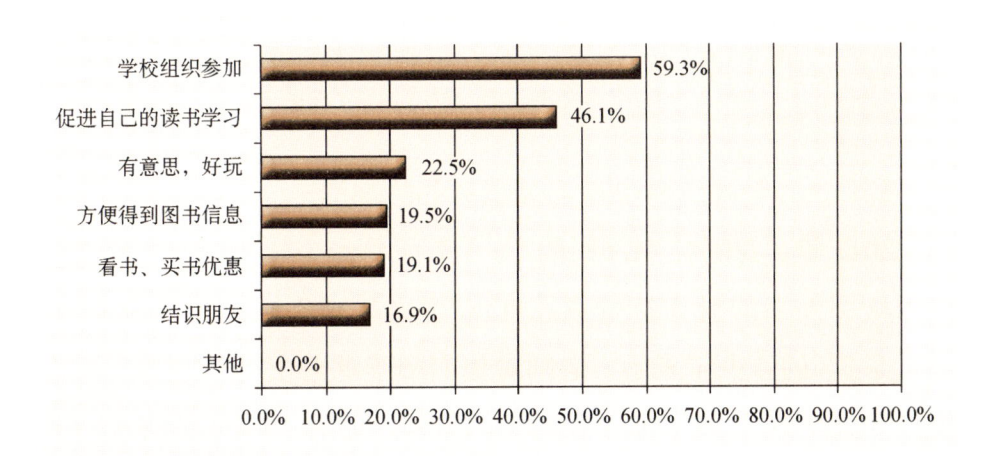

图 8-2-5　14—17 周岁青少年阅读活动参与者参与阅读活动的原因

8.2.5 制约青少年参与阅读活动的因素

在未参加过阅读活动的我国 14—17 周岁青少年中，53.1%的青少年表示自己没有参加阅读活动的主要原因是"没见到相关活动"；35.9%的青少年认为"不感兴趣"是他们没参加阅读活动的原因；23.4%的青少年认为"没时间参加"是他们没参加阅读活动的原因；还有 5.7%的青少年认为"相关活动缺乏吸引力"是他们没参加阅读活动的原因。

具体情况如图 8-2-6 所示。

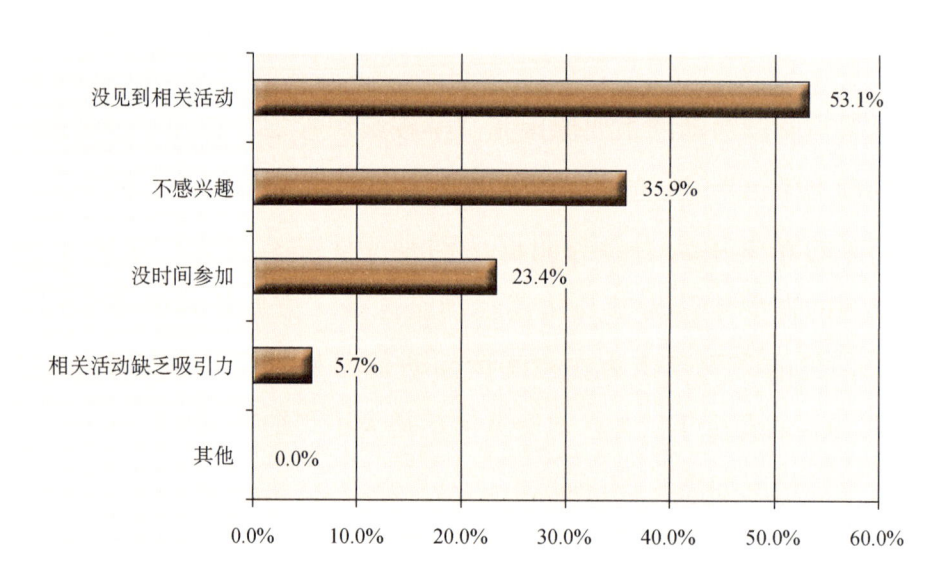

图 8-2-6　14—17 周岁青少年不参与阅读活动的原因

8.2.6 老师对青少年阅读课外书的态度

2017 年，我国有 74.9%的 14—17 周岁青少年表示，老师对他们阅读课外书的行为持赞成态度（"非常赞成"或"比较赞成"）。只有 5.5%的青少年表示，老师对他们阅读课外书的行为持反对态度（"比较反对"或"非常反对"）。另外，还有 16.1%的青少年表示，老师对他们阅读课外书持"无所谓"态度。

具体情况如图 8-2-7 所示。

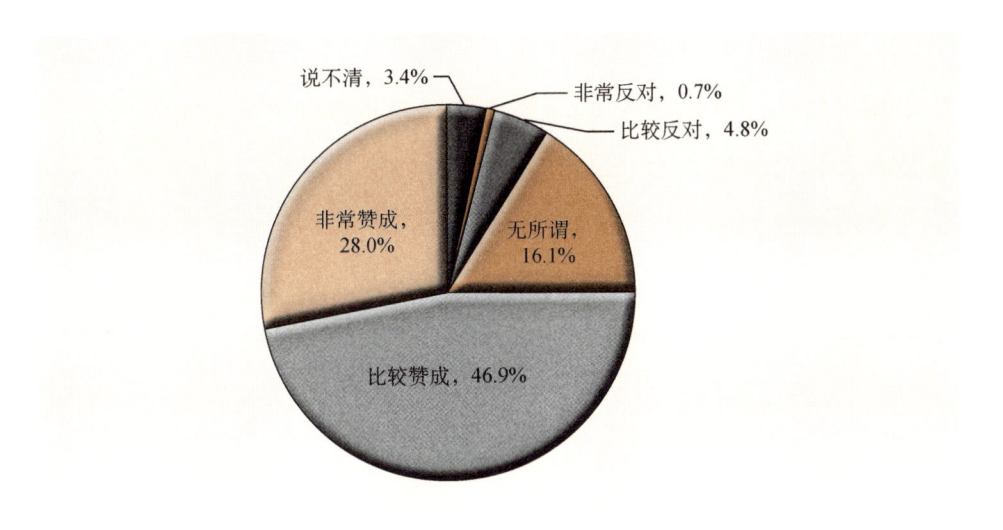

图 8-2-7　老师对 14—17 周岁青少年阅读课外书的态度

8.3　青少年校园图书馆使用情况

8.3.1　校园图书馆普及情况

调查数据显示，2017 年，我国有 75.2% 的 14—17 周岁青少年表示所在学校设有图书馆，较 2016 年的 82.3% 下降了 7.1 个百分点；还有 24.8% 的我国青少年表示所在学校没有图书馆。

具体情况如图 8-3-1 所示。

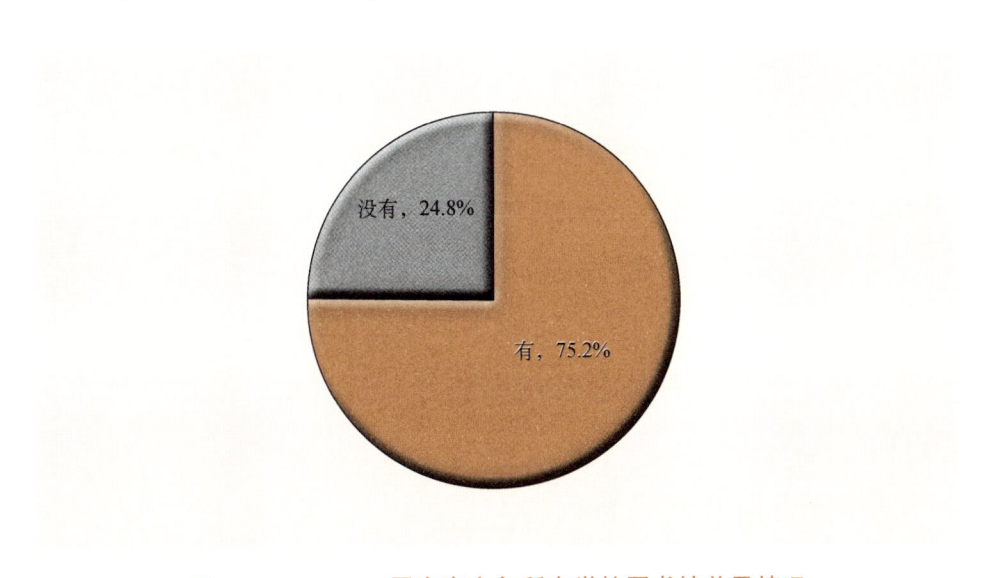

图 8-3-1　14—17 周岁青少年所在学校图书馆普及情况

从城乡对比来看，14—17周岁城镇青少年所在学校图书馆的普及率相对较高，其比例为80.6%；而农村青少年所在学校图书馆的普及率则相对较低，为68.5%。

具体情况如图8-3-2所示。

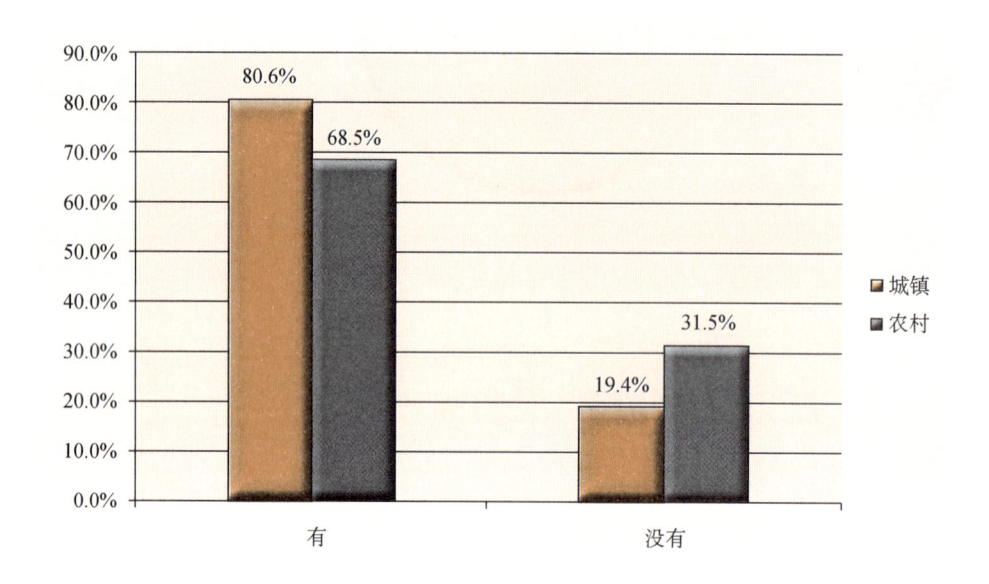

图8-3-2　学校图书馆普及情况的城乡差异

8.3.2　校园图书馆使用率与满意度

调查数据显示，我国表示学校有图书馆的14—17周岁青少年平均每月去6.98次图书馆。在表示学校有图书馆的青少年中，有81.3%的青少年去过学校图书馆。具体来看，51.1%的青少年每周至少去过一次学校图书馆（选择"每天都去"的比例为4.1%，选择"每周4—6次"的比例为13.5%，选择"每周1—3次"的比例为33.5%）；另外，有13.7%的青少年表示平均每月会去1—3次学校图书馆，平均每月去学校图书馆"不足一次"的青少年比例为16.5%。

具体情况如图8-3-3所示。

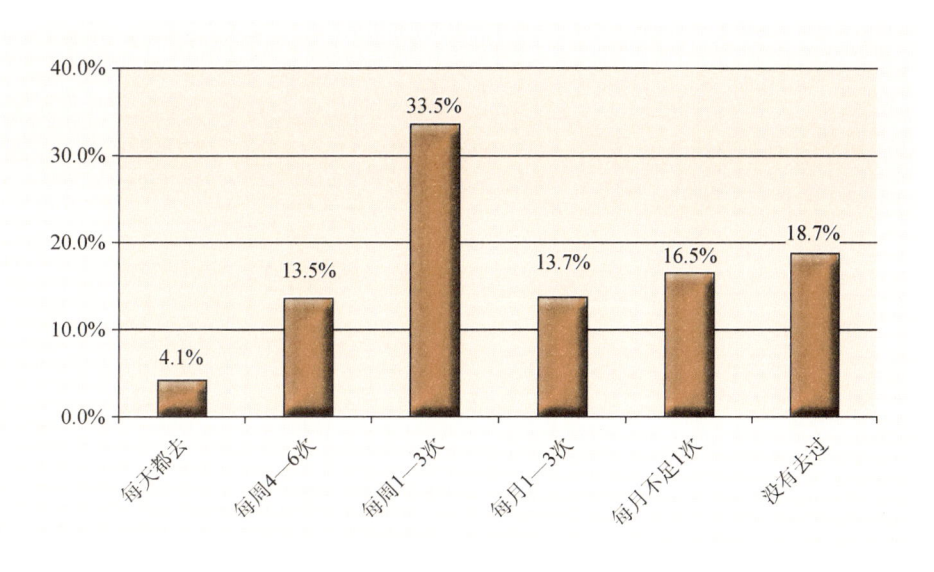

图 8-3-3　14—17 周岁青少年学校图书馆使用频率

数据显示，我国在表示学校有图书馆的 14—17 周岁青少年中，有 49.1% 的青少年对校园图书馆表示"满意"；有 32.0% 的青少年认为"一般"；而对学校图书馆"不满意"的青少年比例为 10.2%；还有 8.6% 的青少年表示"没去过，不知道"。

具体情况如图 8-3-4 所示。

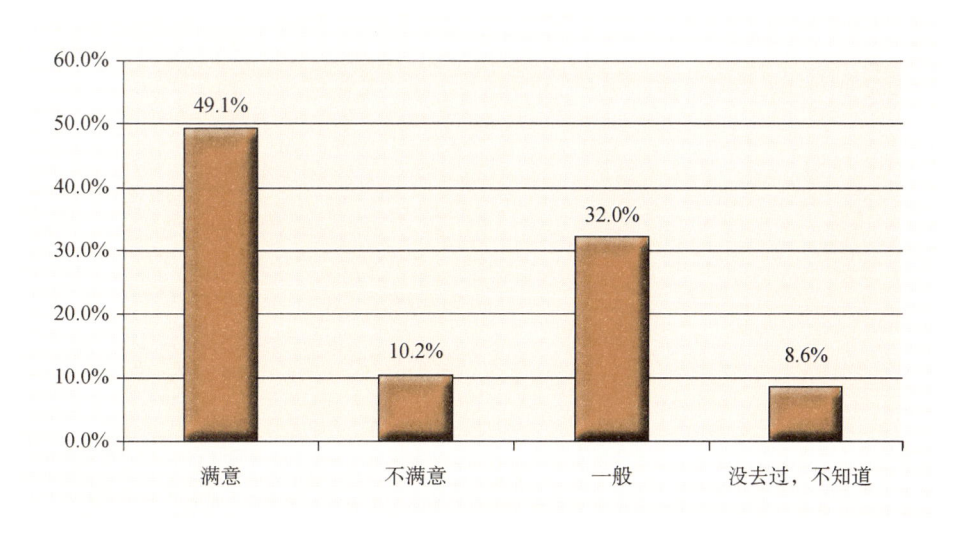

图 8-3-4　14—17 周岁青少年学校对图书馆满意度

第三篇

9—13周岁少年儿童部分

第一章
9—13周岁少年儿童图书阅读与购买状况[①]

1.1 少年儿童阅读状况

1.1.1 图书阅读率与图书阅读量

2017年,我国9—13周岁少年儿童纸质图书阅读率为93.2%,较2016年的97.6%低了4.4个百分点。

从性别差异看,我国9—13周岁男孩图书阅读率为92.0%,较女孩的图书阅读率(94.1%)低2.1个百分点。从城乡对比看,我国9—13周岁城镇少年儿童图书阅读率为95.0%,较农村少年儿童的图书阅读率(90.9%)高4.1个百分点。

具体情况如表1-1-1所示。

表1-1-1 不同人口特征9—13周岁少年儿童图书阅读率

人口特征	类别	图书阅读率
性别	男孩	92.0%
	女孩	94.1%
城乡	城镇	95.0%
	农村	90.9%

2017年我国9—13周岁少年儿童人均纸质图书阅读量为8.87

---

① 本章所指图书为除教科书和期刊外的课外图书。

本，较 2016 年的 8.57 本增加了 0.30 本。

从性别差异看，我国 9—13 周岁男孩图书阅读量为 8.04 本，较女孩的图书阅读量（9.50 本）少 1.46 本。从城乡对比看，我国 9—13 周岁城镇少年儿童图书阅读量为 9.44 本，较农村少年儿童的图书阅读量（8.20 本）多 1.24 本。

具体情况如表 1-1-2 所示。

表 1-1-2　不同人口特征 9—13 周岁少年儿童图书阅读量

人口特征	类别	图书阅读量（本）
性别	男孩	8.04
	女孩	9.50
城乡	城镇	9.44
	农村	8.20

1.1.2　对阅读的喜爱程度

数据显示，我国有 88.1% 的 9—13 周岁少年儿童喜欢读书，具体分析，选择"喜欢，经常看"的少年儿童占到 54.7%；选择"喜欢，但不经常看"的少年儿童比例则为 33.4%。仅有 10.2% 的少年儿童选择"不喜欢，基本上不看"。

具体情况如图 1-1-1 所示。

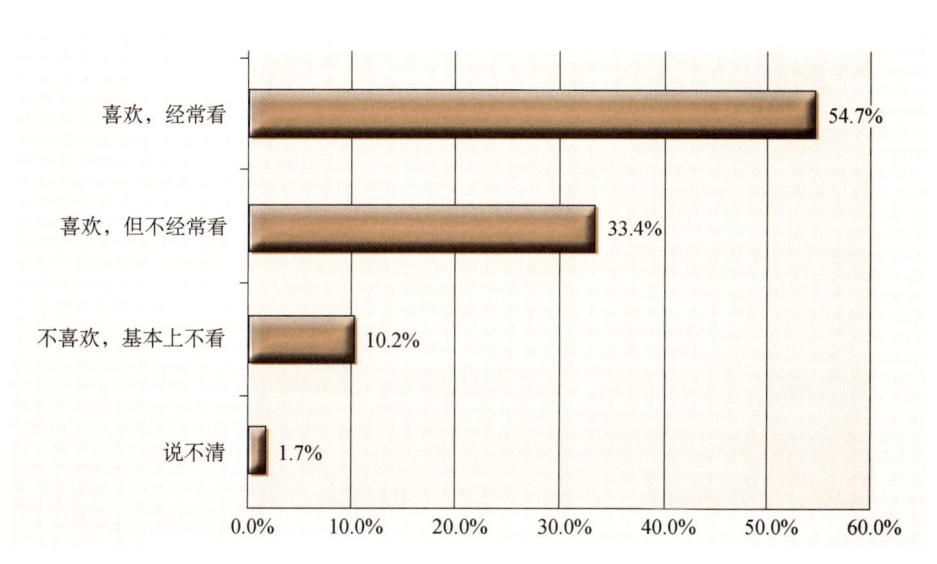

图 1-1-1　9—13 周岁少年儿童对阅读的喜爱程度

调查发现，2017 年，我国 9—13 周岁少年儿童对阅读的喜爱程度在性别方面差异并不显著。男孩"喜欢"读书的比例（88.9%）略高于女孩"喜欢"读书的比例（87.4%）。

具体情况如图 1-1-2 所示。

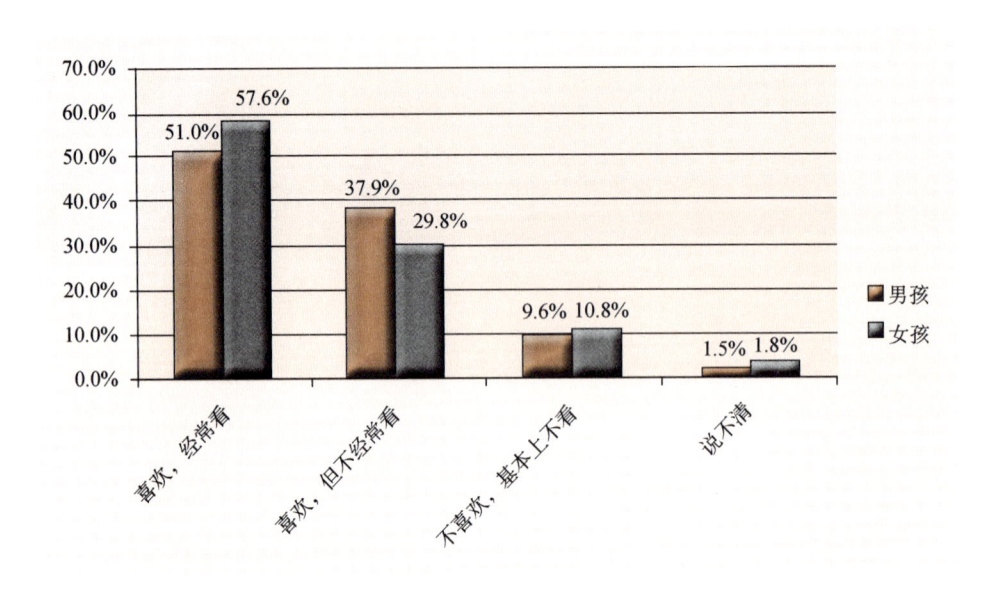

图 1-1-2　9—13 周岁少年儿童对阅读喜爱程度的性别差异

调查发现，从城乡对比看，我国 9—13 周岁城镇少年儿童"喜欢"读书选的比例（90.2%）高于农村少年儿童（85.4%），农村少年儿童"不喜欢"读书的比例（14.2%）高于城镇少年儿童（7.1%）。

具体情况如图 1-1-3 所示。

1.1.3　喜爱的课外书类型

2017 年，对于读过课外书的 9—13 周岁少年儿童而言，最受欢迎的课外书是"作文精选"，选择比例为 24.4%。喜欢"童话寓言""幽默故事""科普百科"和"卡通漫画"类课外书的少年儿童也相对较多，选择比例分别为 14.5%、12.0%、11.1% 和 10.5%。还有 9.0% 的少年儿童喜欢"经典名著"类课外书，有 6.8% 的少年儿童喜欢"校园小说"类课外书，有 5.0% 的少年儿童喜欢"科幻神话"

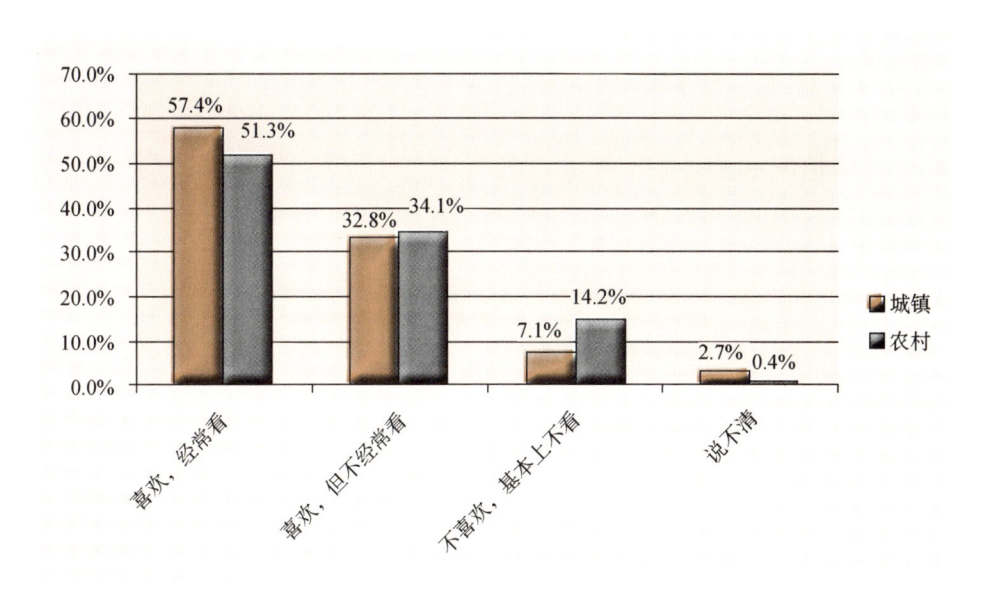

图 1-1-3　9—13 周岁少年儿童对阅读喜爱程度的城乡对比

类课外书，有 4.3% 的少年儿童喜欢"历险故事"类课外书。而喜欢"古诗绘画本"的少年儿童相对较少，选择比例仅为 1.5%。

具体情况如图 1-1-4 所示。

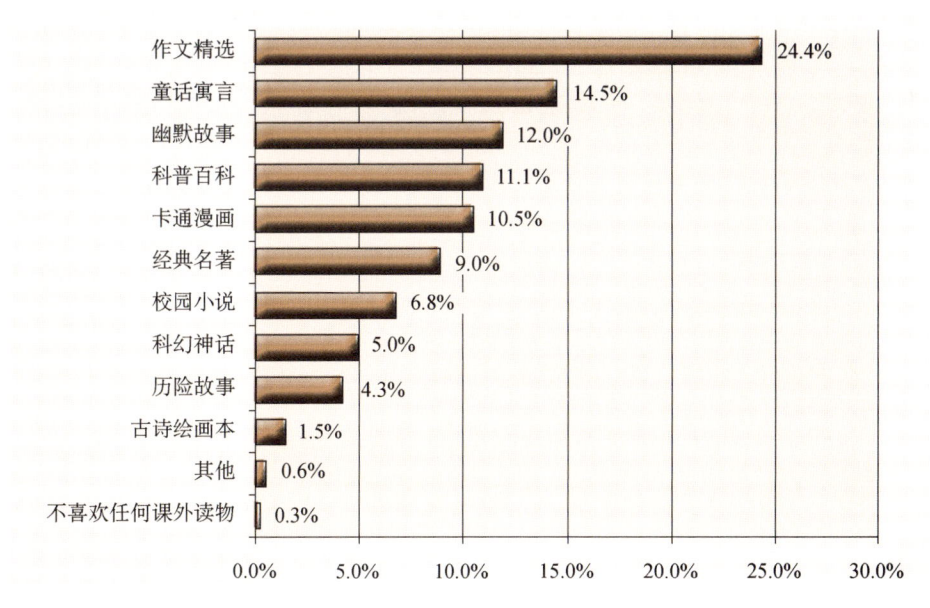

图 1-1-4　9—13 周岁少年儿童读者喜爱的课外书类型

不同性别少年儿童所喜爱的课外书类型差异较为明显，女孩选择"童话寓言""校园小说"等类型课外书的比例要高于男孩；男孩选择"幽默故事""历险故事"等类型课外书的比例则要高于女孩。

具体情况如图 1-1-5 所示。

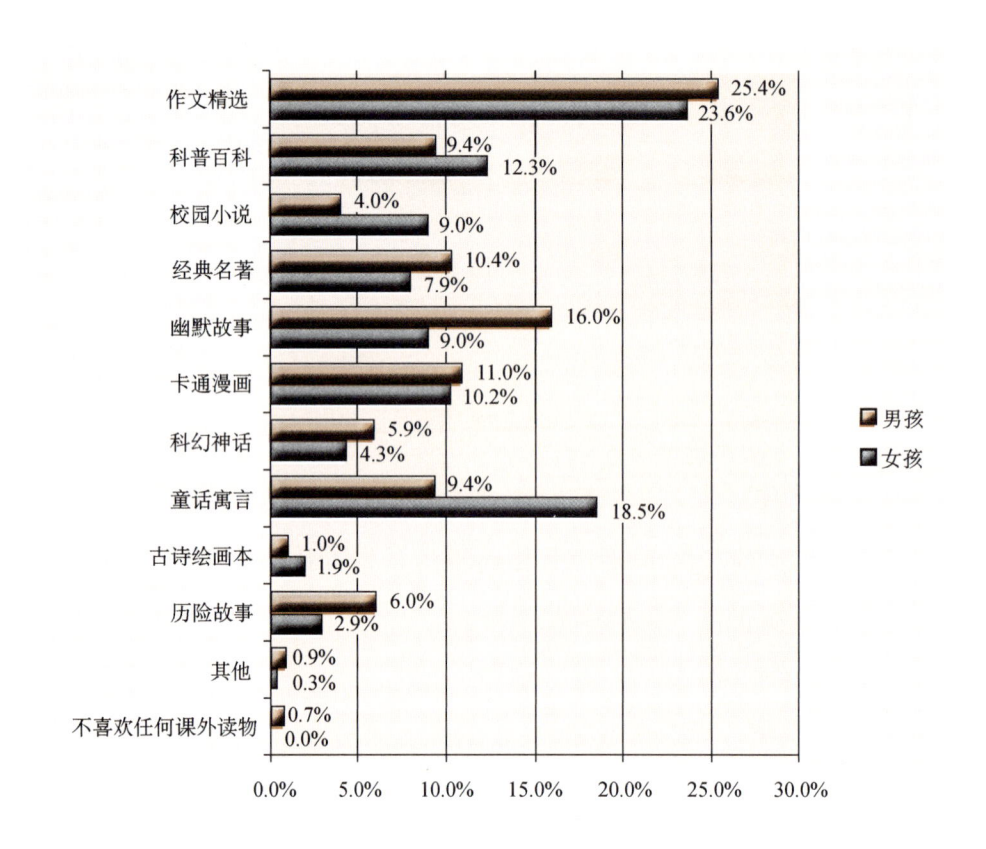

类型	男孩	女孩
作文精选	25.4%	23.6%
科普百科	9.4%	12.3%
校园小说	4.0%	9.0%
经典名著	10.4%	7.9%
幽默故事	16.0%	9.0%
卡通漫画	11.0%	10.2%
科幻神话	5.9%	4.3%
童话寓言	9.4%	18.5%
古诗绘画本	1.0%	1.9%
历险故事	6.0%	2.9%
其他	0.9%	0.3%
不喜欢任何课外读物	0.7%	0.0%

图 1-1-5　9—13 周岁少年儿童读者喜爱课外书类型的性别差异

1.1.4　阅读来源

本次调查显示，在读过课外书的 9—13 周岁少年儿童中，有 72.1% 的少年儿童表示经常阅读的图书是"爸妈买的"；其次，"自己买的""找同学朋友借的""到图书馆看"等选项也有一定选择比例，分别为 12.9%、5.5%、4.5%。而"学校里发的""在书店看"和"在网上看"的选择比例则相对较低，分别为 2.7%、1.4% 和 0.4%。

具体情况如图 1-1-6 所示。

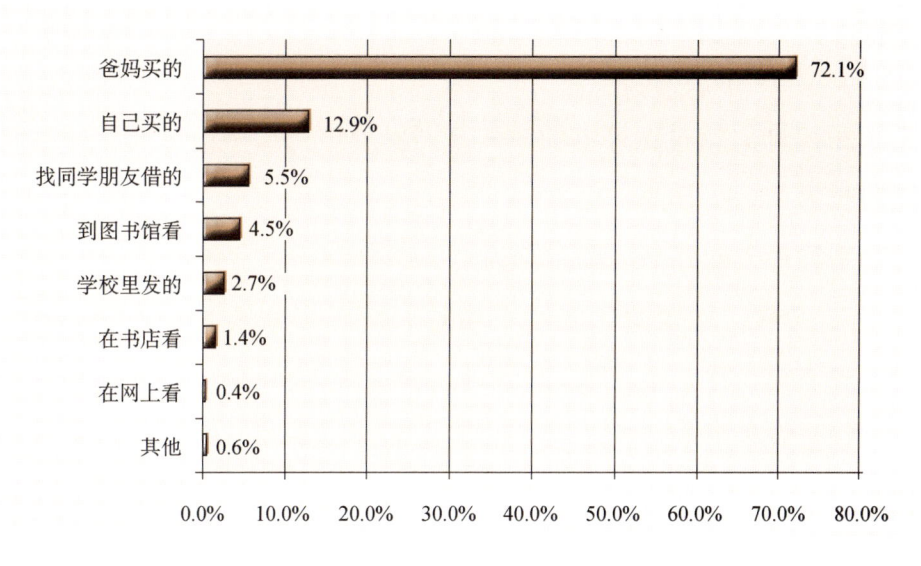

图 1-1-6　9—13 周岁少年儿童读者的阅读来源

对比城镇和农村 9—13 周岁少年儿童的阅读来源，整体趋势大致相同，均是以"爸妈买的"选择比例最高。城镇少年儿童选择"爸妈买的"（74.4%）选项的比例高于农村少年儿童（69.0%）；而农村少年儿童选择"找同学朋友借的"（8.0%）选项的比例高于城镇少年儿童（3.6%）。

具体情况如图 1-1-7 所示。

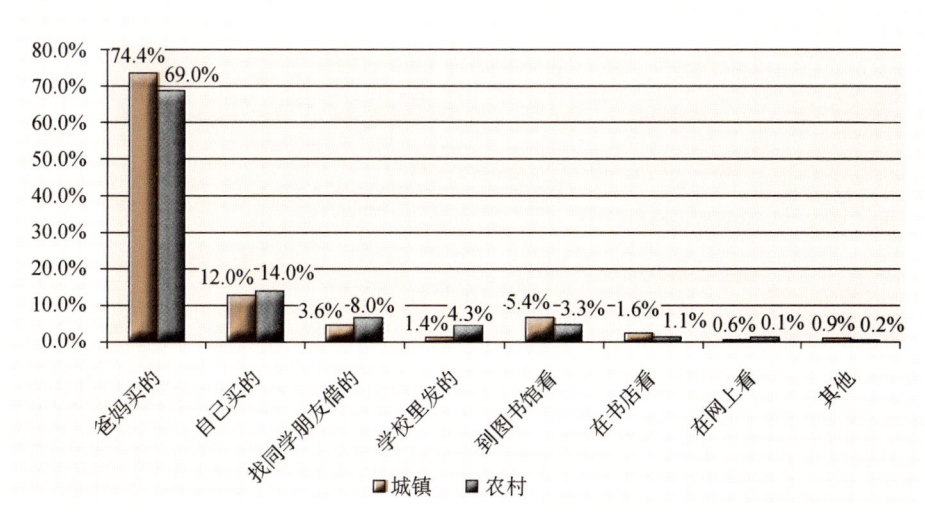

图 1-1-7　9—13 周岁少年儿童读者阅读来源的城乡对比

1.1.5 阅读时长

2017年，读过课外书的9—13周岁少年儿童平均每天课外书阅读时长为25.80分钟，比2016年的25.49分钟多0.31分钟。其中，男孩平均每天课外书阅读时长为23.69分钟，较女孩（27.41分钟）少3.72分钟。城镇少年儿童平均每天课外书阅读时长为26.46分钟，较农村少年儿童（24.98分钟）多1.48分钟。

读过课外书的9—13周岁少年儿童日均课外书阅读时长主要集中在5—60分钟，有10.8%的少年儿童平均每天看5—10分钟课外书；有22.0%的少年儿童平均每天看10—20分钟课外书；有32.1%的少年儿童平均每天看20—30分钟课外书；有17.2%的少年儿童平均每天看30—60分钟课外书。此外，有6.0%的少年儿童平均每天阅读课外书的时长在1小时及以上，仅有2.8%的少年儿童平均每天阅读课外书的时长在5分钟以下。

具体情况如图1-1-8所示。

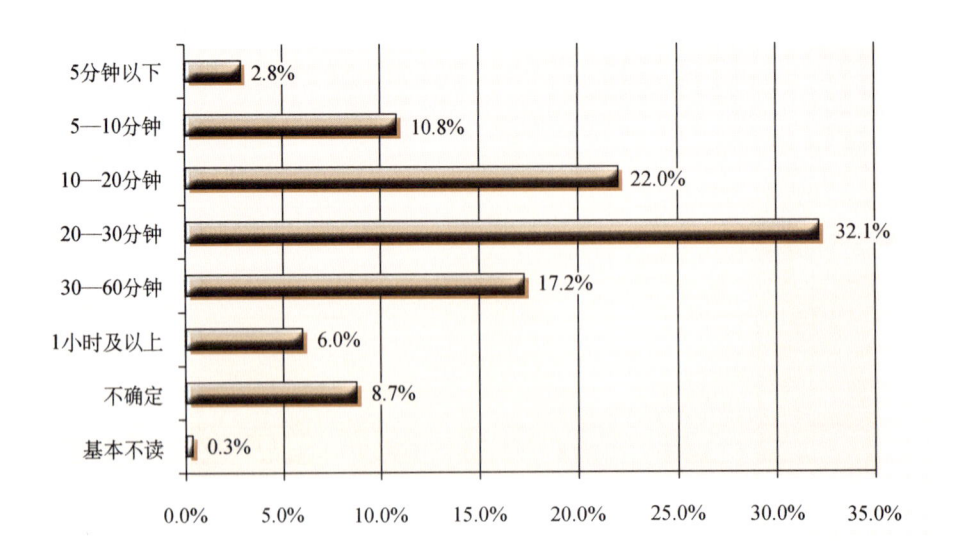

时长	百分比
5分钟以下	2.8%
5—10分钟	10.8%
10—20分钟	22.0%
20—30分钟	32.1%
30—60分钟	17.2%
1小时及以上	6.0%
不确定	8.7%
基本不读	0.3%

图1-1-8 9—13周岁少年儿童读者的日均课外书阅读时长

1.1.6　阅读地点

调查数据显示，在读过课外书的 9—13 周岁少年儿童中，"家里"是他们首选的课外书阅读地点，有 81.1% 的我国少年儿童主要在"家里"阅读；有 41.7% 的少年儿童表示主要在"学校"阅读课外书；还有 13.8% 的少年儿童没有固定的课外书阅读地点。

具体情况如图 1-1-9 所示。

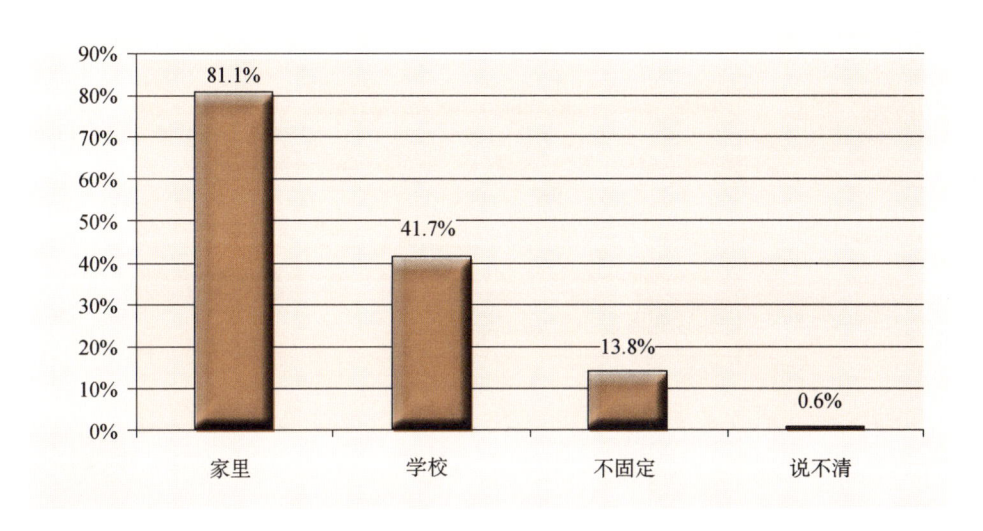

图 1-1-9　9—13 周岁少年儿童读者的课外书阅读地点

1.1.7　图书拥有量

2017 年，读过课外书的 9—13 周岁少年儿童人均课外书拥有量为 26.88 本。不同人口特征少年儿童群体之间的课外书拥有量存在一定差异。

从性别差异看，男孩的人均课外书拥有量为 26.22 本，较女孩（27.37 本）少 1.15 本。从城乡对比看，城镇少年儿童的人均课外书拥有量为 29.10 本，较农村少年儿童（24.04 本）多 5.06 本。

在读过课外书的 9—13 周岁少年儿童中，64.4% 的少年儿童的课外书拥有量集中在 30 本以内，具体来看，有 13.0% 的少年儿童的课外书拥有数量在 5 本以内；有 14.6% 的少年儿童的课外书拥有量在 6—10 本之间；有 18.5% 的少年儿童的课外书拥有数量在 11—20 本之间；有 18.3% 的少年儿童的课外书拥有数量在 21—30 本之间。此外，课外书拥有数量在 31—50 本之间的少年儿童比例为 24.7%；课外书拥有量超过 50 本的少年儿童比例为 9.7%。仅有 1.2% 的少年儿童表示没有属于自己的课外书。

具体情况如图 1-1-10 所示。

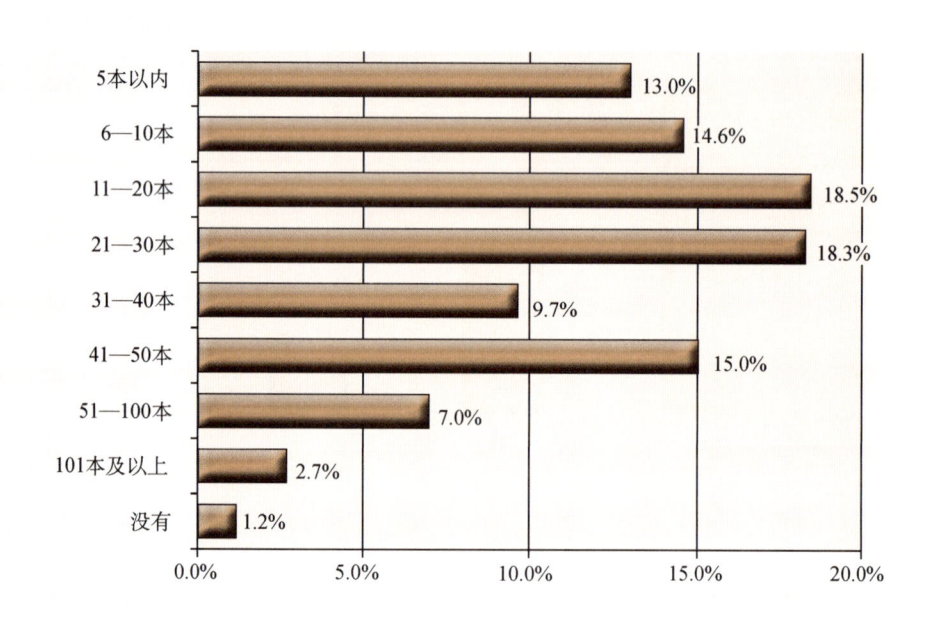

类别	比例
5本以内	13.0%
6—10本	14.6%
11—20本	18.5%
21—30本	18.3%
31—40本	9.7%
41—50本	15.0%
51—100本	7.0%
101本及以上	2.7%
没有	1.2%

图 1-1-10　9—13 周岁少年儿童读者家中的课外书拥有量

1.1.8　拥有第一本书的年龄

调查数据显示，9—13 周岁少年儿童拥有第一本书的起始年龄平均为 2.90 周岁。从城乡对比看，城镇少年儿童拥有第一本书的年龄相对较低，为 2.57 周岁；而农村少年儿童拥有第一本书的年龄则在 3.30 周岁。

近七成（67.6%）的该年龄段少年儿童是在 3 周岁以前开始拥有自己的第一本书；还有 21.6% 的少年儿童是在 4—5 周岁开始拥

有自己的第一本书。值得注意的是，6周岁及以上才开始拥有自己第一本书的少年儿童比例为10.9%。

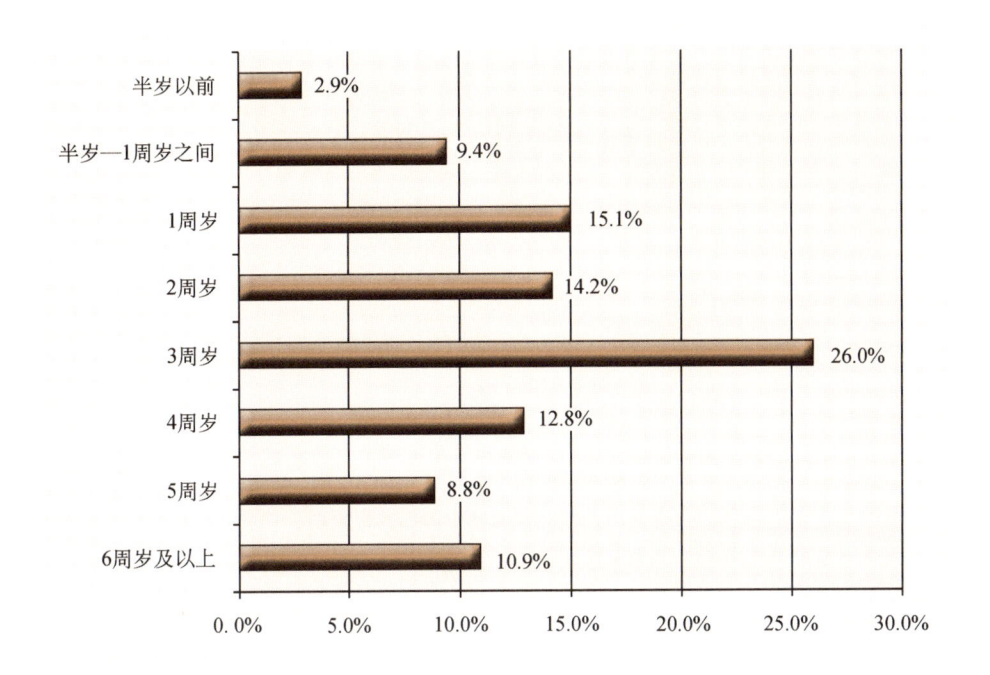

具体情况如图1-1-11所示。

图 1-1-11　9—13周岁少年儿童拥有第一本书的年龄

1.1.9　老师/家长对少年儿童阅读课外书的态度

本次调查显示，在读过课外书的9—13周岁少年儿童中，有75.8%的少年儿童认为学校老师对于其阅读课外书持赞成态度（"非常赞成"或"比较赞成"）；有2.9%的少年儿童认为学校老师反对（"比较反对"或"非常反对"）其阅读课外书；还有14.8%的少年儿童表示学校老师对其阅读课外书持"无所谓"态度；6.5%的少年儿童表示不清楚/不知道学校老师对其阅读课外书持什么态度。可见，我国大部分老师对少年儿童阅读课外书并不排斥。

具体情况如图1-1-12所示。

从城乡差异看，城镇少年儿童认为学校老师赞成其阅读课外书

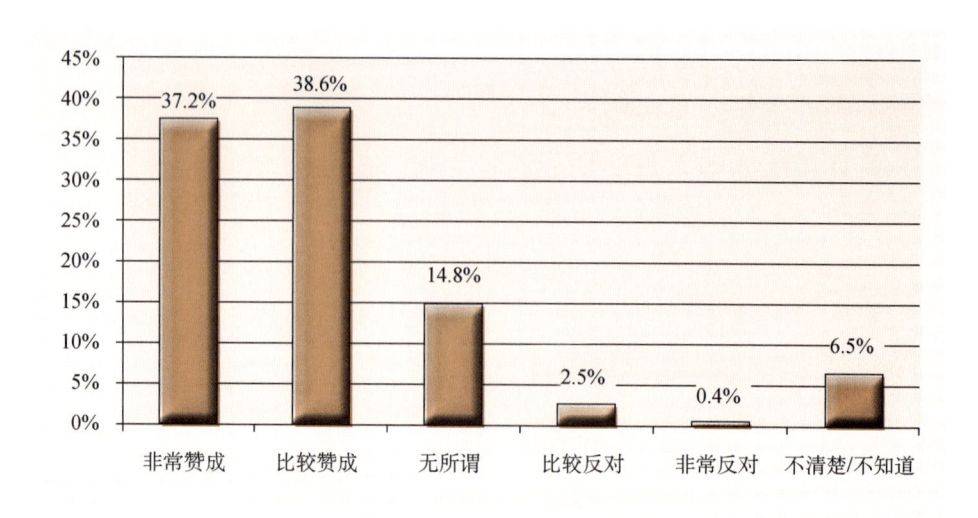

图 1-1-12 老师对 9—13 周岁少年儿童阅读课外书的态度

（"非常赞成"或"比较赞成"）的比例为 79.4%，高于农村少年儿童认为学校老师赞成其阅读课外书的比例（71.3%）。而农村少年儿童认为学校老师对其阅读课外书持"无所谓"态度的比例（21.0%）高于城镇少年儿童认为学校老师对其阅读课外书持"无所谓"态度的比例（10.0%）。

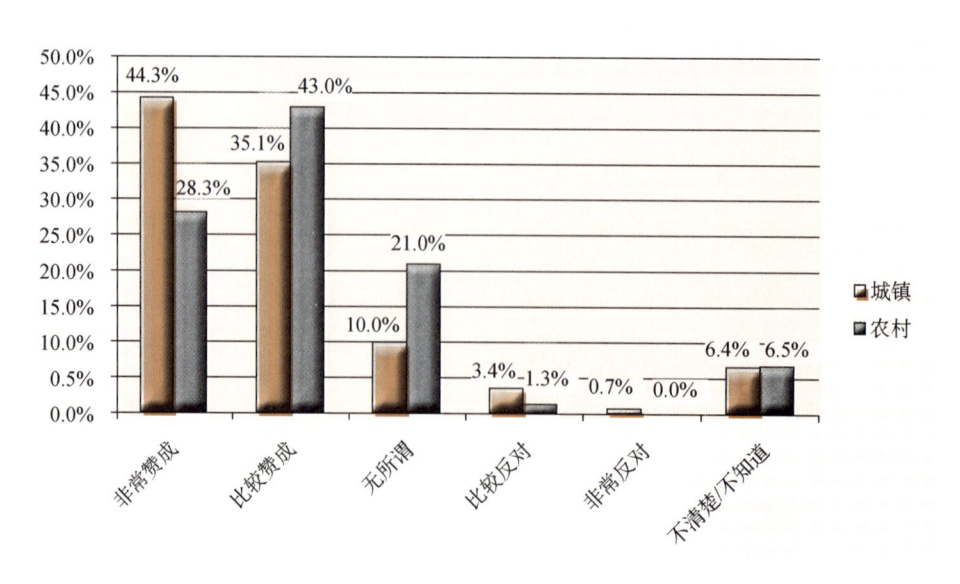

具体情况如图 1-1-13 所示。

图 1-1-13 老师对 9—13 周岁少年儿童阅读课外书态度的城乡比较

本次调查显示，87.3%的9—13周岁少年儿童家长对孩子阅读课外书持赞成态度（"非常赞成"或"比较赞成"）；仅有1.5%的少年儿童家长反对（"比较反对"或"非常反对"）孩子阅读课外书；还有9.5%的少年儿童家长对孩子阅读课外书持"无所谓"的态度。可见，我国绝大部分少年儿童家长对孩子阅读课外书并不反对。

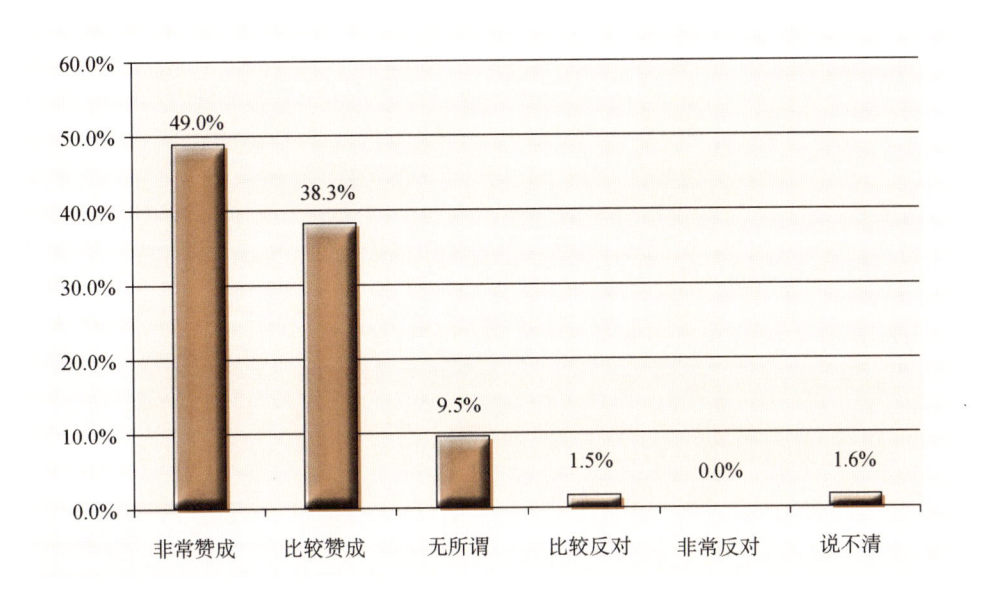

具体情况如图1-1-14所示。

图1-1-14　家长对9—13周岁少年儿童阅读课外书的态度

将城乡少年儿童家长对孩子阅读课外书的态度进行对比发现，城镇少年儿童家长赞成（"非常赞成"或"比较赞成"）孩子阅读课外书的比例（86.0%）低于农村少年儿童家长（88.9%）。农村少年儿童家长反对（"非常反对"或"比较反对"）孩子阅读课外书的比例（0.1%）低于城镇少年儿童家长（2.8%）。

具体情况如图1-1-15所示。

1.1.10　制约少年儿童阅读的因素

调查显示，在我国9—13周岁不经常看书的少年儿童的家长中，43.2%的家长认为制约孩子读书的主要因素是"孩子的课业负担重"；有25.3%的家长认为制约孩子读书的主要因素是"孩子不喜

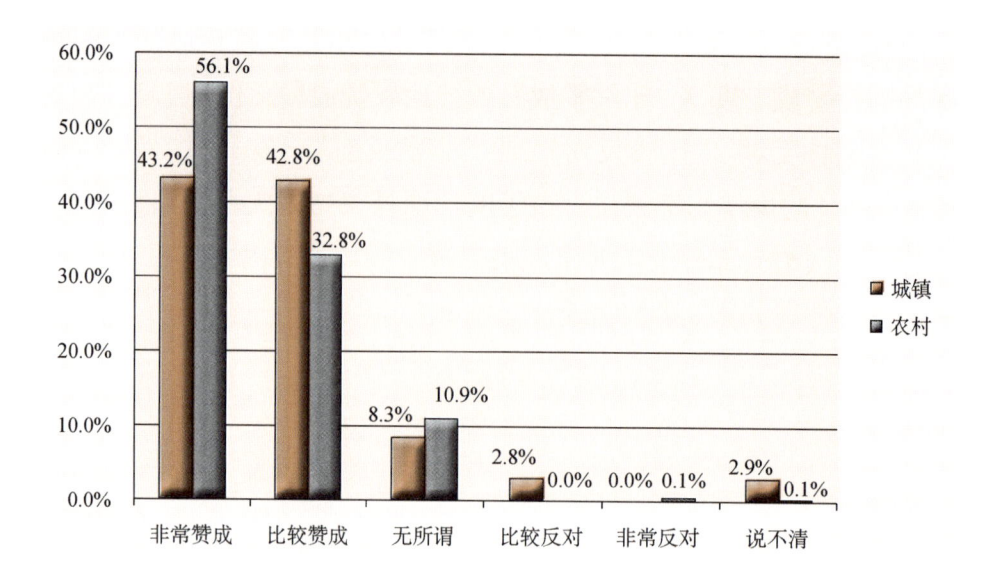

图 1-1-15 家长对 9—13 周岁少年儿童阅读课外书态度的城乡差异

欢看书";有 11.6% 的家长认为制约孩子读书的主要因素是"其他媒介的干扰（看电视、玩电脑等）";有 10.5% 的家长认为制约孩子读书的主要因素是"没人教孩子看书";有 7.6% 的家长认为"读课外书影响孩子学习"。此外，还有 0.6% 的家长认为孩子不读书或不经常读书是因为"没有闲钱给孩子买课外书"。

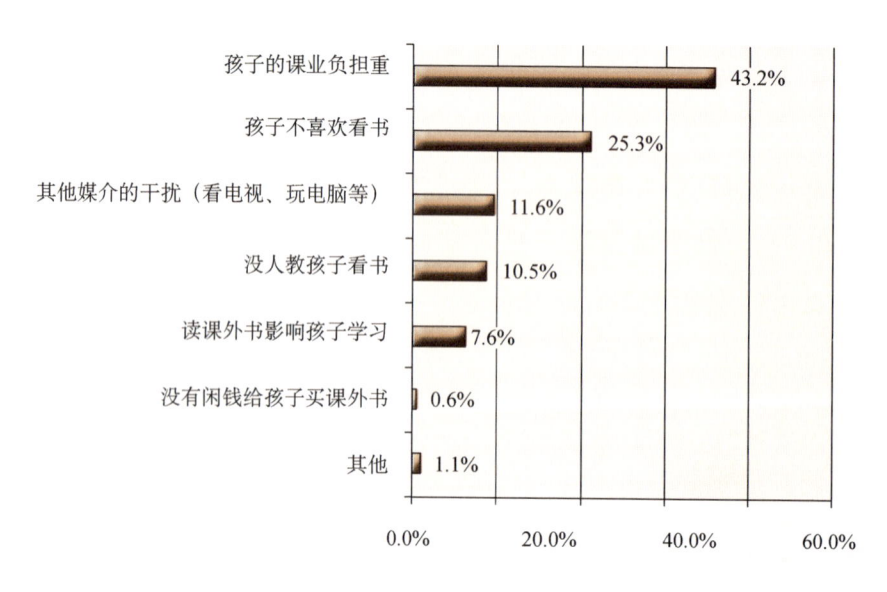

具体情况如图 1-1-16 所示。

图 1-1-16 制约 9—13 周岁少年儿童阅读的因素

1.2 少年儿童购书状况

1.2.1 少儿图书购买量

本次调查显示，2017年，我国9—13周岁少年儿童家长人均为孩子购买少儿图书10.40本。其中，城镇少年儿童家长人均为孩子购买少儿图书12.38本，较农村少年儿童家长（7.98本）多4.40本。

具体来看，购书数量在1—20本以内的家长所占比例高达73.8%；购书数量在21—50本之间的家长比例为8.7%；仅有1.4%的家长给孩子购买的少儿图书数量超过50本。此外，还有15.9%的该年龄段少年儿童家长没给孩子购买过任何少儿图书。

具体情况如图1-2-1所示。

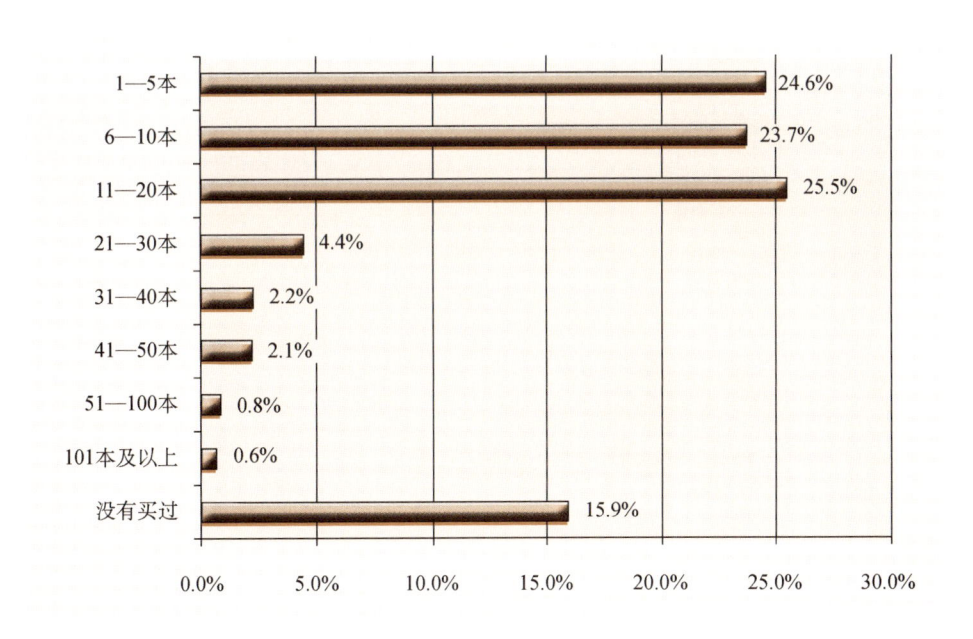

购书数量	比例
1—5本	24.6%
6—10本	23.7%
11—20本	25.5%
21—30本	4.4%
31—40本	2.2%
41—50本	2.1%
51—100本	0.8%
101本及以上	0.6%
没有买过	15.9%

图 1-2-1　9—13周岁少年儿童家长的少儿图书购买量

1.2.2 少儿图书购买金额

2017年，我国曾给孩子购买过少儿图书的9—13周岁少年儿童家长人均少儿图书购买金额为81.74元。进一步分析可知，城镇少年儿童家长人均少儿图书购买金额为82.58元，较农村家长（80.62元）多1.96元。

具体来看，在过去一年曾给孩子购买过少儿图书的我国9—13周岁少年儿童家长中，有18.4%的家长购书金额在50元以下；有23.8%的家长购书金额在50—100元之间。此外，有57.8%的我国少年儿童家长为孩子购买图书的花费超过100元。

具体情况如图1-2-2所示。

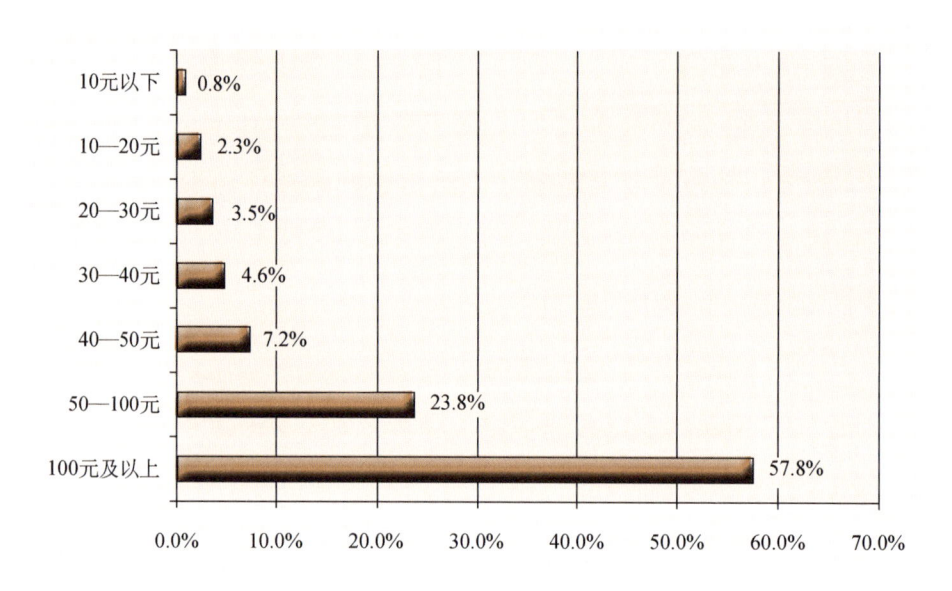

购买金额	占比
10元以下	0.8%
10—20元	2.3%
20—30元	3.5%
30—40元	4.6%
40—50元	7.2%
50—100元	23.8%
100元及以上	57.8%

图1-2-2 9—13周岁少年儿童家长的少儿图书购买金额

1.2.3 家长对少儿图书的购买力

1.2.3.1 家长对少儿图书的价格承受能力

调查显示，对于一本200页左右的少儿简装书，我国9—13周岁少年儿童家长平均能够接受的价格为17.32元。

对于购买一本200页左右的少儿简装书而言，72.9%的我国9—13周岁少年儿童家长能够接受的价格区间集中在8—30元。具体来看，23.3%的家长能承受的价格区间为8—12元；25.2%的家长能承受 12—20 元的价格；24.4%的家长能承受 20—30 元的价格。此外，有 6.2%的少年儿童家长只能承受 8 元以下的价格；有 7.3%的家长能够承受 30 元及以上的价格；还有 13.6%的家长认为"只要喜欢，多贵都买"。

具体情况如图 1-2-3 所示。

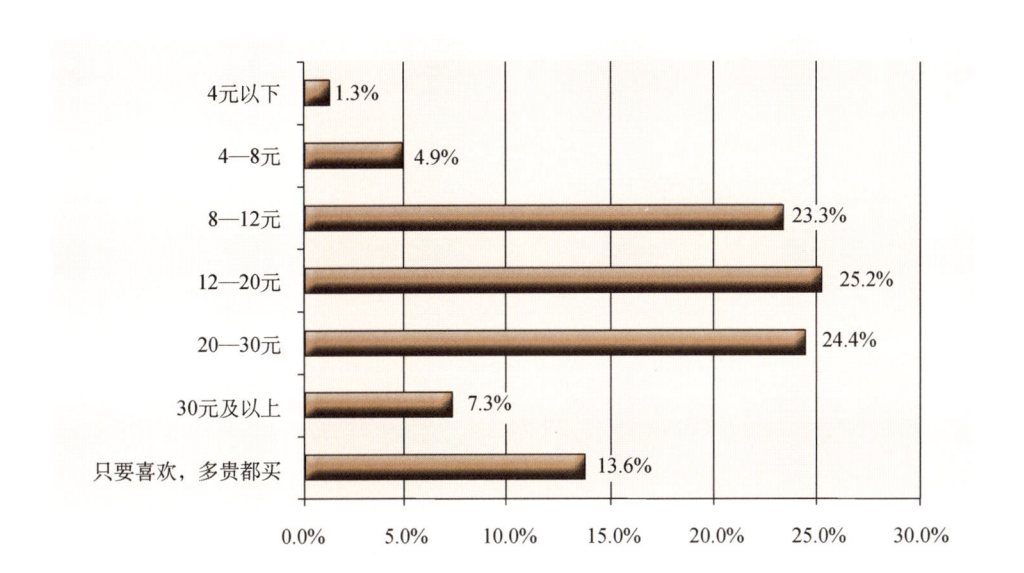

价格区间	比例
4元以下	1.3%
4—8元	4.9%
8—12元	23.3%
12—20元	25.2%
20—30元	24.4%
30元及以上	7.3%
只要喜欢，多贵都买	13.6%

图 1-2-3　9—13 周岁少年儿童家长对少儿图书的价格承受能力

1.2.3.2　家长对少儿图书价格的评价

2017 年，43.5%的我国 9—13 周岁少年儿童家长认为当前少儿图书的定价高（"比较高"或"很高"）。具体看来，6.8%的家长认为目前少儿图书价格"很高"；36.7%的家长认为目前少儿图书价格"比较高"。此外，认为少儿图书价格"一般"的家长所占比例为 44.6%；仅有 0.8%的家长认为目前少儿图书的价格低（"比较低"或"很低"）。

具体情况如图 1-2-4 所示。

1.2.4　家长为孩子购书的类型

2017 年，我国 9—13 周岁少年儿童家长最常为孩子购买的图书

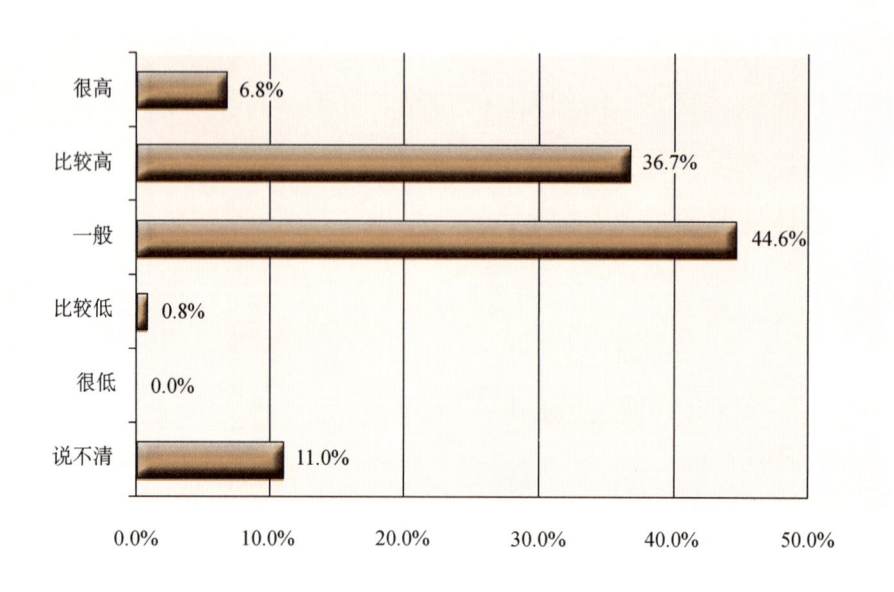

图 1-2-4　9—13 周岁少年儿童家长对少儿图书价格的评价

类型是"寓言童话",选择比例为 44.7%;其次,给孩子购买"作文精选""经典名著""励志故事""科普百科""卡通漫画"类图书的家长也相对较多,选择比例分别为 42.2%、40.5%、38.3%、26.5%、23.6%,均超过 20.0%。而选择"古诗绘画本"类图书的家长相对较少,选择比例仅为 9.3%。

具体情况如图 1-2-5 所示。

1.2.5　家长对少儿图书种类和质量的评价

2017 年,65.3% 的我国 9—13 周岁少年儿童家长认为目前少儿图书市场上的图书种类丰富。具体看来,25.1% 的家长认为种类"很丰富";40.2% 的家长认为种类"比较丰富"。另外,有 19.2% 的家长认为目前市场上少儿图书种类"一般";仅有 2.8% 的家长认为目前市场上少儿图书种类少("比较少"或"很少")。

具体情况如表 1-2-1 所示。

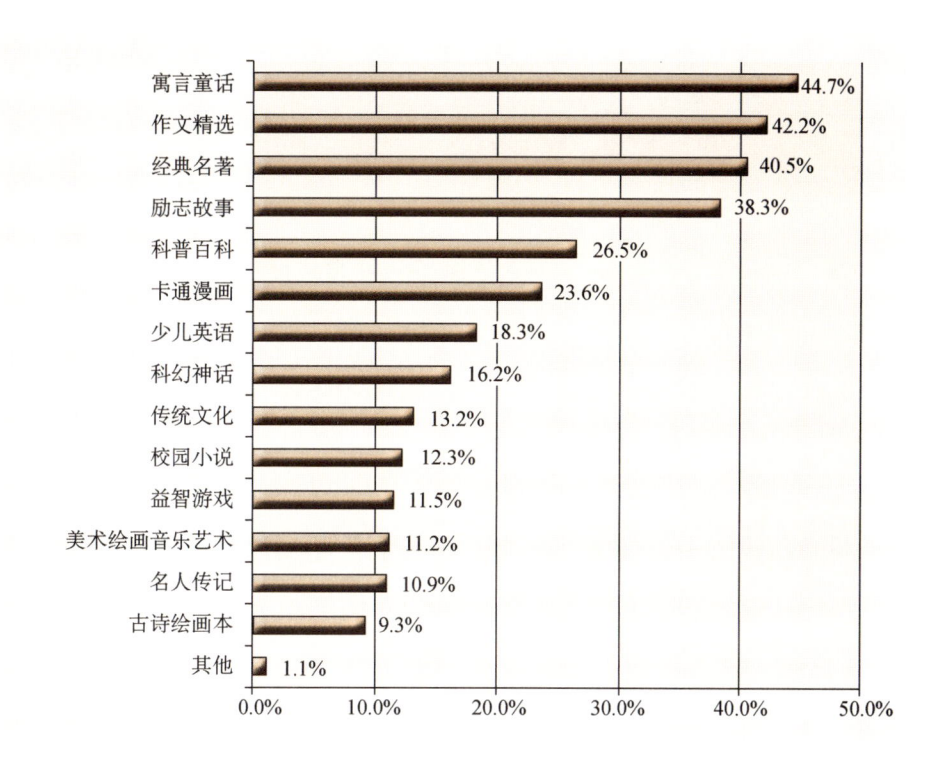

寓言童话	44.7%
作文精选	42.2%
经典名著	40.5%
励志故事	38.3%
科普百科	26.5%
卡通漫画	23.6%
少儿英语	18.3%
科幻神话	16.2%
传统文化	13.2%
校园小说	12.3%
益智游戏	11.5%
美术绘画音乐艺术	11.2%
名人传记	10.9%
古诗绘画本	9.3%
其他	1.1%

图 1-2-5　9—13 周岁少年儿童的家长为孩子购买的图书类型

表 1-2-1　9—13 周岁少年儿童的家长对少儿图书种类的评价

评价	选择比例
很丰富	25.1%
比较丰富	40.2%
一般	19.2%
比较少	2.7%
很少	0.1%
说不清	12.5%

调查显示，我国 53.3% 的 9—13 周岁少年儿童家长认为目前少儿图书市场上的图书质量高（"很高"或"比较高"），具体来看，有 10.3% 的家长认为少儿图书质量"很高"；43.0% 的家长认为少儿图书质量"比较高"。此外，认为目前市场上少儿图书质量"一般"的家长所占比例为 31.6%；还有 1.8% 的家长认为目前市场上少儿图书质量低（"比较低"或"很低"）。

具体情况如表 1-2-2 所示。

表 1-2-2　9—13 周岁少年儿童家长对少儿图书质量的评价

评价	选择比例
很高	10.3%
比较高	43.0%
一般	31.6%
比较低	1.8%
很低	0.0%
说不清	13.3%

1.2.6　购书渠道

调查显示，在过去一年曾给孩子购买过少儿图书的 9—13 周岁少年儿童家长中，经常在"新华书店"购书的比例最高，达到 81.2%。不少家长也经常会在"私营书店"给孩子选购图书，选择比例为 36.7%。此外，28.0% 的家长会在"网上书店"给孩子选购图书；10.7% 的家长会在"超市商场"给孩子选购图书；9.7% 的家长会在"街头书摊"给孩子选购图书。而其他渠道的选择比例则相对较低，均低于 5.0%。

具体情况如图 1-2-6 所示。

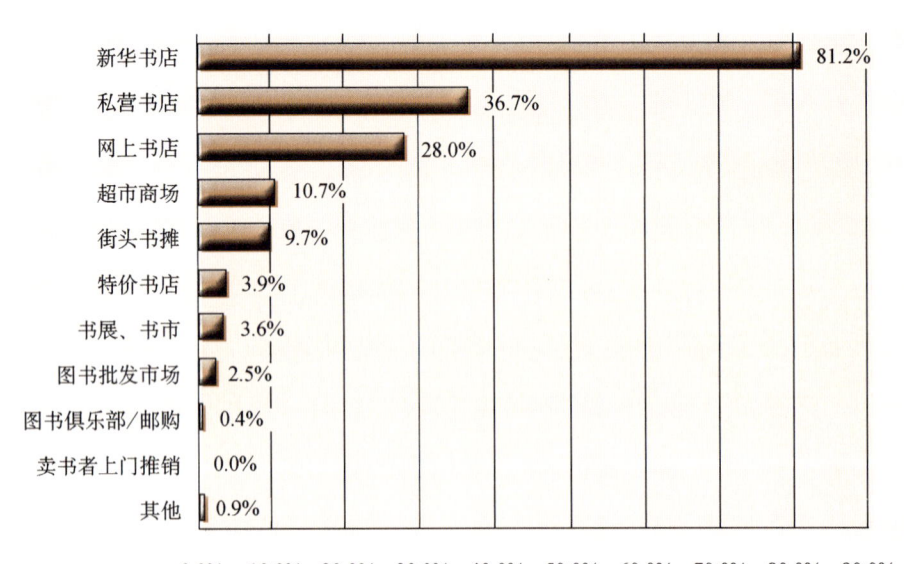

渠道	比例
新华书店	81.2%
私营书店	36.7%
网上书店	28.0%
超市商场	10.7%
街头书摊	9.7%
特价书店	3.9%
书展、书市	3.6%
图书批发市场	2.5%
图书俱乐部/邮购	0.4%
卖书者上门推销	0.0%
其他	0.9%

图 1-2-6　9—13 周岁购书少年儿童家长图书购买渠道

1.2.7 影响家长购书渠道选择的因素

我国9—13周岁少年儿童家长在选择购书渠道时,"图书种类多"是其最主要的考虑因素,在过去一年购买过少儿图书的9—13周岁少年儿童家长中,有59.1%的家长选择了此项。便利性、购书距离、信息丰富程度、价格和店内环境也是我国少年儿童家长选择购书渠道的重要因素,在过去一年购买过少儿图书的9—13周岁少年儿童家长中,有37.1%的家长认为"很容易找到需要的书"是其选择购书渠道的一个主要原因;有35.7%的家长认为"离得较近"是其选择购书渠道的一个主要原因;有27.9%的家长认为"图书信息丰富"是其选择购书渠道的一个主要原因;有20.0%的家长认为"价格折扣"是其选择购书渠道的一个主要原因;还有19.1%的家长认为"店内环境好,设施齐全"是其选择购书渠道的一个主要原因。

具体情况如图1-2-7所示。

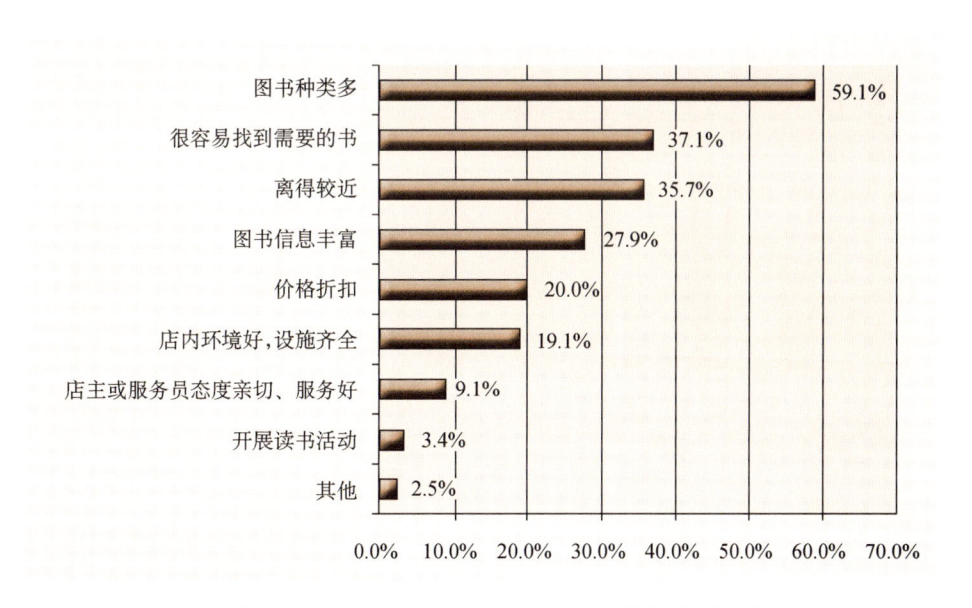

图1-2-7 影响9—13周岁购书少年儿童家长选择购书渠道的因素

1.2.8 购书距离

调查数据显示,我国9—13周岁少年儿童家长平均在3.56公里内可找到购书点,即离家最近购书点的平均距离为3.56公里。目前城乡之间的图书购买点分布密度存在一定差异。城镇中各类图书购买点相对较多,分布较为紧密,城镇少年儿童家长平均在2.43公里内可找到购书点。而农村的图书购买点分布则相对零散,农村少年儿童家长平均在4.97公里内才能找到购书点。

超过五成(51.3%)的9—13周岁少年儿童家长表示离家最近的购书点在3公里以内。有39.4%的家长表示离家最近的购书点在3公里及以上。特别值得注意的是,有10.9%的家长表示离家最近购书点在10公里及以上。还有9.1%的少年儿童家长对这一距离表示"不清楚/不知道"。

具体情况如图1-2-8所示。

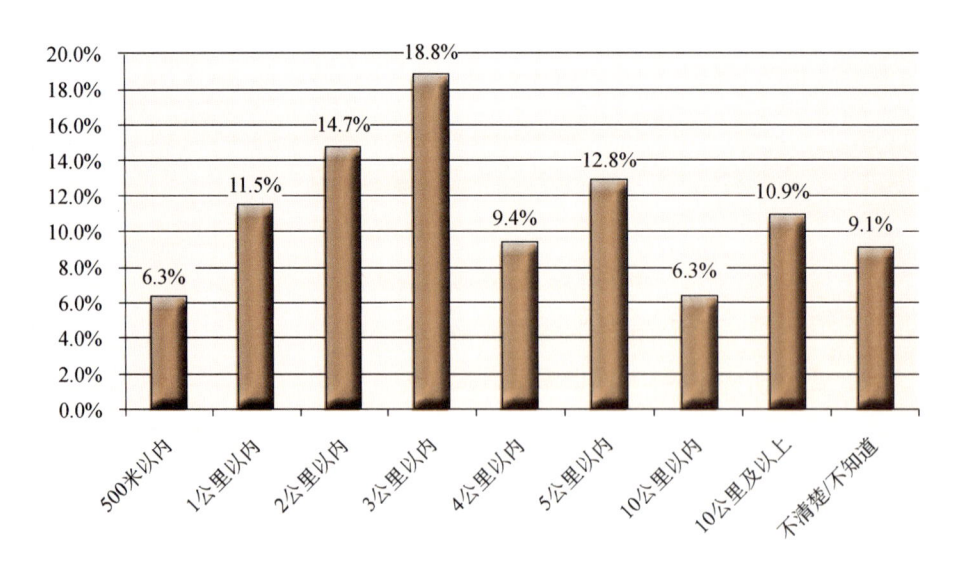

图 1-2-8 9—13周岁少年儿童离家最近购书点的距离

1.2.9 影响家长为孩子购书的主要因素

对于曾在 2017 年购买过少儿图书的我国 9—13 周岁少年儿童家长来说，"老师或学校推荐"是影响其为孩子购书的最重要原因，选择比例为 58.7%。其次，"孩子喜欢"和"图书内容简介"也是影响其为孩子购书的主要因素，选择比例分别为 44.3% 和 29.4%。再次，还分别有 15.6%、14.7%、12.6%、12.5%、12.2%、11.2%、10.7% 和 10.2% 的家长将"封面设计及外观""书名或目录""朋友推荐""畅销书榜""价格""店员推荐""作者""专家推荐"作为给孩子选购图书时考虑的主要因素之一。而"电视、电影原作""媒体的书讯和书评""网上或邮件图书信息介绍"等因素的影响力则相对较弱，选择比例均不足 5.0%。

具体情况如图 1-2-9 所示。

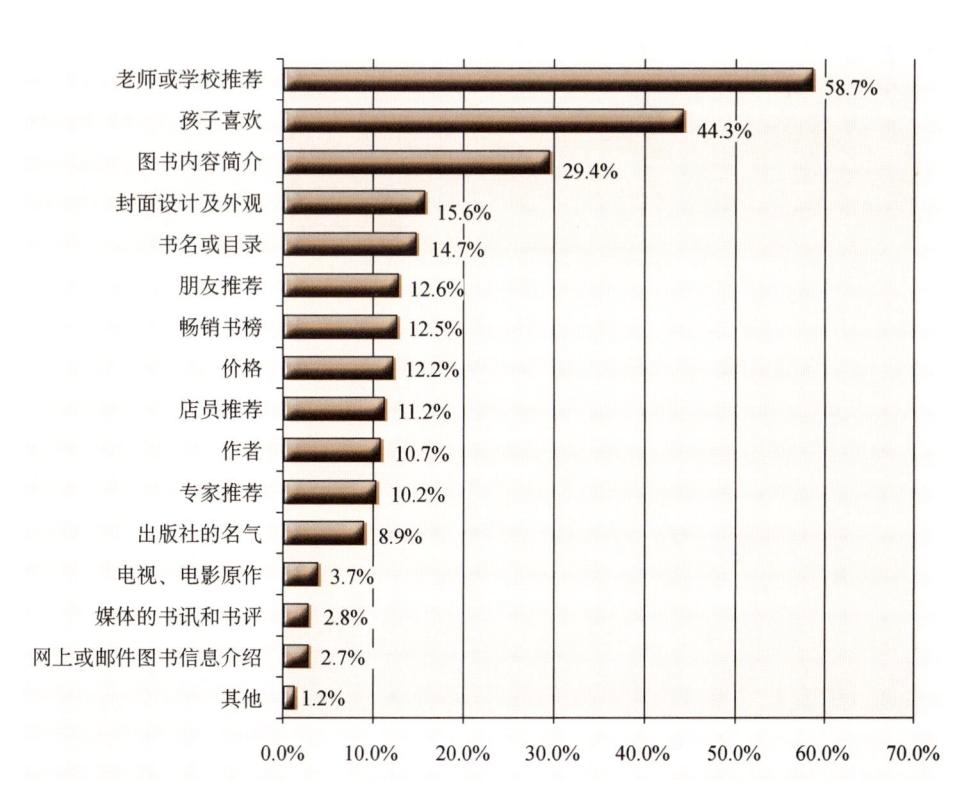

图 1-2-9 影响 9—13 周岁购书少年儿童家长为孩子购书的主要因素

1.2.10　家长为孩子购书的不便之处

调查数据显示，72.9%的我国9—13周岁少年儿童家长认为在为孩子购书时没有不方便的地方。购书距离过远是我国少年儿童家长在给孩子买书时遇到的主要不便之处，有13.9%的少年儿童家长表示"家离卖书的地方很远"会影响其购买图书。此外，有9.3%的少年儿童家长表示购书不便是因为"对书的信息知道的少"。还有5.5%的少年儿童家长表示购书不便是因为"书价过高"。

具体情况如图1-2-10所示。

图1-2-10　9—13周岁少年儿童家长为孩子购书的不便之处

1.2.11　家长为孩子选择图书的倾向

在购买少儿读物时，有49.1%的9—13周岁少年儿童家长选择的是国内原创图书；选择购买引进版图书的家长仅占4.7%；还有46.2%的家长表示，在为孩子购书时并未注意过所购出版物是国内原创图书还是引进版图书。

具体情况如图1-2-11所示。

国内原创, 49.1%

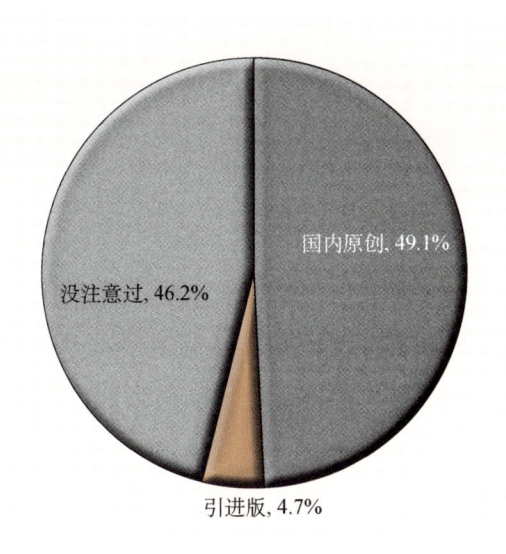

没注意过, 46.2%

引进版, 4.7%

图 1-2-11　家长为少年儿童选择引进版与国内原创图书的比较

1.3　少年儿童与家长互动阅读情况

1.3.1　家长陪孩子读书情况

9—13周岁少年儿童已经具备了相当的理解和阅读能力，且独立意识开始凸显，我国有43.4%的9—13周岁少年儿童平时在家里主要是自己读书，没有家长陪伴。"妈妈"是最经常陪伴孩子读书的家长，有44.9%的少年儿童表示平时在家主要是"妈妈"陪自己读书；有21.0%的少年儿童表示平时在家主要是"爸爸"陪自己读书。还分别有6.4%和5.4%的少年儿童表示平时在家主要是"奶奶"或者"爷爷"陪自己读书，而"外婆"和"外公"则较少陪孩子读书，选择比例均相对不高。

具体情况如图1-3-1所示。

1.3.2　家长带孩子逛书店的频率

本次调查显示，我国9—13周岁少年儿童家长一年平均带孩子逛11.96次书店。其中，城镇少年儿童家长一年平均带孩子逛

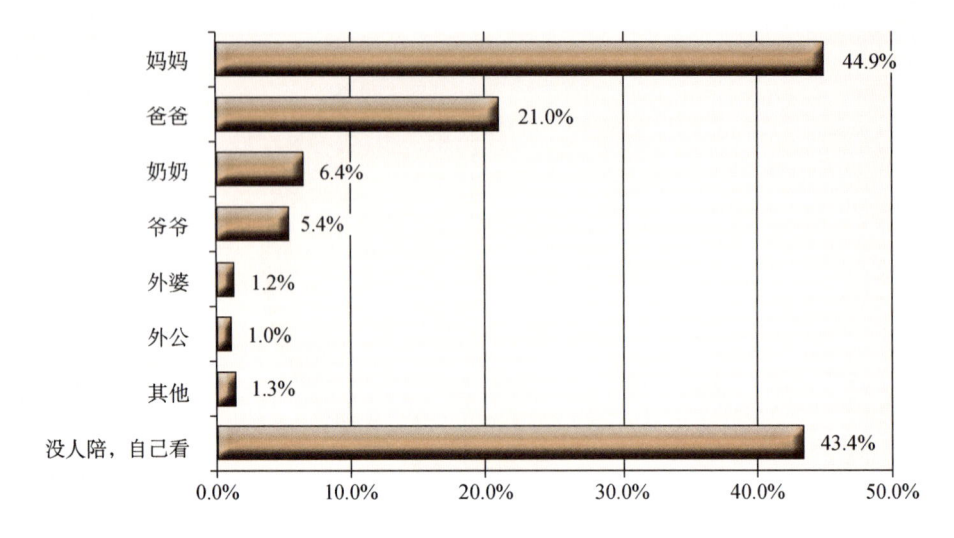

妈妈	44.9%
爸爸	21.0%
奶奶	6.4%
爷爷	5.4%
外婆	1.2%
外公	1.0%
其他	1.3%
没人陪，自己看	43.4%

图 1-3-1　9—13 周岁少年儿童家长陪孩子读书情况

15.14 次书店，农村少年儿童家长一年平均带孩子逛 8.07 次书店。有 83.5% 的家长会带孩子逛书店，具体来看，有 9.2% 的家长平均每星期带孩子逛一次书店；有 11.9% 的家长平均每月带孩子逛两次书店；有 30.9% 的家长平均每月带孩子逛一次书店；有 26.3% 的家长平均每学期带孩子逛一次书店；还有 5.2% 的家长平均每年带孩子逛一次书店。

具体情况如图 1-3-2 所示。

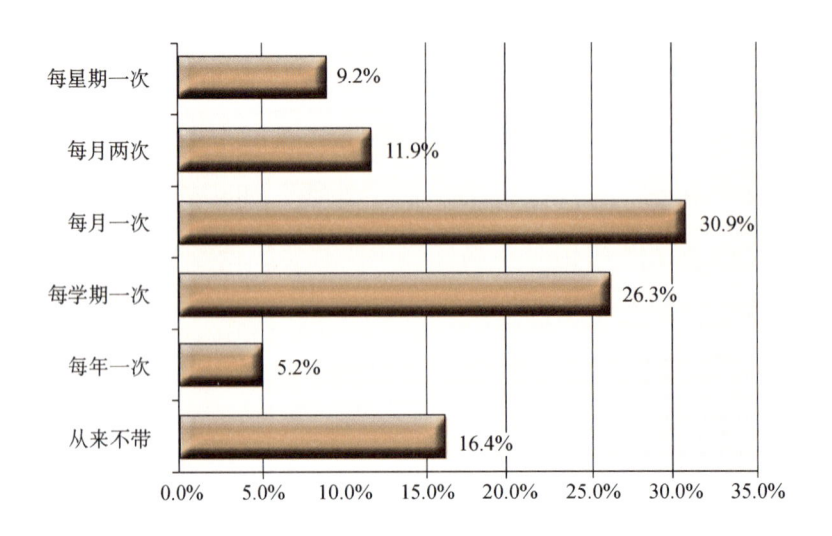

每星期一次	9.2%
每月两次	11.9%
每月一次	30.9%
每学期一次	26.3%
每年一次	5.2%
从来不带	16.4%

图 1-3-2　9—13 周岁少年儿童的家长带孩子逛书店的频率

1.4 少年儿童最喜爱的图书

在无提示的情况下,调查者向少年儿童被访者询问他们最喜爱的三本书的名字,然后根据图书被提及频次进行排名。结果显示,2017年我国9—13周岁少年儿童最喜爱的图书是《格林童话》,其次为《西游记》和《伊索寓言》。此外,《童年》《格列佛游记》《小王子》《三国演义》《稻草人》等中外文学名著以及《十万个为什么》《查理九世》等少儿读物也榜上有名。

具体情况如表1-4-1所示。

表1-4-1 9—13周岁少年儿童最喜爱的图书

排名	图书名称
1	格林童话
2	西游记
3	伊索寓言
4	童年
5	格列佛游记
6	三国演义
7	十万个为什么
8	小王子
9	稻草人
10	查理九世

1.5 少年儿童最喜爱的作者

2017年,9—13周岁少年儿童最喜爱的十大图书作者中,排名第一的是杨红樱,其后是沈石溪、叶圣陶、儒勒·凡尔纳、曹文轩、安徒生、冰心、郑渊洁、鲁迅、秦文君。

具体情况如表1-5-1所示。

表 1-5-1　9—13 周岁少年儿童最喜爱的作者

排名	作者
1	杨红樱
2	沈石溪
3	叶圣陶
4	儒勒·凡尔纳
5	曹文轩
6	安徒生
7	冰心
8	郑渊洁
9	鲁迅
10	秦文君

1.6　少年儿童最喜爱的出版社

同样，在无提示的情况下，调查者向少年儿童被访家长询问其孩子最喜爱的三家出版社是哪些，然后根据出版社被提及频次进行排名。结果显示，2017 年 9—13 周岁少年儿童最喜爱的出版社排在前三位的分别是：浙江少年儿童出版社、中国少年儿童新闻出版总社、明天出版社。

具体情况如表 1-6-1 所示。

表 1-6-1　9—13 周岁少年儿童最喜爱的出版社

排名	出版社名称
1	浙江少年儿童出版社
2	中国少年儿童新闻出版总社
3	明天出版社
4	人民出版社
5	江苏少年儿童出版社
6	光明日报出版社
7	新华出版社
8	清华大学出版社
9	少年儿童出版社
10	人民教育出版社

第二章
9—13周岁少年儿童期刊阅读与购买状况

2.1 少年儿童的期刊阅读率与阅读量

2017年,我国9—13周岁少年儿童的期刊阅读率为36.2%,较2016年的48.1%降低了11.9个百分点。

从性别差异看,该年龄段男孩的期刊阅读率为35.1%,较女孩的期刊阅读率(37.1%)低2.0个百分点。从城乡对比看,该年龄段城镇少年儿童的期刊阅读率为41.4%,较农村少年儿童的期刊阅读率(29.8%)高出11.6个百分点。

具体情况如表2-1-1所示。

表2-1-1 不同人口特征9—13周岁少年儿童的期刊阅读率

人口特征	类别	期刊阅读率
性别	男孩	35.1%
	女孩	37.1%
城乡	城镇	41.4%
	农村	29.8%

2017年,我国9—13周岁少年儿童人均期刊阅读量为1.91期/份,较2016年的2.98期/份减少了1.07期/份。从性别差异看,该年龄段男孩的期刊阅读量为1.52期/份,较女孩的期刊阅读量

（2.21期/份）少0.69期/份。该年龄段城镇少年儿童的期刊阅读量为2.48期/份，较农村少年儿童的期刊阅读量（1.22期/份）多1.26期/份。

具体情况如表2-1-2所示。

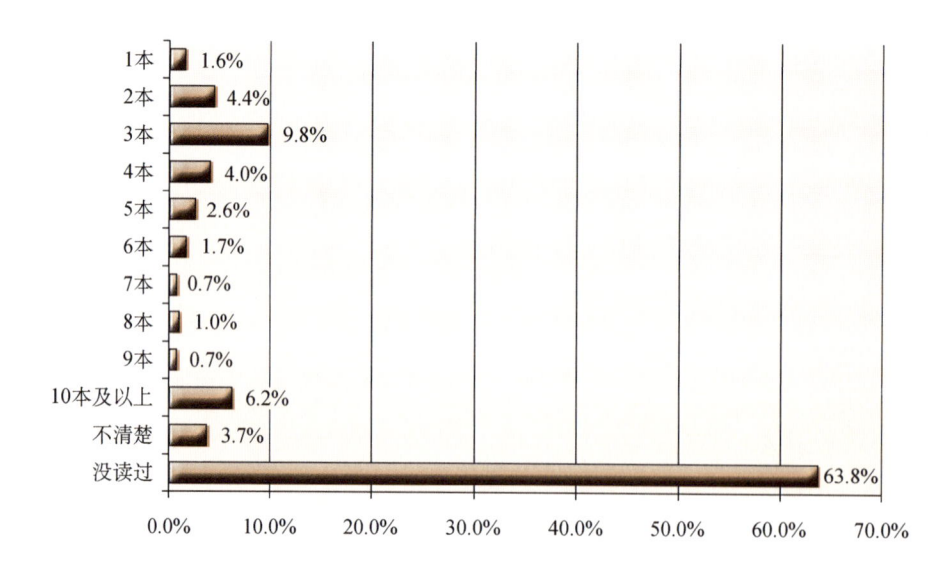

表2-1-2 不同人口特征9—13周岁少年儿童的期刊阅读量

人口特征	类别	期刊阅读量（期/份）
性别	男孩	1.52
	女孩	2.21
城乡	城镇	2.48
	农村	1.22

2017年，有22.4%的9—13周岁少年儿童的期刊阅读量在5本及以下；10.3%的少年儿童期刊阅读量在6本及以上；还有3.7%的少年儿童表示"不清楚"。

具体情况如图2-1-1所示。

类别	比例
1本	1.6%
2本	4.4%
3本	9.8%
4本	4.0%
5本	2.6%
6本	1.7%
7本	0.7%
8本	1.0%
9本	0.7%
10本及以上	6.2%
不清楚	3.7%
没读过	63.8%

图2-1-1 9—13周岁少年儿童的期刊阅读量

2.2 家长对少儿期刊的购买状况

2.2.1 家长对少儿期刊的价格承受能力

本次调查显示，我国9—13周岁少年儿童家长平均可接受的单本少儿期刊价格为7.92元。其中，城镇家长平均可接受的单本少儿期刊价格为8.40元；农村家长平均可接受的单本少儿期刊价格为7.34元。

进一步分析来看，我国65.7%的9—13周岁少年儿童家长能接受的少儿期刊价格区间在4—10元。具体来看，有20.2%的家长能接受4—6元的价格区间；有27.3%的家长能接受6—8元的价格区间；8—10元的价格区间被18.2%的家长所接受。此外，能接受每本少儿期刊价格在10元及以上的家长占24.1%。只有10.3%的家长能接受每本少儿期刊的价格在4元以下。

具体情况如图2-2-1所示。

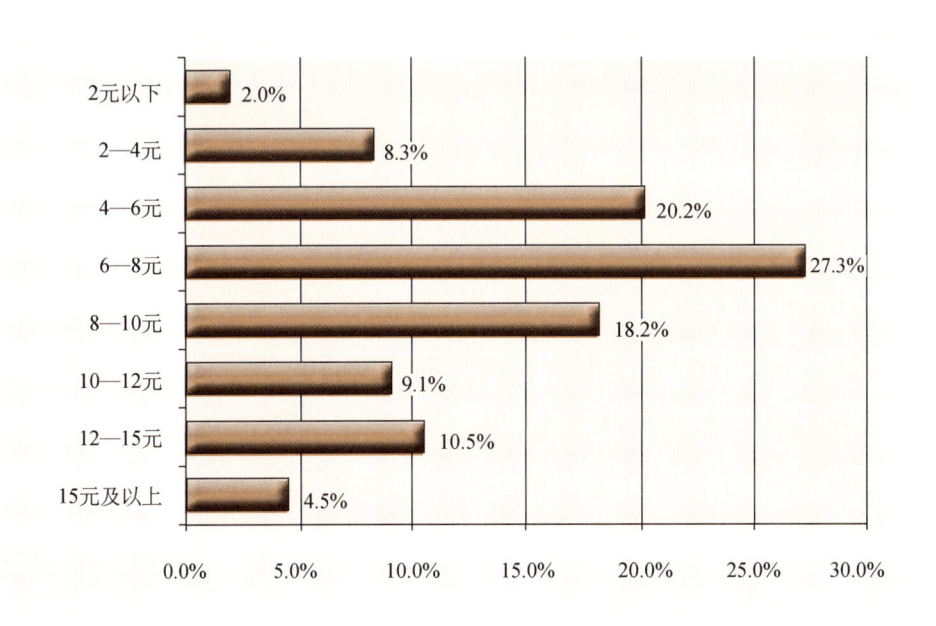

价格区间	比例
2元以下	2.0%
2—4元	8.3%
4—6元	20.2%
6—8元	27.3%
8—10元	18.2%
10—12元	9.1%
12—15元	10.5%
15元及以上	4.5%

图2-2-1　9—13周岁少年儿童的家长对少年儿童期刊的价格承受能力

2.2.2 家长对少儿期刊的价格评价

调查显示，我国有 27.6% 的 9—13 周岁少年儿童家长认为当前少儿期刊价格偏贵（有 25.6% 的家长认为"比较贵"，2.0% 的家长认为"非常贵"）；还有 66.0% 的我国少年儿童家长认为目前的少儿期刊价格合适。此外，仅有 6.4% 的家长认为目前少儿期刊价格便宜（"比较便宜"或"非常便宜"）。

具体情况如图 2-2-2 所示。

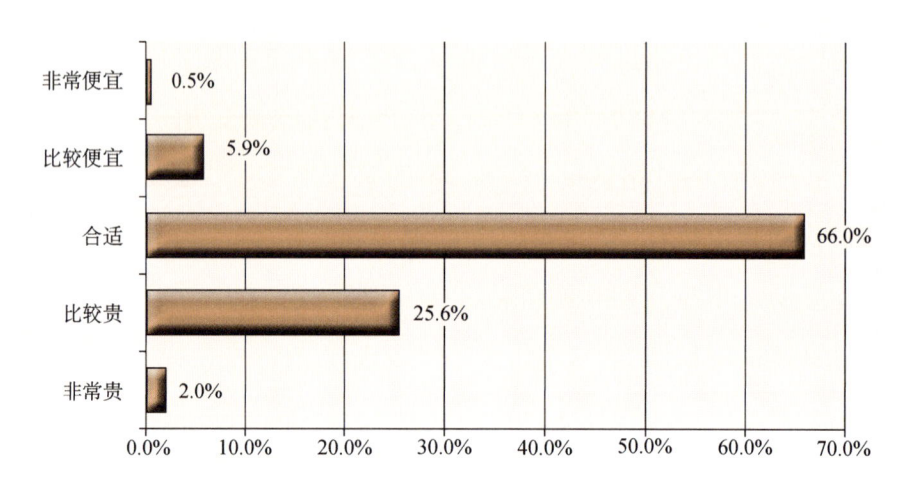

图 2-2-2　9—13 周岁少年儿童的家长对少儿类期刊价格的评价

2.3　少年儿童最喜爱的期刊

本次调查中，在无提示的情况下，我们请少年儿童被访者列举其最喜爱的三本期刊的名称，然后根据期刊被提及的频次进行排名。如表 2-3-1 所示，文学类、科普类期刊较受 9—13 周岁少年儿童的喜爱。其中，《意林》《读者》《我们爱科学》，分列 2017 年最受少年儿童喜爱的期刊前三位。

具体情况如表 2-3-1 所示。

表 2-3-1　9—13 周岁少年儿童最喜爱的期刊

排名	期刊名称
1	意林
2	读者
3	我们爱科学
4	少年博览
5	快乐作文与阅读
6	故事会
7	作文大王
8	小哥白尼
9	少年月刊
10	七彩语文

第三章
9—13周岁少年儿童上网情况

3.1 少年儿童上网率及上网设备

本次调查显示，2017年，我国9—13周岁少年儿童的上网率为57.8%，较2016年的66.5%低8.7个百分点。从上网使用的设备来看，2017年，手机是我国9—13周岁少年儿童最常用的上网设备。有49.8%的少年儿童平时用手机上网；24.8%的少年儿童平时用电脑上网；还有5.8%的少年儿童平时通过Pad（平板电脑）上网。

具体情况如图3-1-1所示。

3.2 少年儿童网民上网频率

2017年，我国9—13周岁少年儿童网民的人均上网频率为每月13.43次。具体来看，有20.0%的少年儿童网民平均每天至少上一次网；14.8%的少年儿童网民平均每周上网4—6次；34.8%的少年儿童网民平均每周上网2—3次；还有20.7%的少年儿童网民表示平均每周上网1次。总体来看，有90.3%的9—13周岁少年儿童网

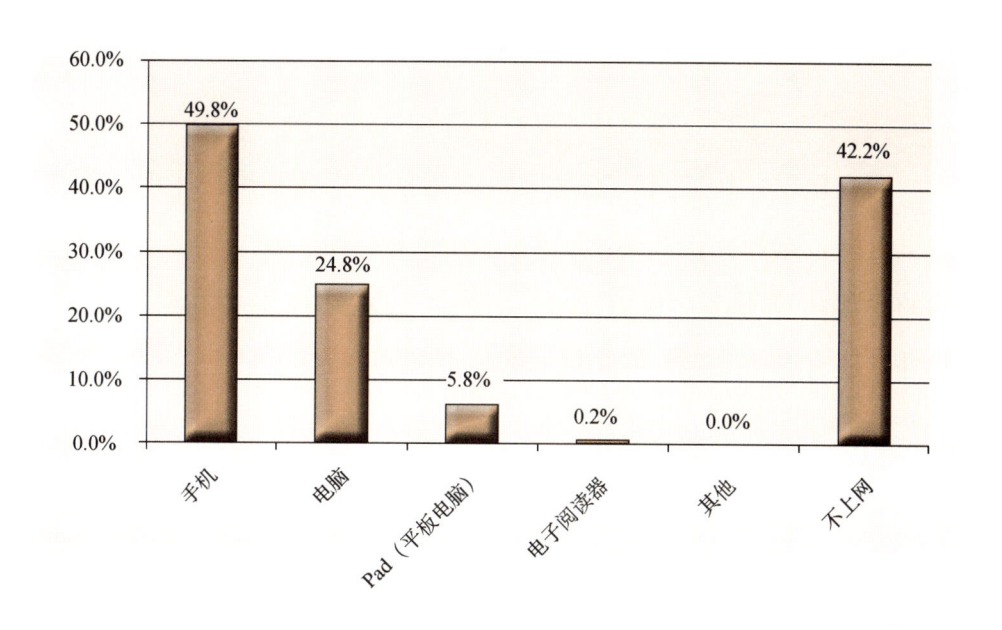

图 3-1-1　9—13 周岁少年儿童的上网设备

民每周至少上网一次。

具体情况如图 3-2-1 所示。

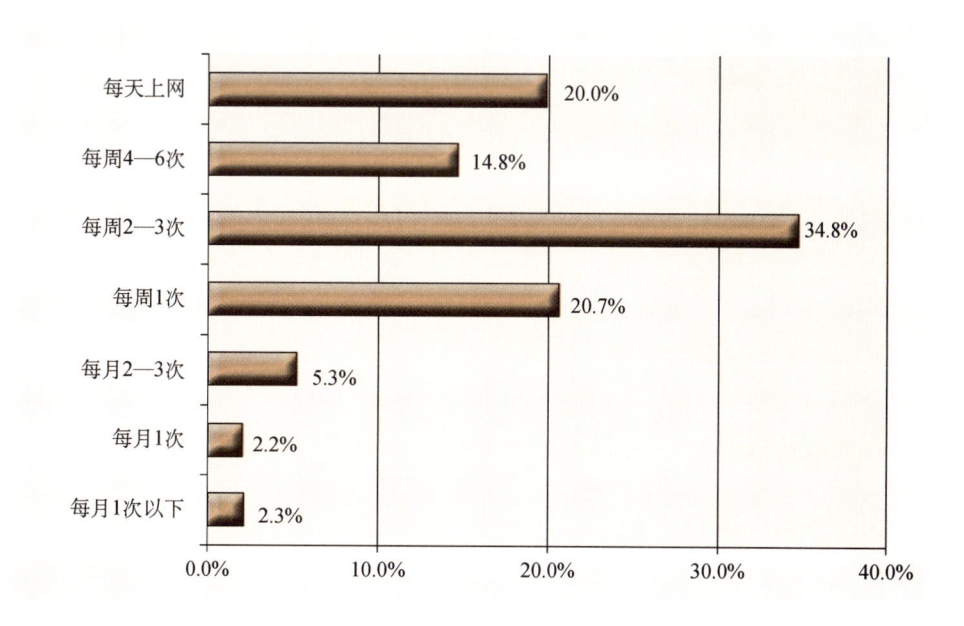

图 3-2-1　9—13 周岁少年儿童网民的上网频率

3.3 少年儿童网民上网地点

调查显示，2017 年，我国 9—13 周岁少年儿童网民平时主要在家里上网，选择比例高达 95.0%。平时主要在学校、网吧等地点上网的少年儿童不多，仅有 1.4% 的少年儿童选择主要在学校上网。此外，还有 3.1% 的少年儿童上网地点"不固定"。

具体情况如图 3-3-1 所示。

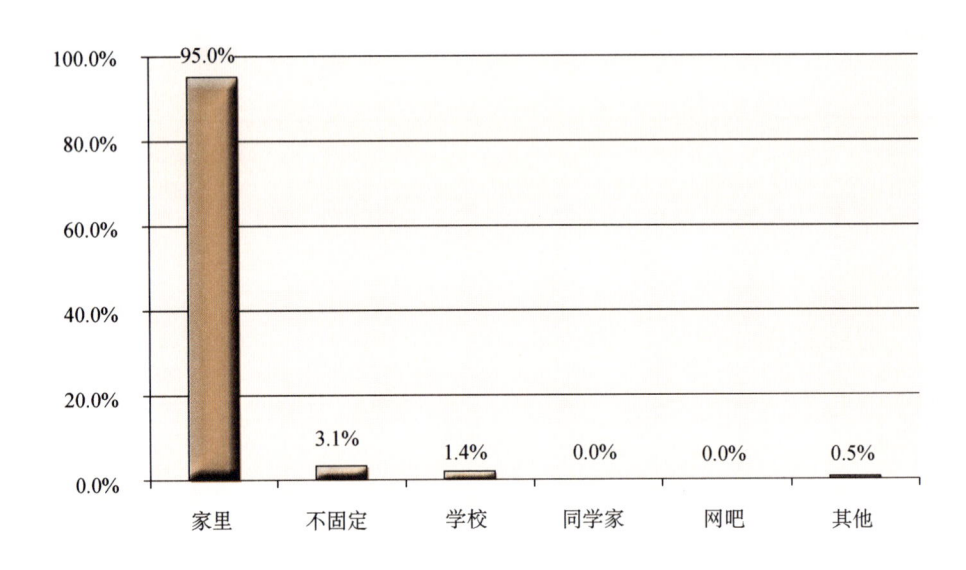

图 3-3-1 9—13 周岁少年儿童网民的上网地点

3.4 少年儿童网民上网从事的主要活动

调查数据显示，"打网络游戏"是我国 9—13 周岁少年儿童网民上网时最经常进行的活动，选择比例为 46.9%。"网上学习""网上聊天/交友""收听/收看/下载歌曲和电影""看书/漫画""搜索信息"也是少年儿童网民较为主要的网络活动，选择比例分别为 35.7%、35.0%、27.0%、26.6%、25.2%，选择比例均在 20.0%

以上。而上网进行"网络购物""收发 E-mail""更新博客或阅读他人博客"和"BBS 灌水或浏览"活动的少年儿童网民则相对较少，选择比例均低于 5.0%。

具体情况如图 3-4-1 所示。

活动	比例
打网络游戏	46.9%
网上学习	35.7%
网上聊天/交友	35.0%
收听/收看/下载歌曲和电影	27.0%
看书/漫画	26.6%
搜索信息	25.2%
了解新闻资讯	11.9%
网络购物	3.1%
收发E-mail	2.5%
更新博客或阅读他人博客	1.7%
BBS灌水或浏览	0.3%
其他	2.7%

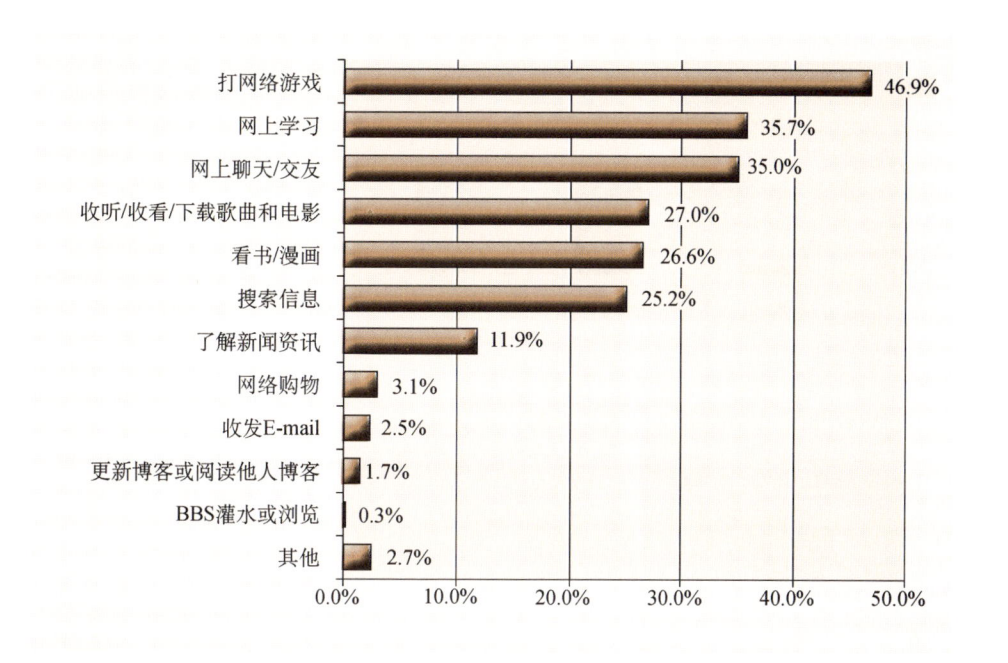

图 3-4-1　9—13 周岁少年儿童网民上网从事的主要活动

3.5　家长对孩子上网的态度

本次调查显示，我国有 69.9% 的 9—13 周岁少年儿童家长对孩子上网持反对态度（"比较反对"或"非常反对"）；持赞成态度（"比较赞成"或"非常赞成"）的家长比例为 15.5%；还有 14.5% 的家长对少年儿童上网持"无所谓"的态度。

具体情况如图 3-5-1 所示。

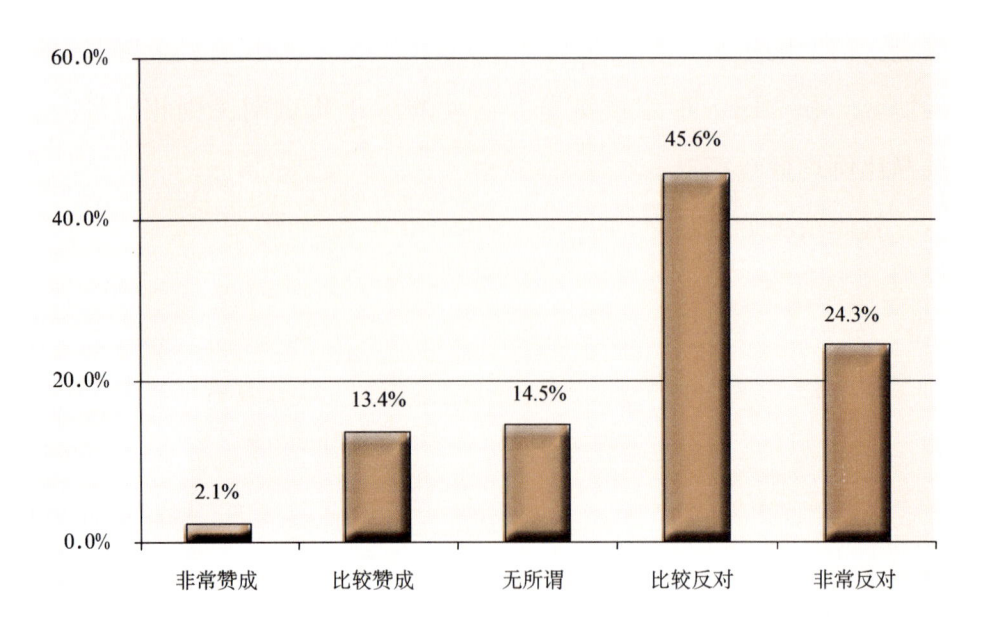

图 3-5-1　9—13 周岁少年儿童家长对孩子上网的态度

■3.6　家长在网上购买出版物的状况

3.6.1　家长网上购买出版物的种类

2017 年，我国有 36.6% 的 9—13 周岁少年儿童家长通过互联网购买过不同类型出版物。在通过网络购买过少年儿童出版物的少年儿童家长中，有 92.9% 的家长表示在网上给孩子购买过图书；有 23.7% 的家长在网上为孩子购买学习用音像制品；有 8.4% 的家长在网上为孩子购买期刊。而在网上给孩子购买盒式录音带、娱乐休闲用音像制品和软件/游戏光盘的家长比例相对较低，均不足 5.0%。

具体情况如图 3-6-1 所示。

3.6.2　家长选择网上购买出版物的原因

调查显示，9—13 周岁少年儿童家长选择在网上给孩子购买出版物的最主要原因是"图书种类多"，选择比例为 65.4%；其次，"价格优惠""节省去书店的时间和费用""送货上门""很容易找到

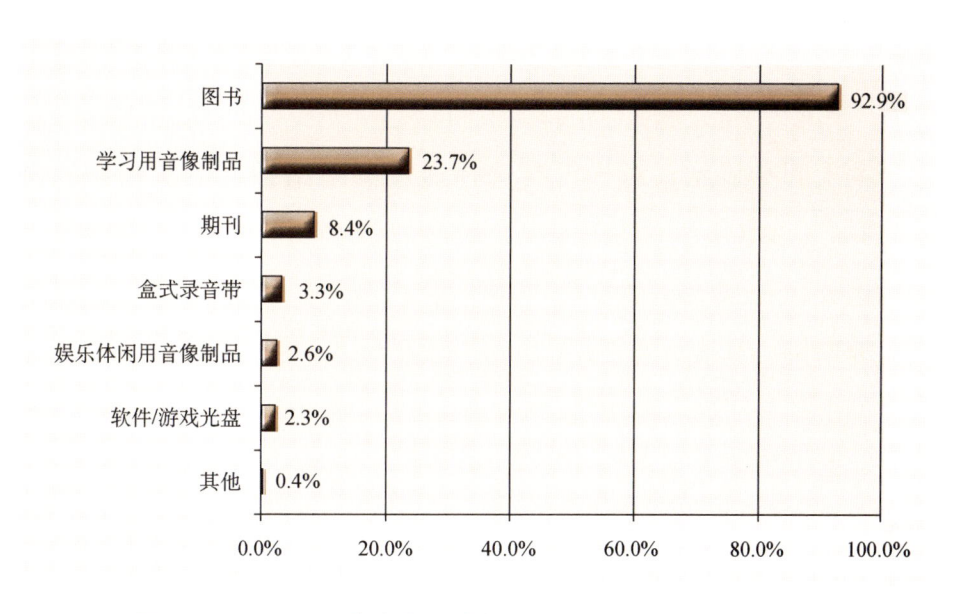

图 3-6-1　9—13 周岁少年儿童的家长上网购买出版物的种类

需要的书""有丰富的信息和评论供参考"也是家长选择在网上给孩子购买出版物的重要因素，选择比例分别为 50.2%、39.3%、33.8%、20.7% 和 17.3%。可见，网络购买出版物的品种丰富性、优惠性、方便性等是其重要特色，同时也是吸引少年儿童家长在网上给孩子购买出版物的重要因素。

具体情况如图 3-6-2 所示。

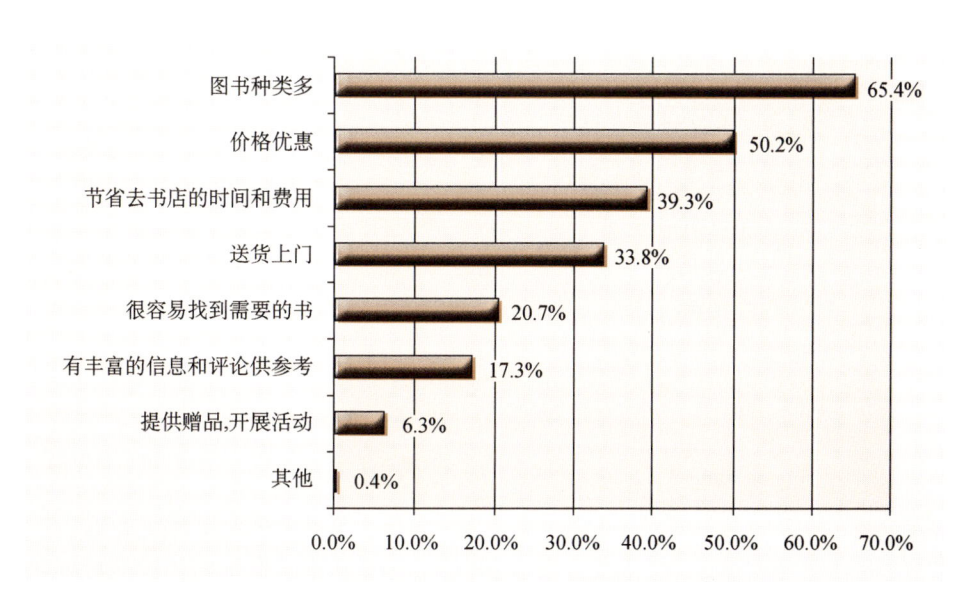

图 3-6-2　9—13 周岁少年儿童的家长选择网上购买出版物的原因

3.6.3 网上购买出版物的制约因素

本次调查显示，对于没有选择通过网络给孩子购买出版物的9—13周岁少年儿童家长而言，"无法检验出版物质量"是其重要的制约因素，有33.9%的家长将其作为没有在网上给孩子购买出版物的主要原因。其次，有29.1%的家长因为"不习惯网上购物"而没有在网上给孩子购买过出版物；有22.3%的家长因为"太麻烦/流程过于复杂"而没有在网上给孩子购买过出版物；有18.8%的家长因为"不能上网"而没有在网上给孩子购买过出版物；还有12.4%的家长因为担心"网上购物不安全"而没有在网上给孩子购买过出版物。此外，"付费不方便"和"运费太高"的选择比例相对较低，分别仅为9.1%和7.8%。

具体情况如图3-6-3所示。

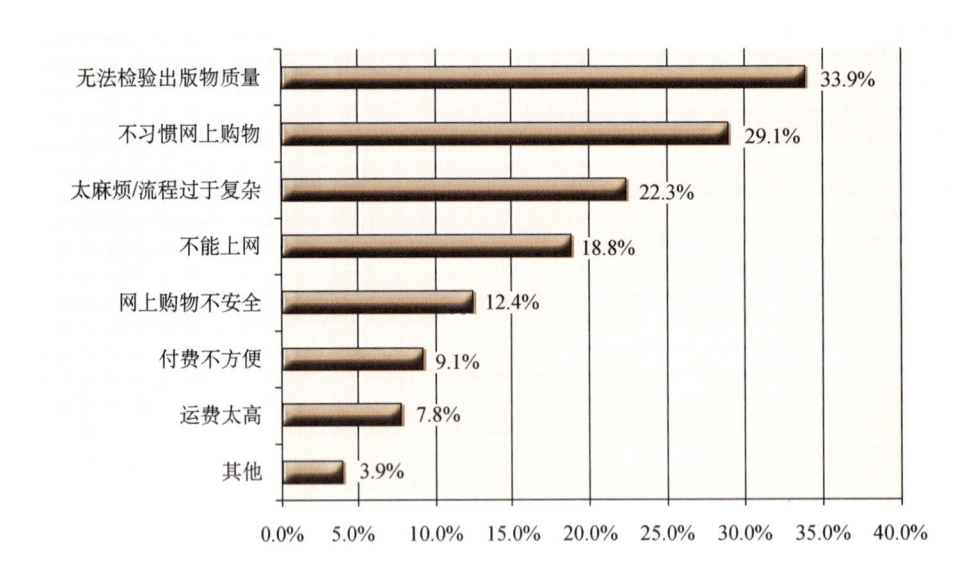

图3-6-3 9—13周岁少年儿童的家长在网上购买出版物的制约因素

第四章
9—13 周岁少年儿童家长的音像电子出版物购买状况

4.1 音像电子出版物的购买渠道

2017 年调查显示，我国 9—13 周岁少年儿童家长音像电子出版物的购买率为 36.1%。购买音像电子出版物的主要渠道是"书店"，选择比例为 19.8%；其次是"学校统一订购""网上""音像店或软件专卖店"和"商场超市"等渠道，选择比例分别为 10.7%、9.5%、4.9% 和 4.2%。而选择"街头地摊"购买音像电子出版物的家长相对较少，仅占 1.4%。由此可见，到实体店为孩子购买音像电子出版物，依然是家长们选择的主要渠道。

具体情况如图 4-1-1 所示。

4.2 家长对音像电子出版物的购买状况

4.2.1 音像电子出版物的价格承受能力

调查数据显示，我国 9—13 周岁少年儿童家长平均可接受的每张 CD 光盘价格为 14.36 元；平均可接受的每张 VCD/DVD 价格为 14.43 元；平均可接受的每盘盒式录音带价格为 14.68 元；平均可

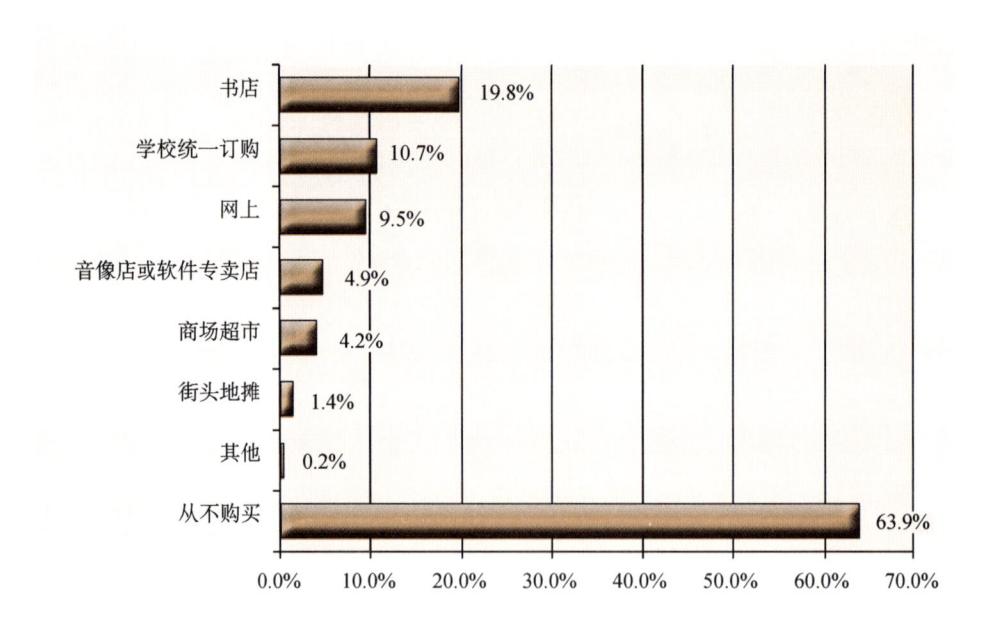

书店	19.8%
学校统一订购	10.7%
网上	9.5%
音像店或软件专卖店	4.9%
商场超市	4.2%
街头地摊	1.4%
其他	0.2%
从不购买	63.9%

图 4-1-1　9—13 周岁少年儿童家长的音像电子出版物购买渠道

接受的每张 CD-ROM 价格则为 16.87 元。

具体看来，2017 年，不少少年儿童家长能够接受的音像电子出版物价格在 20 元以内。有 63.6% 的少年儿童家长表示能够接受的每张 CD 光盘价格在 20 元以内；有 41.1% 的少年儿童家长表示能够接受的每张 VCD/DVD 价格在 20 元以内；有 35.5% 的少年儿童家长表示能够接受的每盘盒式录音带价格在 20 元以内；有 23.2% 的少年儿童家长表示能够接受的每盘 CD-ROM 价格在 20 元以内。而由于使用减少等原因，不少家长对一些音像电子出版物的价格不够了解，分别有 53.7% 和 65.3% 的家长表示"不清楚/不知道"盒式录音带和 CD-ROM 的价格。

具体情况如表 4-2-1 所示。

表 4-2-1　9—13 周岁少年儿童家长对音像电子出版物的价格承受能力

	CD 光盘	VCD/DVD	盒式录音带	CD-ROM
<10 元	18.6%	14.8%	13.2%	7.0%
10—20 元	45.0%	26.3%	22.3%	16.2%
20—30 元	8.7%	9.8%	8.7%	7.8%
≥30 元	3.4%	1.4%	2.0%	3.8%

续前表

	CD 光盘	VCD/DVD	盒式录音带	CD-ROM
不清楚/不知道	24.3%	47.8%	53.7%	65.3%
平均可接受单价	14.36 元	14.43 元	14.68 元	16.87 元

4.2.2 音像电子出版物的价格评价

2017 年，超过三成（35.2%）的 9—13 周岁少年儿童家长表示目前少年儿童类音像电子出版物的价格贵（"比较贵"或"非常贵"）；有 55.6% 的家长表示目前音像电子出版物的价格"合适"；仅有 9.2% 的家长认为当前音像电子出版物的价格便宜（"非常便宜"或"比较便宜"）。

具体情况如图 4-2-1 所示。

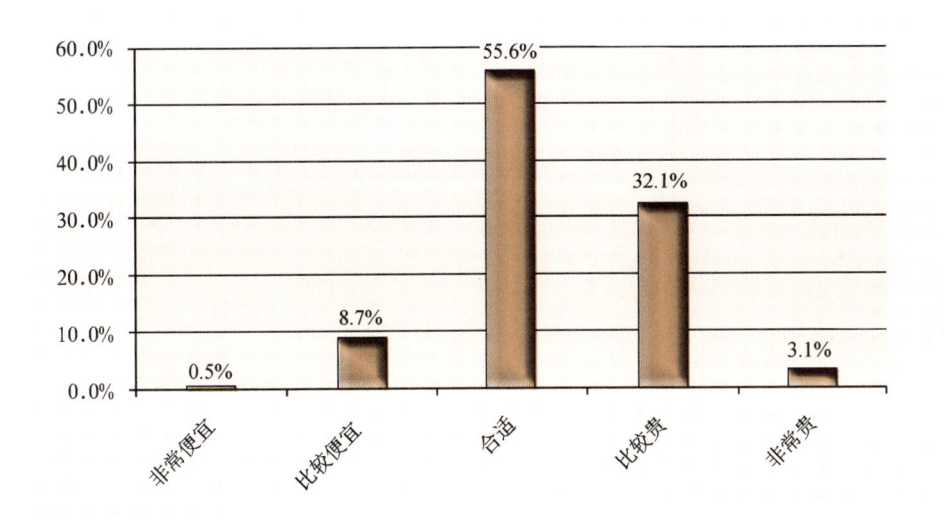

图 4-2-1　9—13 周岁少年儿童家长对少年儿童类音像电子出版物的价格评价

第五章
9—13周岁少年儿童听书阅读状况

■ 5.1 听书率与听书渠道

2017年,我国9—13周岁少年儿童的听书率为20.9%,较2016年的21.1%略有下降。从性别差异看,2017年该年龄段男孩的听书率为19.2%,较女孩(22.3%)低3.1个百分点。2016年该年龄段男孩的听书率为21.3%,较女孩(21.0%)高0.3个百分点。从城乡对比看,2017年该年龄段城镇少年儿童的听书率为26.9%,较农村少年儿童(13.6%)高13.3个百分点。2016年该年龄段城镇少年儿童的听书率为19.3%,较农村少年儿童(22.5%)低3.2个百分点。

具体情况如表5-1-1所示。

表5-1-1 2017年不同人口特征9—13周岁少年儿童听书率

人口特征	类别	2017年	2016年
性别	男孩	19.2%	21.3%
性别	女孩	22.3%	21.0%
城乡	城镇	26.9%	19.3%
城乡	农村	13.6%	22.5%

对2017年我国9—13周岁少年儿童听书介质的考察发现,选择

"有声阅读器或语音读书机"听书的少年儿童比例较高,为 7.4%,但低于 2016 年的 11.5%;其次,有 7.0% 的少年儿童选择通过"移动有声 APP 平台的读书类内容"听书,高于 2016 年的 3.8%。还有 3.6% 的少年儿童选择通过"录音带的讲书"听书,高于 2016 年的 2.3%;有 3.5% 的少年儿童选择通过"微信语音推送"听书,略高于 2016 年的 3.2%;有 3.1% 的少年儿童选择通过"广播"听书,高于 2016 年的 2.5%;有 2.0% 的少年儿童选择通过"CD"听书,高于 2016 年的 1.2%。

具体情况如图 5-1-1 所示。

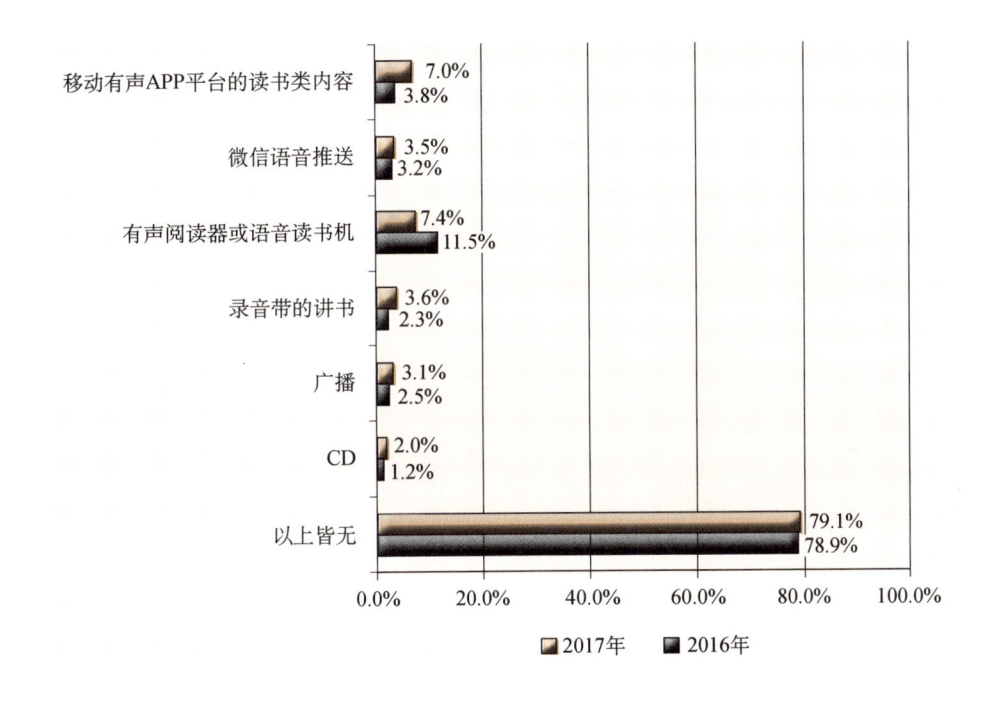

图 5-1-1　9—13 周岁少年儿童听书渠道选择比例

5.2　通过听书进行的活动

2017 年,在有听书行为的我国 9—13 周岁少年儿童中,有 44.2% 的少年儿童选择"听故事",高于 2016 年的 30.6%;有 44.0% 的少年儿童选择"听英语或进行其他语言学习",低于 2016 年的

67.4%；有 23.7% 的少年儿童选择"听诗歌朗诵"，高于 2016 年的 9.6%；有 14.2% 的少年儿童选择"收听评书连播"，高于 2016 年的 5.5%；有 12.5% 的少年儿童选择"听图书节选或连载"，高于 2016 年的 10.1%；有 7.4% 的少年儿童选择"听图书介绍与图书推荐"，高于 2016 年的 5.3%。

具体情况如图 5-2-1 所示。

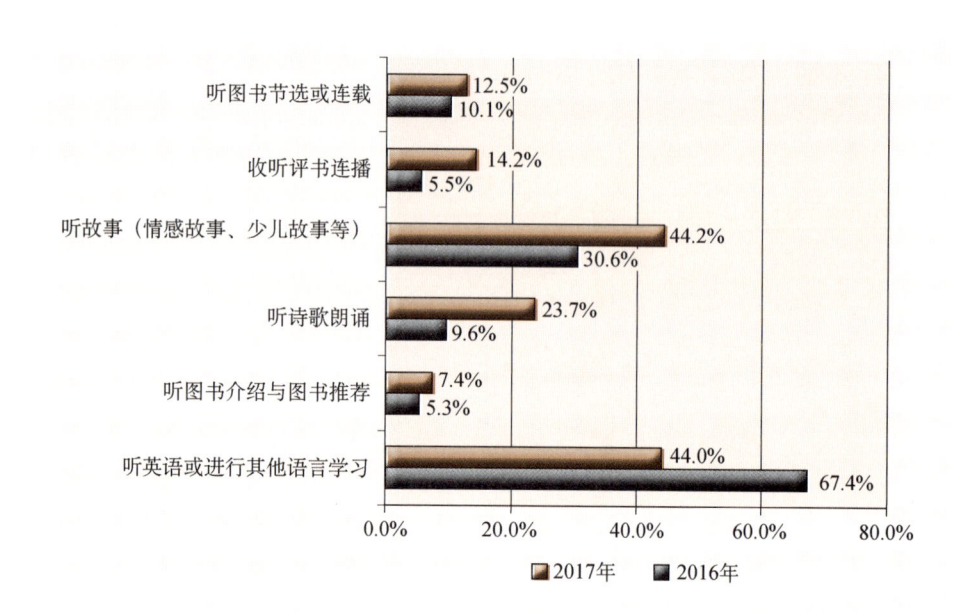

图 5-2-1　9—13 周岁少年儿童通过听书进行的活动

5.3　有声书内容偏好

2017 年，在有听书行为的我国 9—13 周岁少年儿童中，有 38.9% 的少年儿童喜欢听"少儿故事"类有声书，高于 2016 年的 35.8%；有 38.9% 的少年儿童喜欢"教育学习/外语或专业教育"类有声书，低于 2016 年的 53.0%；有 28.7% 的少年儿童喜欢听"文学"类有声书，高于 2016 年的 24.6%；有 21.2% 的少年儿童喜欢听"历史文化、经典诵读"类有声书，与 2016 年的 21.6% 基本持平；有 15.2% 的少年儿童喜欢听"成功励志"类有声书，高于

2016年的6.7%。而"情感故事""传统评书"和"经济管理"类有声书的少年儿童喜爱者相对较少，2017年分别有7.0%、6.2%和2.6%的少年儿童经常听这几类有声书，2016年分别有12.5%、3.1%和0.5%的少年儿童经常听这几类有声书。

具体情况如图5-3-1所示。

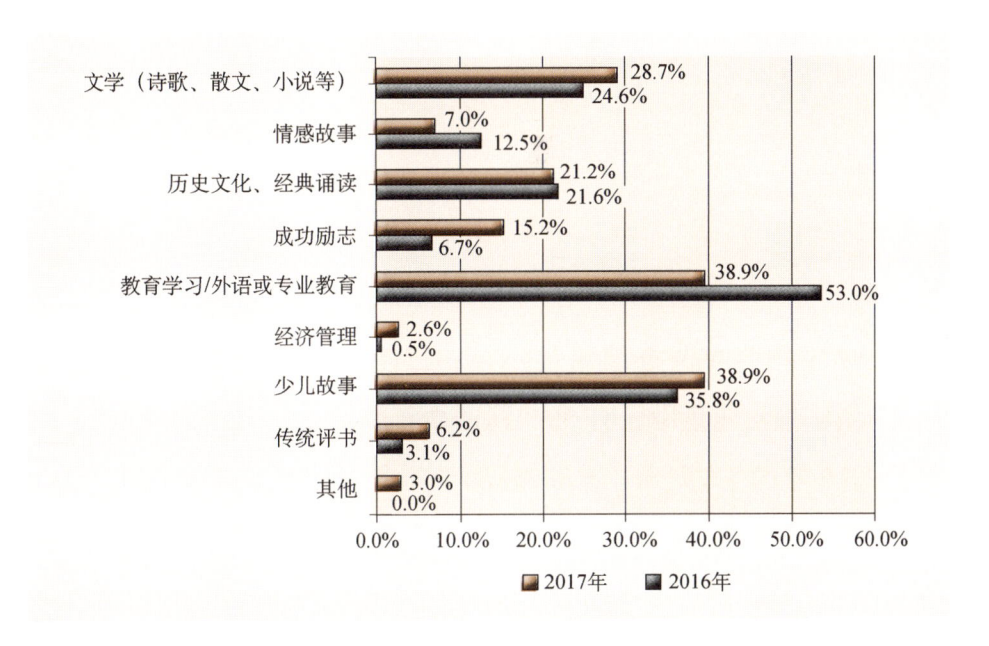

类别	2017年	2016年
文学（诗歌、散文、小说等）	28.7%	24.6%
情感故事	7.0%	12.5%
历史文化、经典诵读	21.2%	21.6%
成功励志	15.2%	6.7%
教育学习/外语或专业教育	38.9%	53.0%
经济管理	2.6%	0.5%
少儿故事	38.9%	35.8%
传统评书	6.2%	3.1%
其他	3.0%	0.0%

图5-3-1　9—13周岁听书少年儿童有声书内容偏好

5.4　听书频率

2017年，有过听书行为的我国9—13周岁少年儿童的人均听书频次为每月13.24次，高于2016年的每月12.88次。2017年，19.1%的少年儿童每天至少听一次有声书，高于2016年的17.6%。此外，"每周4~6次"的选择比例为14.6%，高于2016年的8.0%；"每周2~3次"的选择比例为35.4%，低于2016年的52.2%；"每周1次"的选择比例为23.6%，高于2016年的15.8%。总体来看，2017年，我国每周至少听一次有声书的少年儿童比例达到92.7%，低于2016年的93.6%。

具体情况如表 5-4-1 所示。

表 5-4-1 9—13 周岁听书少年儿童听书频率

听书频率	2017 年	2016 年
每天 1 次或以上	19.1%	17.6%
每周 4~6 次	14.6%	8.0%
每周 2~3 次	35.4%	52.2%
每周 1 次	23.6%	15.8%
每月 2~3 次	3.1%	5.8%
每月 1 次	0.8%	0.4%
每月 1 次以下	3.4%	0.2%

5.5 听书花费

对听书花费的调查结果显示，2017 年，在有听书行为的我国 9—13 周岁少年儿童中，有 59.3% 的少年儿童表示"从未付费"，略高于 2016 年的 57.7%；有 8.9% 的少年儿童的听书花费在 10 元以下，高于 2016 年的 3.3%；有 22.4% 的少年儿童的听书花费在 10~50 元之间，高于 2016 年的 11.4%；有 9.3% 的少年儿童的听书花费超过 50 元，低于 2016 年的 27.7%。

另外，调查显示，2017 年我国 9—13 周岁少年儿童听书群体的听书花费为 17.14 元，低于 2016 年的 35.03 元。

具体情况如表 5-5-1 所示。

表 5-5-1 9—13 周岁听书少年儿童听书花费

听书花费	2017 年	2016 年
10 元以下	8.9%	3.3%
10~20 元	8.9%	5.0%
20~30 元	7.0%	4.5%
30~50 元	6.5%	1.9%
50~100 元	4.7%	13.0%
100~200 元	3.7%	13.7%
200 元及以上	0.9%	1.0%
从未付费	59.3%	57.7%
人均花费金额	17.14 元	35.03 元

5.6 听书场合

调查显示，2017年，我国9—13周岁少年儿童听书群体通常在"家里"听书，选择比例为82.2%，略低于2016年的86.6%。也有少年儿童通常在"学校"听书，选择比例为12.2%，高于2016年的9.3%。而选择其他选项的少年儿童相对较少，选择比例均不足5.0%。

具体情况如图5-6-1所示。

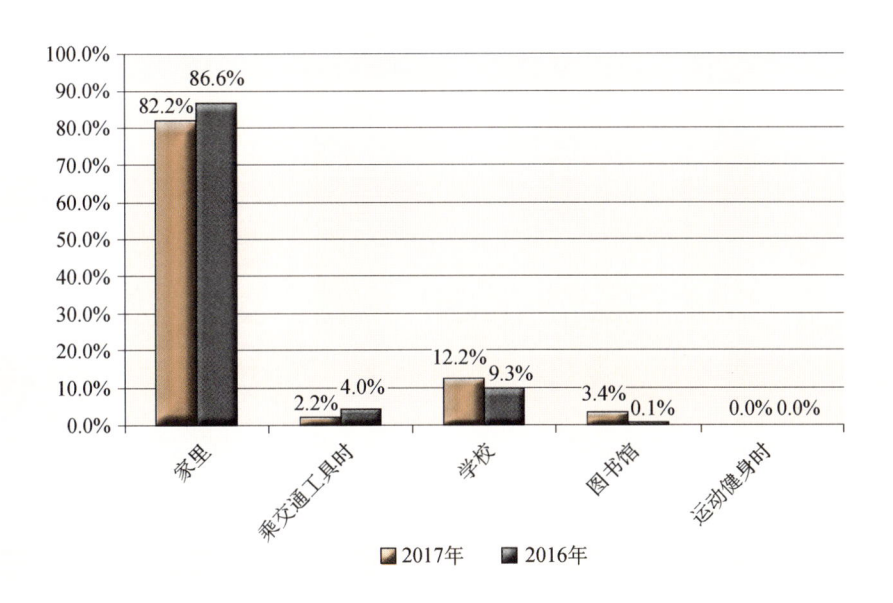

图5-6-1 9—13周岁听书少年儿童听书场合

5.7 不听书的原因

2017年对我国没有听书行为的9—13周岁少年儿童进行考察发现，当问及不听书的原因时，"没有听书习惯"是其主要原因，超过半数（50.5%）的少年儿童选择这一选项，高于2016年的43.8%。此外，还有16.1%的少年儿童因"没有感兴趣的内容"而不听书，高于 2016 年的 7.9%；有 14.4% 的少年儿童因"不了解有什么听书渠道"而不听书，低于 2016 年的 30.1%；有 11.2% 的少年儿童因"不喜欢听书的形式"而不听书，与 2016 年的 11.0% 基本持平。而认为听书"工具使用不方便"和"内容不够丰富"的少年儿童相对较少，2017 年选择比例分别为 4.4% 和 3.3%，2016 年选择比例分别为 5.2% 和 1.9%。

具体情况如图 5-7-1 所示。

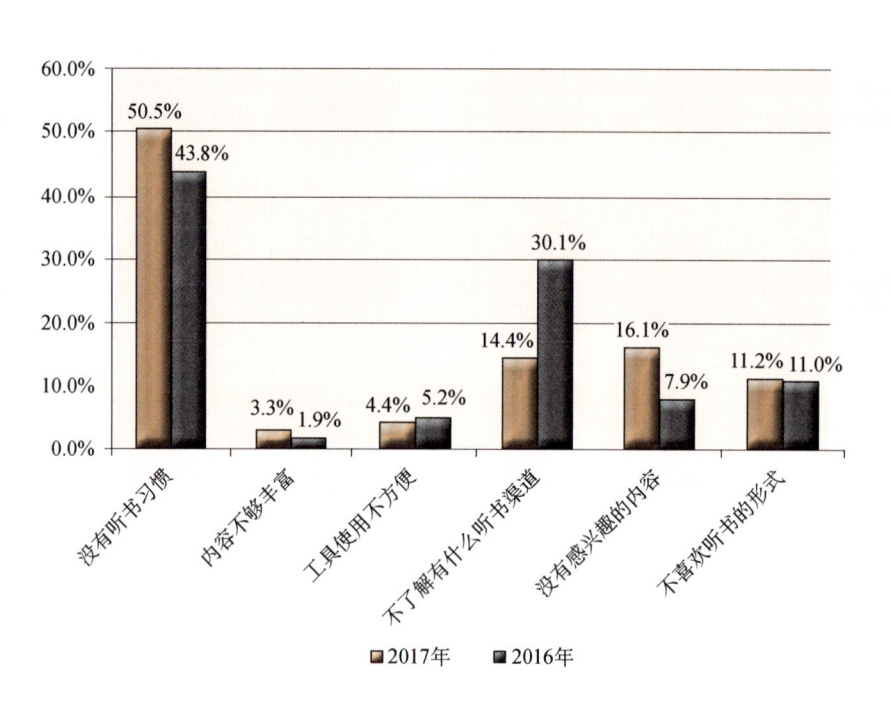

图 5-7-1　9—13 周岁少年儿童不听书的原因

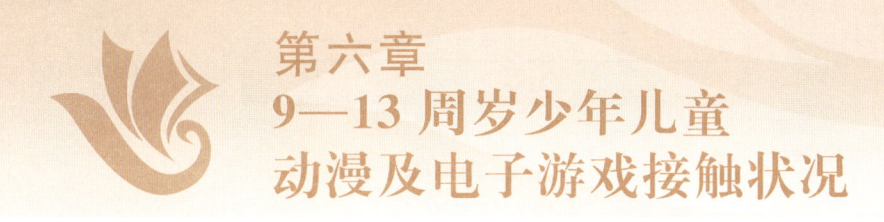

第六章
9—13周岁少年儿童动漫及电子游戏接触状况

6.1 少年儿童动漫接触情况

6.1.1 动漫类型偏好

本次调查显示,"漫画书"和"动画片/动漫影视"是我国9—13周岁少年儿童接触最多的两种动漫类型,选择比例分别为57.9%和56.0%。此外,接触过"电子游戏"类动漫作品的少年儿童比例为25.2%;接触过"漫画期刊"类动漫作品的少年儿童比例为11.3%。还有12.5%的我国少年儿童表示,选择项中列举的所有类型的动漫产品"都没有接触过"。

具体情况如图6-1-1所示。

6.1.2 动漫题材偏好

本次调查显示,"搞笑"类动漫是我国9—13周岁少年儿童动漫作品接触者最喜爱的动漫题材,61.8%的少年儿童选择此项;"科幻""神话"和"侦探"类动漫也较受我国少年儿童喜爱,选择比例分别为40.1%、37.1%和23.1%;"体育"类动漫的选择比例则相对不高,为6.2%。

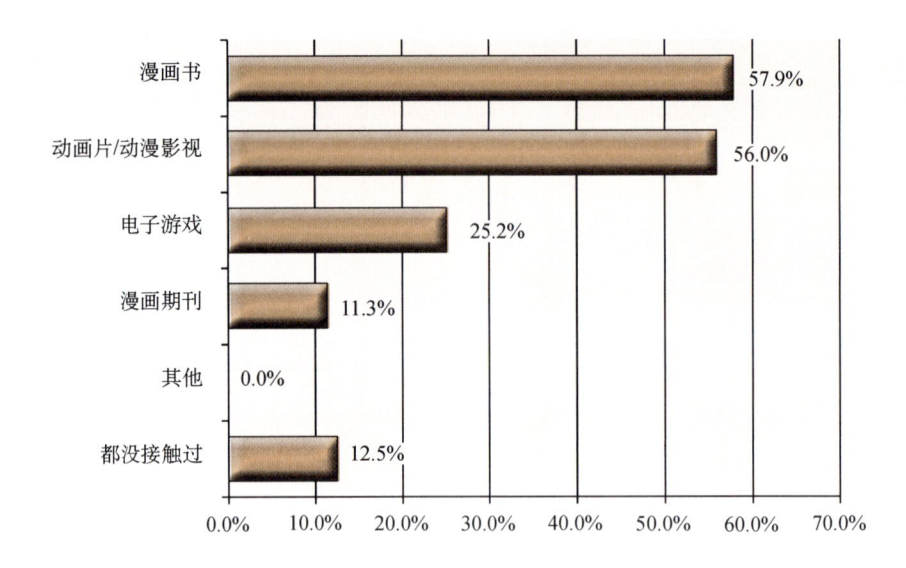

图 6-1-1　9—13 周岁少年儿童喜爱的动漫类型

具体情况如图 6-1-2 所示。

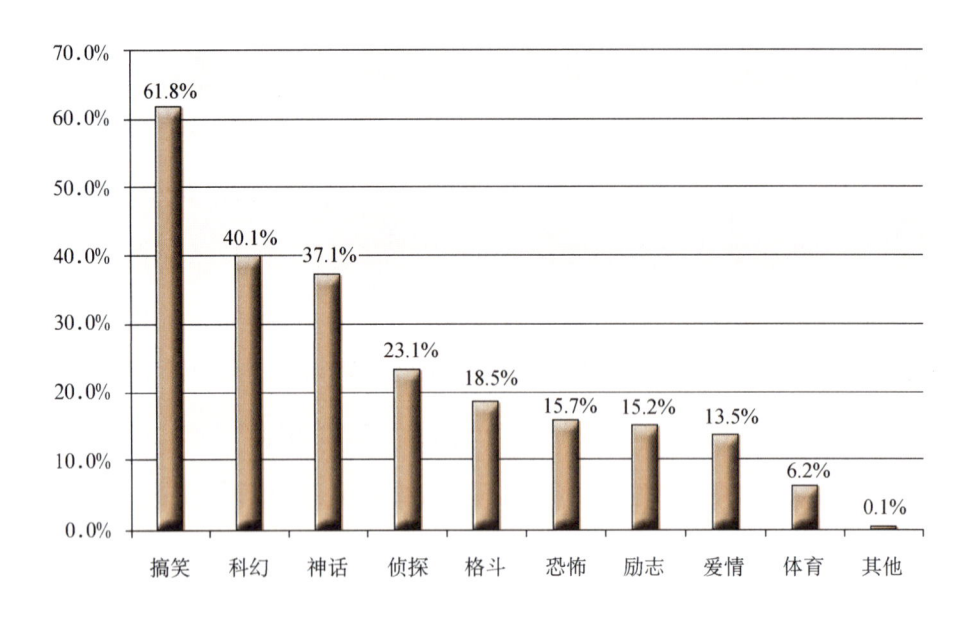

图 6-1-2　9—13 周岁少年儿童动漫作品接触者喜爱的动漫题材

6.2 少年儿童电子游戏接触情况

6.2.1 电子游戏题材偏好度

调查显示，2017 年，我国有 63.2% 的 9—13 周岁少年儿童接触过电子游戏。进一步分析发现，"动作打斗类"和"赛车类"是我国 9—13 周岁少年儿童最喜爱的电子游戏题材，选择比例分别为 24.6% 和 18.3%。"科幻奇幻 RPG 类""神话武侠 RPG 类"和"音乐舞蹈类"电子游戏也吸引了部分少年儿童，选择比例分别为 17.9%、17.5%、和 15.6%。"策略类"电子游戏的选择比例略低，为 8.4%。

具体情况如图 6-2-1 所示。

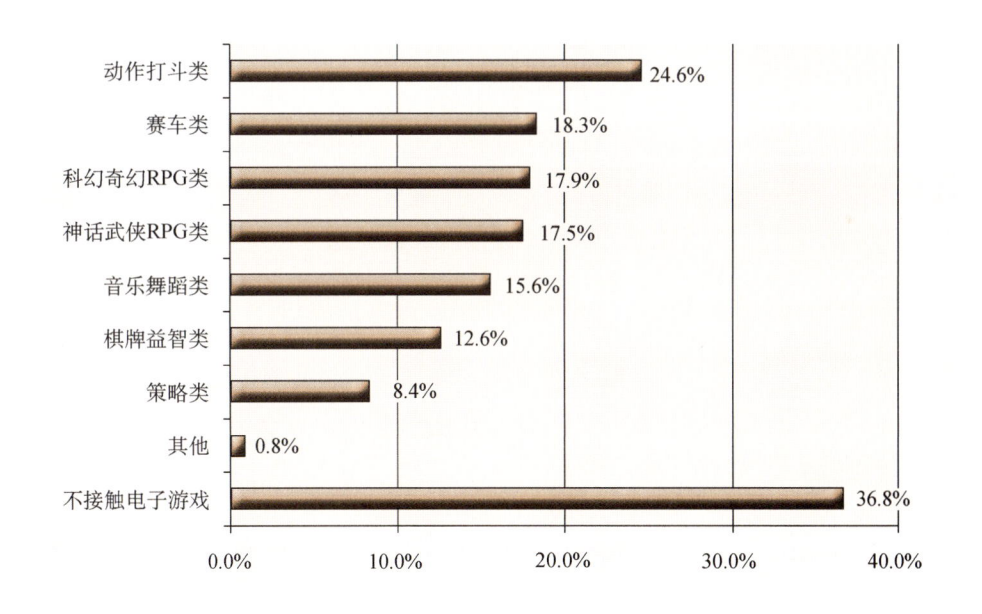

图 6-2-1　9—13 周岁少年儿童喜爱的电子游戏题材

6.2.2 电子游戏接触时长

2017 年，我国 9—13 周岁少年儿童的电子游戏接触率为 80.6%，较 2016 年的 92.9% 低 12.3 个百分点，我国少年儿童电子游戏接触者的日均电子游戏接触时长为 37.68 分钟。具体来看，33.6% 的少年儿童电子游戏接触者平均每天电子游戏接触时长在半小时以下；24.0% 的少年儿童电子游戏接触者平均每天玩电子游戏的时长在 0.5—1 小时之间；有 15.9% 的少年儿童电子游戏接触者平均每天玩电子游戏的时长在 1—3 个小时之间；仅有 1.3% 的少年儿童电子游戏接触者平均每天玩电子游戏超过 3 个小时。

具体情况如图 6-2-2 所示。

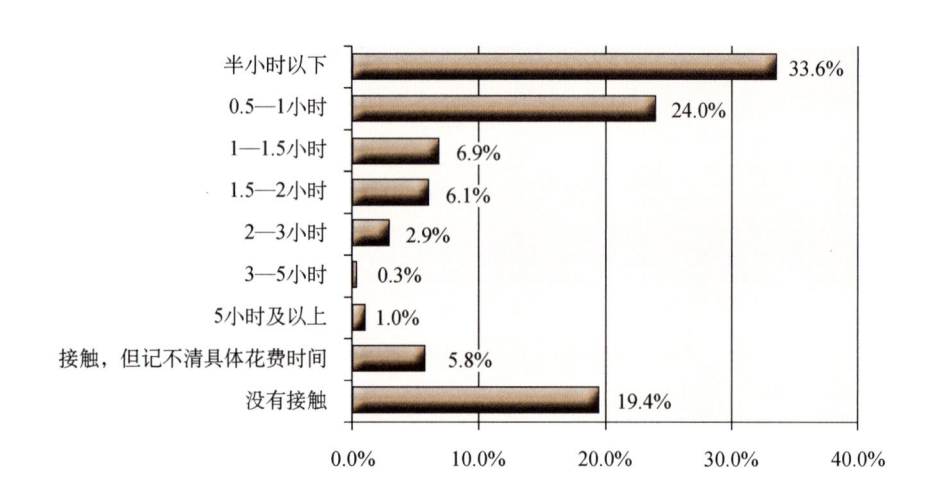

时长	比例
半小时以下	33.6%
0.5—1小时	24.0%
1—1.5小时	6.9%
1.5—2小时	6.1%
2—3小时	2.9%
3—5小时	0.3%
5小时及以上	1.0%
接触，但记不清具体花费时间	5.8%
没有接触	19.4%

图 6-2-2　9—13 周岁少年儿童电子游戏接触者日均电子游戏接触时长

■ 6.3　家长对孩子玩电子游戏的态度

本次调查显示，超过八成（84.9%）的 9—13 周岁少年儿童家长对孩子玩电子游戏持反对态度（"非常反对"或"比较反对"）。具体来看，有 51.4% 的家长选择"比较反对"；33.5% 的家长选择"非常反对"。只有 6.6% 的家长赞成孩子玩电子游戏（"非常赞成"或"比较赞成"）。另外，还有 8.4% 的家长认为孩子玩电子游戏"无所谓"。

具体情况如图 6-3-1 所示。

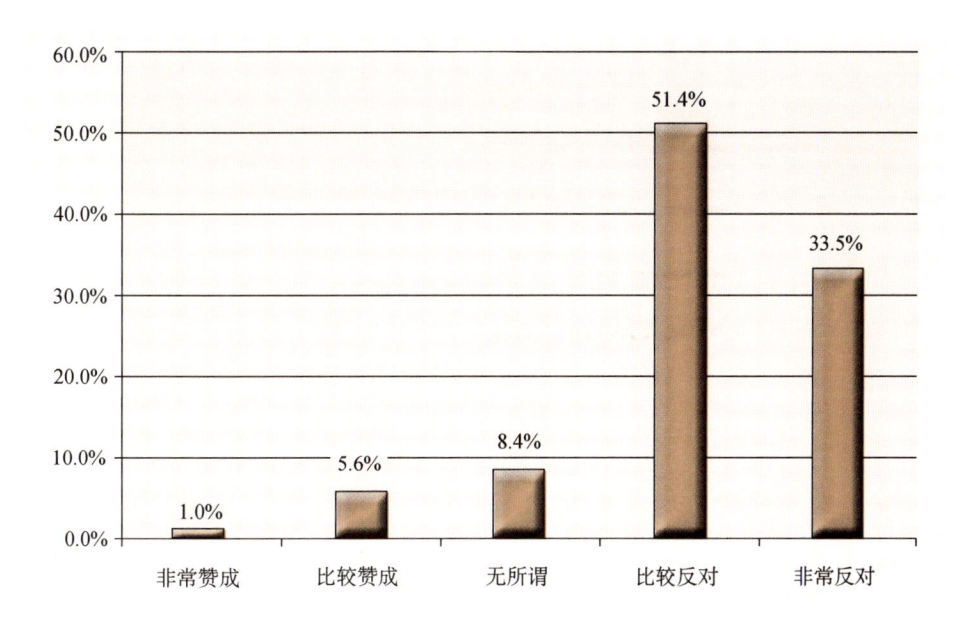

图 6-3-1　9—13 周岁少年儿童的家长对孩子玩电子游戏的态度

第七章
9—13周岁少年儿童家长的版权认知状况

■ 7.1 少年儿童家长版权认知度

调查得知,有74.7％的9—13周岁少年儿童家长表示听说过版权这回事。从城乡对比看,该年龄段城镇少年儿童家长的版权认知度为84.9％;而农村少年儿童家长的版权认知度为62.2％,较城镇少年儿童家长版权认知度低22.7个百分点。

具体情况如图7-1-1所示。

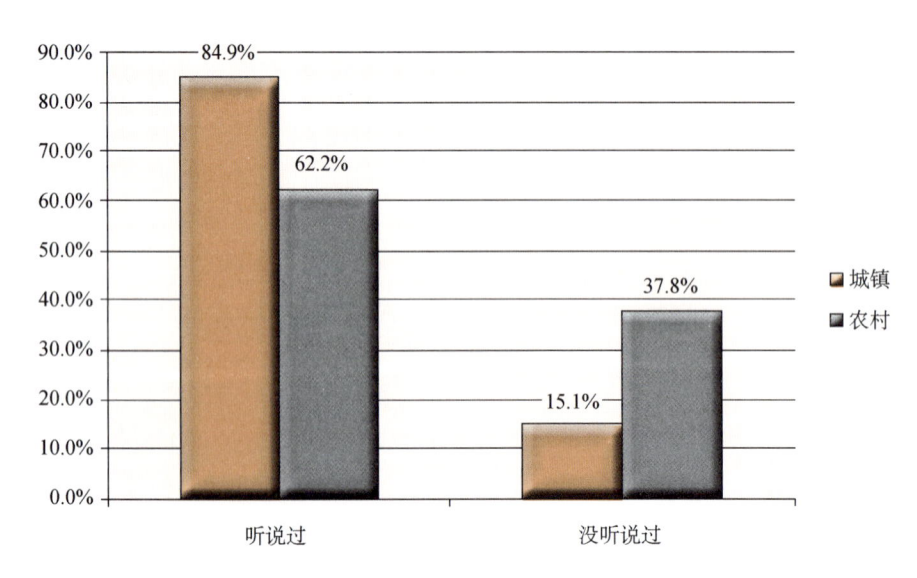

图 7-1-1　9—13周岁少年儿童家长版权认知度的城乡差异

7.2 少年儿童家长盗版出版物购买状况

7.2.1 家长对盗版出版物的购买率

调查数据显示,就 2017 年给孩子购买过的图书和音像制品而言,我国 9—13 周岁少年儿童家长的盗版出版物购买率为 8.5%。具体来看,仅有 1.0% 的家长表示给孩子购买的出版物均为盗版,还有 7.5% 的家长表示正版盗版出版物均购买过,即至少有 8.5% 的家长在 2017 年给孩子购买过盗版出版物。同时,在我国 9—13 周岁少年儿童家长中,有 27.1% 的家长表示给孩子购买过的图书或音像制品均为正版。此外,仍有 40.7% 的家长表示分不清其给孩子购买的出版物是正版还是盗版。

具体情况如图 7-2-1 所示。

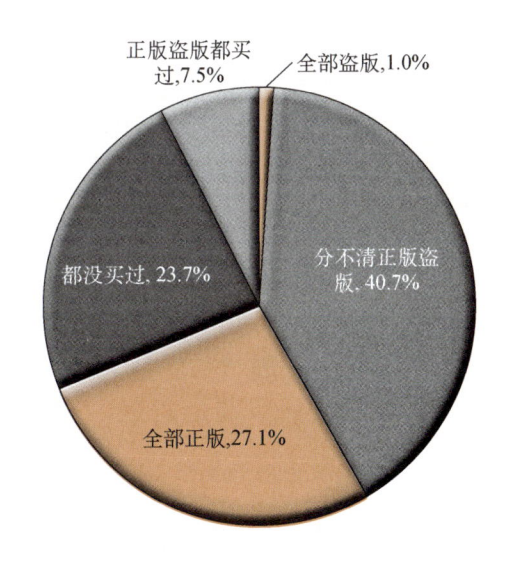

图 7-2-1 9—13 周岁少年儿童的家长购买盗版出版物的情况

7.2.2 家长购买盗版出版物的类型

调查显示,在各种盗版出版物中,"一般图书"是家长最常为孩子购买的盗版出版物类型。在 2017 年给孩子购买过盗版出版物的我国 9—13 周岁少年儿童家长中，有 84.6% 的家长在 2017 年给孩子购买过盗版的"一般图书"。其次，也有部分家长给孩子购买过盗版"教材教辅"，选择比例为 25.6%。

具体情况如图 7-2-2 所示。

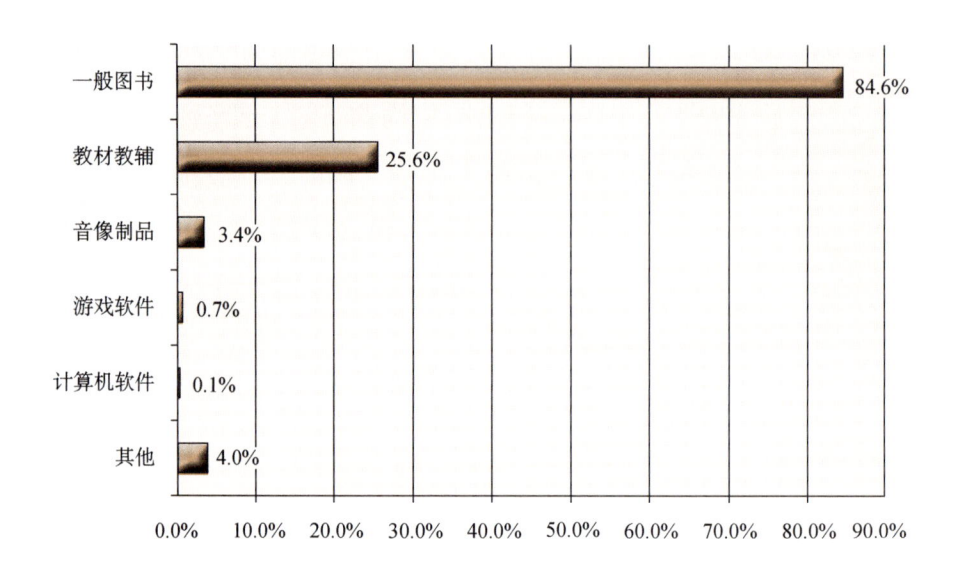

类型	比例
一般图书	84.6%
教材教辅	25.6%
音像制品	3.4%
游戏软件	0.7%
计算机软件	0.1%
其他	4.0%

图 7-2-2　9—13 周岁少年儿童的家长购买盗版出版物的类型

7.2.3　家长购买盗版出版物的驱动因素

对 2017 年给孩子购买过盗版出版物的 9—13 周岁少年儿童家长而言，"价格便宜"和"买时不知道是盗版"是其给孩子购买盗版出版物的最主要原因，选择比例分别为 49.7% 和 39.3%。此外，有 21.8% 的家长认为盗版出版物"品种丰富"；有 14.7% 的家长认为盗版出版物"购买方便"；有 8.4% 的家长认为盗版出版物"内容新颖"；还有 5.7% 的家长表示"没有正版可买"。

具体情况如图 7-2-3 所示。

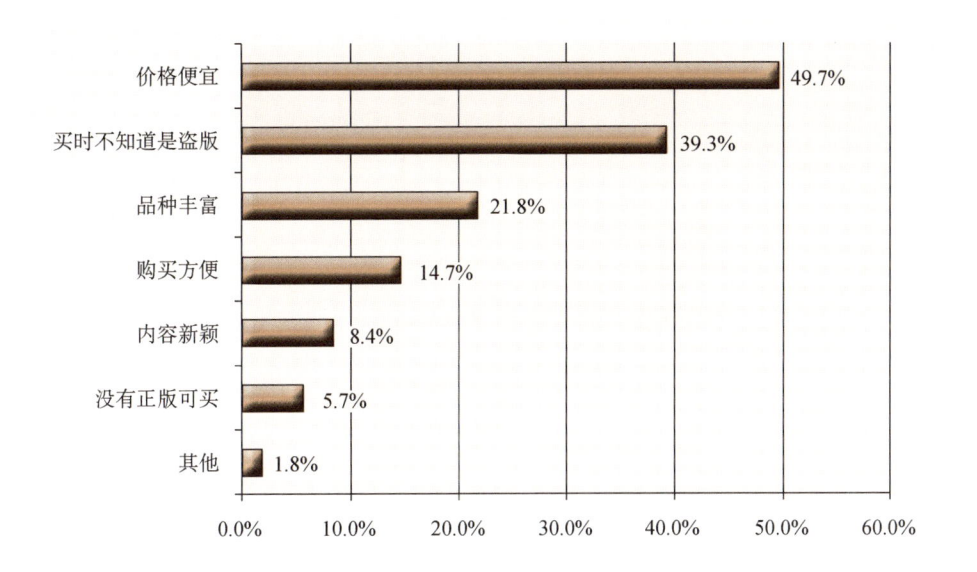

驱动因素	比例
价格便宜	49.7%
买时不知道是盗版	39.3%
品种丰富	21.8%
购买方便	14.7%
内容新颖	8.4%
没有正版可买	5.7%
其他	1.8%

图 7-2-3　9—13 周岁少年儿童家长购买盗版出版物的驱动因素

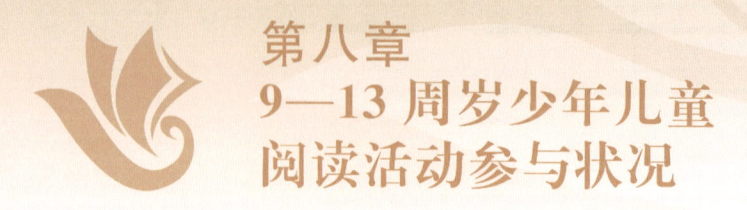

第八章
9—13周岁少年儿童阅读活动参与状况

8.1 少年儿童学校图书馆使用情况

本次调查显示,2017年,我国有74.8%的9—13周岁少年儿童表示所在学校有图书馆,略低于我国14—17周岁青少年表示所在学校设有图书馆的比例(75.2%)。

调查数据显示,表示学校有图书馆的9—13周岁少年儿童平均每月去6.85次图书馆。在表示学校有图书馆的9—13周岁少年儿童中,有83.4%的少年儿童去过学校图书馆。具体来看,53.5%的少年儿童平均每周至少去过一次学校图书馆(选择"每天都去"的比例为5.7%;选择"每周4—6次"的比例为6.9%;选择"每周1—3次"的比例为40.9%)。还有21.0%的少年儿童表示平均每月会去1—3次学校图书馆。平均每月去图书馆"不足一次"的少年儿童比例为8.8%,还有16.6%的我国少年儿童表示从没去过学校图书馆。

具体情况如表8-1-1所示。

表 8-1-1　9—13 周岁少年儿童对学校图书馆的使用频率

学校图书馆使用情况	选择比例
每天都去	5.7%
每周 4—6 次	6.9%
每周 1—3 次	40.9%
每月 1—3 次	21.0%
每月不足一次	8.8%
没有去过	16.6%

数据显示，在表示学校有图书馆的我国 9—13 周岁少年儿童中，有 65.0% 的少年儿童对学校图书馆表示"满意"；有 18.6% 的少年儿童认为"一般"；而对学校图书馆"不满意"的少年儿童比例为 6.7%；还有 9.6% 的少年儿童表示"没去过，不知道"。

具体情况如图 8-1-1 所示。

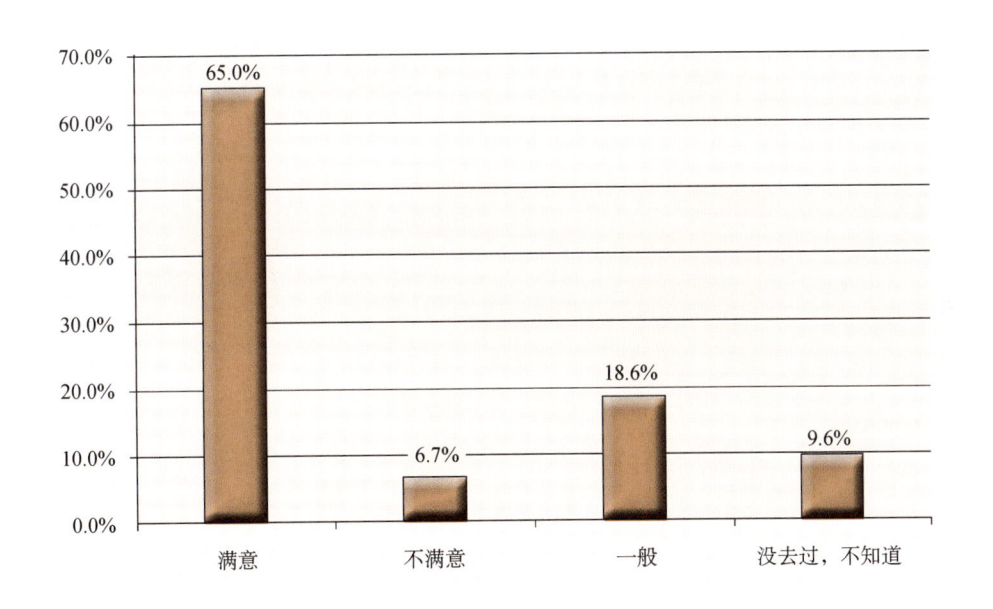

图 8-1-1　9—13 周岁少年儿童对学校图书馆的满意度

8.2　读书活动/读书节的知晓情况

在不提及具体读书活动前提下，2017 年，我国有 13.9% 的 9—13 周岁少年儿童家长表示周围举办过读书活动/读书节；有 86.1%

的家长表示周围没有举办过读书活动/读书节。从城乡对比上看，有20.5%的城镇少年儿童家长表示身边有读书活动/读书节；仅有5.9%的农村少年儿童家长表示身边有读书活动/读书节。

具体情况如图8-2-1所示。

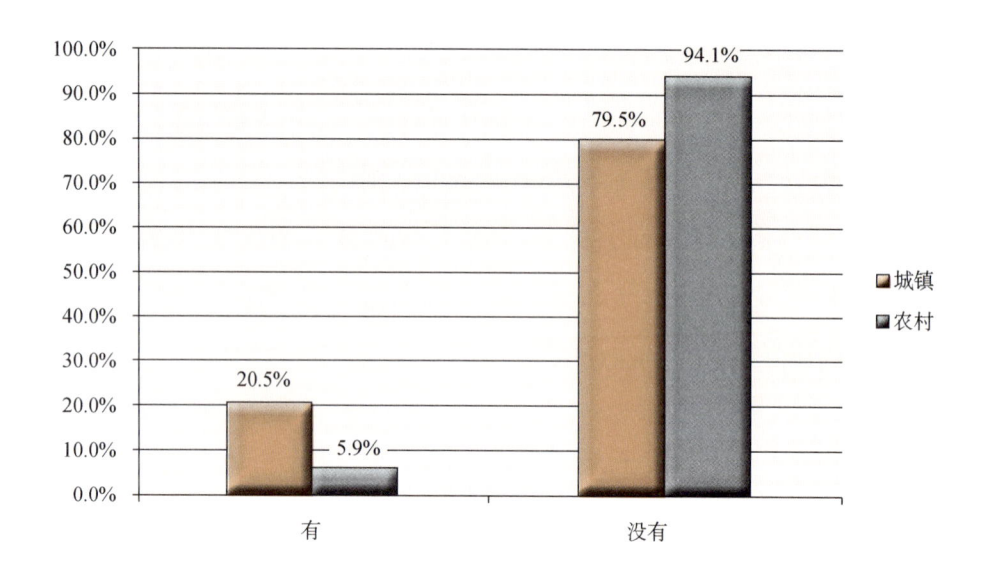

图8-2-1 9—13周岁少年儿童家长对读书活动/读书节知晓情况的城乡差异

8.3 少年儿童阅读活动的参与类型

2017年，在提及具体读书活动前提下，我国有25.6%的9—13周岁少年儿童表示参加过阅读活动。具体来看，在参加过阅读活动的少年儿童中，有41.2%的少年儿童参加过"读书征文/作文或书画摄影大赛"。此外，还有36.8%的少年儿童参加过"捐书爱心活动"；有22.1%的少年儿童参加过"读书竞赛/演讲/辩论赛"；11.7%的少年儿童参加过"图书展览会/特价书市"；10.4%的少年儿童参加过"读书游园会"；9.7%的少年儿童参加过"作家签名售书/新书推介"；8.6%的少年儿童参加过"读书讲座/作家报告会"。

具体情况如图8-3-1所示。

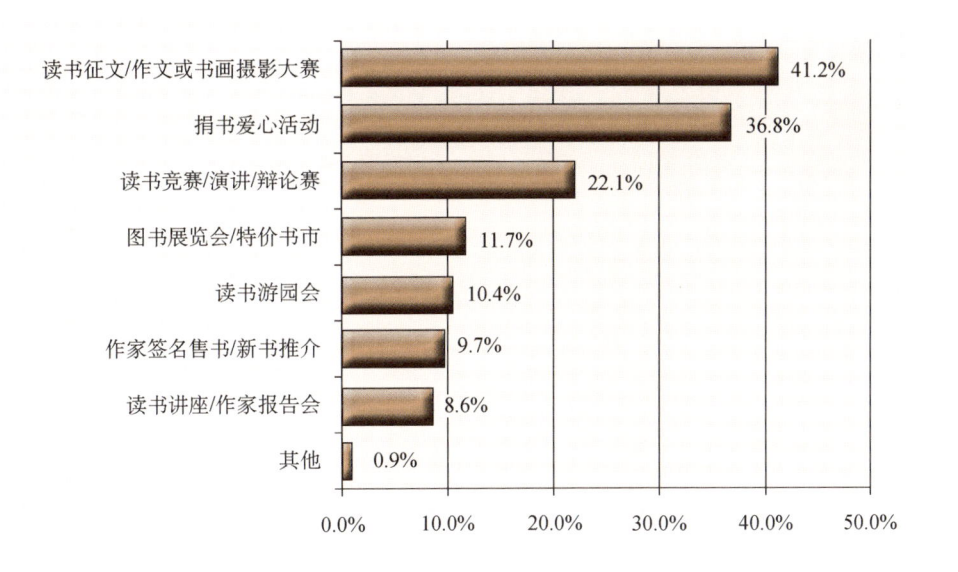

活动类型	百分比
读书征文/作文或书画摄影大赛	41.2%
捐书爱心活动	36.8%
读书竞赛/演讲/辩论赛	22.1%
图书展览会/特价书市	11.7%
读书游园会	10.4%
作家签名售书/新书推介	9.7%
读书讲座/作家报告会	8.6%
其他	0.9%

图 8-3-1　9—13 周岁少年儿童阅读活动的参与类型

第四篇

0—8 周岁儿童部分

第一章
0—8 周岁儿童图书阅读与购买状况

1.1 儿童综合阅读率和阅读起始时间

1.1.1 综合阅读率

2017年，我国0—8周岁儿童综合阅读率[①]为77.6%，较2016年的81.5%下降了3.9个百分点。从性别差异看，男孩的综合阅读率为79.2%，高于女孩的75.7%。从城乡对比看，城镇儿童的综合阅读率为85.7%，高于农村儿童的71.5%。

2017年，综合阅读率在不同年龄段儿童之间也存在一定差异，年龄稍大儿童的综合阅读率相对较高。0—1周岁儿童的综合阅读率最低，仅为29.2%。4—8周岁儿童的综合阅读率相对较高，均在90.0%以上。

具体情况如图1-1-1所示。

1.1.2 阅读起始时间

本次调查显示，2017年，我国0—8周岁儿童平均阅读起始年

---

① 0—8周岁儿童综合阅读率指2017年阅读过挂图、识图卡片、识字卡片、玩具书、图书、报刊等各类出版物的儿童占0—8周岁儿童总体的比例。

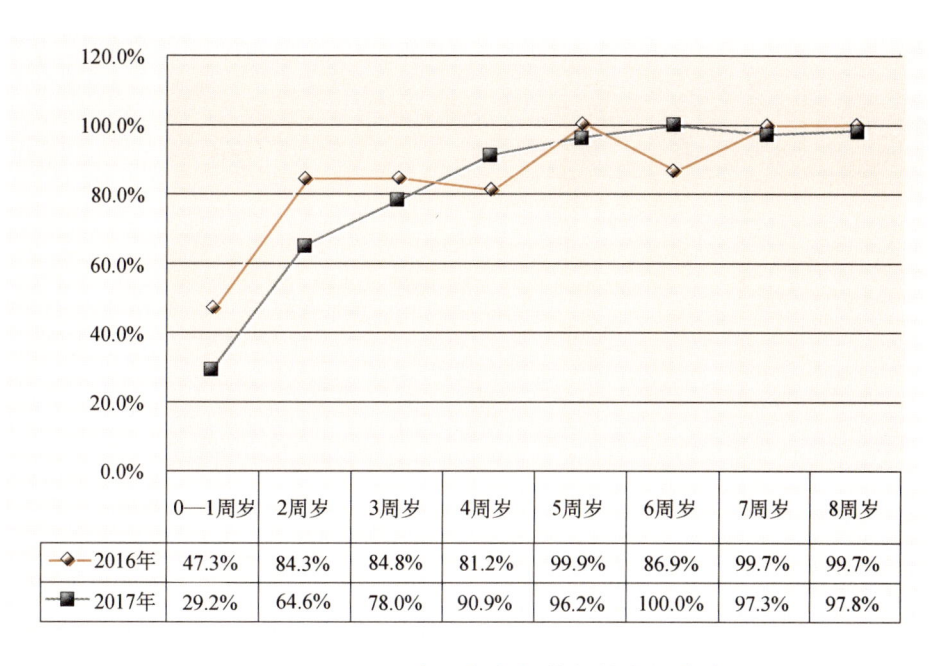

	0—1周岁	2周岁	3周岁	4周岁	5周岁	6周岁	7周岁	8周岁
2016年	47.3%	84.3%	84.8%	81.2%	99.9%	86.9%	99.7%	99.7%
2017年	29.2%	64.6%	78.0%	90.9%	96.2%	100.0%	97.3%	97.8%

图 1-1-1　0—8 周岁儿童各年龄段综合阅读率

龄为 2.38 周岁。从性别差异看，男孩与女孩的平均阅读起始年龄相差不大，男孩的平均阅读起始年龄为 2.45 周岁，较女孩（2.29 周岁）晚 0.16 周岁。从城乡对比看，城镇儿童的平均阅读起始年龄为 2.22 周岁，较农村儿童（2.53 周岁）早 0.31 周岁。

我国有 82.7% 的 0—8 周岁儿童在 3 周岁之前（包括 3 周岁）就开始了不同形式的阅读活动（含挂图、绘画、识字卡片等），较 2016 年的 82.2% 提高了 0.5 个百分点。具体来看，25.0% 的儿童在 1 周岁之前就开始阅读；在 2 周岁和 3 周岁开始阅读的儿童比例分别为 29.6% 和 28.1%；还有 10.4% 的儿童在 4 周岁开始阅读；有 2.1% 的儿童在 5 周岁开始阅读；而在 6—8 周岁才开始阅读的儿童相对较少，所占比例仅为 4.8%。

具体情况如图 1-1-2 所示。

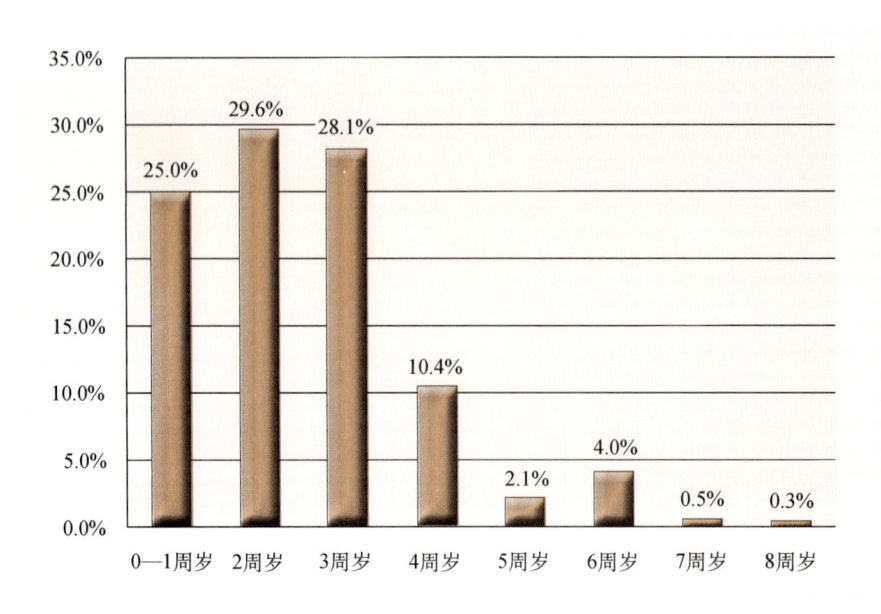

图 1-1-2　0—8 周岁儿童阅读的起始年龄

1.2　儿童图书阅读状况

1.2.1　图书阅读率与阅读量[①]

2017 年我国 0—8 周岁儿童的纸质图书阅读率为 75.8%，与 2016 年的 76.0% 基本持平。

从性别差异看，我国 0—8 周岁男孩图书阅读率为 77.2%，较女孩的图书阅读率（74.0%）高 3.2 个百分点。从城乡对比看，我国 0—8 周岁城镇儿童图书阅读率为 84.1%，较农村儿童的图书阅读率（69.6%）高出 14.5 个百分点。

具体情况如表 1-2-1 所示。

表 1-2-1　不同人口特征 0—8 周岁儿童的图书阅读率

人口特征	类别	图书阅读率
性别	男孩	77.2%
	女孩	74.0%

---

① 此处所指图书均为除教科书和期刊外的课外图书。

续前表

人口特征	类别	图书阅读率
城乡	城镇	84.1%
	农村	69.6%

2017年我国0—8周岁儿童的人均图书阅读量为7.23本，较2016年的7.76本略有下降。

从性别差异看，2017年我国0—8周岁男孩的图书阅读量为6.55本，较女孩的图书阅读量（8.09本）少1.54本。从城乡对比看，2017年我国0—8周岁城镇儿童图书阅读量为8.34本，较农村儿童的图书阅读量（6.18本）多2.16本。

具体情况如表1-2-2所示。

表1-2-2 不同人口特征0—8周岁儿童的图书阅读量

人口特征	类别	图书阅读量（本）
性别	男孩	6.55
	女孩	8.09
城乡	城镇	8.34
	农村	6.18

1.2.2 儿童阅读童书的主要来源

调查显示，有95.3%的0—8周岁儿童家长表示孩子阅读的童书主要来自"家长购买"，说明家长对儿童图书的消费积极性较高。此外，有18.5%的儿童家长表示孩子主要"在幼儿园、学校看"童书；有10.9%的家长表示孩子阅读童书的来源主要是"亲戚朋友赠送"；有8.5%的儿童家长表示孩子阅读童书的来源主要是"在书店看"；有7.3%的儿童家长表示孩子主要通过"亲戚朋友借阅"来阅读童书；5.1%的儿童家长表示孩子阅读童书的来源主要是到"图书馆借阅"。

具体情况如图1-2-1所示。

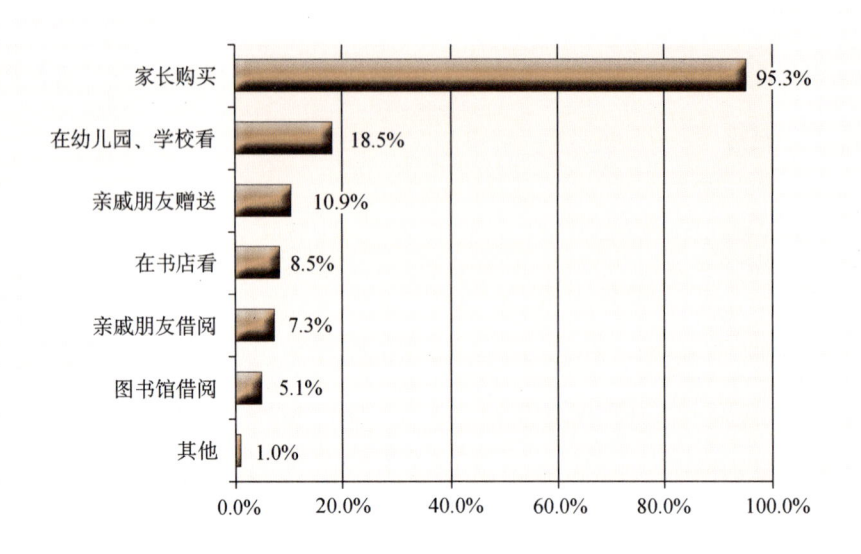

图 1-2-1　0—8 周岁儿童阅读童书的主要来源

1.2.3　图书拥有量

调查显示，2017 年，我国 0—8 周岁儿童人均图书拥有量为 16.54 本。从性别差异看，男孩的人均图书拥有量为 15.92 本，少于女孩的人均图书拥有量（17.31 本）。从城乡对比看，城镇儿童的人均图书拥有量为 20.56 本，远多于农村儿童的人均图书拥有量（12.93 本）。

我国有高达 95.8% 的 0—8 周岁儿童拥有自己的图书，有 82.4% 的儿童的图书拥有量在 30 本以下。具体来看，有 19.1% 的儿童图书拥有量为 1—5 本；有 22.5% 的儿童图书拥有量为 6—10 本；有 24.4% 的儿童图书拥有量为 11—20 本；有 16.4% 的儿童图书拥有量为 21—30 本。此外，有 10.7% 的儿童的图书拥有量在 31—50 本之间；仅有 2.8% 的儿童的图书拥有量超过 50 本；还有 4.2% 的儿童没有属于自己的图书。

具体情况如图 1-2-2 所示。

调查数据显示，2017 年，不同年龄段儿童的人均图书拥有量存在一定差异。大体而言，儿童的人均图书拥有量随年龄增长而增

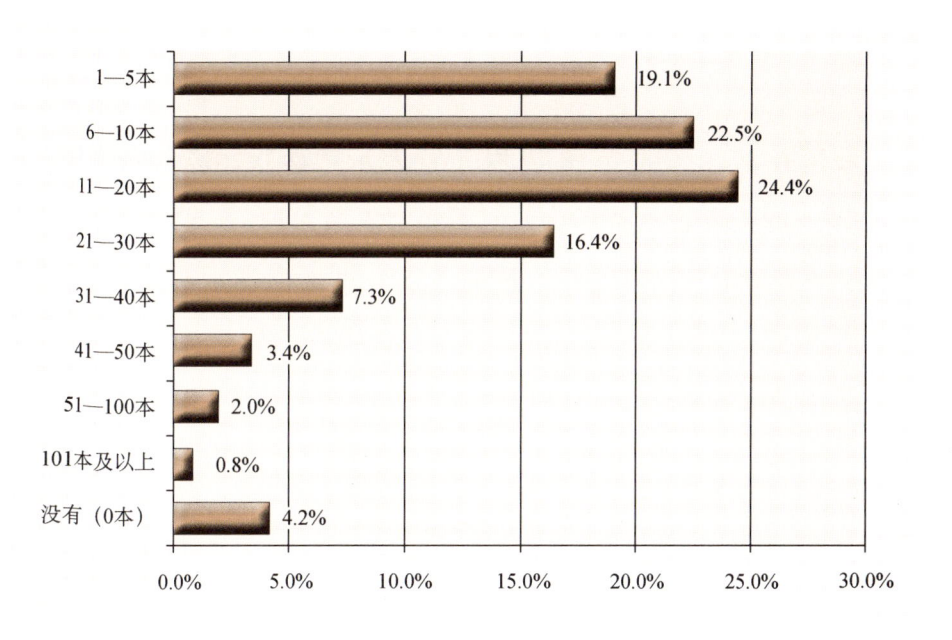

区间	百分比
1—5本	19.1%
6—10本	22.5%
11—20本	24.4%
21—30本	16.4%
31—40本	7.3%
41—50本	3.4%
51—100本	2.0%
101本及以上	0.8%
没有（0本）	4.2%

图 1-2-2　0—8 周岁儿童的图书拥有量

加。具体来看，0—1 周岁儿童的人均图书拥有量最少，为 9.17 本；7 周岁、8 周岁儿童的人均图书拥有量最多，分别达到 19.50 本和 21.65 本。2—8 周岁儿童的人均图书拥有量均超过 10 本。

具体情况如图 1-2-3 所示。

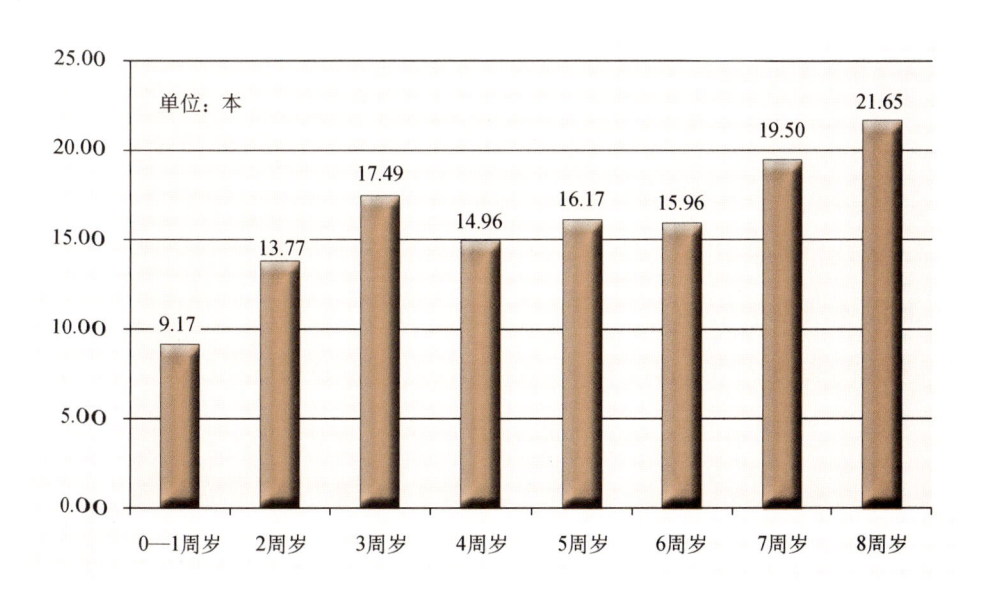

年龄	图书拥有量（单位：本）
0—1周岁	9.17
2周岁	13.77
3周岁	17.49
4周岁	14.96
5周岁	16.17
6周岁	15.96
7周岁	19.50
8周岁	21.65

图 1-2-3　0—8 周岁各年龄段儿童的图书拥有量

1.2.4 儿童阅读兴趣

我国有 47.9% 的 0—8 周岁儿童表示"喜欢,经常看"图书;有 39.3% 的儿童表示"喜欢,但不经常看";只有 8.5% 的儿童明确表示"不喜欢,基本不看";还有 4.3% 的儿童表示对此问题"说不清"。

具体情况如图 1-2-4 所示。

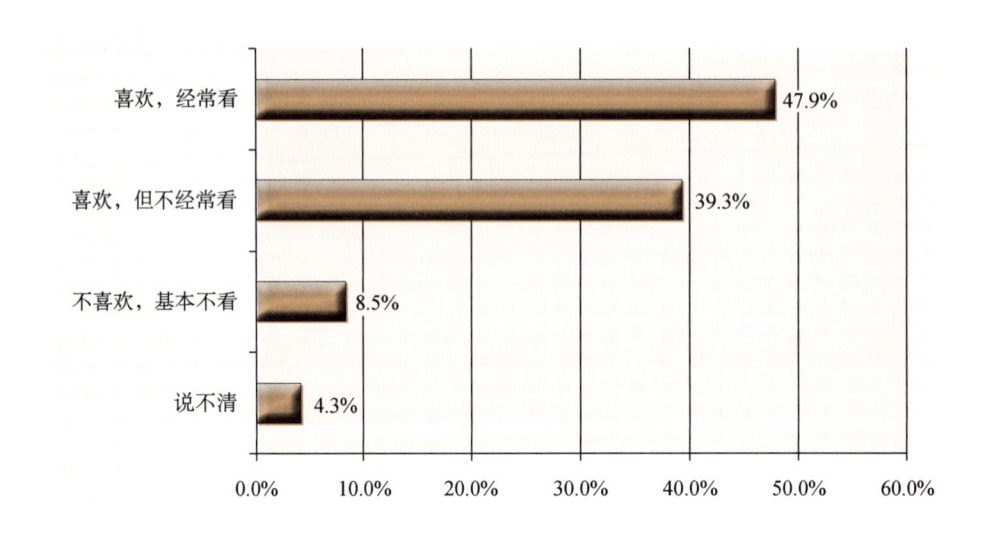

图 1-2-4　0—8 周岁儿童阅读兴趣

1.2.5 儿童喜欢的阅读方式

对儿童最喜欢的阅读方式的调查数据进行分析显示,家长在儿童阅读中所扮演的角色显得举足轻重,亲子阅读是学龄前儿童较普遍选择的阅读方式。有 39.8% 的我国 0—8 周岁儿童喜欢"家长陪孩子一起阅读";有 33.6% 的儿童喜欢"家长读给孩子听";有 17.8% 的儿童喜欢"自己阅读";只有 7.5% 的儿童喜欢"和小伙伴一起阅读"。

具体情况如图 1-2-5 所示。

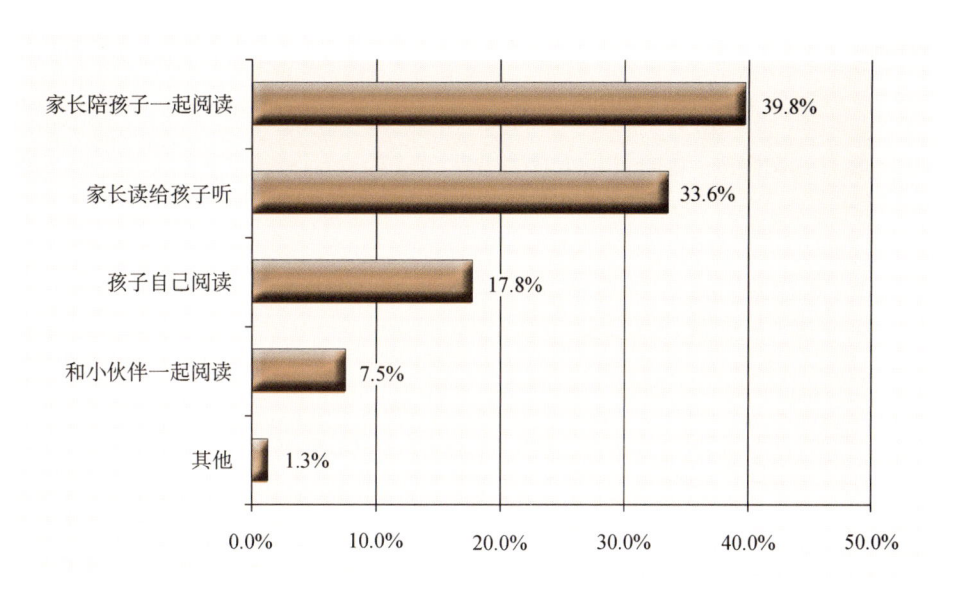

```
家长陪孩子一起阅读  39.8%
家长读给孩子听      33.6%
孩子自己阅读        17.8%
和小伙伴一起阅读     7.5%
其他                1.3%
```

图 1-2-5　0—8 周岁儿童喜欢的阅读方式

从年龄特征上分析，0—8 周岁儿童喜欢的阅读方式随着年龄的增长而产生变化，相对而言，年龄越大的儿童越倾向于自己独立阅读。在 0—1 周岁儿童中，有 51.4% 的儿童喜欢家长读给自己听；在 2 周岁儿童中这一比例为 54.3%；在 3 周岁儿童中这一比例为 44.7%；在 4 周岁儿童中这一比例为 38.9%；在 5 周岁儿童中这一比例为 31.8%；在 6 周岁儿童中这一比例为 25.6%；在 7 周岁儿童中为 16.0%；在 8 周岁儿童中为 23.9%。

与上述情况相反的是，在 0—1 周岁儿童中，喜欢"自己阅读"的儿童比例为 4.5%；在 2—7 周岁儿童中，这一比例分别为 17.8%、4.2%、24.4%、10.0%、10.3% 和 21.7%；在 8 周岁儿童中，这一比例升至 45.8%。

具体情况如表 1-2-3 所示。

表 1-2-3　不同年龄阶段 0—8 周岁儿童喜欢的阅读方式

	0—1 周岁	2 周岁	3 周岁	4 周岁	5 周岁	6 周岁	7 周岁	8 周岁
家长读给孩子听	51.4%	54.3%	44.7%	38.9%	31.8%	25.6%	16.0%	23.9%
家长陪孩子一起读	43.5%	26.0%	44.8%	32.4%	36.5%	59.6%	48.5%	15.8%
孩子自己阅读	4.5%	17.8%	4.2%	24.4%	10.0%	10.3%	21.7%	45.8%

续前表

	0—1 周岁	2周岁	3周岁	4周岁	5周岁	6周岁	7周岁	8周岁
和小伙伴一起阅读	0.1%	1.7%	5.9%	4.1%	12.4%	4.5%	13.8%	14.5%
其他	0.5%	0.2%	0.4%	0.2%	9.3%	0.0%	0.0%	0.0%

1.2.6 儿童不阅读的原因

当问及孩子不读书的原因时，有92.3%的0—8周岁儿童家长认为"孩子太小还不会读书"是其孩子不读书的最主要原因。此外，有6.2%的家长认为"孩子不喜欢看书"是孩子不读书的主要原因；有1.5%的家长认为"没人教孩子看书"是孩子不读书的主要原因。

具体情况如图1-2-6所示。

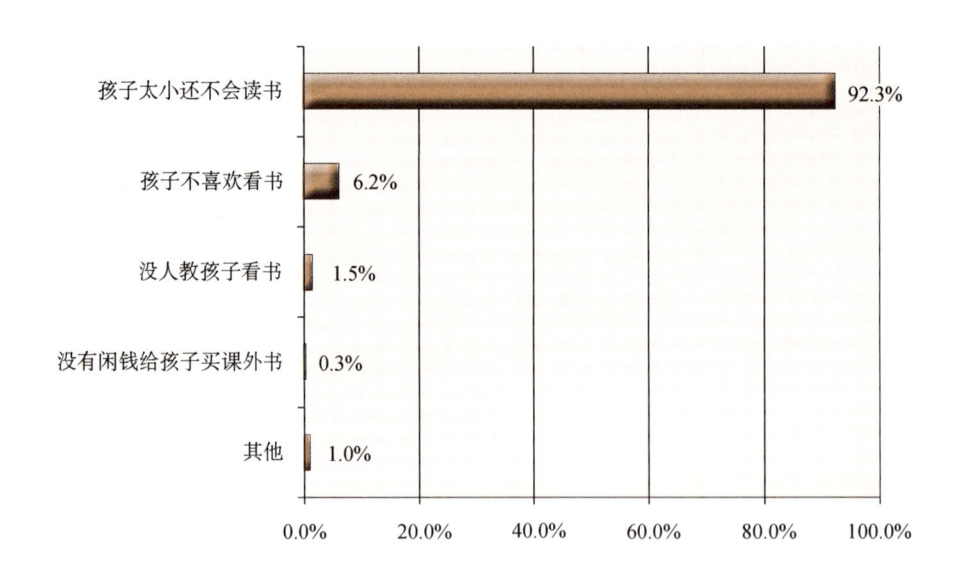

图1-2-6　0—8周岁儿童不读书的原因

从城乡对比看，农村儿童家长选择"孩子太小还不会读书"的比例要高于城镇儿童家长；而城镇儿童家长选择"孩子不喜欢看书""没人教孩子看书"的比例则要高于农村儿童家长。城乡儿童家长选择"没有闲钱给孩子买课外书"的比例均较低。

具体情况如图 1-2-7 所示。

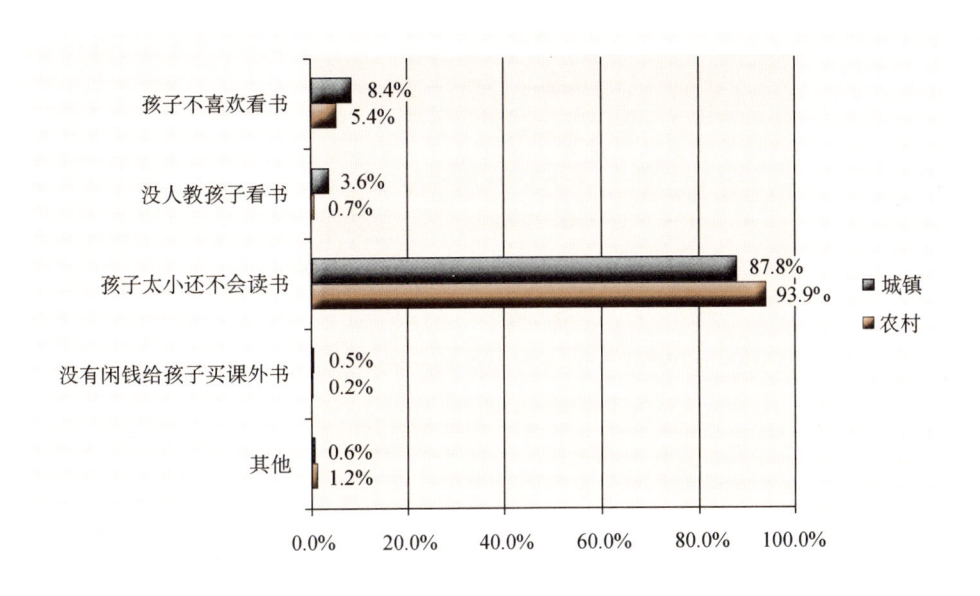

图 1-2-7　0—8 周岁儿童不读书原因城乡对比

1.3　儿童图书购买状况

1.3.1　购买童书金额

2017 年，我国 0—8 周岁儿童的家长平均花费 101.00 元给孩子购买童书。从城乡对比看，城镇儿童家长平均花费 130.82 元给孩子购买童书；而农村儿童家长平均花费的金额仅为 73.70 元。

我国有 94.1% 的 0—8 周岁儿童家长给孩子购买过童书。有 48.4% 的家长为孩子购买童书的花费在 50 元及以上。具体来看，为孩子购书花费在 50—100 元之间的家长比例为 23.6%；为孩子购书花费在 100—300 元之间的家长比例为 17.4%；花费在 300 元及以上的家长比例为 7.4%；此外，为孩子购买童书花费在 50 元以内的家长比例为 28.3%，还有 17.3% 的家长虽然买了，但是表示忘记具体购买金额。

具体情况如图 1-3-1 所示。

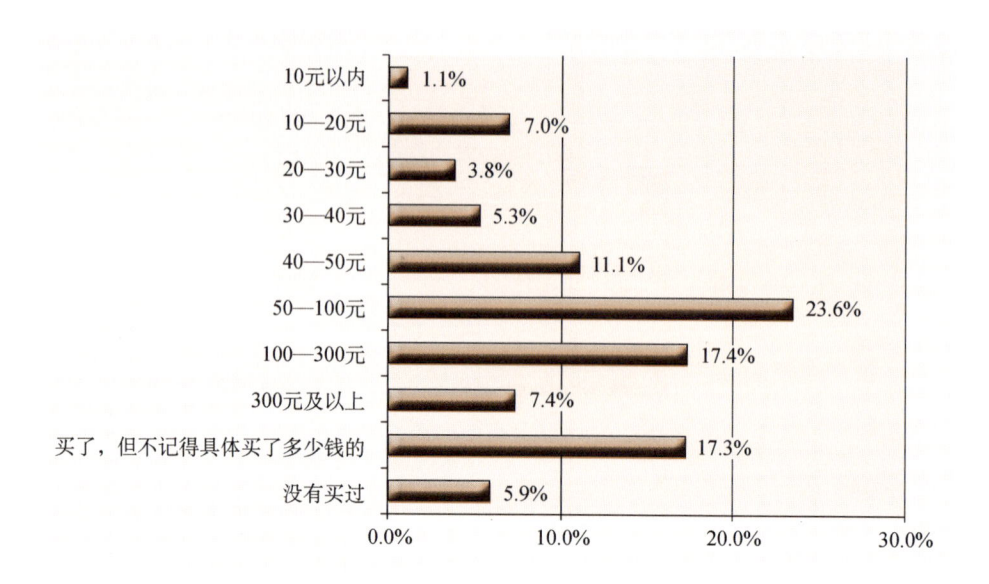

金额区间	比例
10元以内	1.1%
10—20元	7.0%
20—30元	3.8%
30—40元	5.3%
40—50元	11.1%
50—100元	23.6%
100—300元	17.4%
300元及以上	7.4%
买了，但不记得具体买了多少钱的	17.3%
没有买过	5.9%

图 1-3-1　0—8 周岁儿童家长购买童书的金额

1.3.2　家长购买童书的主要渠道

2017 年，实体书店仍然是我国 0—8 周岁儿童家长为孩子购书的主要渠道。我国有 55.8% 的 0—8 周岁儿童家长通常会在"新华书店"为孩子购书；通常选择在"私营书店"为孩子购书的家长比例为 34.2%。"超市商场"也是近年来儿童图书销售的一个重要渠道，有 18.7% 的儿童家长通常会在"超市商场"为孩子购书。还有 14.2% 的 0—8 周岁儿童家长通常在"街头书摊"为孩子购书。

值得注意的是，有接近三成（28.3%）的我国 0—8 周岁儿童家长经常在"网上书店"给孩子买书。

具体情况如图 1-3-2 所示。

1.3.3　家长选择购买童书渠道的影响因素

数据显示，2017 年，我国有 56.8% 的 0—8 周岁儿童家长在选择给孩子买书的渠道时重点考虑的因素是"图书种类多"。图书的易获取性也是家长选择购书渠道时考虑的主要因素，"离得较近"和"很容易找到需要的书"两个选项的选择比例分别为 40.8% 和

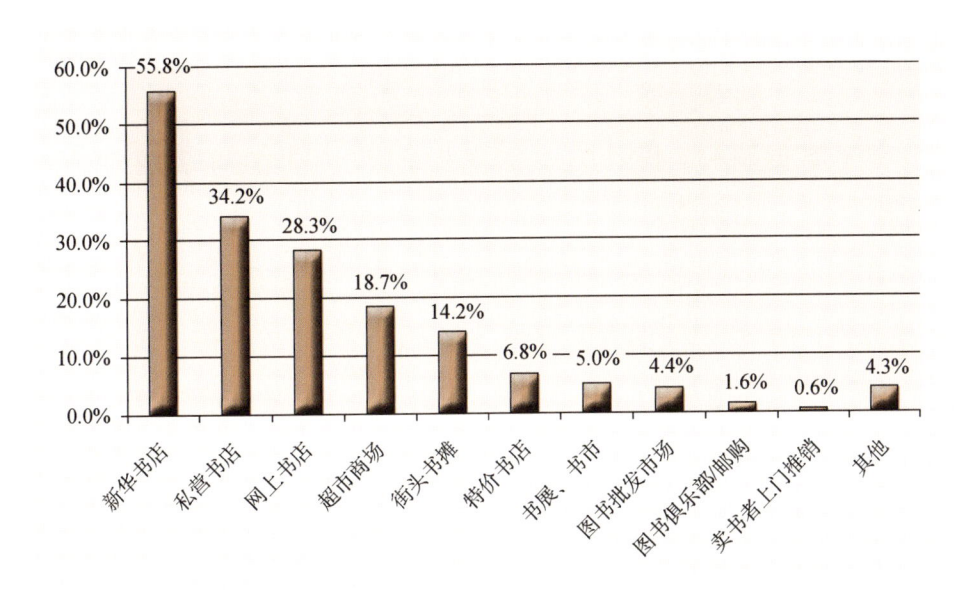

图 1-3-2　0—8 周岁儿童家长给孩子购买童书的主要渠道

24.0%。也有部分家长在选择购书渠道时比较看重价格折扣与店内环境，"价格折扣"和"店内环境好、设施齐全"的选择比例分别为 27.5% 和 19.5%。而"店主或服务员态度亲切、服务好"和"开展读书活动"的关注度相对不高，选择比例分别为 3.6% 和 3.8%。

具体情况如图 1-3-3 所示。

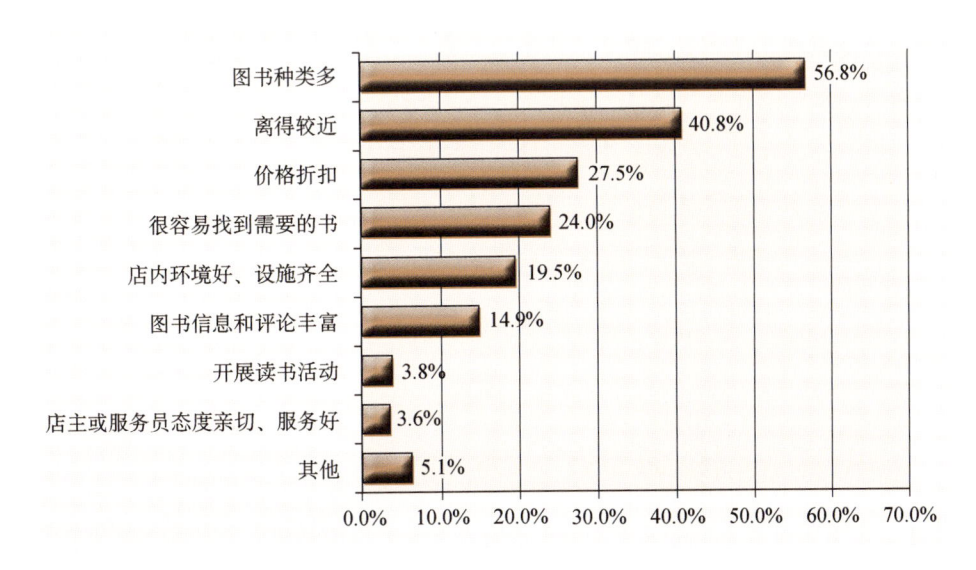

图 1-3-3　影响 0—8 周岁儿童家长选择购买童书渠道的因素

1.3.4 购书距离

调查数据显示,我国0—8周岁儿童家长平均在3.28公里内可找到购书点,即离家最近购书点的平均距离为3.28公里。

我国有52.0%的0—8周岁儿童家长表示离家最近的购书点在3公里以内;有37.8%的家长表示离家最近的购书点在3公里及以上。特别值得注意的是,有8.1%的家长表示离家最近购书点在10公里及以上。还有10.3%的儿童家长对这一距离表示"不清楚/不知道"。

具体情况如图1-3-4所示。

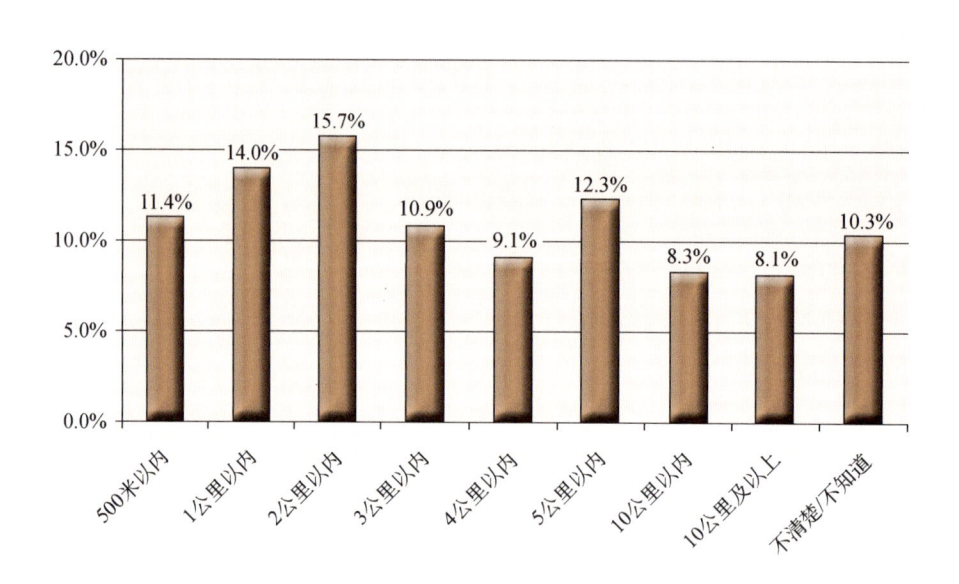

图1-3-4 0—8周岁儿童离家最近购书点距离

1.3.5 家长获取儿童读物信息的主要途径

2017年,通过"逛书店"了解儿童读物信息的0—8周岁儿童家长最多,选择比例达51.4%。还有40.3%的家长主要通过人际传播("朋友或幼儿园老师介绍")来获取儿童读物信息。而通过"图书排行榜""电视或广播上的读书节目""图书或文学专业网站"

"门户网站的'读书'频道"和"报刊上的出书新闻或书评"来获取儿童读物信息的家长比例相对不高,均低于10.0%。另有37.8%的家长表示获取儿童读物信息"很随意"。还有5.3%的家长则表示"没有信息渠道"。可以看出,在儿童读物信息传播方面,亲身体验和口碑传播会有较大作用。

具体情况如图1-3-5所示。

途径	比例
逛书店	51.4%
朋友或幼儿园老师介绍	40.3%
图书排行榜	8.9%
电视或广播上的读书节目	8.3%
图书或文学专业网站	6.1%
门户网站的"读书"频道	4.3%
报刊上的出书新闻或书评	3.4%
很随意	37.8%
其他	0.7%
没有信息渠道	5.3%

图1-3-5　0—8周岁儿童家长获取儿童读物信息的途径

1.3.6　影响家长为孩子购买童书的主要因素

调查数据显示,我国有52.3%的0—8周岁儿童的家长表示,"孩子喜欢"是影响其为孩子购买图书的最主要因素。其次,"朋友、老师或幼儿园推荐"和"图书内容简介"也是影响其为孩子购书的主要原因,选择比例分别为44.3%和37.6%。此外,还分别有15.0%的家长将"价格"、14.7%的家长将"封面设计及外观"、13.6%的家长将"书名或目录"、13.3%的家长将"店员推荐"、11.2%的家长将"出版社的名气"作为给孩子选购图书时考虑的主要因素之一。而"电视、电影原作""作者""网上或邮件图书信息推介""媒体的书讯和书评"的影响力则相对较弱,选择比例均低于5.0%。这说明儿童图书是否能吸引儿童读者本身,是决定家长是否购买的最关键因素。

具体情况如图1-3-6所示。

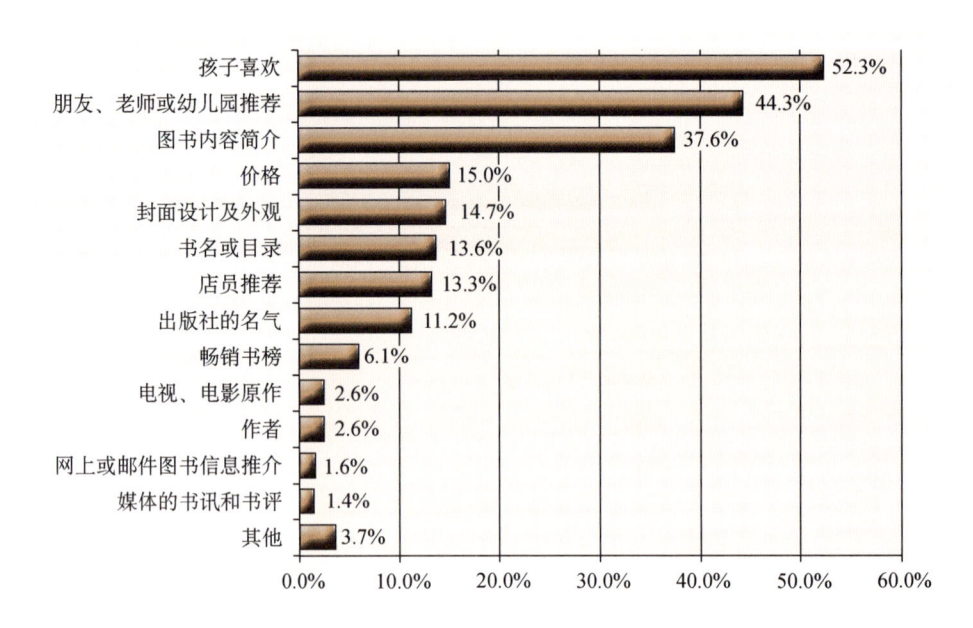

因素	比例
孩子喜欢	52.3%
朋友、老师或幼儿园推荐	44.3%
图书内容简介	37.6%
价格	15.0%
封面设计及外观	14.7%
书名或目录	13.6%
店员推荐	13.3%
出版社的名气	11.2%
畅销书榜	6.1%
电视、电影原作	2.6%
作者	2.6%
网上或邮件图书信息推介	1.6%
媒体的书讯和书评	1.4%
其他	3.7%

图1-3-6　影响0—8周岁儿童家长为孩子购书的主要因素

1.3.7　家长购买童书的不便之处

我国有66.7%的0—8周岁儿童家长认为在为孩子购书时没有不方便。购书距离远、图书信息少是我国0—8周岁儿童家长给孩子买书的主要障碍,"家离卖书的地方很远"和"对书的信息知道的少"的选择比例分别为17.1%和10.4%。另外,"没有图书信息检索设备""书店陈列混乱,很难找书"和"想买的书总是没有"的选择比例分别为4.2%、4.0%和3.5%,而选择"书店服务态度不好"的比例相对较低,仅为0.9%。

具体情况如图1-3-7所示。

家离卖书的地方很远	17.1%
对书的信息知道得少	10.4%
没有图书信息检索设备	4.2%
书店陈列混乱，很难找书	4.0%
想买的书总是没有	3.5%
书店服务态度不好	0.9%
其他	0.9%
没有什么不方便	66.7%

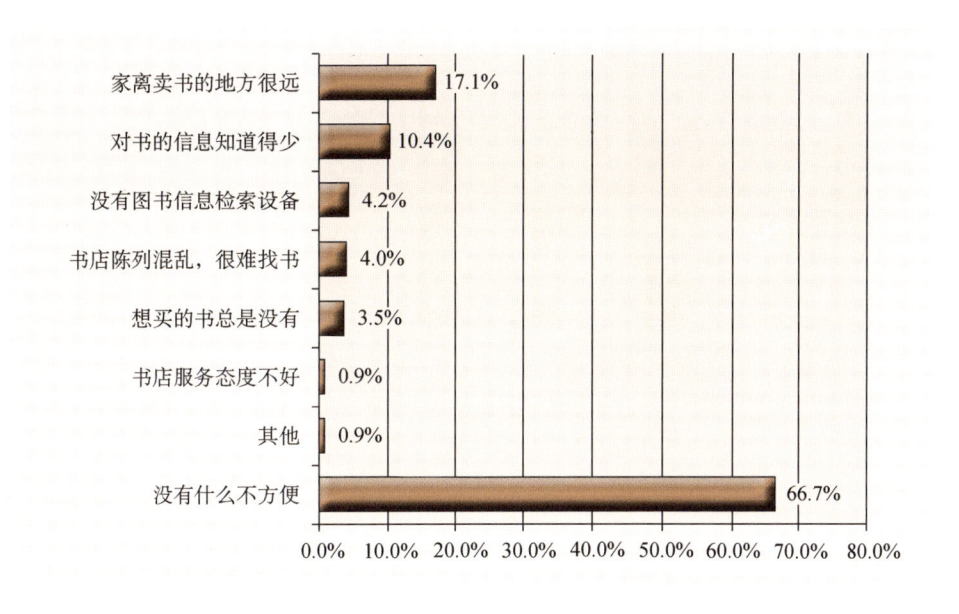

图 1-3-7　0—8 周岁儿童家长为孩子购书的不便之处

1.3.8　家长对童书价格的承受能力

调查数据显示，2017 年，对于一本 40 页左右、内容精美的彩色图画书，我国 0—8 周岁儿童的家长平均可承受的价格为 14.57 元，高于 2016 年的 13.41 元。

对于一本 40 页左右、内容精美的彩色图画书来说，82.6% 的 0—8 周岁儿童家长能够接受的价格区间集中在 4—30 元。具体来看，有 9.9% 的家长能承受 4—8 元的价格；21.2% 的家长能承受 8—12 元的价格；36.4% 的家长能承受 12—20 元的价格；15.1% 的家长能承受 20—30 元的价格。此外，有 3.7% 的家长只能承受 4 元以下的价格；1.1% 的家长能够承受的价格在 30 元及以上；还有 12.7% 的家长认为"只要喜欢，多贵都买"。

具体情况如图 1-3-8 所示。

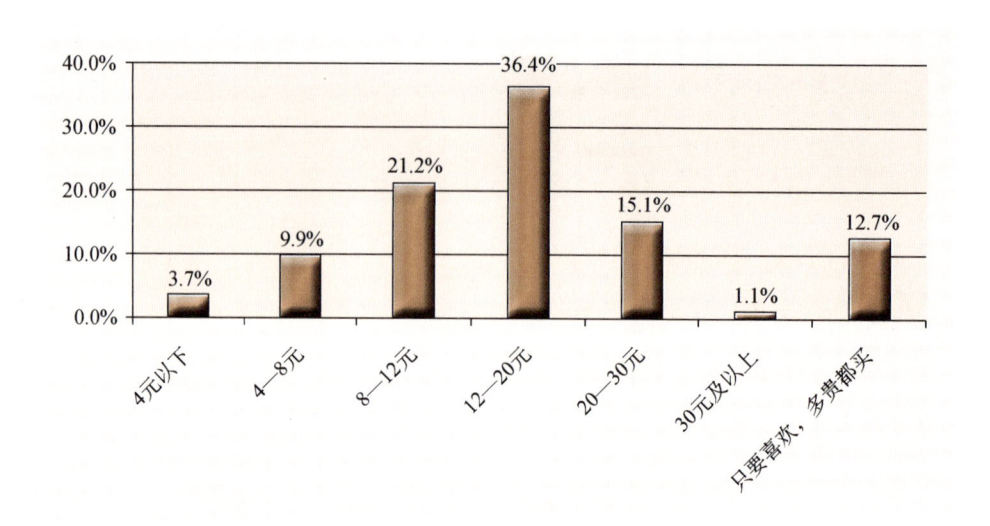

图 1-3-8　0—8周岁儿童家长对童书价格的承受能力

1.3.9　家长对儿童类图书的评价

1.3.9.1　家长对儿童图书种类评价

调查数据显示，2017年，我国大部分（70.6%）0—8周岁儿童家长对目前市场上的儿童图书种类评价较高，认为市场上的儿童图书种类"很丰富"或"比较丰富"；有17.9%的家长认为目前市场上儿童图书种类"一般"；认为"很少"或"比较少"的家长比例仅有3.5%；还有8.0%的家长对儿童图书种类的评价较为模糊，表示"说不清"。

具体情况如图1-3-9所示。

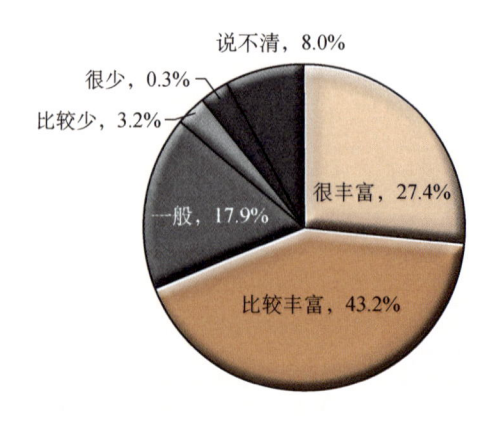

图 1-3-9　0—8周岁儿童家长对儿童图书种类的评价

1.3.9.2 家长对儿童图书质量评价

2017年，我国有42.2%的0—8周岁儿童家长认为目前儿童图书质量高（"很高"或"比较高"）；有43.8%的家长认为儿童图书质量一般；认为儿童图书质量"比较低"或"很低"的比例仅为1.8%；还有12.2%的家长对儿童图书质量的评价较为模糊，表示"说不清"。

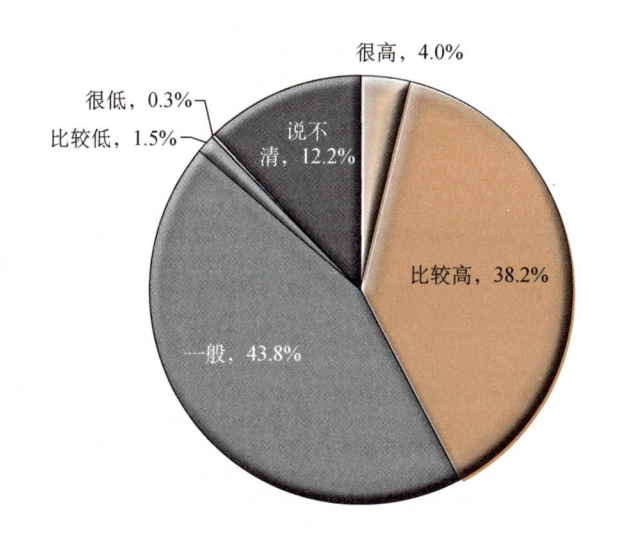

具体情况如图1-3-10所示。

图 1-3-10　0—8周岁儿童家长对儿童图书质量的评价

1.3.9.3 家长对儿童图书价格评价

调查数据显示，2017年，我国有42.3%的0—8周岁儿童家长认为目前市场上儿童图书价格"合适"；有35.9%的家长认为目前儿童图书定价高（"比较贵"或"非常贵"）；而认为市场上儿童图书价格便宜（"比较便宜"或"非常便宜"）的家长比例只有12.2%；还有9.7%的家长表示"说不清"目前儿童图书价格是高是低。

具体情况如图1-3-11所示。

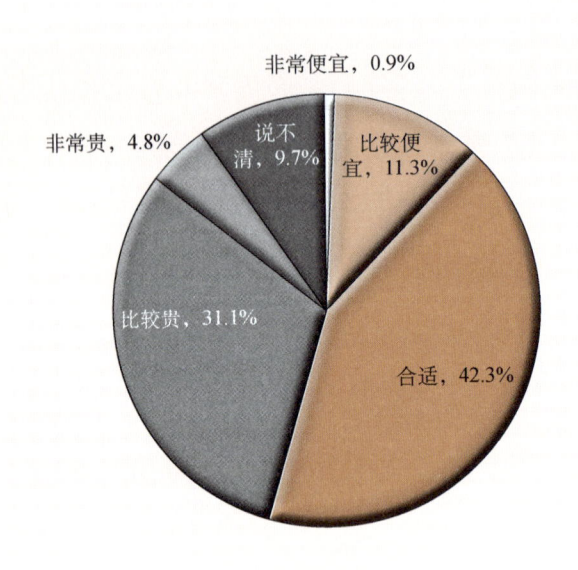

图 1-3-11　0—8 周岁儿童家长对儿童图书价格的评价

1.3.10　家长网上购买儿童出版物行为分析

1.3.10.1　家长网上购买儿童出版物种类

2017年的调查数据显示，我国有62.4%的0—8周岁儿童家长通过互联网给孩子购买过各类出版物。在通过网络购买过各类出版物的0—8周岁儿童家长中，有88.1%的家长通过互联网给孩子购买过"图书"；有39.2%的家长通过互联网给孩子购买过"学习用音像制品"；有10.7%的家长通过互联网给孩子购买过"期刊"；有9.9%的家长通过互联网给孩子购买过"娱乐休闲用音像制品"；有3.8%的家长通过互联网给孩子购买过"软件/游戏光盘"；有1.1%的家长通过互联网给孩子购买过"盒式录音带"。

具体情况如图1-3-12所示。

1.3.10.2　家长选择网上购买儿童出版物的原因

调查发现，2017年，"图书种类多""价格优惠""送货上门""节省去书店的时间和费用"是吸引我国0—8周岁儿童家长选择在

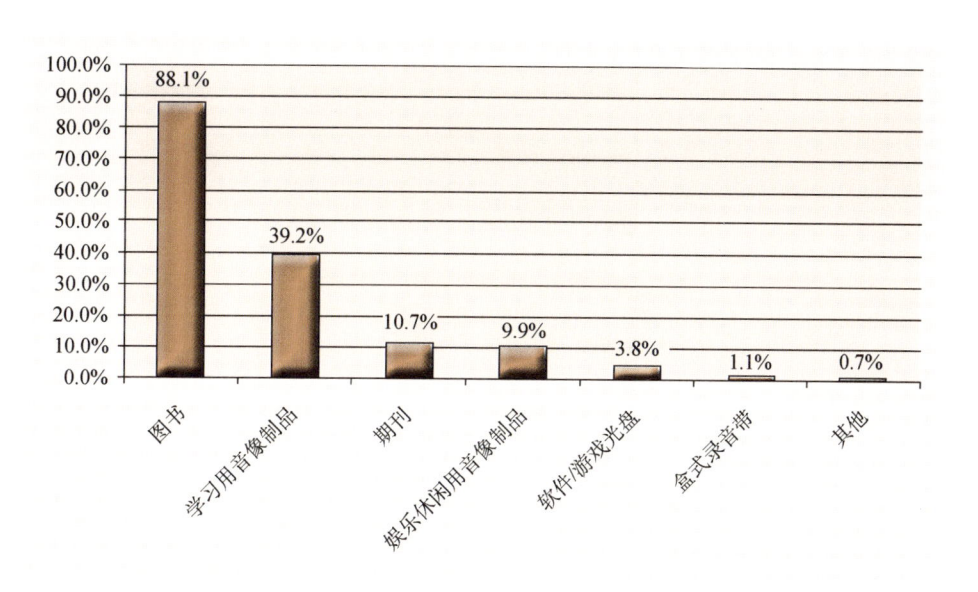

图 1-3-12　0—8 周岁儿童家长通过互联网购买的出版物的种类

网上购买儿童出版物的四个主要原因。其中，有 56.3% 的家长是因为"图书种类多"而选择网上购书；有 47.6% 的家长表示"价格优惠"是吸引他们选择网上购买儿童出版物的主要原因；有 41.5% 的家长表示"送货上门"是吸引他们选择网上购买儿童出版物的主要原因；还有 33.7% 的家长表示网上购买图书可以"节省去书店的时间和费用"；有 23.9% 的家长表示网上"很容易找到需要的书"；有 15.3% 的家长认为网上购买儿童出版物"有丰富的信息和评论供参考"。

具体情况如图 1-3-13 所示。

1.3.10.3　制约家长网上购买儿童出版物的因素

分析家长未在网上给孩子购买出版物的原因可以得知，"不习惯网上购物""无法检验出版物质量"是家长未在网上购买儿童出版物的最主要原因，选择比例分别为 34.0% 和 33.3%。还有 17.2% 的家长表示由于"太麻烦/流程过于复杂"而没有在网上给孩子购书；有 14.6% 的家长表示因为"网上购物不安全"而没有在网上给孩子购书；有 11.3% 的家长表示"运费太高"是制约其网上

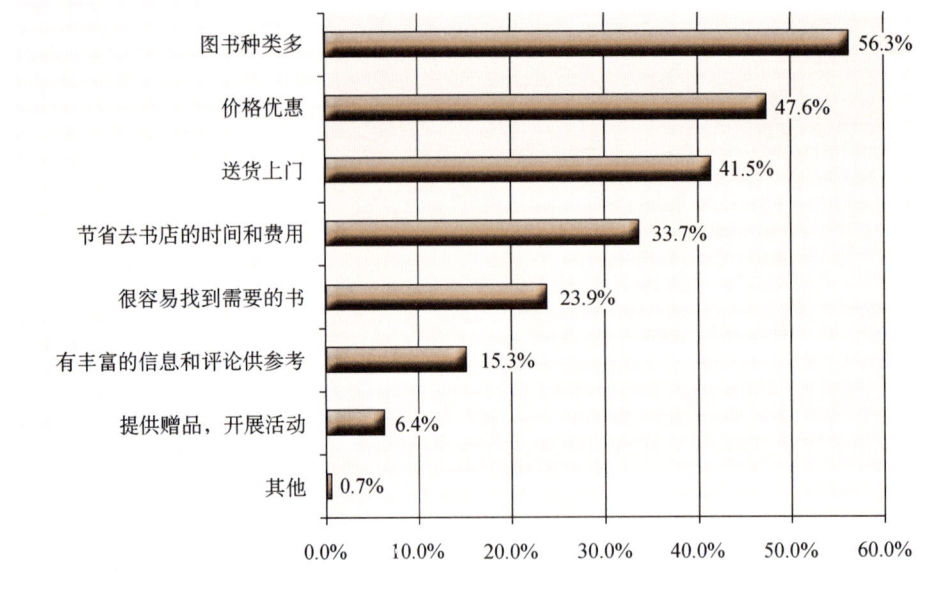

原因	比例
图书种类多	56.3%
价格优惠	47.6%
送货上门	41.5%
节省去书店的时间和费用	33.7%
很容易找到需要的书	23.9%
有丰富的信息和评论供参考	15.3%
提供赠品，开展活动	6.4%
其他	0.7%

图 1-3-13　0—8 周岁儿童家长选择网上购买儿童出版物的原因

购买儿童出版物的原因。而"不能上网"和"付费不方便"的选择比例较低，分别为 1.7% 和 1.2%。

具体情况如图 1-3-14 所示。

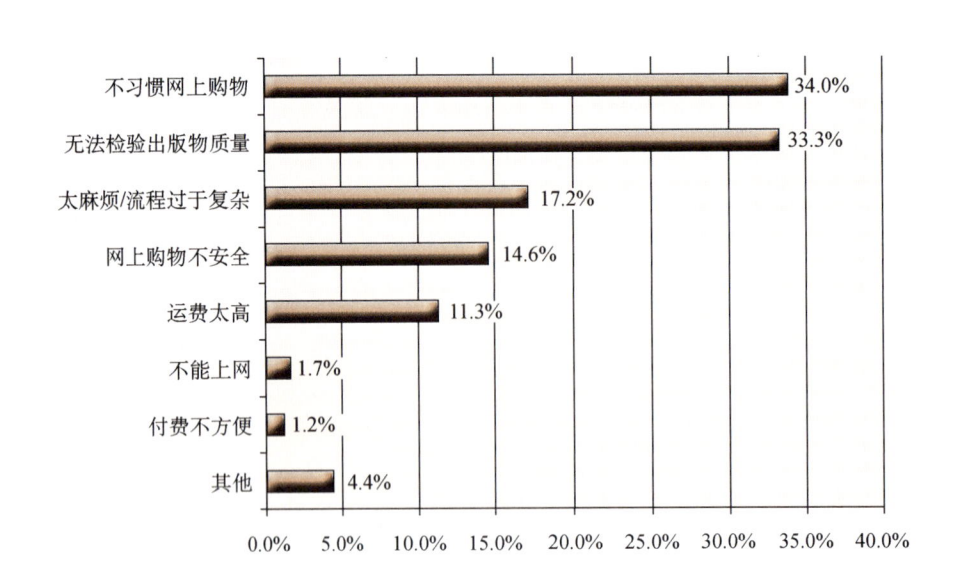

因素	比例
不习惯网上购物	34.0%
无法检验出版物质量	33.3%
太麻烦/流程过于复杂	17.2%
网上购物不安全	14.6%
运费太高	11.3%
不能上网	1.7%
付费不方便	1.2%
其他	4.4%

图 1-3-14　制约 0—8 周岁儿童家长在网上购买儿童出版物的因素

1.3.11　家长对国内原创与引进版出版物的选择情况

2017年，在家长为孩子购买过的儿童读物中，国内原创读物占45.3%，远高于国外引进版出版物的6.3%。还有48.4%的家长表示，并未注意这些儿童读物是国内原创还是国外引进版。

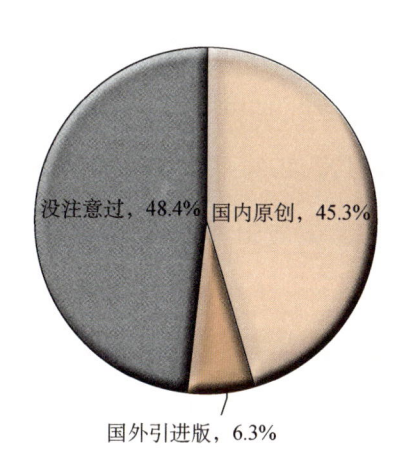

具体情况如图1-3-15所示。

图1-3-15　0—8周岁儿童家长为儿童选择出版物的倾向

1.3.12　书店市场渗透率

调查过程中，我们列举了国内一些较为知名的书店（包括网上书店），让被访的0—8周岁儿童家长从中挑选出曾为孩子购买过出版物的书店，以了解这些书店的市场表现。结果显示，"本地新华书店"稳居市场渗透率（购买率）第一位。其次，当当网、京东商城等网上书店的市场渗透率（购买率）也相对较高。

具体情况如表1-3-1所示。

表1-3-1　书店市场渗透率

排名	书店名称
1	本地新华书店
2	当当网
3	京东商城
4	上海书城
5	亚马逊网

1.4 儿童与家长互动阅读情况

1.4.1 家长引导儿童阅读的目的

通过调查发现，有56.2%的家长认为引导孩子阅读的主要目的是"养成阅读兴趣和习惯"；有54.6%的家长认为引导孩子阅读的主要目的是"帮助识字、学数数"；有51.8%的0—8周岁儿童家长表示引导孩子阅读的主要目的是"帮助认识各种事物"；有43.1%的家长表示引导孩子阅读的主要目的是"开发智力，培养学习能力"；只有21.7%的家长认为引导孩子阅读的目的是"为了给小孩玩耍/让小孩安静下来"。

具体情况如表1-4-1所示。

表1-4-1 0—8周岁儿童的家长引导儿童阅读的主要目的

家长引导儿童阅读的目的	选择比例
养成阅读兴趣和习惯	56.2%
帮助识字、学数数	54.6%
帮助认识各种事物	51.8%
开发智力，培养学习能力	43.1%
为了给小孩玩耍/让小孩安静下来	21.7%
其他	0.5%

1.4.2 家长对儿童阅读的陪护状况

1.4.2.1 主要陪读者

对亲子早期阅读行为的分析发现，2017年我国0—8周岁儿童家庭中，平时有陪孩子读书习惯的家庭占71.3%。另外，在我国0—8周岁有阅读行为的儿童家庭中，平时有陪孩子读书习惯的家庭占91.8%，较2016年的90.0%提高了1.8个百分点。

作为儿童阅读的陪护者，"妈妈"充当着最主要的角色，是最经常陪伴孩子读书的家长，选择比例达83.9%；其次是"爸爸"，选择比例为 30.3%；其余陪读人员的选择比例，从高到低排列依次为"奶奶""爷爷""外婆""外公"等家庭成员。值得注意的是，有 8.2% 的 0—8 周岁儿童平时在家里主要是自己读书，没有家长陪伴。

具体情况如图 1-4-1 所示。

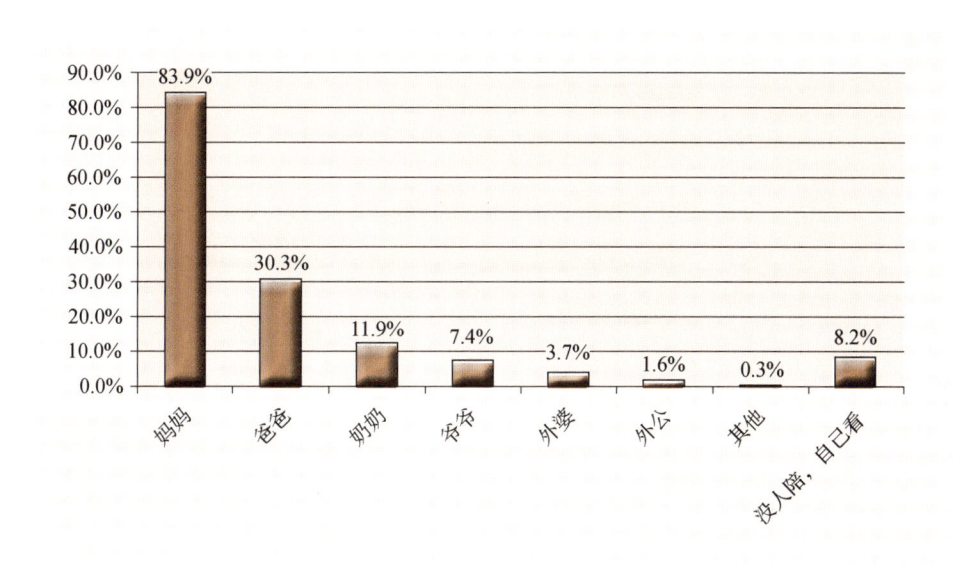

图 1-4-1　0—8 周岁儿童家长陪孩子读书情况

1.4.2.2　陪读时长

调查数据显示，2017 年，在有过亲子共读行为的 0—8 周岁儿童家庭中，家长平均每天花费 23.69 分钟陪孩子阅读，较 2016 年平均水平（24.15 分钟）略有减少。其中，男孩家长平均每天花费 26.09 分钟陪孩子阅读，而女孩家长平均每天花费 20.53 分钟陪孩子阅读，较男孩家长少 5.56 分钟。城镇家长平均每天花费 24.60 分钟陪孩子阅读，而农村家长平均每天花费 22.85 分钟陪孩子阅读，较城镇家长少 1.75 分钟。

在有过亲子共读行为的 0—8 周岁儿童家庭中，家长平均每天花费 10 分钟以上陪孩子读书的比例为 74.3%。具体看来，陪读时间为 10—20 分钟的选择比例为 19.7%；陪读时间为 20—30 分钟的选择比例为 37.2%；陪读时间为 30—60 分钟的选择比例为 10.0%；

陪读时间在 1 小时及以上的选择比例为 7.4%。此外，家长平均每天陪读时间为 5—10 分钟的比例为 14.5%；家长平均每天陪孩子读书时间不足 5 分钟的比例为 3.7%。

具体情况如图 1-4-2 所示。

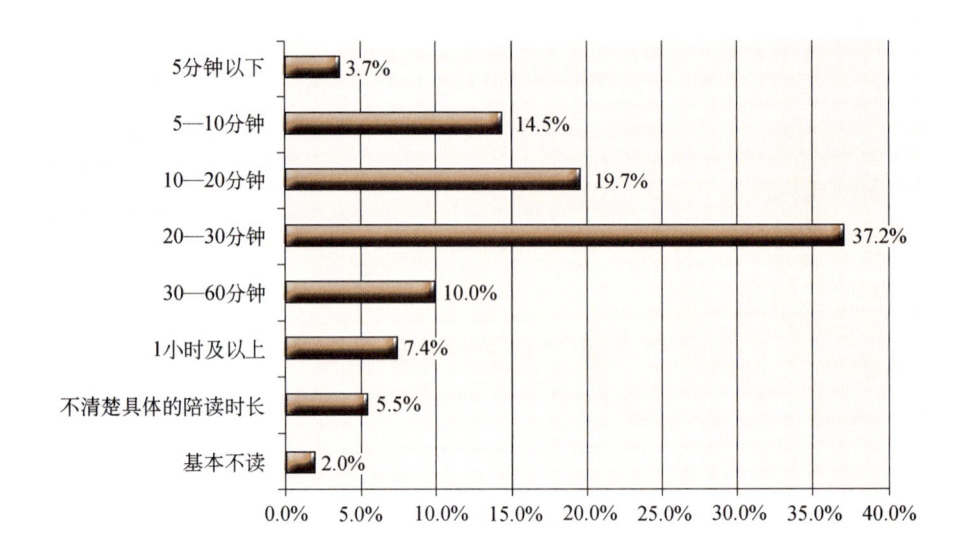

时长	比例
5分钟以下	3.7%
5—10分钟	14.5%
10—20分钟	19.7%
20—30分钟	37.2%
30—60分钟	10.0%
1小时及以上	7.4%
不清楚具体的陪读时长	5.5%
基本不读	2.0%

图 1-4-2　0—8 周岁儿童家长陪孩子阅读的时长

1.4.3　家长带孩子逛书店的频率

我国 2017 年 0—8 周岁儿童家长平均每年带孩子逛书店 3.07 次，与 2016 年（3.07 次）持平。

调查数据显示，我国 75.7% 的 0—8 周岁儿童家长会带孩子逛书店。近五成（46.2%）的儿童家长半年内至少会带孩子逛一次书店。具体来看，有 35.0% 的家长会在 1—3 个月内带孩子逛一次书店；有 11.2% 的家长会在 4—6 个月内带孩子逛一次。此外，有 13.7% 的家长会在半年至一年内带孩子逛一次书店；有 2.2% 的家长会间隔一年以上带孩子逛一次书店；还有 11.4% 的家长表示"说不好"多久带孩子逛一次书店。

具体情况如图 1-4-3 所示。

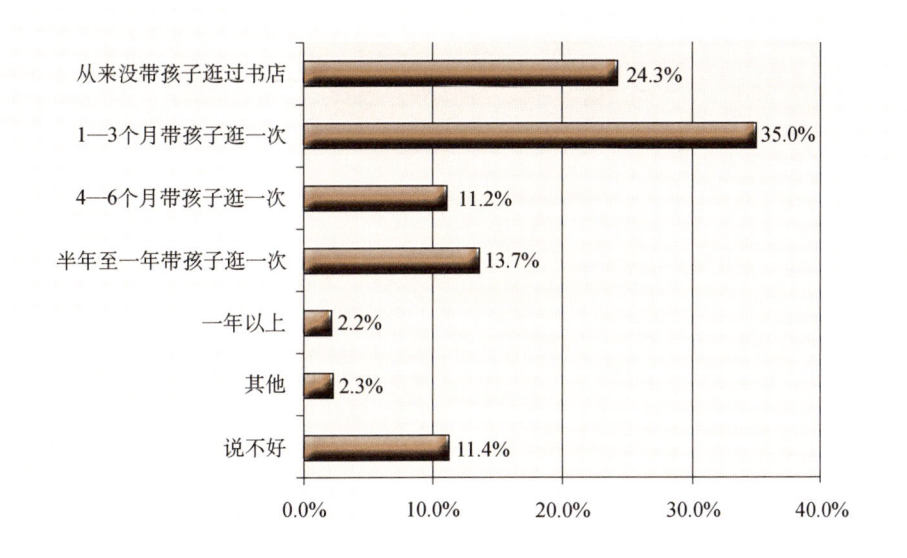

图 1-4-3　0—8 周岁儿童家长带孩子逛书店的频率

1.4.4　家长引导儿童接触的童书种类

2017 年，我国有 62.1% 的 0—8 周岁儿童家长经常给孩子看"童话寓言故事"我国有 54.8% 的家长经常给孩子看"图画卡片、挂图"。"识字数数类""卡通漫画类""绘画故事（图画文字并重）类""益智游戏类""科学知识、常识类"和"诗歌童谣类"童书也较受家长欢迎，是经常提供给孩子阅读的类型，其选择比例分别为 38.4%、34.7%、25.0%、24.5%、23.5% 和 19.1%。而"立体书、布艺书、玩具书"类童书供孩子阅读的选择比例略低，为 7.2%。总体看来，家长们引导儿童阅读的图书种类，呈现出多元化的特征。

具体情况如图 1-4-4 所示。

1.4.5　家长认为适合儿童阅读的形式

2017 年，有 83.6% 的家长认为纸质书籍更适合儿童阅读，这一比例高于 2016 年的 77.9%。其次，有 9.9% 的家长认为音

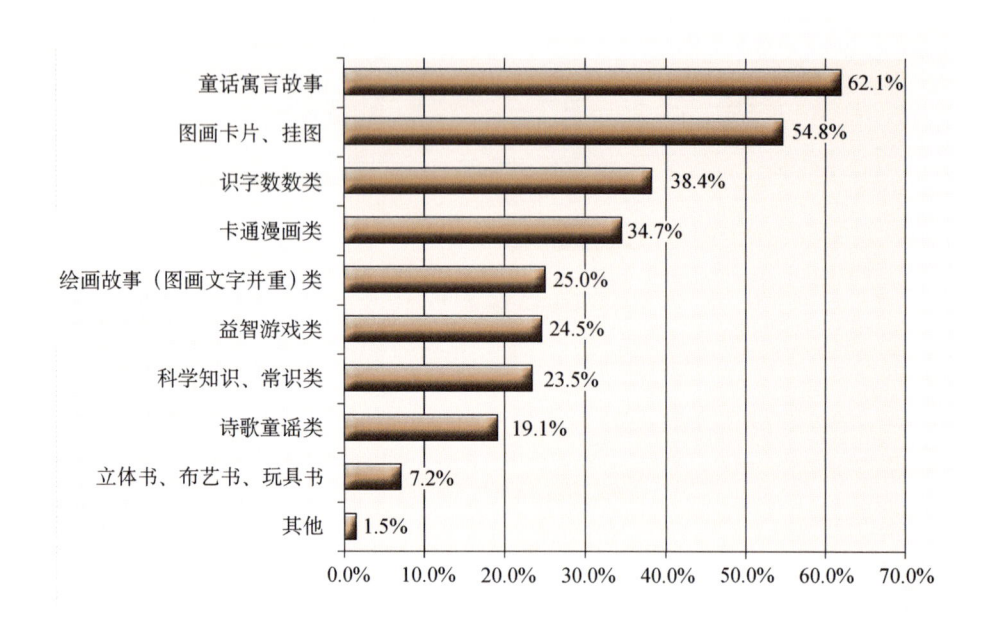

```
童话寓言故事                                    62.1%
图画卡片、挂图                                54.8%
识字数数类                         38.4%
卡通漫画类                       34.7%
绘画故事（图画文字并重）类   25.0%
益智游戏类                24.5%
科学知识、常识类         23.5%
诗歌童谣类            19.1%
立体书、布艺书、玩具书  7.2%
其他           1.5%
       0.0%  10.0%  20.0%  30.0%  40.0%  50.0%  60.0%  70.0%
```

图 1-4-4　0—8 周岁儿童家长经常为孩子选择的童书类型

像读物更适合儿童阅读；有 3.9% 的家长认为电视更适合儿童阅读；仅有 1.3% 的家长分别认为手机和 Pad（平板电脑）更适合儿童阅读。

具体情况如图 1-4-5 所示。

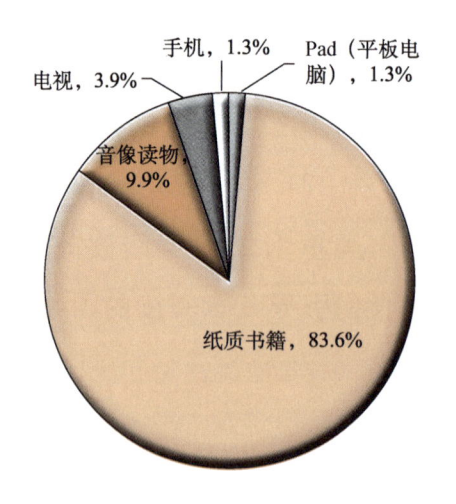

（饼图：纸质书籍 83.6%；音像读物 9.9%；电视 3.9%；手机 1.3%；Pad（平板电脑）1.3%）

图 1-4-5　家长认为适合 0—8 周岁儿童的阅读形式

1.5 儿童及家长最喜爱的儿童图书

调查过程中,在无提示的情况下,我们请被访儿童的家长列举本人或孩子最喜爱的三本儿童图书。结果显示,2017年,《格林童话》《十万个为什么》《白雪公主和七个小矮人》《大耳朵图图》《小猪佩奇》《猫和老鼠》"识图认物类图书、卡片""识字识数类图书、卡片"《哆啦A梦》《伊索寓言》等图书,最受0—8周岁儿童及家长的欢迎。

具体情况如表1-5-1所示。

表1-5-1 0—8周岁儿童及家长最喜爱的儿童图书

排名	图书名称
1	格林童话
2	十万个为什么
3	白雪公主和七个小矮人
4	大耳朵图图
5	小猪佩奇
6	猫和老鼠
7	识图认物类图书、卡片
8	识字识数类图书、卡片
9	哆啦A梦
10	伊索寓言

1.6 儿童及家长最喜爱的出版社

调查过程中,在无提示的情况下,我们请被访儿童的家长列举本人和孩子最喜爱的三个出版社。结果显示,中国少年儿童新闻出版总社最受欢迎,其次是江苏少年儿童出版社和人民出版社等。

具体情况如表1-6-1所示。

表 1-6-1　0—8 周岁儿童及家长最喜爱的出版社

排名	出版社名称
1	中国少年儿童新闻出版总社
2	江苏少年儿童出版社
3	人民出版社
4	中国青年出版总社
5	少年儿童出版社
6	人民教育出版社
7	新华出版社
8	明天出版社
9	人民文学出版社
10	浙江少年儿童出版社

第二章
0—8周岁儿童期刊阅读与购买状况

2.1 儿童期刊阅读率与阅读量

2017年，我国0—8周岁儿童的期刊阅读率为25.7%，较2016年31.4%下降了5.7个百分点。不同人口特征儿童群体之间的期刊阅读率存在一定差异。

从性别差异看，该年龄段男孩的期刊阅读率为25.2%，较女孩的期刊阅读率（26.4%）低1.2个百分点。从城乡对比看，该年龄段城镇儿童的期刊阅读率为39.6%，较农村儿童的期刊阅读率（15.4%）高24.2个百分点。

具体情况如表2-1-1所示。

表2-1-1 不同人口特征0—8周岁儿童的期刊阅读率

人口特征	类别	期刊阅读率
性别	男孩	25.2%
	女孩	26.4%
城乡	城镇	39.6%
	农村	15.4%

2017年，我国0—8周岁儿童的人均期刊阅读量为1.41期/份，较2016年的1.70期/份有所减少。不同人口特征儿童群体之间的期

刊阅读量存在一定差异。

从性别差异看，该年龄段男孩的期刊阅读量为 1.25 期/份，较女孩的期刊阅读量（1.61 期/份）少 0.36 期/份。从城乡对比看，该年龄段城镇儿童的期刊阅读量为 2.38 期/份，较农村儿童的期刊阅读量（0.61 期/份）多 1.77 期/份。

具体情况如表 2-1-2 所示。

表 2-1-2　不同人口特征 0—8 周岁儿童的期刊阅读量

人口特征	类别	期刊阅读量（期/份）
性别	男孩	1.25
	女孩	1.61
城乡	城镇	2.38
	农村	0.61

2017 年，在有过阅读行为的 0—8 周岁儿童中，有 13.7% 的儿童的期刊阅读量在 5 本以内；4.4% 的儿童期刊阅读量在 6—9 本；有 3.4% 的儿童期刊阅读量在 "10 本及以上"。除此之外，还有 11.7% 的儿童表示不清楚读了多少本。

具体情况如图 2-1-1 所示。

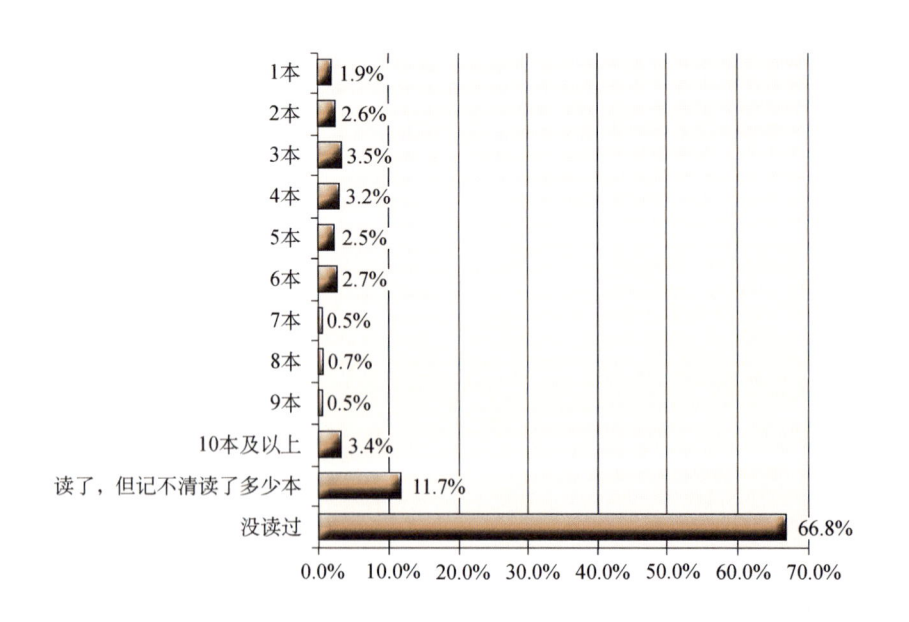

类别	比例
1本	1.9%
2本	2.6%
3本	3.5%
4本	3.2%
5本	2.5%
6本	2.7%
7本	0.5%
8本	0.7%
9本	0.5%
10本及以上	3.4%
读了，但记不清读了多少本	11.7%
没读过	66.8%

图 2-1-1　有过阅读行为的 0—8 周岁儿童的期刊阅读量

2.2 家长对儿童期刊的价格评价

调查显示，2017年，我国有41.7%的0—8周岁儿童家长认为目前儿童期刊价格"合适"；23.9%的家长认为当前儿童期刊价格偏贵（"比较贵"或"非常贵"）；仅有5.1%的家长认为目前儿童期刊价格便宜（"比较便宜"或"非常便宜"）。另外，有29.4%的家长对儿童类期刊的价格认知模糊，表示"说不清"。

具体情况如图2-2-1所示。

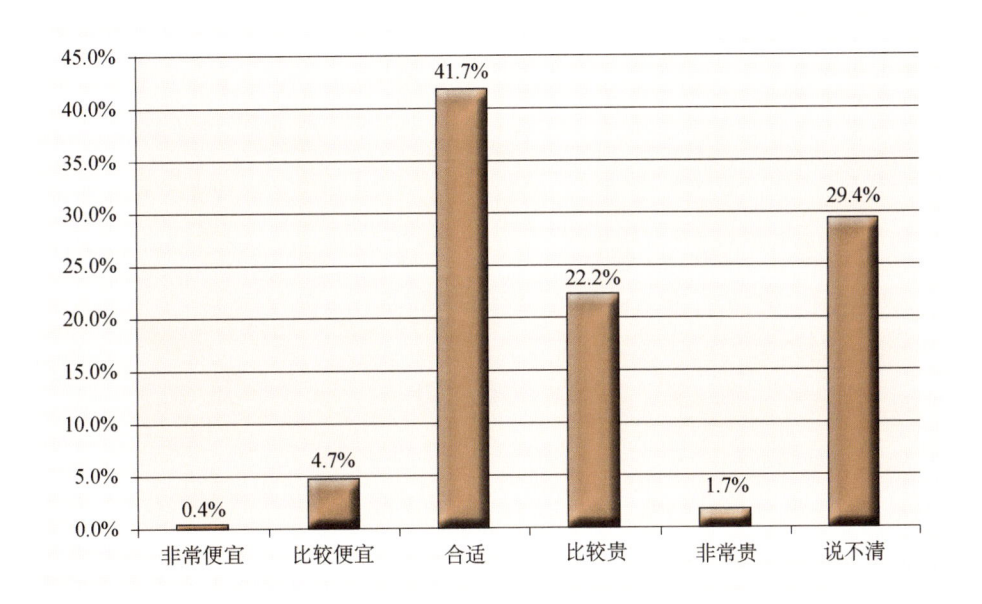

图2-2-1 0—8周岁儿童家长对儿童期刊价格的评价

2.3 家长对儿童期刊的价格承受能力

调查发现，2017年我国0—8周岁儿童家长平均可接受的单本儿童期刊价格为7.54元。

进一步分析来看，86.6%的0—8周岁儿童家长能接受的儿童期刊价格区间在2—12元。具体而言，有12.8%的家长能接受2—4

元的价格区间；有 15.3% 的家长能接受 4—6 元的价格区间；有 20.1% 的家长能接受 6—8 元的价格区间；8—10 元价格区间的选择比例为 25.0%；10—12 元价格区间的选择比例为 13.4%。另有 8.6% 的家长能够接受 12 元及以上的价格，仅有 4.8% 的家长只能接受每本儿童期刊价格在 2 元以下。

具体情况如图 2-3-1 所示。

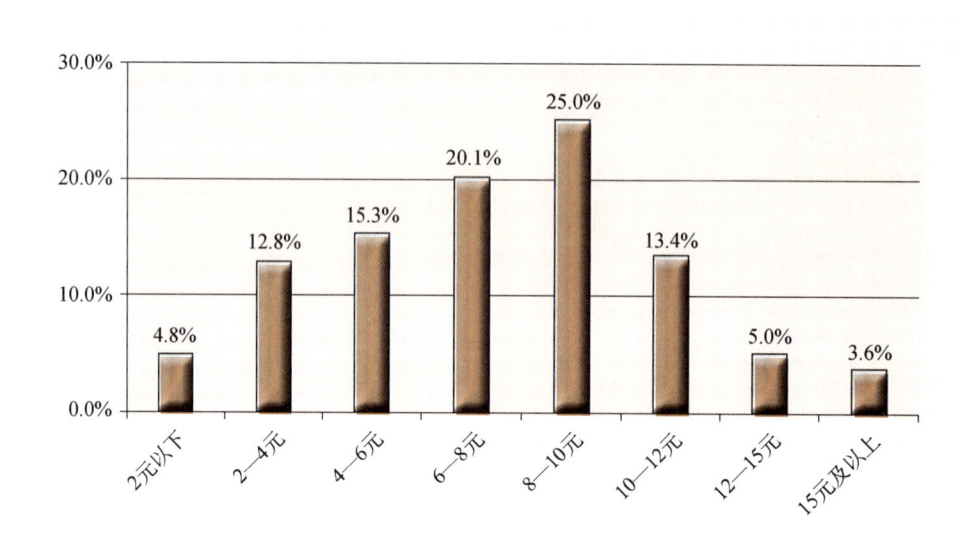

图 2-3-1 0—8 周岁儿童家长对儿童期刊的价格承受能力

2.4 儿童及家长最喜爱的儿童期刊

在无提示的情况下，我们请被访儿童的家长列举 2017 年本人和孩子最喜爱的三份儿童期刊的名字。结果显示，《幼儿画报》《婴儿画报》《儿童画报》《儿童文学》《我们爱科学》《中国卡通》《小熊维尼》《童话大王》《意林》《学与玩》等儿童期刊最受该年龄段儿童及家长的欢迎。

具体情况如表 2-4-1 所示。

表 2-4-1　0—8 周岁儿童及家长最喜爱的儿童期刊

排名	期刊名称
1	幼儿画报
2	婴儿画报
3	儿童画报
4	儿童文学
5	我们爱科学
6	中国卡通
7	小熊维尼
8	童话大王
9	意林
10	学与玩

第三章
0—8周岁儿童家长音像电子出版物购买状况

3.1 儿童音像电子出版物的购买渠道

2017年，我国0—8周岁儿童家长音像电子出版物的购买率为32.6%，城镇家长的购买率为42.1%，高于农村家长的24.1%。

具体情况如图3-1-1所示。通过"书店"购买各类音像电子出版物的家长相对较多，选择比例为15.3%。值得注意的是，还有67.4%的家长表示从不给孩子购买音像电子出版物。

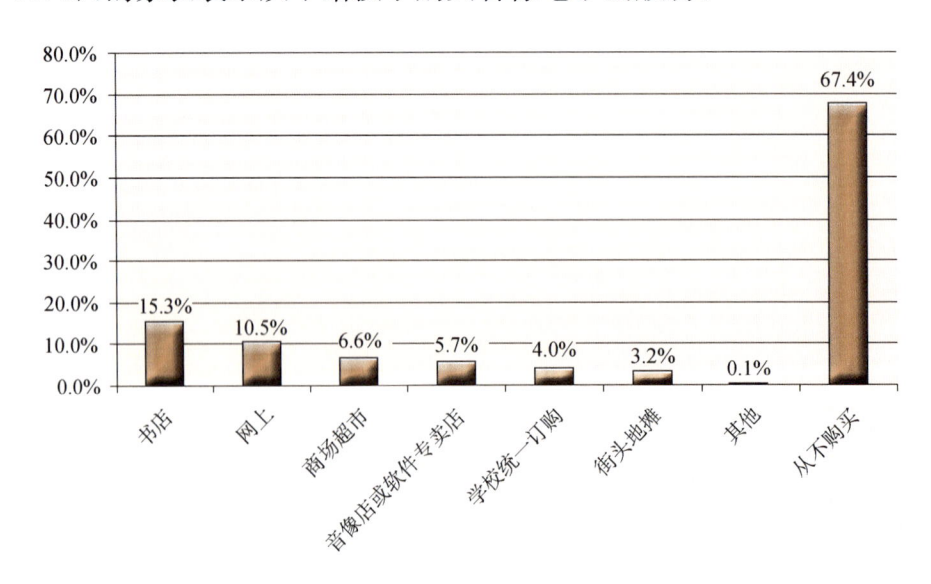

图3-1-1 音像电子出版物的购买渠道

3.2 家长对儿童类音像电子出版物价格的评价

我国有 21.0% 的 0—8 周岁家长认为目前儿童类音像电子出版物的价格较高("比较贵"或"非常贵");有 54.2% 的家长认为目前儿童类音像电子出版物的价格"合适";认为此类出版物价格便宜("非常便宜"或"比较便宜")的家长只占 7.2%;还有 17.6% 的家长表示"说不清"价格是贵还是便宜。

具体情况如图 3-2-1 所示。

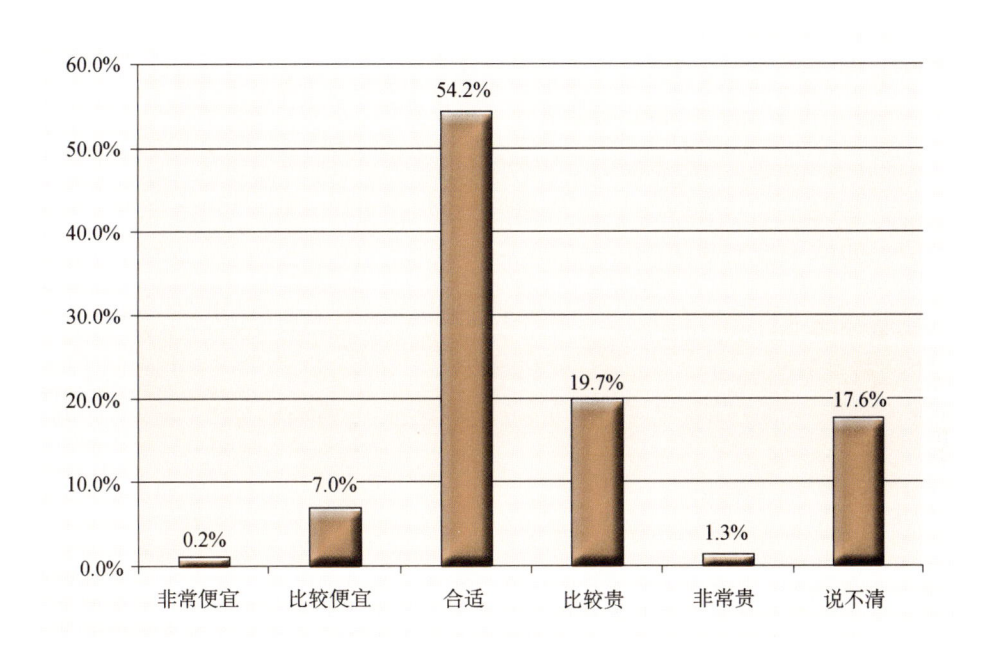

图 3-2-1　0—8 周岁儿童家长对儿童类音像电子出版物价格的评价

3.3 家长对儿童类音像电子出版物的价格承受能力

调查数据显示,我国 0—8 周岁儿童家长平均可接受的每张 CD 光盘价格为 14.78 元;平均可接受的每张 VCD/DVD 价格为 15.59 元;平均可接受的每盘盒式录音带价格为 14.95 元;平均可接受的每张 CD-ROM 价格则为 15.33 元。具体看来，2017 年，有不少儿童家长能够接受的音像电子出版物价格在 20 元以内。有 56.8% 的儿童家长表示能够接受的每张 CD 光盘价格在 20 元以内；有 45.5% 的儿童家长表示能够接受的每张 VCD/DVD 价格在 20 元以内；有 29.3% 的儿童家长表示能够接受的每盘盒式录音带价格在 20 元以内；有 32.1% 的儿童家长表示能够接受的每张 CD-ROM 价格在 20 元以内。而由于使用减少等原因，不少家长对一些音像电子出版物的价格不够了解，分别有 58.7% 和 60.3% 的家长表示"不清楚/不知道"盒式录音带和 CD-ROM 的价格。

具体情况如表 3-3-1 所示。

表 3-3-1　0—8 周岁儿童家长对儿童音像电子出版物的价格承受能力

	CD 光盘	VCD/DVD	盒式录音带	CD-ROM
<10 元	18.4%	12.1%	13.0%	7.5%
10—20 元	38.4%	33.4%	16.3%	24.6%
20—30 元	14.0%	11.2%	10.6%	5.3%
≥30 元	1.9%	3.0%	1.5%	2.3%
不清楚/不知道	27.3%	40.3%	58.7%	60.3%
平均可接受单价	14.78 元	15.59 元	14.95 元	15.33 元

第四章
0—8周岁儿童听书阅读状况

4.1 听书率与听书渠道

2017年,我国0—8周岁儿童的听书率为20.7%,较2016年的19.8%提高了0.9个百分点。从性别差异看,2017年该年龄段男孩的听书率为18.7%,较女孩(23.2%)低4.5个百分点。2016年该年龄段男孩的听书率为19.2%,较女孩(20.5%)低1.3个百分点。从城乡对比看,2017年该年龄段城镇少年儿童的听书率为31.4%,较农村少年儿童(12.1%)高19.3个百分点。2016年该年龄段城镇少年儿童的听书率为18.3%,较农村少年儿童(20.8%)低2.5个百分点。

具体情况如表4-1-1所示。

表4-1-1 不同人口特征0—8周岁儿童听书率

人口特征	类别	2017年	2016年
性别	男孩	18.7%	19.2%
	女孩	23.2%	20.5%
城乡	城镇	31.4%	18.3%
	农村	12.1%	20.8%

对2017年我国0—8周岁儿童听书介质的考察发现,选择"移

动有声APP平台的读书类内容"听书的儿童比例较高，为9.4%，高于2016年的7.0%；其次，有7.5%的儿童选择通过"有声阅读器或语音读书机"听书，略高于2016年的7.1%。还有4.2%的儿童选择通过"微信语音推送"听书，低于2016年的5.3%；有2.8%的儿童选择通过"广播"听书，略高于2016年的2.2%；有2.1%的儿童选择通过"录音带的讲书"听书，高于2016年的0.3%；有1.4%的儿童选择通过"CD"听书，略低于2016年的2.0%。

具体情况如图4-1-1所示。

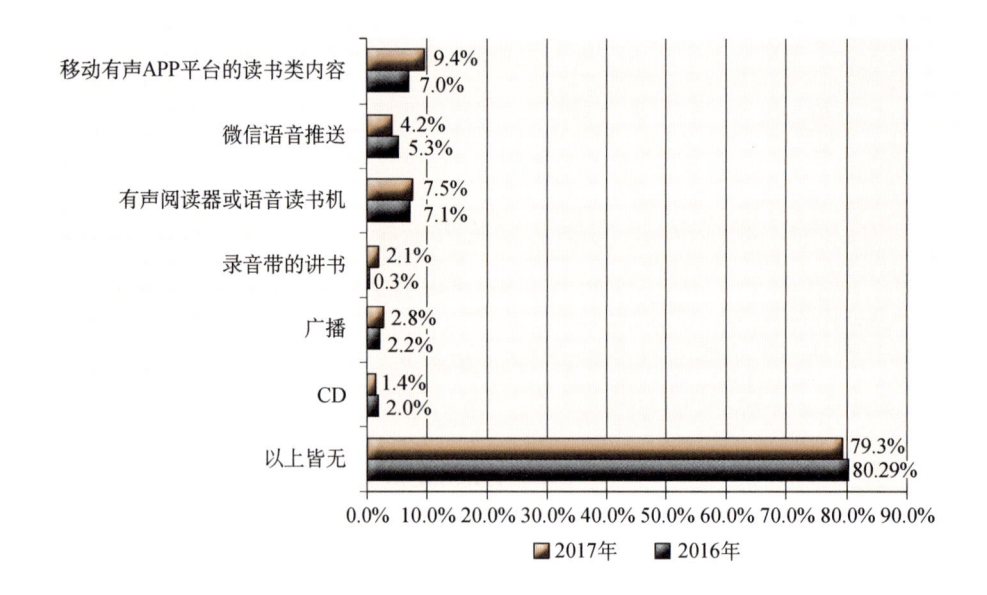

图4-1-1　0—8周岁儿童听书渠道选择比例

4.2　通过听书进行的活动

2017年，在有听书行为的我国0—8周岁儿童中，有75.3%的儿童选择"听故事"，高于2016年的70.1%；有33.4%的儿童选择"听诗歌朗诵"，低于2016年的43.5%；有15.2%的儿童选择"收听评书连播"，高于2016年的11.3%；有15.2%的儿童选择"听图书节选或连载",高于 2016 年的 8.3%;有 10.1% 的儿童选择"听英语或进行其他语言学习",略低于 2016 年的 10.4%;有 3.7% 的儿童选择"听图书介绍与图书推荐",低于 2016 年的 4.6%。

具体情况如图 4-2-1 所示。

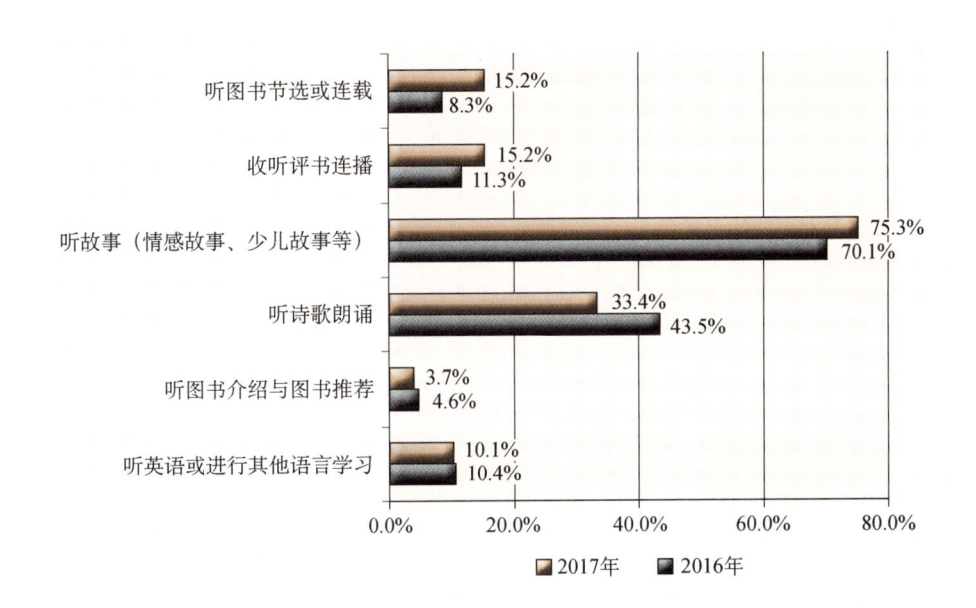

图 4-2-1　0—8 周岁儿童通过听书进行的活动

4.3　有声书内容偏好

在 2017 年有听书行为的我国 0—8 周岁儿童中,有 73.6% 的儿童喜欢听"少儿故事"类有声书,高于 2016 年的 63.1%;有 17.9% 的儿童喜欢听"文学"类有声书,略高于 2016 年的 17.3%;有 14.1% 的儿童喜欢"情感故事"类有声书,低于 2016 年的 23.4%;有 12.4% 的儿童喜欢听"教育学习/外语或专业教育"类有声书,略高于 2016 年的 11.9%;有 8.0% 的儿童喜欢听"历史文化、经典诵读"类有声书,低于 2016 年的 24.2%;有 6.0% 的儿童喜欢听"成功励志"类有声书,低于 2016 年的 14.6%。而"传统评书"和"经济管理"类有声书的儿童喜爱者相对较少,2017 年分别有 1.6% 和 1.5% 的儿童经常听这几类有声书，2016 年分别有 2.2% 和 2.1% 的儿童经常听这几类有声书。

具体情况如图 4-3-1 所示。

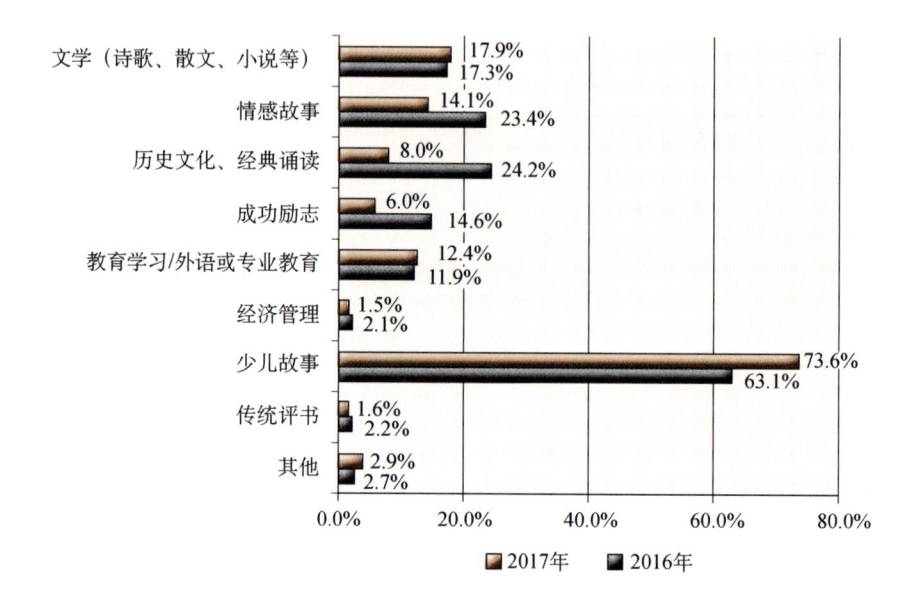

图 4-3-1　0—8 周岁听书儿童有声书内容偏好

4.4　听书频率

2017 年，有过听书行为的我国 0—8 周岁儿童的人均听书频次为每月 14.87 次，低于 2016 年的每月 15.22 次。2017 年，27.1% 的儿童每天至少听一次有声书，低于 2016 年的 29.1%。此外，"每周 4～6 次"的选择比例为 14.1%，高于 2016 年的 9.3%；"每周 2～3 次"的选择比例为 30.3%，低于 2016 年的 39.6%；"每周 1 次"的选择比例为 16.7%，高于 2016 年的 11.5%。总体来看，2017 年，每周至少听一次有声书的儿童比例达到 88.2%，略低于 2016 年的 89.5%。

具体情况如表 4-4-1 所示。

表 4-4-1 0—8 周岁听书儿童听书频率

听书频率	2017 年	2016 年
每天 1 次或以上	27.1%	29.1%
每周 4～6 次	14.1%	9.3%
每周 2～3 次	30.3%	39.6%
每周 1 次	16.7%	11.5%
每月 2～3 次	7.6%	7.7%
每月 1 次	2.7%	1.9%
每月 1 次以下	1.5%	0.8%

4.5　听书花费

对听书花费的调查结果显示，2017 年，在有听书行为的我国 0—8 周岁儿童中，有 51.7% 的儿童表示"从未付费"，低于 2016 年的 63.8%。有 5.0% 的儿童的听书花费在 10 元以下，低于 2016 年的 6.6%；有 21.9% 的儿童的听书花费在 10～50 元之间，高于 2016 年的 16.6%；有 21.4% 的儿童的听书花费超过 50 元，高于 2016 年的 13.0%。

另外，调查显示，2017 年我国 0—8 周岁儿童听书群体的听书花费为 37.74 元，高于 2016 年的 18.87 元。

具体情况如表 4-5-1 所示。

表 4-5-1 0—8 周岁听书儿童听书花费

听书花费	2017 年	2016 年
10 元以下	5.0%	6.6%
10～20 元	6.2%	5.9%
20～30 元	11.4%	4.1%
30～50 元	4.3%	6.6%
50～100 元	6.4%	8.5%
100～200 元	5.8%	2.9%
200 元及以上	9.2%	1.6%
从未付费	51.7%	63.8%
人均花费金额	37.74 元	18.87 元

4.6 听书场合

调查显示,2017年,我国0—8周岁儿童听书群体通常在"家里"听书,选择比例为94.0%,高于2016年的90.0%。而选择其他选项的儿童相对较少。

具体情况如图4-6-1所示。

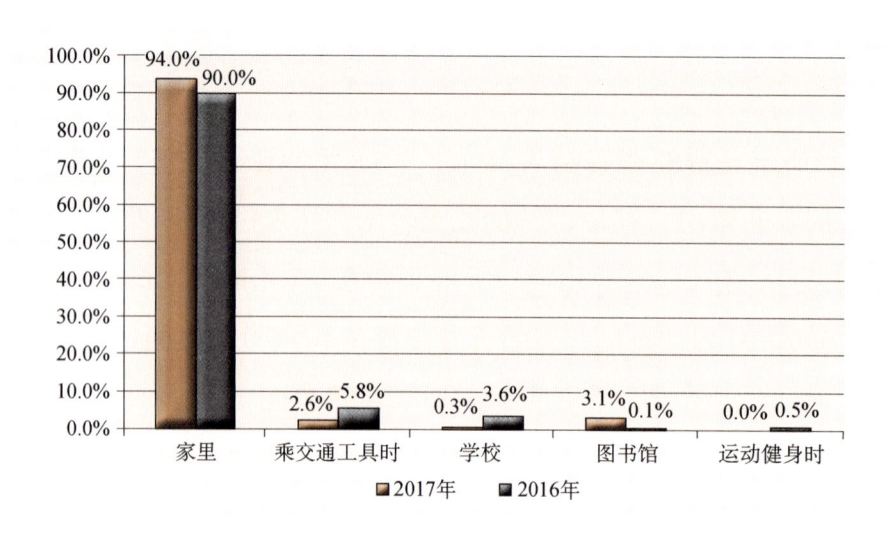

图4-6-1 0—8周岁听书儿童听书场合

4.7 不听书的原因

对2017年我国没有听书行为的0—8周岁儿童进行考察发现,当问及不听书的原因时,"没有听书习惯"是主要原因,超过半数(54.7%)的儿童选择这一选项,高于2016年的45.3%。此外,还有15.4%的儿童因"不了解有什么听书渠道"而不听书,低于2016年的25.5%;有14.3%的儿童因"没有感兴趣的内容"而不听书,高于2016年9.4%;有8.5%的儿童因"不喜欢听书的形式"而不听书,低于2016年的14.6%。而认为听书"工具使用不方便"和

"内容不够丰富"的儿童相对较少，2017年的选择比例分别为4.3%和2.8%，2016年的选择比例分别为3.2%和2.0%。

具体情况如图4-7-1所示。

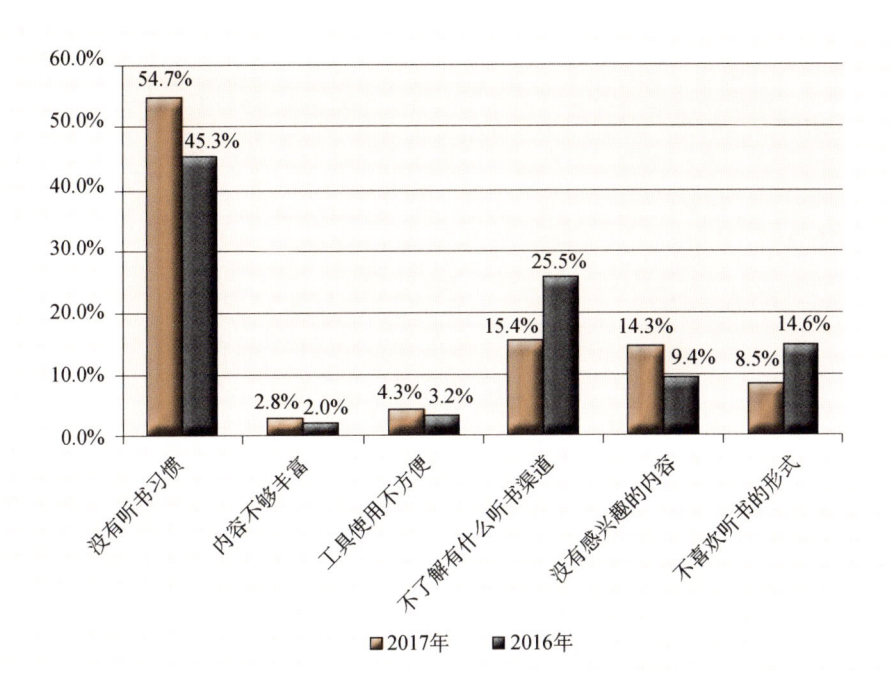

图4-7-1 0—8周岁儿童不听书的原因

第五章
0—8周岁儿童家长版权认知状况

■ 5.1　家长购买盗版儿童出版物情况

调查数据显示，2017年对于给孩子购买过图书和音像制品的0—8周岁儿童家长而言，盗版出版物购买率为7.0%。具体来看，仅有1.3%的家长表示给孩子购买的出版物均为盗版；还有5.7%的家长表示正版盗版出版物均购买过，即至少有7.0%的家长在2017年给孩子购买过盗版出版物。同时，在我国0—8周岁儿童家长中，有22.5%的家长表示给孩子购买过的图书或音像制品均为正版。此外，不少家长对版权的认知仍然较为模糊，并不知道如何区分正版和盗版，仍有42.3%的家长表示分不清其给孩子购买的出版物是正版还是盗版。

具体情况如图5-1-1所示。

■ 5.2　家长购买盗版儿童出版物类别

在为孩子购买过盗版儿童出版物的家长中，有87.7%的家长表示购买过一般盗版图书；有11.8%的家长表示购买过盗版音像制

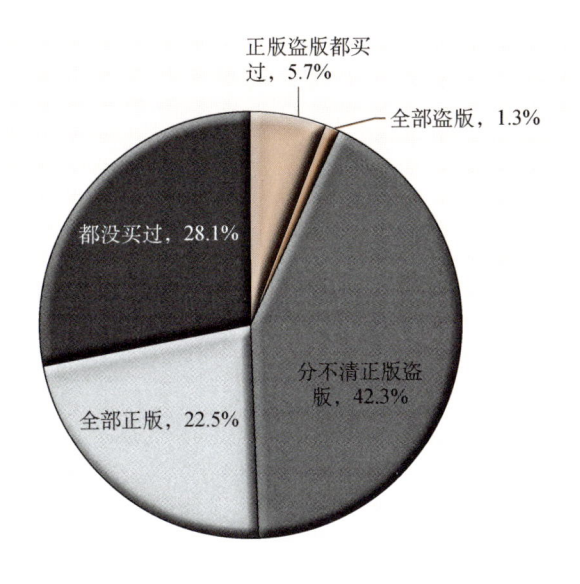

图 5-1-1 0—8 周岁儿童家长对盗版儿童出版物的购买情况

品；有 7.0% 的家长表示购买过盗版教材教辅。

具体情况如图 5-2-1 所示。

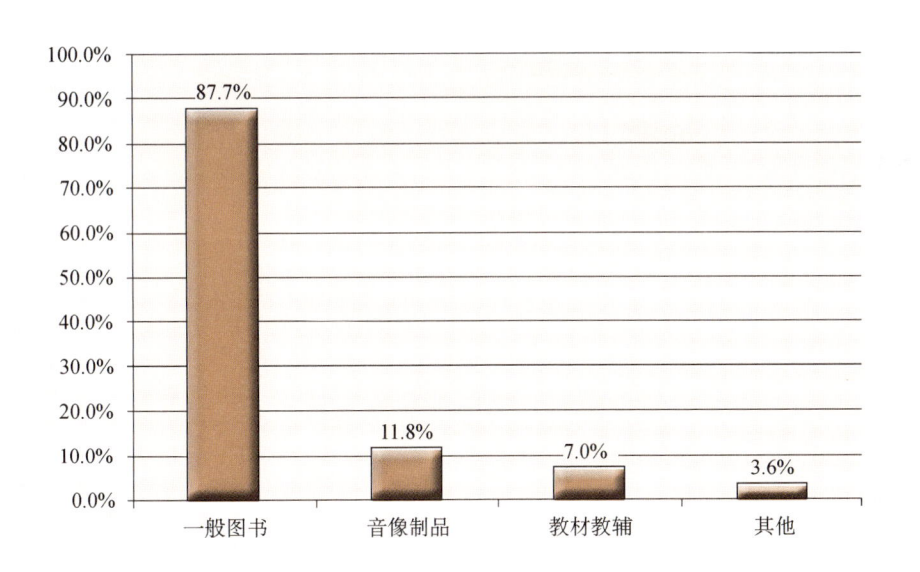

图 5-2-1 0—8 周岁儿童家长购买盗版儿童出版物的类别

5.3 家长购买盗版儿童出版物的驱动因素

曾经购买过盗版儿童出版物的家长中,有56.2%的家长表示购买这些盗版出版物主要是因为"价格便宜";有20.8%的家长表示因为"购买方便"而选择盗版出版物;有15.8%的家长表示因为"品种丰富"而选择盗版出版物;有6.9%的家长表示因为"内容新颖"而选择盗版出版物;还有42.5%的家长表示购买时不知道是盗版,仅有1.7%的家长表示"没有正版可买"。

具体情况如图5-3-1所示。

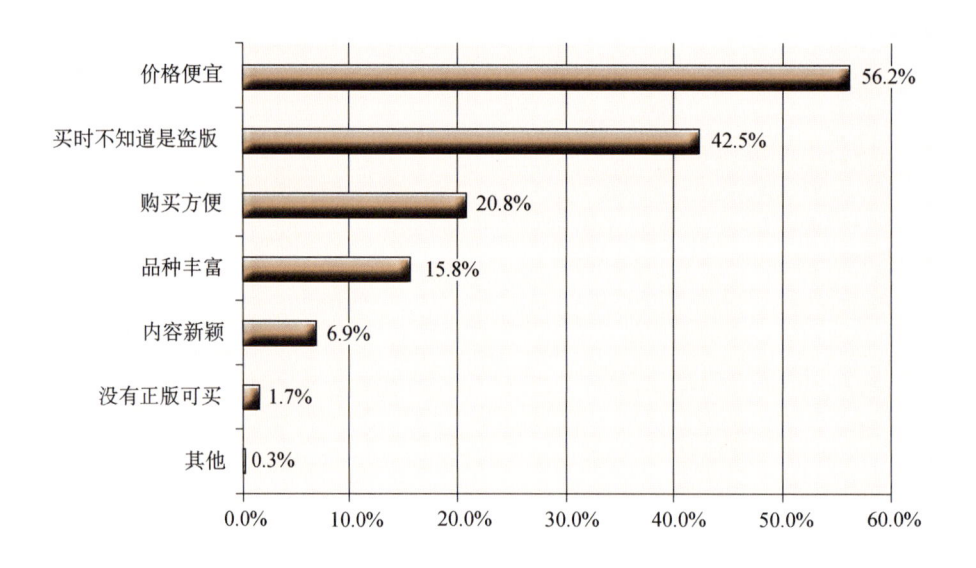

图5-3-1 0—8周岁儿童家长购买盗版出版物的驱动因素

版权声明

本报告版权归中国新闻出版研究院所有,未经书面许可,不得为商业目的以任何形式进行复制、转载、摘录、节选、改编、翻译、信息网络传播及其他方式的使用。如需授权进行商业应用或转载,请与本课题组联系。

联系地址:中国新闻出版研究院应用理论研究室(北京市丰台区三路居路 97 号　邮编:100073)

联系电话:010-52257035　010-52257037

图书在版编目（CIP）数据

全国国民阅读调查报告.2018/中国新闻出版研究院，全国国民阅读调查课题组著.—北京：中国书籍出版社，2021.9

ISBN 978-7-5068-7460-1

Ⅰ.①全… Ⅱ.①中… Ⅲ.①出版物－市场－抽样调查统计－调查报告－中国－2018　Ⅳ.①G239.21

中国版本图书馆CIP数据核字（2019）第209736号

全国国民阅读调查报告.2018

中国新闻出版研究院
全国国民阅读调查课题组　著

责任编辑	庞　元
责任印制	孙马飞　马　芝
封面设计	敬人工作室
封面制作	钟书堂
出版发行	中国书籍出版社
地　　址	北京市丰台区三路居路97号（邮编：100073）
电　　话	(010) 52257143（总编室）　　(010) 52257140（发行部）
电子邮箱	eo@chinabp.com.cn
经　　销	全国新华书店
印　　刷	北京洛平龙业印刷有限责任公司
开　　本	787毫米×1092毫米　1/16
印　　张	23
字　　数	300千字
版　　次	2021年9月第1版　2021年9月第1次印刷
书　　号	ISBN 978-7-5068-7460-1
定　　价	398.00元

版权所有　翻印必究